Wilfried Probst

Pflanzen stellen sich vor

2. überarbeitete und ergänzte Auflage

Aulis Verlag Deubner

Bibliografische Information Der Deutschen Bibliothek

Die Deutsche Bibliothek verzeichnet diese Publikation in der Deutschen Nationalbibliografie; detaillierte bibliografische Daten sind im Internet über <http://dnb.ddb.de> abrufbar.

Fotonachweis:

Archiv für Kunst und Geschichte, Berlin: Seite 79; Kresan, P., Tucson: Seite 65, links; Schneider, C., Bad Sooden-Allendorf: Seite 90, unten. Alle übrigen Fotos stammen vom Autor des Werkes.

Wir danken dem Friedrich Verlag in Velber für die Genehmigung zum Abdruck der Übersicht „Lauter «Tannen»-bäume“ auf den Seiten 113 bis 116.

Die 1. Auflage erschien 1992 im Metzler Schulbuchverlag GmbH, Hannover.

Best.-Nr. 2177

Umschlaggestaltung: *Sybille Hübener,* Köln
Printed in the European Community
ISBN 978-3-7614-2688-3

Inhaltsverzeichnis

Vorwort

Vorliegender Band ist zum ersten Mal 1992 beim Metzler-Verlag erschienen. Ich bin dem Geschäftsführer des Aulis-Verlages, Herrn Wolfgang Deubner, sehr dankbar, dass er eine Neuauflage möglich gemacht hat. Denn ich meine, das Anliegen des Buches, für die in Vergessenheit geratenen Unterrichtsform der Monographie neue Wege aufzuzeigen, ist nach wie vor aktuell. Im ersten Vorwort von 1992 habe ich geschrieben:

„Unbestritten kann man Pflanzenarten auf eine viel intimere Weise kennenlernen als dies z. B. ein wissenschaftlicher Bestimmungsschlüssel oder die Beschreibung in einer Flora erlauben. CARL VON LINNÉ, der „Erfinder“ der systematischen Pflanzenbestimmung, hat dies durch seinen anrührenden Vergleich der Rosmarinheide mit der griechischen Sagengestalt der Andromeda deutlich gemacht (C. v. Linné, Lappländische Reise, Reclam, Leipzig 1991)

Das vorliegende Buch will versuchen, am Beispiel von zwölf außergewöhnlichen Pflanzenarten einen solchen über das botanisch-wissenschaftliche Interesse hinausgehenden Zugang zu vermitteln. Jedes der zwölf Kapitel ist einer Pflanzenart gewidmet. Dabei werden neben den Besonderheiten der vorgestellten Art zugleich bestimmte Themengebiete aus der Allgemeinen Botanik, der Pflanzenmorphologie, der Ökologie oder Physiologie angesprochen. So geht es z. B. beim Schneeglöckchen auch um die Überwinterung von Pflanzen, beim Scharbockskraut um das Zustandekommen von Blütenfarben und Farbeffekten, beim Ginkyobaum um Unterschiede von Nacktsamern und Bedecktsamern. Die mythologische Bedeutung der Pflanzen, ihre Rolle im Volksglauben, die Ableitung ihres Namens und frühere und heutige Nutzanwendungen werden beschrieben. Das Buch wendet sich vor allem an Lehrer und Lehramtsstudenten. Es möchte dazu anregen, sich der fast schon in Vergessenheit geratenen Unterrichtsform der Monographie wieder zu erinnern. Im zweiten Teil jedes Kapitels werden deshalb ganz konkrete Vorschläge gemacht, wie man - ausgehend von der vorgestellten Pflanzenart - bestimmte, für den Biologieunterricht relevante Themen behandeln kann.

Es ist nicht unbedingt notwendig, die zwölf Kapitel in der vorliegenden Reihenfolge zu bearbeiten. Jedes Kapitel kann für sich allein gelesen und verstanden werden. Die gewählte Reihenfolge ist dennoch nicht willkürlich. Phänologische Gesichtspunkte spielten bei der Festlegung ebenso eine Rolle wie die mit den Beispielarten verknüpften allgemeinbotanischen Inhalte.“

Dieser Einführung ist wenig hinzuzufügen. Aus der Sicht der Schulpraxis schien es sinnvoll, den exotischen Ginkyobaum durch die Rot-Fichte zu ersetzen - obwohl ich gestehe, dass mir der Tausch nicht ganz leicht gefallen ist.

Einige Abschnitte, z. B. beim Raps und beim Apfelbaum, wurden neuen Entwicklungen (Bedeutung von Biodiesel) und Erkenntnissen (Abstammung des Kulturapfels) angepasst. Ebenso wurden alle Literaturhinweise überarbeitet.

Da das Layout des alten Buchen weitgehend übernommen werden sollte, wurde in den alten Texten auch keine Anpassung an die neuen Rechtschreibregeln vorgenommen, was ich zu entschuldigen bitte.

Mit dieser Übernahme war auch eine nicht ganz einfache Anpassungsarbeit für die neuen Texte nötig. Ich bedanke mich bei Jan Klüver dafür, dass er mir dabei entscheidend geholfen hat.

Wilfried Probst

Schneeglöckchen

*Galanthus nivalis L.**

Familie *Amaryllidaceae*

Blütezeit: **Jan.** **Febr.** **März** **April** Mai Juni Juli Aug. Sept. Okt. Nov. Dez.

Schneeglöckchen im Februar . . .

Oft schon aus dem schmelzenden Schnee sprießen die weißen Blütenglöckchen.
Schneetröpferl werden sie an der Donau genannt, *Witte Wiefke* in Ostfriesland, *Naken Juferken* in Westfalen, *Märza'chlöckli* in der Schweiz und *Vintergaek* in Dänemark.
Fast jede Region hat ihren eigenen Namen für diese bemerkenswerte und liebenswerte Pflanze, diesen ersten Boten des erhofften Frühlings.

Wie gelingt es dem Schneeglöckchen, Frost und Eis zu widerstehen?
Woher nimmt es die Kraft, sich schon bei den ersten Frühlingssonnenstrahlen zu entfalten und zu blühen? Was passiert mit der Pflanze im Sommer und im Herbst?

* Die Art ist als Wildpflanze in der Bundesrepublik geschützt. Für Demonstrationen und praktische Arbeiten dürfen deshalb nur im Garten gezogene Exemplare verwendet werden.

1 Das Schneeglöckchen läßt bitten – eine Einführung in die Botanik

1.1 Nomen est omen

Der lateinische Name unseres Schneeglöckchens setzt sich – wie dies seit Einführung der binären Nomenklatur durch CARL VON LINNÉ 1753 für wissenschaftliche Namen von Pflanzen- und Tierarten verlangt wird – aus zwei Wörtern zusammen: Das erste Wort *»Galanthus«* besteht aus *gala* (gr. Milch) und *anthos* (gr. Blüte); *»nivalis«* ist das Adjektiv zum lateinischen Nomen *nix* gen. *nivis* = Schnee. Die wörtliche Übersetzung des wissenschaftlichen Namens ist also »Schnee-Milchblüte«.

Abbildung 8.1: *Noch aus dem schmelzenden Schnee treibt das Schneeglöckchen seine Blätter. Die Blattspitzen haben gerade das weißhäutige Scheidenblatt durchstoßen.*

Das große »L.« hinter dem Namen bedeutet übrigens, daß CARL VON LINNÉ der Autor des Namens ist, derjenige also, der die Pflanze zum ersten Mal wissenschaftlich beschrieben und benannt hat. Als Stichtag gilt dabei der 1. Mai 1753, an dem die erste Auflage der *Species plantarum* von LINNÉ erschienen ist.

1.2 Systematische Stellung

Um die große Formenfülle der Pflanzenarten dem menschlichen Geist zugänglich zu machen, haben sich die Botaniker seit alters her bemüht, sie nach bestimmten Kriterien zu ordnen und in »Schubladen« zu stecken. Waren es zunächst vor allem Gesichtspunkte der Nützlichkeit und Verwendbarkeit von Pflanzen und Pflanzenteilen, so wurden später Merkmale und Eigenschaften der Pflanze selbst für diese Systematisierung herangezogen, z. B. von LINNÉ die Zahl der Staubblätter und Fruchtblätter (LINNÉsches Sexualsystem). Seit der Entwicklung der Evolutionstheorie im ausgehenden 19. Jahrhundert weiß man, daß alle Pflanzenarten mehr oder weniger eng miteinander verwandt sind. Je enger die Verwandschaft, desto mehr gemeinsame Vorfahren besitzen sie. Seitdem bemühen sich die Systematiker, ein »natürliches System« der Pflanzen zu entwickeln, das den natürlichen Verwandtschaftsverhältnissen der Arten gerecht wird und dessen Hierarchie die abgestuften Verwandtschaftsgrade widerspiegelt.

Das Schneeglöckchen gehört – zusammen mit Märzenbecher, Narzisse und Ritterstern – zur Familie der Amaryllisgewächse (gr. *amaryssein* = funkeln lassen, lat. *Amaryllis* = Name einer schönen Hirtin, Vergil). Die Familien Lauchgewächse, Agavengewächse, Hyazinthengewächse und Affodillgewächse

Abbildung 9.1: *Schneeglöckchen* (Galanthus nivalis L.)

werden mit den Amaryllisgewächsen zur Ordnung Spargelartige *(Asparagales)* zusammengefaßt. Die weitere Einordnung in das hierarchische System geht aus Tabelle 10.1 hervor.

Die Gattung *Galanthus* umfaßt etwa 25 Arten, die fast alle im östlichen Mittelmeergebiet, in Kleinasien oder im Kaukasus zu Hause sind.

1.3 Blütenbau und Frucht

Besondere Bedeutung für die systematische Stellung einer Pflanze hat ihr Blütenbau (Abb. 11.1). Für fast alle Bedecktsamer kennzeichnend ist eine **Blütenhülle** aus sterilen, meist auffällig gefärbten Blattorganen. Diese Blütenhülle wird auch als »Schauapparat« bezeichnet, da sie für die Bestäuber eine lockende Nektarquelle signalisiert. Beim Schneeglöckchen besteht die Hülle aus einem äußeren und einem inneren Kreis von je

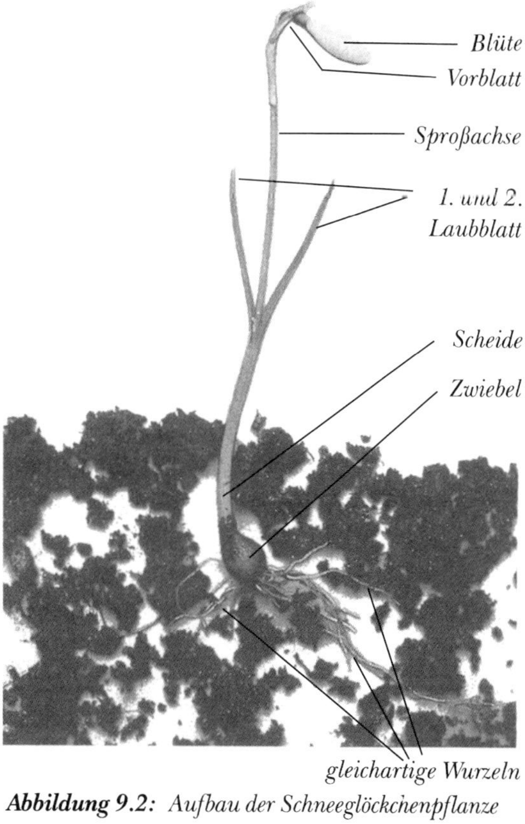

Abbildung 9.2: *Aufbau der Schneeglöckchenpflanze*

Tabelle 10.1: *Stellung des Schneeglöckchens im System der Pflanzen*

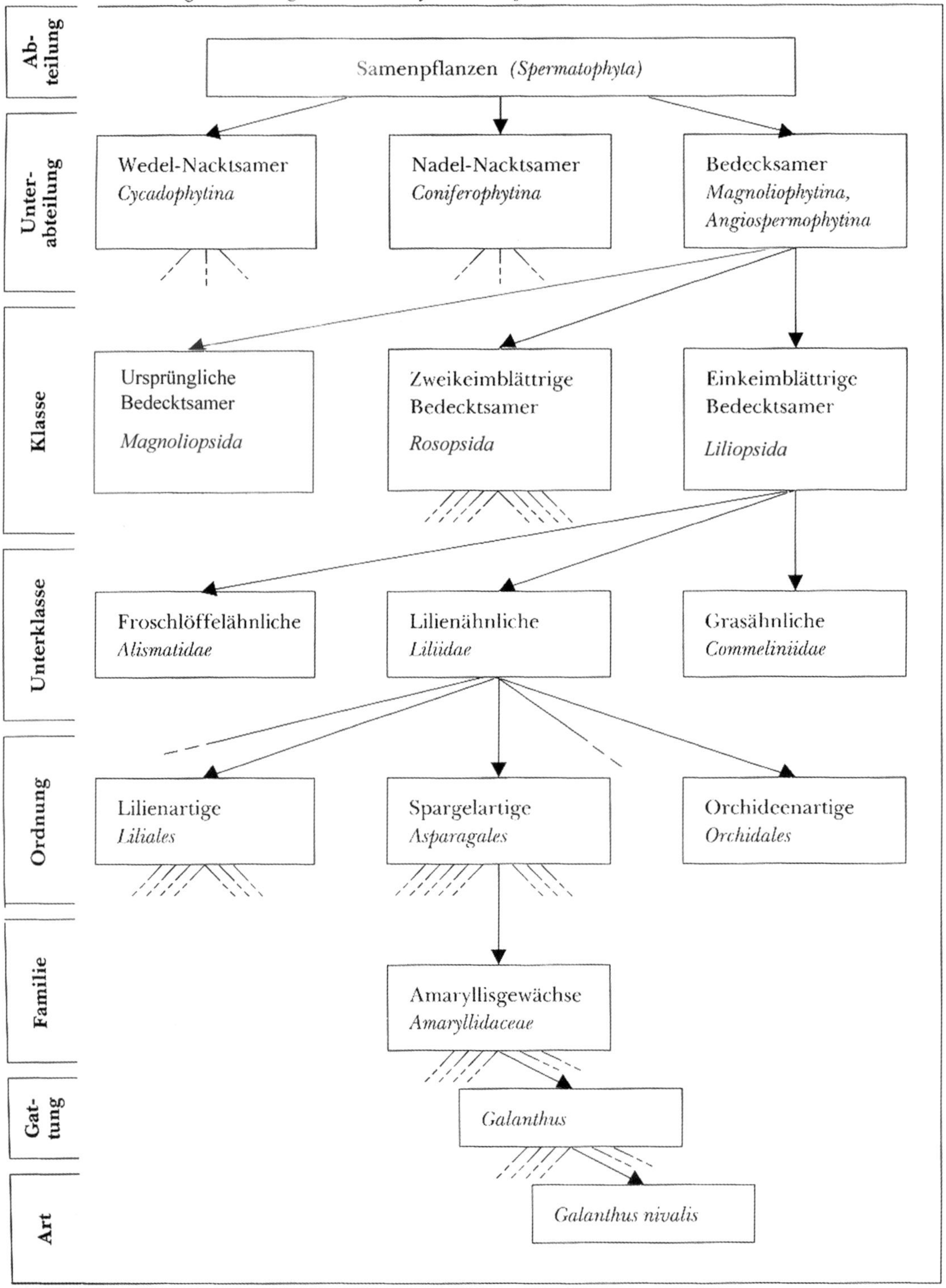

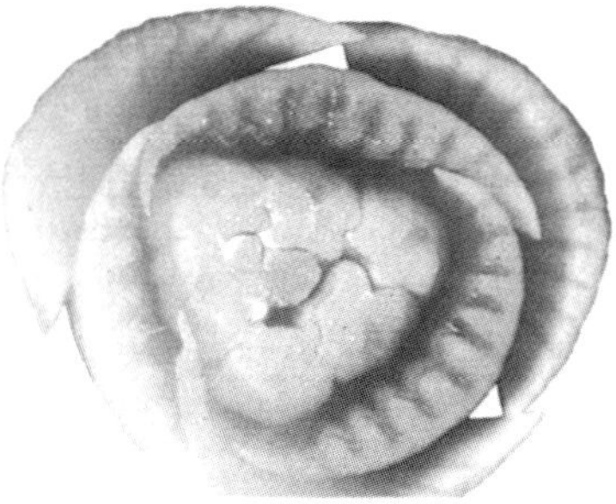

b) Blütenquerschnitt

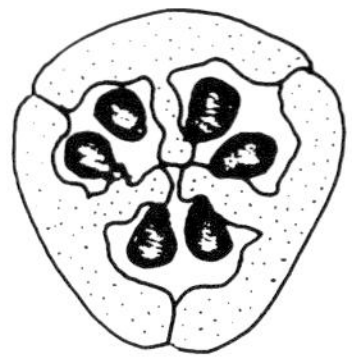

c) Querschnitt durch die Fruchtkapsel

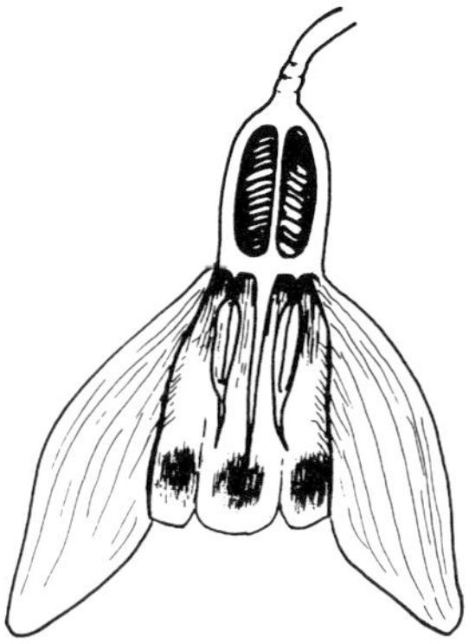

a) Blütenlängsschnitt

d) Blütendiagramm

Abbildung 11.1: *Blüte und Frucht des Schneeglöckchens*

Abbildung 11.2: *Der Griffel und die sechs in zwei Kreisen angeordneten Staubblätter am Eingang der Blütenröhre.*
Die borstenartige Verlängerung der Staubbeutel ist gut zu erkennen.

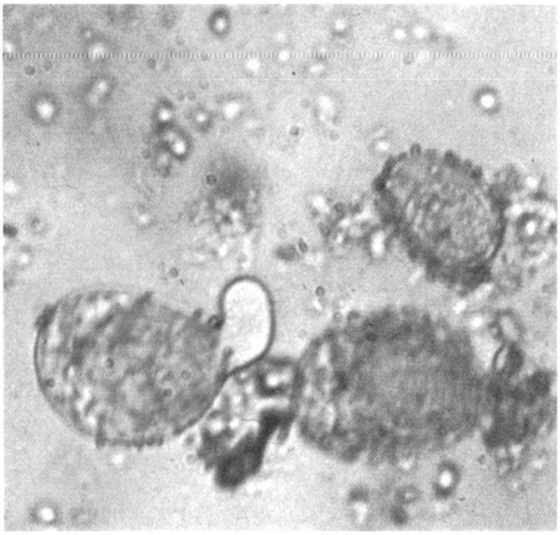

Abbildung 11.3: *Keimender Pollen vom Schneeglöckchen.*
Die reifen Pollenkörner können in einer feuchten Kammer bzw. in einem Tropfen Leitungswasser zum Keimen gebracht werden.

drei Blättern. Die Blütenhüllblätter der beiden Kreise unterscheiden sich zwar in der Form, doch sind sie beide weiß gefärbt. Deshalb spricht man von einem Perigon (einer einheitlichen Hülle) im Gegensatz zu Blüten mit grünem äußerem Kelch und bunt oder weiß gefärbter innerer Krone.

Die weiße Farbe der Blütenblätter kommt übrigens nicht durch einen besonderen Farbstoff zustande. Wie viele weiße Blüten verdankt auch das Schneeglöckchen seine Farbe einem physikalischen Effekt. An den reichlich vorhandenen luftgefüllten Interzellularen des Blütenblattgewebes wird das auftreffende Licht total reflektiert. Man kann dies dadurch nachweisen, daß man die Blütenblätter zwischen den Fingern drückt oder mit Hilfe einer Wasserstrahlpumpe bei Unterdruck Wasser in die Interzellularen saugt. In beiden Fällen wird das Blatt durch das Austreiben der Luft aus den Interzellularen farblos und durchsichtig.

Die weiße Farbe aller Blütenblätter wird auf diesem Wege ohne chemische Inhaltsstoffe erreicht. Auch die Leuchtkraft vieler farbiger Blüten wird durch die Totalreflektion verstärkt. Allerdings kommen im Pflanzenreich auch weiße Farbstoffe vor, so beispielsweise das Betulin der Birkenborke.

Die **Staubblätter** sind beim Schneeglöckchen ebenfalls in zwei Kreisen zu je drei angeordnet. Die Beutel bestehen aus je zwei Theken mit zwei Pollensäcken. Sie bilden einen Kegel, aus dessen Spitze der Griffel mit der Narbe herausschaut (Abb. 11.2) Otto Schmeil beschreibt dies in seinem »Leitfaden der Botanik« (50. Aufl. 1913, S. 213) wie folgt: *»Die großen Beutel der sechs Staubblätter stellen zusammen einen Kegel dar, aus dessen Spitze der Griffel mit der Narbe hervorragt. Jeder Staubbeutel trägt eine borstenartige Verlängerung und öffnet sich an der Spitze mit zwei Löchern. Erschüttert man die Borsten z. B. mit einer Nadel, dann rieselt aus den Löchern trockener Blütenstaub hervor. Dasselbe geschieht natürlich auch, wenn ein Insekt in die Blüte eindringt, denn die Borsten stehen gerade im Wege, der zum Honig führt. Da nun die Öffnung der Blüte nach unten gerichtet ist, wird das Tier mit Blütenstaub gleichsam überschüttet. In einer zweiten Blüte tritt dem Insekt zunächst die Narbe entgegen. Ehe es also hier mit Blütenstaub beladen werden kann, muß es einige Körnchen des fremden Staubes an der Narbe abstreifen.«*

Der **Stempel** ist gegliedert in Fruchtknoten, Griffel und Narbe. Beim Schneeglöckchen besteht er aus drei verwachsenen unterständigen Fruchtblättern. »Unterständig« heißt, daß sie in die Blütenachse eingesenkt sind und, daß die übrigen Blütenteile oberhalb der Fruchtteile aus dem Achsengewebe entspringen. Im Längsschnitt kann man erkennen, daß etwa zwölf Samenanlagen im Fruchtknoten reihig übereinander angeordnet sind. Im Querschnitt sieht man, daß die Stellung der Samenanlagen zentral-winkelständig ist. Die drei Kammern des Fruchtknotens entsprechen den drei Fruchtblättern.

Während der **Samenreifung** verlängert sich der Blütenstiel beträchtlich. Dabei hängt er immer mehr über und schließlich wird die Frucht durch die Schwere der Samen zu Boden gezogen (Abb. 13.1). Dort öffnet sich die reife Kapsel mit drei Klappen, von der Spitze beginnend. Die Spalten kommen durch Trenngewebe im Rückenteil der Fruchtblätter zustande (rücken- bzw. fachspaltig, *loculicid).*

Die frei werdenden Samen besitzen einen Anhang mit öl- bzw. eiweißreichem Gewebe. Dieser Anhang wird von bestimmten Ameisenarten gefressen. Sie sammeln solche Samen mit »Elaiosomen« in ihren Bauten und tragen damit zur Verbreitung bei. Diese besondere Art der Verbreitung durch Tiere (nach griech. *myrmex*, gen. *myrmekos* = Ameise auch *Myrmekochorie* genannt) findet sich bei verschiedenen Waldbodenpflanzen, z. B. beim Wald-Veilchen, bei der Hain-Simse oder beim Hohlen Lerchensporn.

1.4 Lebensweise

Die Bedeutung, die Zwiebelpflanzen seit alters her in der Volksmythologie zukommt, mag aus der Verwunderung darüber entstanden sein, daß aus den bräunlichrunzeligen Zwiebeln, die im Herbst und Winter einen durchaus toten Eindruck machen, jedes Frühjahr wieder neues oberirdisches Leben entsteht. Zwiebelgewächse sind deshalb allgemein Symbole der Auferstehung und des ewigen Lebens. So dachten sich die Griechen ihr Totenreich mit Affodillfluren bedeckt. Noch heute werden in Griechenland Blütenrispen vom Affodill als Grabschmuck verwendet. Besonders hoch ist der Symbolgehalt der Lilie, die seit dem Mittelalter als Sinnbild der Gnade Gottes und der jungfräulichen Reinheit und somit auch als wichtiges Attribut der Gottesmutter Maria gilt. Lilien oder Lilienteile sind Symbole für zahlreiche Heilige. Auch das Schneeglöckchen gilt als Mariensymbol. Die Künstler der Spätgotik haben Schneeglöckchen häufig als Sinnbild für Geburt und Hoffnung zu Füßen Marias gezeichnet. Damit zusammenhängen könnte auch die volksmedizinische Anwendung bei Augenkrankheiten: Mit dem ersten Schneeglöckchen, das man im Frühjahr sieht, soll man sich die Augen auswischen. Sie werden dann ein ganzes Jahr nicht krank.

Die Besonderheit der Zwiebelpflanzen ist also, daß sie den Winter unterirdisch – ganz zurückgezogen in dieses unscheinbare Organ – überdauern, um dann nach Ende der

Abbildung 13.1: *Schneeglöckchen Anfang Mai: Die fast reifen Kapseln liegen am Boden. Bald werden sie sich öffnen und die Samen freigeben.*

ungünstigen Jahreszeit schnell wieder Blätter und Blüten treiben zu können (vgl. Abb. 15.1). Eine Zwiebel ist ein gestauchter Sproß. Die Hauptachse ist meistens extrem kurz. Man bezeichnet sie wegen ihrer flächigen Form auch als »Zwiebelkuchen«. Sie ist mit gleichartigen Wurzeln besetzt und weist nur geringes Speichervermögen auf. Rund um die Achse sitzen – schuppig oder zylindrisch angeordnet – zahlreiche verdickte Blätter, die eigentlichen Speicherorgane der Zwiebel. Dabei kann es sich um Niederblätter oder auch um die Basen oberirdisch abgestorbener Laubblätter handeln. Je nach Anordnung kann man z. B. Schalenzwiebeln und

a) Türkenbund-Lilie (Lilium martagon): *Blühfähige Zwiebeln, wie hier abgebildet, haben basal nur noch schuppenförmige Niederblätter (Schuppenzwiebel). Grundständige Blätter sind zu diesem Zeitpunkt nicht mehr vorhanden. Sie treten nur bei der Jungpflanze auf.*

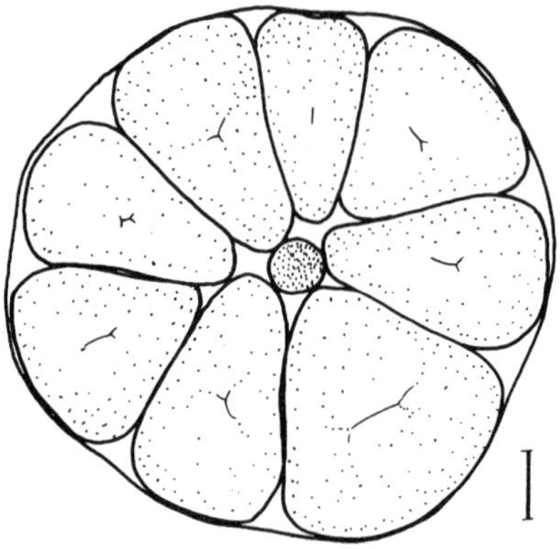

b) Knoblauch (Allium sativum): *Mehrere scheidenförmig-röhrige Blätter stehen um eine sehr gestauchte Achse: Eines dieser Blätter ist hier zu sehen. Es umschließt mehrere fleischig verdickte Beiknospen (»Zehen«).*

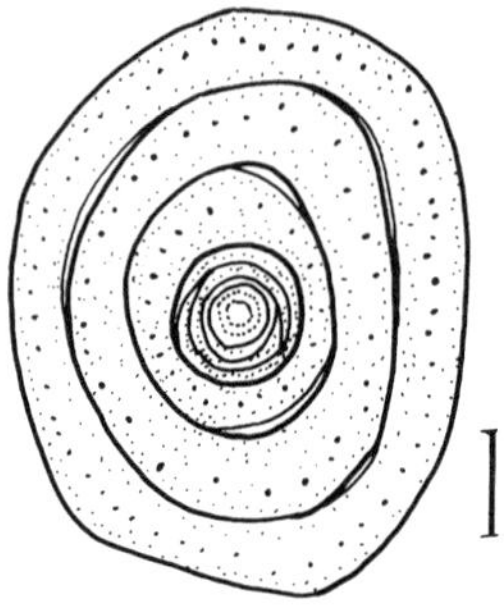

c) Garten-Tulpe (Tulipa gesneriana): *Die Zwiebel wird von röhrigen Niederblättern gebildet.*

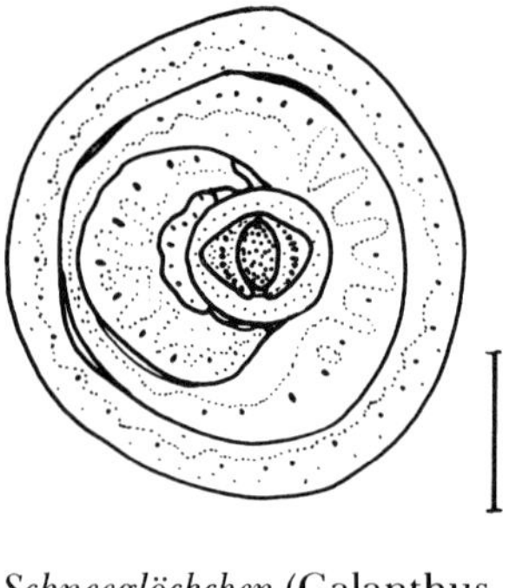

d) Schneeglöckchen (Galanthus reginae-olgae): *Die drei äußeren Zwiebelblätter sind Scheide und Blattbasen des Vorjahres, dann folgt ein Blütenstands-(achsen-)Rest. Der diesjährige Trieb besteht ebenfalls wieder aus einem Scheidenblatt, zwei Laubblättern und der Achse.*

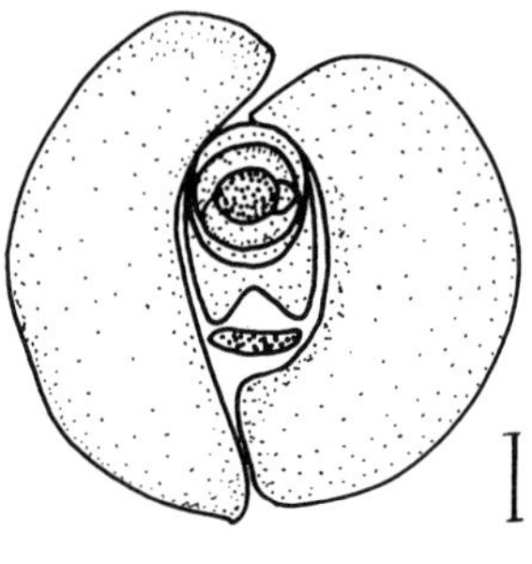

e) Schachblume (Fritillaria meleagris): *Nur 2 fleischige Niederblätter umschließen den trockenen Blütenschaft des Vorjahres und die 4 bis 5 Schuppenblätter.*

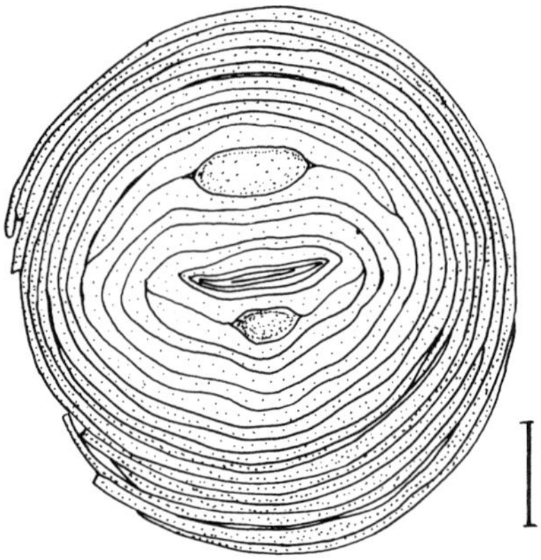

f) Ritterstern (Hippeastrum spec.): *In der Zwiebel sind die röhrigen Blattscheiden mehrerer Blattgenerationen vereinigt. Auf drei bis vier Laubblätter mit basaler Scheide folgt ein Laubblatt mit offener Blattbasis.*

Abbildung 14.1: *Aufbau verschiedener Zwiebeln im Querschnitt (Der Strich entspricht jeweils einer Länge von 5 mm.)*

Schuppenzwiebeln unterscheiden (vgl. Abb. 14.1).

Bei der Schneeglöckchen-Zwiebel sind zur Blütezeit folgende lebende und verdickte Blattorgane ausgebildet (von außen nach innen; Abb. 16.1):

(1) ein scheidenförmiges Niederblatt

(2) die scheidenförmige Basis eines Laubblattes

(3) die Basis eines weiteren Laubblattes

(4) der Rest des vorjährigen Blütenstandes

(5) der diesjährige Sproß, der wieder genauso aufgebaut ist: Scheide, zwei Blätter und Blütenachse.

In manchen Fällen ist eine zweite, kleinere Blütenstandsanlage vorhanden.

Über den Aufbau von Zwiebeln kann man durch Quer- und Längsschnitte Auskunft bekommen. Gut lassen sich mit solchen Zwiebelhälften Stempeldrucke anfertigen, die den Zwiebelaufbau zeigen (Abb. 17.2).

Im Vorfrühling, oft schon an warmen Ja-

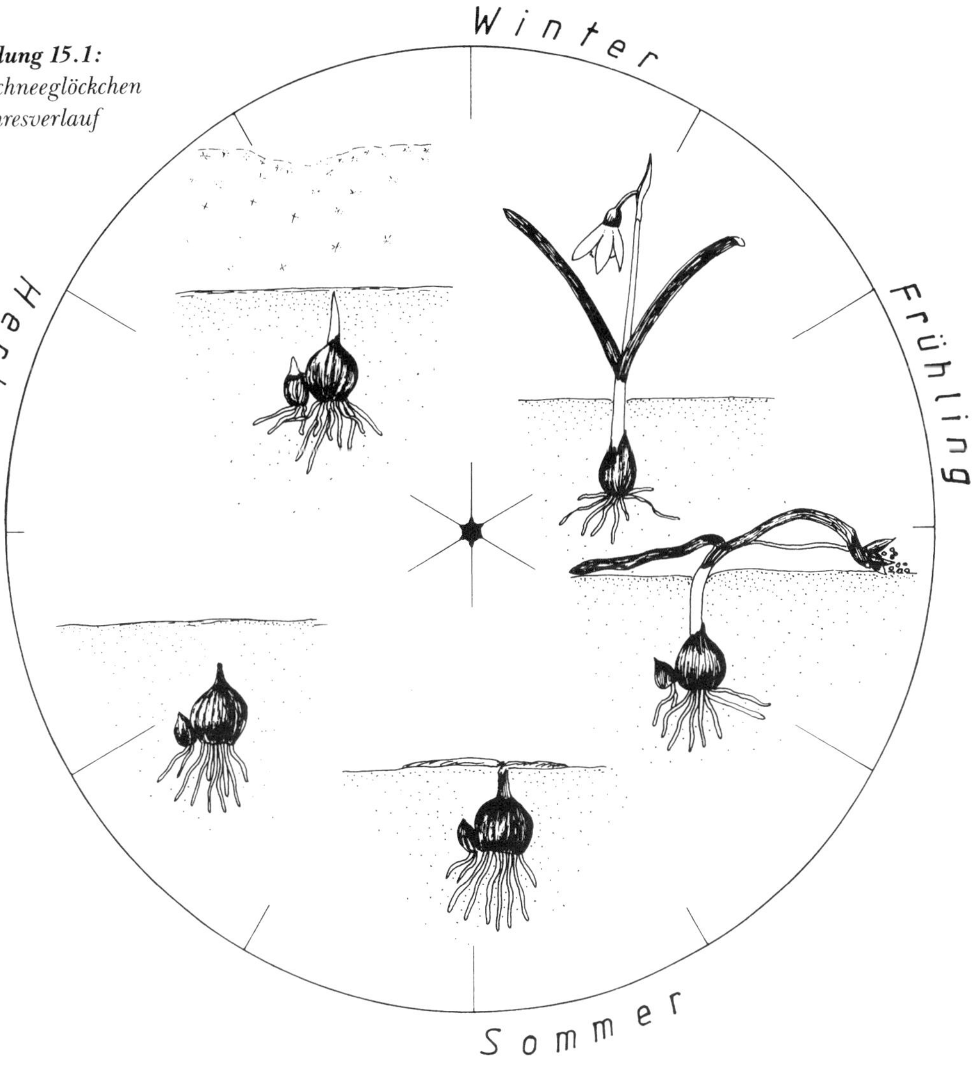

Abbildung 15.1:
Das Schneeglöckchen im Jahresverlauf

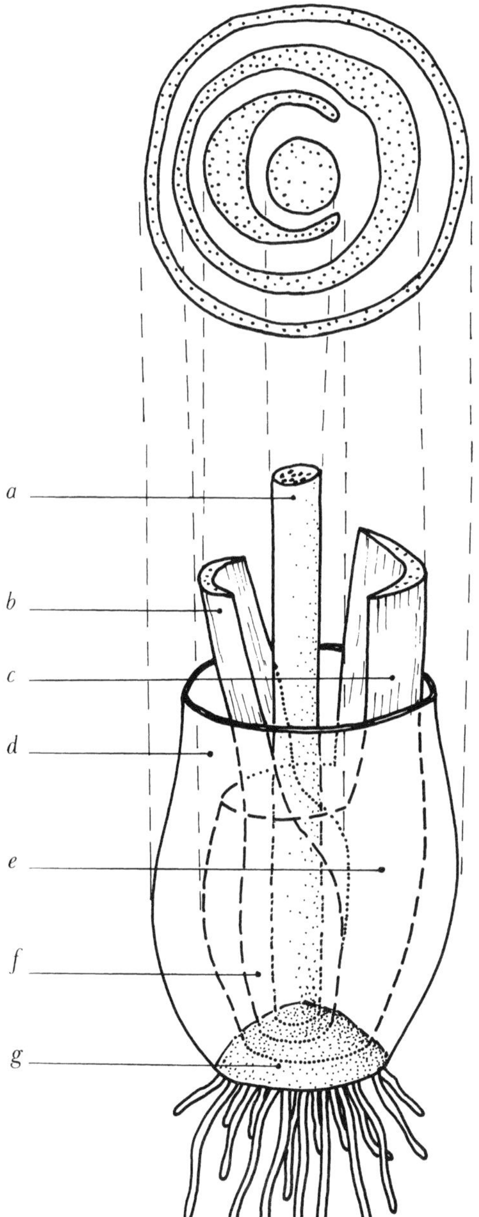

a) Blütenstengel; b) Blatt 2; c) Blatt 1; d) Scheidenförmiges Niederblatt; e) Blatt 1 (Zylinderförmige Basis); f) Blatt 2 (Zylinderförmige Basis); g) Zwiebelscheibe (Sproßachse)

Abbildung 16.1: *Bau der Schneeglöckchen-Zwiebel (innerer Teil)*

nuartagen, beginnt die Blütenstandsachse zu wachsen. Sie ist zunächst von dem scheidigen Niederblatt umgeben, das weißlich erscheint. Dieses Blatt wird von den Spitzen der aneinanderliegenden jungen Laubblätter durchbrochen (Abb. 8.1). Sobald die neuen Blätter über der Bodenoberfläche erscheinen, beginnen sie zu assimilieren und neue Nährstoffe in ihre Basen einzulagern. Die äußeren Blätter werden immer dünner und schließlich zu feinen, bräunlichen Hüllhäutchen, während die Basen der neuen Blattorgane zu Speicherorganen für die Zwiebel des nächsten Winters heranwachsen (Abb. 16.1).

Schon im späten Frühjahr beginnen die oberirdischen Teile des Schneeglöckchens abzusterben und während des Sommers ist von der Pflanze nichts mehr zu sehen.

1.5 Vorkommen und Verbreitung

Dieser Lebenszyklus ist angepaßt an den natürlichen Lebensraum des Schneeglöckchens. Ursprünglicher Standort dürfte der Laubwald sein. Ähnlich wie viele andere Frühjahrsblüher nutzt das Schneeglöckchen das zeitige Frühjahr zur Blüte und zur Photosynthese. Wenn das Laubdach sich entwickelt und die Beschattung des Waldbodens zunimmt, stirbt die oberirdische Pflanze ab, da das Licht für eine positive Stoffbilanz dann nicht mehr ausreichen würde. Heute findet man das Schneeglöckchen in Auenwäldern und anderen Feuchtwäldern, in Gebüschen und Hecken, aber auch in Obstgärten, Parkanlagen und Wiesen.

Da die Pflanze seit alters her in Gärten kultiviert wird, ist das Areal ihrer ursprünglichen Verbreitung sehr schwer festzustellen. In Norddeutschland handelt es sich bei den Wildvorkommen wohl in den meisten Fällen

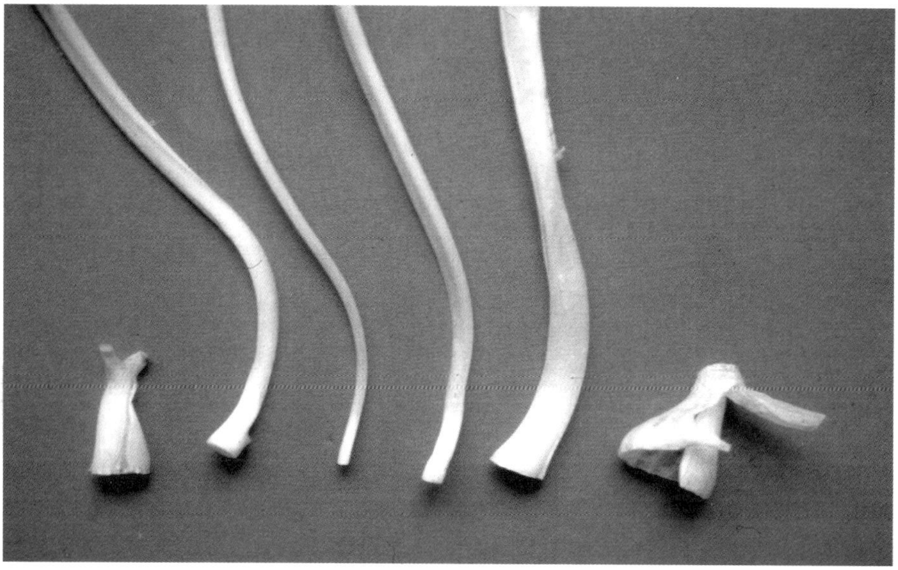

Abbildung 17.1: *In Einzelteile zerlegte Schneeglöckchen-Zwiebel.*
Von rechts nach links: Blattgrund eines Vorjahresblattes – diesjähriges Blatt – Blütenstiel – diesjähriges Blatt – diesjähriges Scheidenblatt – Blattgrund eines Vorjahresblattes

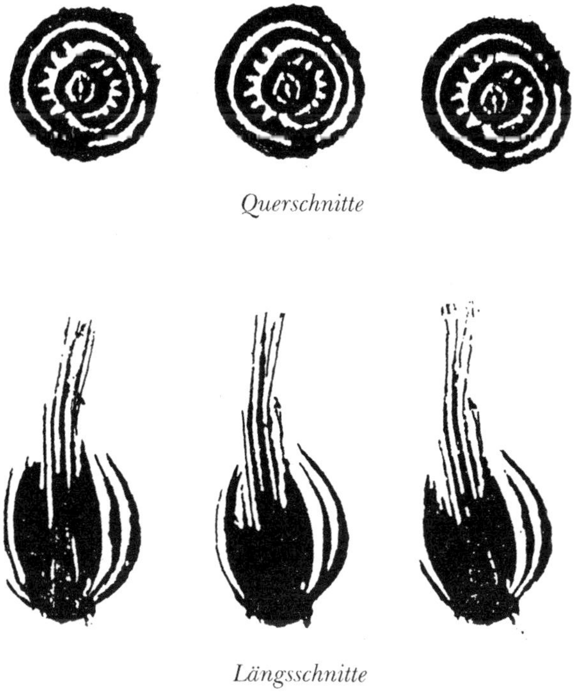

Abbildung 17.2: *Stempelabdrucke von Schneeglöckchenzwiebeln.*

um Gartenflüchtlinge. Nach Hegi (1939) kann man als wirklich ursprünglich Standorte in Bayern, im Schweizer Jura, in Schlesien, Böhmen, Mähren, an der Niederdonau sowie im ganzen Alpenvorland betrachten. In großen Mengen sollen die Schneeglöckchen in der Weichselniederung vorkommen. Auch in anderen Stromtälern, beispielsweise im Rheintal zwischen Speyer und Mannheim, bei Laubenheim und bei Mainz, sind Schneeglöckchen weit verbreitet. Die Gesamtverbreitung reicht von den Pyrenäen über Mitteleuropa, Italien, Polen, Tschechoslowakei, Ungarn und die Balkan-Halbinsel über die Karpaten bis in das südwestliche Rußland, die Krim, den Kaukasus und Kleinasien.

In Deutschland gehört das Schneeglöckchen seit 1936 zu den geschützten Arten. Auch in der neuen Fassung des Bundesartenschutzgesetzes von 1986 ist es enthalten.

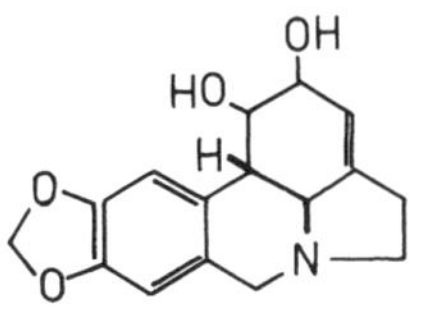

Lycorin

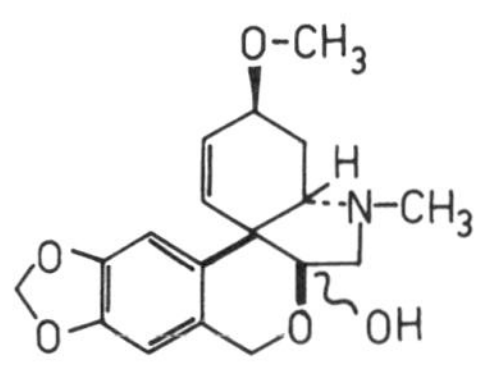

Tazettin

Abbildung 18.1: *Wichtigste Inhaltsstoffe des Schneeglöckchens (Schneeglöckchen-Alkaloide)*

1.6 Inhaltsstoffe

Das Schneeglöckchen ist – wie viele Amaryllisgewächse – giftig. Zwar besitzen die in ihm enthaltenen giftigen Alkaloide – z. B. Lycorin, Galanthamin oder Tazettin (Abb. 18.1) – tumorhemmende und antivirale Eigenschaften, doch konnte man diese Stoffe wegen ihrer hohen Toxizität bisher pharmazeutisch nicht nutzen.

Die Schneeglöckchen-Alkaloide gehören zu den sogenannten sekundären Pflanzenstoffen. Dieser Name wurde solchen Stoffen gegeben, die nicht im Primärstoffwechsel, das heißt bei Photosynthese, Atmung oder Aufbau von Pflanzenstrukturen gebildet werden, sondern im sogenannten Sekundärstoffwechsel, dessen Bedeutung für die Pflanzen in manchen Fällen bis heute nicht bekannt ist.

Für die Heilkunde sind solche Sekundärstoffe der Pflanze allerdings seit alters her von großer Bedeutung. Aus der Beschäftigung mit medizinisch wirksamen Pflanzen und Pflanzenteilen ist schließlich die Wissenschaft »Botanik« entstanden.

2 Hinweise für den Unterricht

2.1 Mögliche Ziele und Inhalte

Das Schneeglöckchen eignet sich gut für eine Unterrichtseinheit in den Klassen 4 (Sachunterricht), 5 oder 6.

(1) Aufbau des Schneeglöckchens als typischer Frühlings-Geophypt (Einführung bzw. Wiederholung der Begriffe: Wurzeln, Sproßachse, Laubblätter, Blüte; vgl. Abb. 9.2)

(2) Das Schneeglöckchen im Jahresverlauf, jahreszeitliche Entwicklung von Pflanzen (und Tieren) (Abb. 15.1)
(3) Aufbau und Funktion einer Zwiebel. Beispiele für Zwiebelpflanzen (Abb. 14.1, 16.1)
(4) Aufbau der Schneeglöckchen-Blüte und der Blüte verwandter Pflanzenarten (Abb. 11.1)

2.2 Material und Geräte
(jeweils für 2 Schüler)

- Schneeglöckchenpflanze mit Zwiebel
- Stempelkissen (kann unter den Gruppen herumgereicht werden)
- Bleistifte (HB) und Radiergummi
- 2 bis 3 Blatt Schreibmaschinenpapier (DIN A4)
- Lupe
- Küchenmesser

2.3 Unterrichtsschritte

(1) **Aufbau der Schneeglöckchenpflanze**
Jeder Schüler soll eine Zeichnung der Schneeglöckchenpflanze in ungefähr natürlicher Größe anfertigen. Die verschiedenen Teile der Pflanze sollen deutlich zu erkennen sein: Wurzel, Zwiebel, Stengel (Sproßachse), Blätter und Blüte (vgl. Abb. 9.2).

(2) **Wie sieht das Schneeglöckchen im Sommer, im Herbst und im Winter aus?**
Vermutungen werden angestellt. Schließlich wird eine vierteilige Zeichnung an der Tafel entworfen und in die Hefte übernommen: Das Schneeglöckchen im Jahresverlauf (Abb. 15.1).

(3) **Aufbau und Funktion der Zwiebel**
Die Skizze zum Jahresverlauf macht deutlich, daß nur die Zwiebel in allen Jahreszeiten erhalten bleibt. Wie ist dieses unscheinbare Organ aufgebaut? Ein Querschnitt und ein Längsschnitt durch die Zwiebel zeigen den inneren Aufbau. Mit Stempelfarbe können Drucke vom Quer- und Längsschnitt gemacht werden, die die Anordnung der Zwiebelschuppen erkennen lassen. Der Zusammenhang zwischen den Zwiebelschuppen und den Blättern wird klar, wenn man die quergeschnittene Zwiebel in ihre Einzelteile zerlegt (vgl. Abb. 17.1). Es soll deutlich werden, daß der Sinn des Zwiebelorgans Nährstoffspeicherung ist.

Es kann nun genau besprochen werden, welchen Weg die Speicherstoffe in der Pflanze nehmen, wie sie dazu verhelfen, daß das Schneeglöckchen schon im ganz zeitigen Frühjahr austreiben und blühen und früh im Jahr wieder verblühen kann, weil genügend Nährstoffe in die unterirdischen Teile der Blätter eingelagert wurden.

Gemeinsam überlegt die Klasse, für welche Standortbedingungen eine solche Lebensweise besonders günstig ist (Frühblüher im Laubwald, Pflanzen trockenkalter Steppen und Wüsten). Es wird nach Pflanzenarten gefragt, die es ähnlich machen wie das Schneeglöckchen. Dabei können auch Gartenpflanzen wie Tulpe, Kaiserkrone, Narzisse, Hyazinthe usw. angeführt werden.

(4) **Aufbau der Blüte und Verwandtschaft des Schneeglöckchens**
Man kann Pflanzen nach ihrer Lebensweise oder Lebensform einteilen. Andere Möglichkeiten, Pflanzen zu gruppieren, werden besprochen (nach ihrer Verwendungsmöglichkeit, nach bestimmten Merkmalen wie Blütenbau oder Blütenfarbe, Begriff der Verwandtschaft). Pflanzen, die näher miteinander verwandt sind, haben meistens einen ähnlichen Blütenbau, auch wenn die übrigen

AKTIONSKARTE

Wie Pflanzen durch den Winter kommen

Suche die abgebildete Pflanze.
Wie sehen ihre unterirdischen
Teile aus?

Wie heißt die Pflanze? ______________________

Ist sie im Gebiet
häufig oder selten?
○ ○

Abbildung 20.1: *Vorlage für eine »Aktionskarte«: »Wie Pflanzen überwintern«.*
Die Schüler sollen die Pflanze suchen und ausgraben und die überwinternden Teile ausmalen.

Merkmale wie Blattform, Größe, Blütenfarbe, Wurzeltiefe usw. stark voneinander abweichen.

Zweiergruppen erhalten nun den Auftrag, die Schneeglöckchenblüte genau anzuschauen und die einzelnen Blütenteile zu benennen. Schließlich wird die Blüte mit einem Skalpell oder einer Rasierklinge längs geschnitten und mit der Lupe wird der Aufbau genau betrachtet und abgezeichnet (Größe etwa eine halbe DIN A4 Seite; vgl. Abb. 11.1). Die einzelnen Blütenteile werden beschriftet. Abschlußaufgabe: Beispiele für Pflanzen, deren Blüten gleich gebaut sind wie die Blüte des Schneeglöckchens.

2.4 Anknüpfungspunkte

Im Anschluß an das Schneeglöckchen läßt sich ganz allgemein die Überwinterung von Pflanzen besprechen. Dieses Thema läßt sich sehr gut mit einem Unterrichtsgang bzw. einem Geländepraktikum verknüpfen. Günstigste Jahreszeit ist das Frühjahr kurz vor der Belaubung der Bäume. Man kann dann schon gut erkennen, welche Knospen und Blätter im neuen Jahr gebildet werden und welche aus dem vorigen Jahr stammen. Die Überwinterung von Pflanzen wie Giersch, Busch-Windröschen, Scharbockskraut, Sauer-Klee usw. kann von den Schülern im Gelände selbständig untersucht werden. Möglich wäre es zum Beispiel, Suchkarten auszuteilen und die Schüler dann jeweils eintragen zu lassen, welche Teile der Pflanze überwintern (Abb. 20.1).

3 Literatur

DAVIS, A.P., KING, C.: The Genus Galanthus: A Botanical Magazine Monograph. The Royal Botanic Gardens Kew in association with Timber Press, Portland (Oregon) 1999

HALLER, B., PROBST, W: Exkursionen im Sommerhalbjahr. Band 2. G. Fischer, Stuttgart, New York, 2. Auflage, 1989

HANNEKE, D.van, KOLK, D. J. van der: Schneeglöckchen. Landwirtschaftsverlag, Münster 2004

HEGI, G.: Illustrierte Flora von Mitteleuropa. Band 2, Teil 2: Spermatophyta: Angiospermae: Monocotyledonae 3. völlig neu bearbeitete Auflage, herausgegeben und bearbeitet von U HAMANN

IRMISCH, TH.: Zur Morphologie der monokotylischen Knollen- und Zwiebelgewächse. Berlin 1850

KUHN, K., PROBST, W, SCHILKE, K.: Biologie im Freien. Metzler, Stuttgart 1986

LORENZEN, H.: Physiologische Morphologie der Höheren Pflanzen unter Berücksichtigung der anatomischen Grundlagen. Ulmer (UTB 65), Stuttgart 1972

MAKEAN, D. G.: Einführung in die Biologie 1. BLV, München, Basel, Wien 1968. Rohwolt, Reinbek 1970

SPETA, E: Zwiebeln - versteckte Vielfalt in einfacher Form. Linzer biologische Beiträge 1611, 3-44, 1985

STICHMANN, W. (Hrsg.): Frühling. Unterricht Biologie 202, 19.Jg., 1995

ZEYBEK, u: Über die Alkaloide verschiedener Galanthus-Arten. Dissertation am Institut für Pharmakognosie der Universität Wien. Wien 1983

Scharbockskraut

Ranunculus ficaria L.
Familie *Ranunculaceae*

Blütezeit: Jan. Febr. **März** **April** Mai Juni Juli Aug. Sept. Okt. Nov. Dez.

Die nierenförmigen, glänzend grünen Blättchen des Scharbockskrautes sind das erste Grün, das man im Frühjahr unter Hecken und an Waldrändern aus dem nackten Boden sprießen sieht. Früher, als es noch keine Obstimporte und keine Tiefkühlkost gab,
waren diese ersten Frühlingsboten gleichzeitig eine wichtige Beikost, um den in langen Wintermonaten immer ärmer gewordenen Speisezettel mit frischem Grün anzureichern.
Der Name »Scharbockskraut« geht auf die altertümliche Bezeichnung für Skorbut »Scharbock« zurück und beweist, daß man schon damals wußte, daß die Pflanze gegen diese häufig im Frühjahr auftretende Krankheit erfolgreich eingesetzt werden kann.

Scharbockskrautbestand

1 Ein Hahnenfußgewächs hilft gegen Warzen und Zahnfleischbluten

1.1 Die »Feigwurz« – ein Fingerzeig Gottes

Der lateinische Name *»ficaria«* findet sich auch heute noch in der deutschen, nicht mehr so gebräuchlichen Bezeichnung »Feigwurz« wieder. Schon in den Kräuterbüchern des 16. und 17. Jahrhunderts wird darauf hingewiesen, daß das Scharbockskraut gut geeignet ist, um bei Mensch und Tier Warzen zu vertreiben. Als besonders wirkungsvoll galten die länglichen Wurzelknollen. Ein Brei aus zerstoßenen Knollen soll auf die Warzen aufgetragen werden. Diese Methode führte in vielen Fällen zum Erfolg, obwohl man sich die Wirkung aufgrund der Inhaltsstoffe – ätherischen Ölen und Saponinen – nicht erklären kann.

Für die Heilkundigen und Ärzte des Mittelalters und der beginnenden Neuzeit ergab sich diese Heilwirkung des Scharbockskrautes aus der *Signaturenlehre,* bestehen doch deutliche Formenähnlichkeiten zwischen den unterirdischen Wurzelknollen des Scharbockskrautes und den sogenannten Feigwarzen (übrigens auch den Hämorrhoiden, gegen die Scharbockskraut ebenfalls angewendet wurde).

Die Signaturenlehre oder Insignienlehre ist ein wichtiger Ansatz der Heilpflanzenkunde, den man in vielen Kulturkreisen findet. In Mitteleuropa wurde diese Lehre in der Renaissance vor allem von dem Schweizer Arzt und Naturgelehrten Theophrastus Bombastus von Hohenheim, genannt Paracelsus, (1493 – 1541) aufgegriffen und verbreitet. Paracelsus sah in Leib und Seele, in belebter und unbelebter Natur, eine große Einheit. Jede Pflanze, so seine Überzeugung, besitzt bestimmte Eigenschaften, die einer bestimmten Krankheit entsprechen. *»Alles, was die Natur hervorbringt, formt sie nach dem Bild der Eigenschaften, die sich dahinter verbergen.«* (aus Pelt 1983). Man kann daher von der äußeren Erscheinung einer Pflanze auf deren wirksame und heilkräftige Eigenschaften schließen. Man muß nur in der Lage sein, die Signatur, die Gott gegeben hat, richtig zu deuten.

Diese Ansicht geht auf die Vorstellung zurück, daß der Kosmos eine große Einheit ist, und daß es zwischen all seinen großen und kleinen Teilen enge Beziehungen gibt. Wenn man den Menschen als Mittelpunkt des Universums sieht, dann ist es nur verständlich, daß man den Lauf der Gestirne ebenso wie die unterschiedlichen Erscheinungsformen der Pflanzen auf diesen Mittelpunkt bezieht.

Auch der heute gebräuchliche Name »Scharbockskraut« geht auf eine lange bekannte medizinische Wirkung zurück. Die Blätter wurden in vielen Gegenden als Frühlingssalat gegessen und man konnte damit der vor allem im Frühjahr auftretenden

Abbildung 23.1: *Frühlingssalat mit Scharbockskrautblättern und -blüten, Gänseblümchen, Wald-Veilchen, Sauerklee und Wiesen-Schaumkraut*

Krankheit »Skorbut« (alter Name »Scharbock«) vorbeugen. Tatsächlich sind die jungen Blätter verhältnismäßig reich an Vitamin C. Bei der Verwendung von Scharbockskraut für einen Frühlingssalat (Abb. 23.1) sollte man allerdings nur Blätter junger Pflanzen bis zur Blüte verwenden. Mit dem Alter nimmt der Gehalt an giftigem *Protoanemonin* zu.

Der Vitaminreichtum des Scharbockskrautes ist übrigens nicht nur für den Menschen gesund, sondern offensichtlich auch für Hühner von Bedeutung. Daraus leitet sich die siebenbürgische Benennung »Hänkelsalat« (Hänkel = Hühnchen) ab. Tatsächlich gibt es Berichte darüber, daß Hühner im Frühjahr die jungen Blätter gern abpicken, besonders wohl, da sie zu dieser Jahreszeit kein anderes Grün finden können.

Fam. Ranunculaceae (Hahnenfußgewächse)

Sammelfrucht aus 1 – ∞ **Balgfrüchtchen,** selten Beere oder Kapsel

Unterfamilie Helleboroideae (Nieswurz-Unterfamilie)

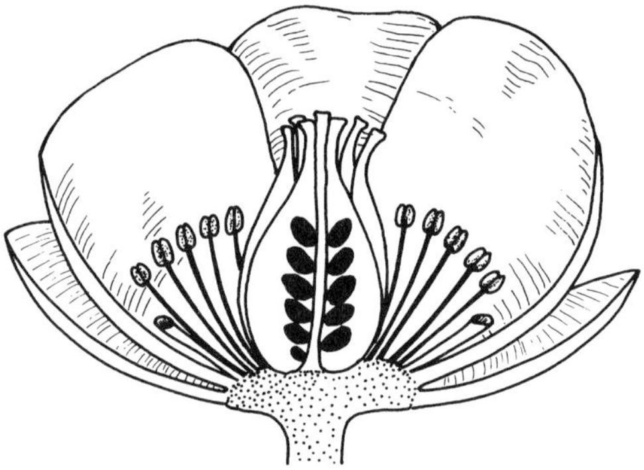

Christrose (Nieswurz), Akelei, Sumpf-Dotterblume, Trollblume, Rittersporn, Eisenhut, Gretchen in Busch

Sammelfrucht aus 1 – ∞ **einsamigen Nüßchen** (selten Steinfrüchtchen)

Unterfamilie Ranunculoideae (Hahnenfuß-Unterfamilie)

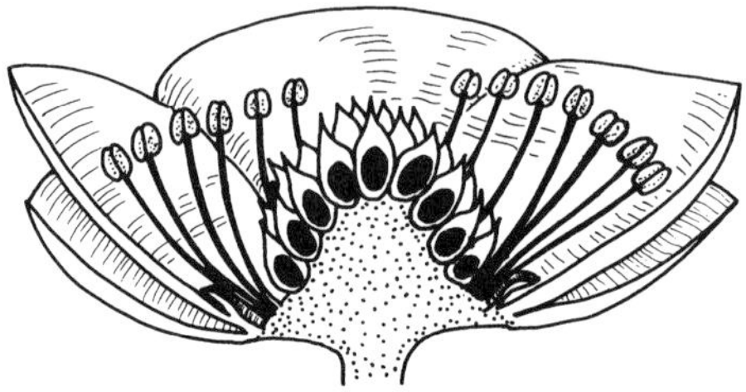

Busch-Windröschen, Küchenschelle, Wiesenraute, Waldrebe

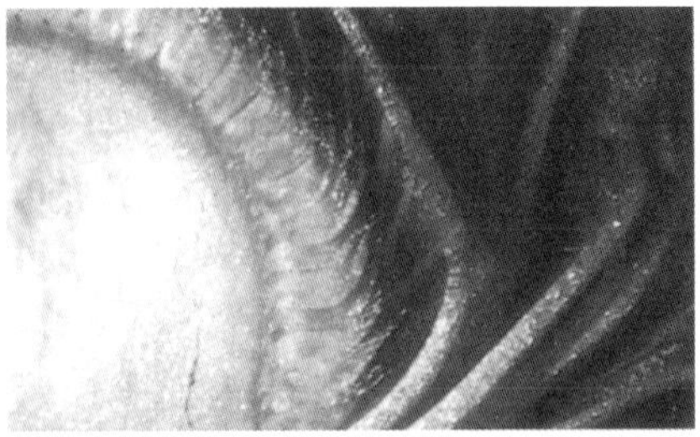

Abbildung 24.1: *Die Unterfamilien der Hahnenfußgewächse*

1.2 Systematik

Das Scharbockskraut gehört zur Familie der Hahnenfußgewächse. Zeitweilig hat man wegen gewisser morphologischer Besonderheiten – besonders des Blütenbaus (s. u.) – eine eigene Gattung *Ficaria* aufgestellt. Doch heute wird es im allgemeinen wieder zu der großen Gattung *Ranunculus* gerechnet, die mit zahlreichen Vertretern in der nördlichen gemäßigten Zone verbreitet ist.

Ranunculus ist die doppelte Verkleinerungsform von *Ranus* (lat. Frosch), heißt also zu deutsch etwa »Fröschelchen« und wurde schon von PLINIUS für diese Pflanzen verwendet (Lehnübersetzung aus dem griechischen *batrachion:* einige Arten leben wie Frösche im Wasser). Die deutsche Bezeichnung Hahnenfuß läßt sich direkt auf die hahnenfußähnliche Blattform vieler Arten zurückführen. Das Scharbockskraut macht hier allerdings eine Ausnahme. Im Gegensatz zu den tiefgeteilten, vogelfußähnlich aussehenden, sehr charakteristischen Blättern der meisten Hahnenfußarten – z. B. des Scharfen Hahnenfußes – besitzt es ungeteilte, nierenförmige Blätter, die wechselständig an weithin kriechenden, nur am Ende etwas aufgerichteten Achsen stehen.

Die Blüten des Scharbockskrautes ähneln zwar denen des Scharfen oder Knolligen Hahnenfußes (»Butterblumen«). Schaut man sie jedoch genauer an, so erkennt man, daß die Zahlenverhältnisse anders sind. Der Kelch des Scharbockskrautes besteht aus drei kleineren, grünlichen Blättern (Abb. 25.1). Diese Dreizahl erinnert an die Gattung *Anemone* (bzw. *Pulsatilla),* bei der drei Hochblätter oder auch drei kelchähnliche Blätter (Leberblümchen) vorkommen können. Die Zahl der übrigen Blütenglieder – auch der Hüllblätter – ist unbestimmt.

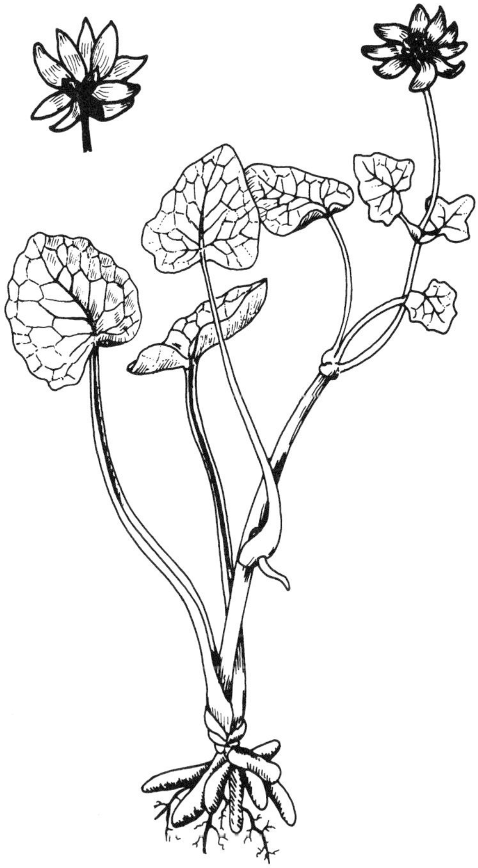

Abbildung 25.1: *Scharbockskrautpflanze mit Wurzelknolle. Der dreizählige Kelch ist eine Besonderheit in der Gattung Ranunculus, die Anlaß zur Aufstellung einer eigenen Gattung (Ficaria) gab.*

Abbildung 25.2: *Zwei Blüten des Scharbockskrautes mit sehr unterschiedlicher Zahl von Kronblättern*

Demgegenüber sind es bei den meisten anderen Hahnenfußarten fünf Kronblätter. Man kann sich einmal der Mühe unterziehen und auf einigen Quadratmetern mit blühendem Scharbockskraut die Zahl der Hüllblätter auszählen. Man wird feststellen, daß sie im allgemeinen zwischen sieben und zwölf schwankt.

Variationen in der Zahl der Staubblätter und der Fruchtblätter sind aus Tabelle 26.1 zu entnehmen. Es zeigt sich, daß sowohl die Jahreszeit als auch der Standort für Unterschiede verantwortlich sein kann.

Diese Variation der Anzahl der einzelnen Blütenglieder gilt bei Bedecktsamern als ursprüngliches Merkmal. Sie kommt besonders

Tabelle 26.1: *Staubblätter- und Fruchtblätteranzahlen beim Scharbockskraut. Variationen in Abhängigkeit vom Standort (1), von der Jahreszeit (2) und von beidem (3), (aus Brix/Walter 1969).*

(1)

Ort der Probennahme	**Durchschnittszahl**		**Standardabweichung**
Gais (Appenzell/Schweiz) (80 Pflanzen)	Staubfäden	23,8250	2,8872
	Fruchtblätter	18,1125	4,2885
Trogen (Appenzell/Schweiz) (385 Pflanzen)	Staubfäden	20,3682	3,8234
	Fruchtblätter	13,2635	3,0606

(Ludwig 1901)

(2)

	Durchschnittszahl		**Standardabweichung**
Frühe Blüten (268 Pflanzen)	Staubfäden	26,7313	3,7609
	Fruchtblätter	17,4478	3,8942
Späte Blüten (373 Pflanzen)	Staubfäden	17,8633	3,2984
	Fruchtblätter	12,1475	3,3878

(Lee 1902)

(3)

	Tag des Einsammelns	**Anzahl der Blüten**	**Staubfäden**	**Fruchtblätter**
Cambridge	3. März	32	22,87	13,41
(unter Bäumen)	16. April	75	19,49	11,95
Clayton Bay	31. März	100	38,24	32,32
(offene Klippen)	4. Mai	43	30,67	25,72

(Burkill 1895)

bei den Unterklassen Magnolienähnliche und Hahnenfußähnliche vor, die an die Basis des Bedecktsamersystems gestellt werden. Im übrigen ist der Blütenbau der Hahnenfußgewächse sehr vielgestaltig. Neben radiärsymmetrischen Blüten, also solchen, durch die sich mehrere Symmetrieebenen legen lassen, kommen deutlich monosymmetrische Blüten vor, beispielsweise beim Rittersporn oder beim Eisenhut.

Es kann – wie beim Scharbockskraut – eine Vielzahl freier Fruchtblätter ausgebildet sein, die zum Teil noch mehrsamige Balgfrüchte bilden wie Christrose oder Akelei, zum Teil einsamige Nüßchen wie Hahnenfuß oder Anemone, zum Teil auch Beeren wie das Christophskraut. Bei den Küchenschellen und auch bei der Waldrebe werden die Griffel bis zur Fruchtreife zu langen, federartigen Flugorganen umgebildet (Abb. 27.1). Selten kommt es innerhalb der Familie sogar zu verwachsenen Fruchtknoten, so beim »Gretchen im Busch« (*Nigella;* Abb. 27.3).

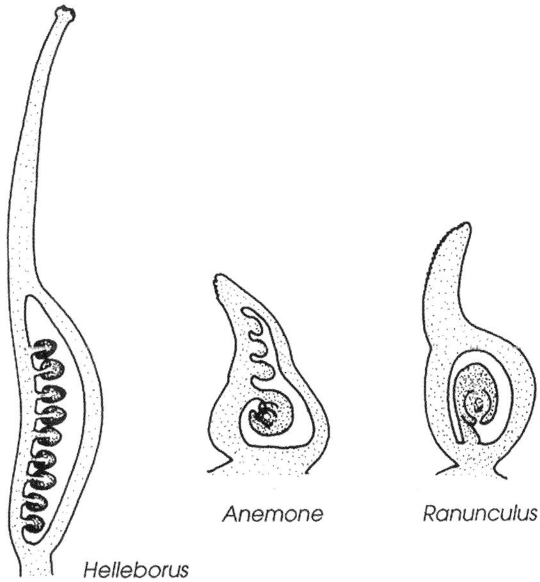

Abbildung 27.2: *Früchtchen verschiedener Hahnenfußgewächse im Längsschnitt. Typisch für die Unterfamilie Heleboroideae sind zahlreiche fertile Samenanlagen. Bei den Ranunculoideae enthält ein Früchtchen nur noch eine fertile Samenanlage, es können jedoch noch Reste verkümmerter Samenanlagen zu erkennen sein (z. B. bei Anemone).*

Abbildung 27.1: *Behaarte Griffel als Flugorgane bei den Früchtchen der Waldrebe (Clematis)*

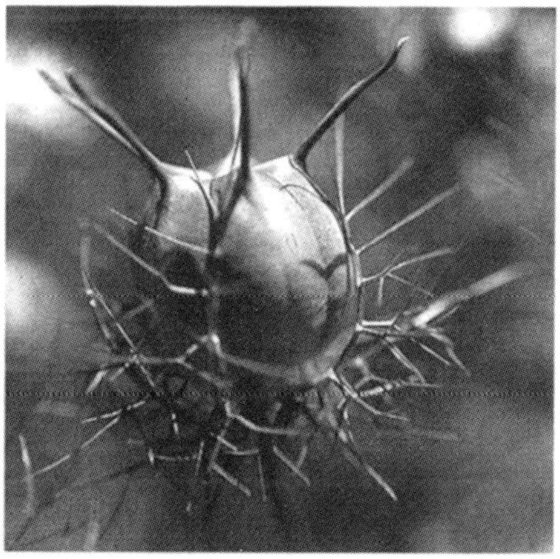

Abbildung 27.3: *Verwachsene Fruchtblätter beim »Gretchen im Busch« (Nigella)*

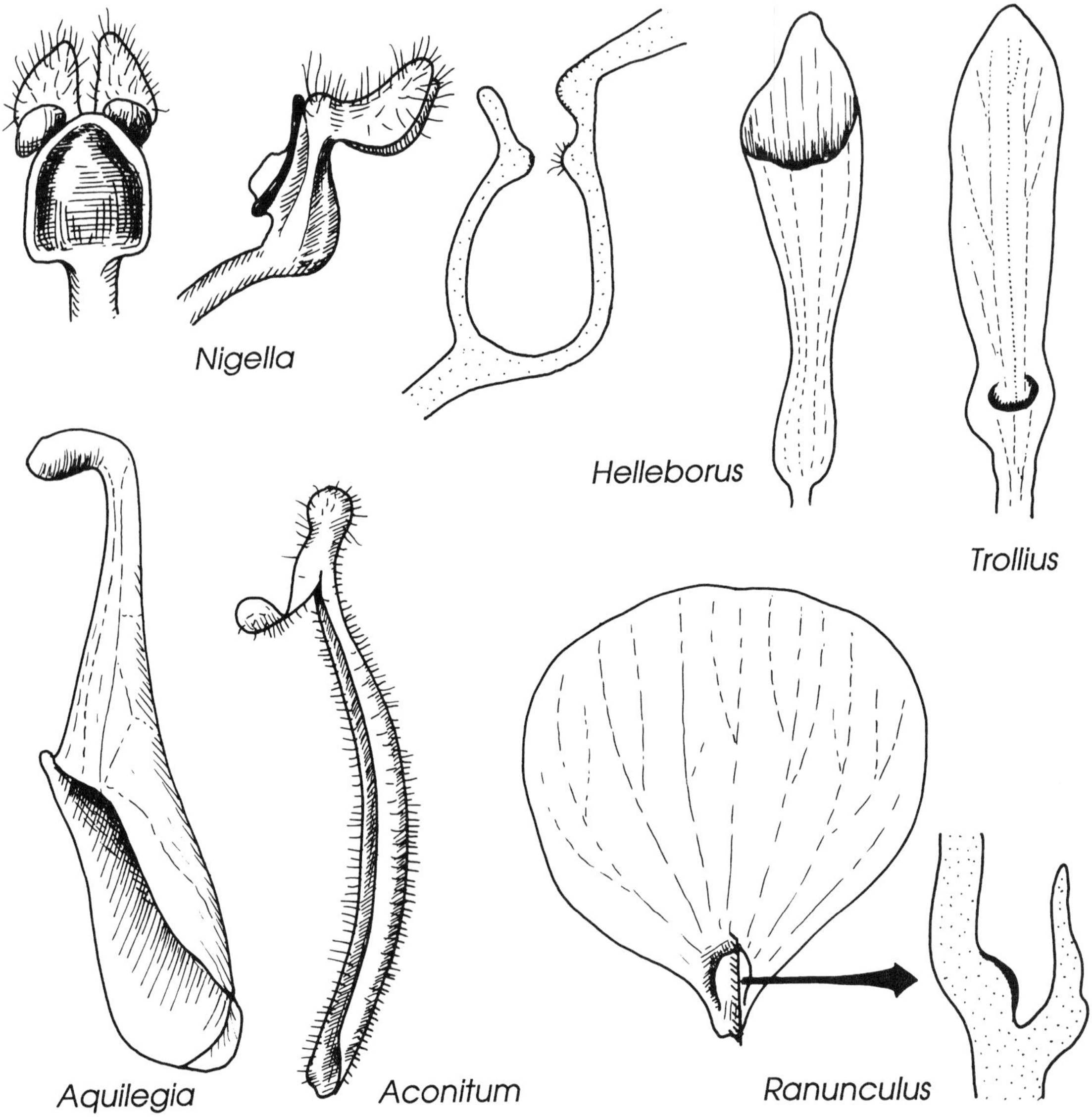

Abbildung 28.1: *Honigröhrchen (Honigblätter) bei Hahnenfußgewächsen (aus Martensen/Probst 1990)*

1.3 Die Blütenhülle der Hahnenfußgewächse

So verschiedenartig die Hahnenfußgewächse auch aussehen – man denke nur an die Gattungen Akelei, Christrose, Rittersporn, Busch-Windröschen oder Küchenschelle – so haben sie doch eine Gemeinsamkeit: das Vorkommen von **Honigblättern** (Abb. 28.1). Diese verschiedenartigen Bildungen gehen ursprünglich alle auf Staubblätter zurück, an deren Basis sich Nektardrüsen entwickelt haben. Man kann jeden Schritt der Umbildung echter fertiler Staubblätter in Nektarblätter am Beispiel verschiedener, rezenter Gattungen der Hahnenfußgewächse nachvollziehen. Diese Entwicklungsreihe zeigt gleichzeitig, wie bei Bedecktsamerblüten die auffällige Blütenhülle entstanden sein kann, nämlich ebenfalls durch Umbildung von Staubblättern. Das gleiche geschieht bei der Züchtung gefüllter Blüten. Offensichtlich steckt diese Möglichkeit der Umbildung in dem Genom der bedecktsamigen Pflanzen.

Natürlich können Hüllorgane auch von außen, also aus Laubblättern über Hochblätter entstehen. Auch dafür bieten die Hahnenfußgewächse Beispiele, etwa bei den Gattungen *Caltha* – Sumpfdotterblume, *Eranthis* – Winterling und *Trollius* – Trollblume.

1.4 Blütenfarben

Die Blütenhüllblätter der Hahnenfüße sind meistens gelb oder weiß, seltener blau, auch violett oder sogar rot *(Ranunculus asiaticus)*. Wie kommen diese Blütenfarben eigentlich zustande? Die wichtigsten Farbstoffe aus Blüten sind Anthocyane, Flavonole (Anthoxanthine) und Carotinoide (Carotine und Xanthophylle).

Bei Anthocyanen herrschen blaue und rotviolette Farben vor, wobei Säurebehandlung eine Umfärbung zu rötlichen, Basenbehandlung eine Umfärbung zu bläulichen Farbtönen bewirken kann. Bei den gelben, orangeroten oder zinnoberroten Carotinen ist die Farbqualität vom pH-Wert unabhängig, wohl aber gibt es pH-abhängige Farbveränderungen bei den ebenfalls gelben Flavonolen. Während sich Anthocyane in polaren Lösungsmitteln, also zum Beispiel auch in Wasser, gut lösen lassen, sind Carotinoide nur in organischen Lösungsmitteln löslich. Sie liegen gehäuft in besonderen Plastiden, den Chromoplasten, und dort in den Thylacoidmembranen vor, während Anthocyane im Zellsaft gelöst sind.

Die Blütenblätter von allen gelbblühenden Hahnenfüßen – wie auch die von *Ranunculus ficaria* – enthalten reichlich Carotin. Mit Wasser oder Alkohol läßt sich dieser Farbstoff nicht aus den Blättern extrahieren, aber mit Benzin oder Chloroform. Die Farbwirkung einer Blüte wird allerdings nicht nur von dem enthaltenen Farbstoff bestimmt. Sie hängt wesentlich auch von der Verteilung dieses Farbstoffes im Blütenblatt ab. Auch übrige Strukturen des Blütenblattes und besondere Zellanordnungen können auf die Farbqualität Einfluß nehmen. Entweder sind die Farbstoffe in der obersten Zellschicht, der Epidermis, eingelagert oder in den unter ihr liegenden Mesophyllschichten. Dabei bevorzugen gelöste Farbstoffe die Epidermis, feste, in Plastiden eingelagerte Farbstoffe das Mesophyll.

Der fettige Glanz der Kronblätter von Hahnenfußarten (auch vom Scharbockskraut) hängt mit einem sogenannten *Tapetum* zusammen, das unter der Epidermisschicht liegt, die hier den Hauptteil der Farbstoffe enthält. Dieses *Tapetum* besteht aus einer Schicht dicht aneinanderschließender Zellen, die mit Stärkekörnern angefüllt sind. Diese Stärkekörnchen wirken wie eine Verspiegelung. Das Licht wird an ihnen reflektiert, und dies verursacht den Fettglanz. In den basalen Bereichen des Hahnenfußkronblattes fehlt das *Tapetum* und damit auch der Fettglanz. Diese Teile sehen matt aus (vgl. Abb. 30.1).

Ein ganz ähnlicher Effekt übrigens wird beim *Tapetum lucidum* vieler nachtaktiver Wirbeltiere durch Einlagerung einer Kristallschicht hinter der Sehzellenschicht oder bei Dämmerungsfaltern durch eine Schicht fein-

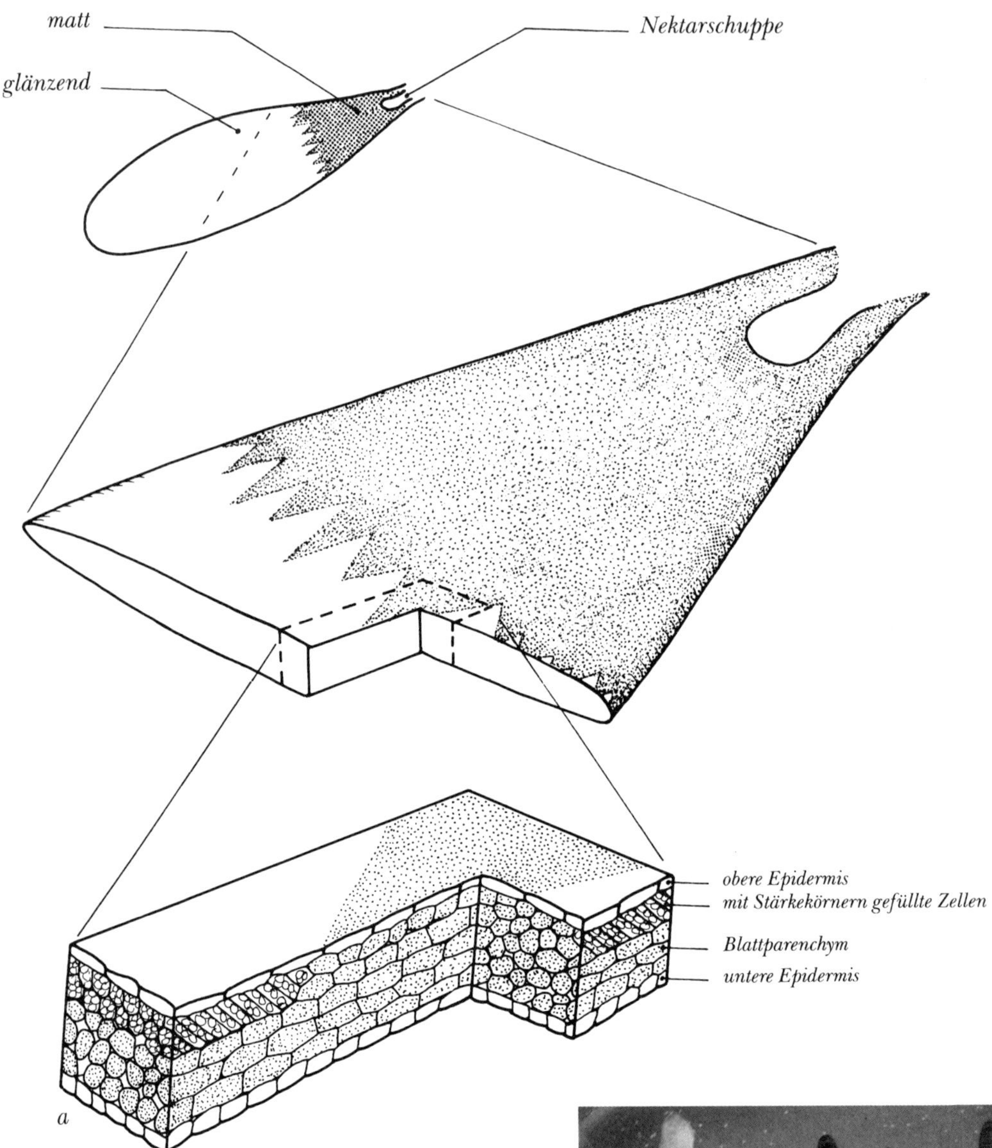

Abbildung 30.1:

a) Der Aufbau der Kronblätter des Scharbockskrautes. Im vorderen Blattabschnitt ist das reflektierende Stärketapetum zu sehen.

b) Stärkenachweis in den Blütenblättern (2 Blüten wurden in Jod-Kaliumjodid-Lösung gelegt) ster, luftgefüllter Kanälchen *(Tracheiden)* hinter den Sehzellen erreicht. Die Augen dieser Tiere leuchten wie »Katzenaugen« durch Reflektion, wenn nachts ein Lichtschein auf sie fällt.

Bei anderen Blüten kann Fettglanz auch durch Ausscheiden einer dünnen Schicht fetten Öls erzeugt werden (Geißblatt, Türkenbundlilie).

Neben solchen glänzenden Blütenblättern kommen auch andere mit samtartiger Oberfläche vor, was zu einer besonders tiefen, intensiven Farbwirkung führt. Dies wird dadurch hervorgerufen, daß die Oberflächenzellen papillenartige Ausstülpungen besitzen und dadurch der Anteil des weißreflektierten Lichtes gering bleibt. Beliebte Zimmerpflanzen – wie Usambaraveilchen oder Gloxinie – sind gute Beispiele für dieses Phänomen.

Die weiße Farbe vieler Blüten kommt – wie schon beim Schneeglöckchen erwähnt – nicht durch einen Farbstoff, sondern durch Totalreflektion des Lichtes an interzellularenreichem Gewebe zustande (vgl. S. 10).

Oft wird die Färbung der Blüten durch Zusammenwirken verschiedener Farbstoffe erzeugt. So finden sich an der Außenseite der Kronblätter vom Garten-Mohn Felder von Epidermiszellen mit roter und solche mit blauer Färbung. Diese Farbflecke sind so klein, daß unser Auge sie nicht mehr getrennt wahrnehmen kann. Wir sehen ein einheitliches Violett – ein Effekt, den sich auch die pointilistische Malerei zunutze machte. Man spricht in diesem Falle von **Additionsfarben.**

Liegen zwei verschiedene Blütenfarbstoffe in einem Blatt nicht nebeneinander, sondern übereinander, dann tritt eine andere Wirkung ein. Das einfallende Licht passiert zunächst die obere Farbstoffschicht, verliert hier die entsprechende Komponente des weißen Lichtes und dringt in die zweite, andersfarbige Schicht ein. Hier wird der diesem Farbstoff entsprechende Wellenbereich absorbiert. Sind diese beiden Farbstoffe komplementär, dann wird praktisch das gesamte eindringende Licht absorbiert und die entsprechende Stelle des Blütenblattes erscheint schwarz oder doch wenigstens sehr dunkel. So entsteht z. B. der schwarze Fleck in der Blütenmitte des Feld-Mohnes oder die schwarzen Flecken am Grunde vieler Tulpen-Kronblätter. Auch braune Blütenfarben können durch solche Übereinanderlagerungen verschiedener Farbstoffzellen zustande kommen **(Subtraktionsfarben).**

1.5 Wurzelknollen, Blattachselknollen und vegetative Vermehrung

Wenn der Schnee im zeitigen Frühjahr den Boden freigibt, kann man auf der Bodenoberfläche häufig kleine, getreidekornähnliche Knöllchen erkennen. Diese Körnchen wurden früher zum Teil wirklich als Überreste eines Getreideregens gedeutet, eingesammelt und gegessen – sie enthalten verhältnismäßig viel Stärke. Sucht man aber etwas länger, so findet man meistens auch Knöllchen, an deren einem Ende bereits ein kleiner Trieb sichtbar wird. Ist dieser Trieb groß genug, dann kann man schon die typischen nierenförmigen Blätter des Scharbockskrautes erkennen. Bei diesen Knöllchen handelt es sich um Brutknollen *(Bulbillen)* aus den Blattachseln von Scharbockskrautpflanzen.

Wenn die Scharbockskrautblätter und -triebe im Sommer vergehen, bleiben diese Brutknöllchen übrig und fallen zu Boden, um dort im nächsten Frühjahr auszukeimen (vgl. Abb. 32.1 und 32.2). Sie sind ein sehr ef-

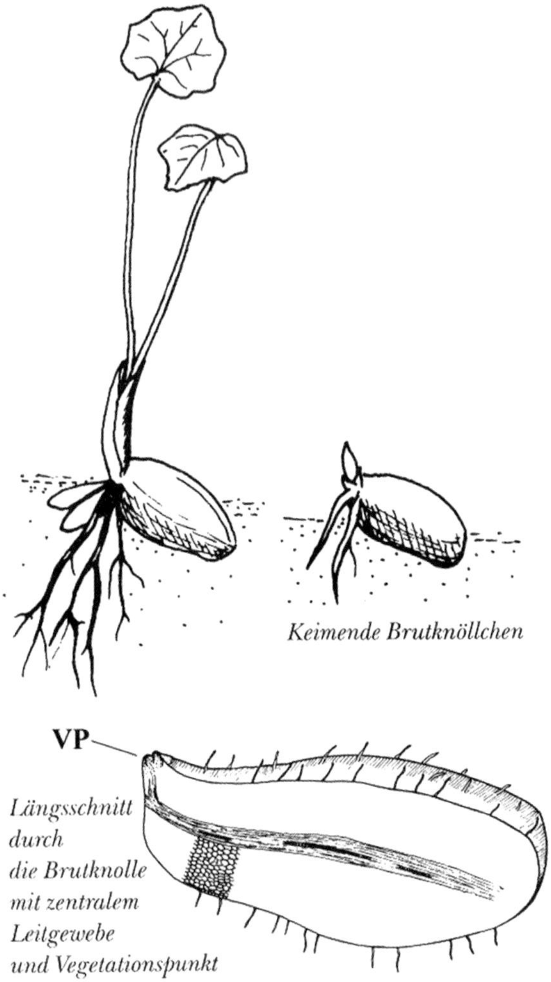

Abbildung 32.1: *Vegetative Vermehrung durch Blattachsel-Brutknollen beim Scharbockskraut*

Abbildung 32.2: *Keimende Scharbockskraut-Knöllchen im zeitigen Frühjahr*

fektives Mittel der vegetativen Vermehrung, da sie leicht an Schuhsohlen und Hufen verbreitet werden können.

Ganz ähnlich sehen die Wurzelknollen im Boden aus. Sie sind nur länglicher. Auch abgerissene Wurzelknollen können neue Scharbockskrautpflanzen bilden. Ihre wichtigste Aufgabe ist es jedoch, Nährstoffe den Winter über zu speichern und so im Frühjahr ein rasches Austreiben und Blühen zu ermöglichen. Ähnliche Überwinterungsorgane besitzen fast alle Frühblüher. Man denke nur an Krokus, Schneeglöckchen, Narzisse, aber auch an die dicken Rhizome des Busch-Windröschens, des Maiglöckchens oder des Salomonsiegels. Durch diese Nährstoffspeicherung ist ein schnelles Austreiben im Frühjahr möglich, und die ersten warmen Tage können bereits zur Assimilation und dann auch zur Blüte und zur Fruchtbildung genutzt werden. Wichtig ist, daß die Pflanzen noch vor Belaubung der Waldbäume genügend Assimilate sammeln können. Denn wenn erst das Kronendach der Bäume geschlossen ist, kommt nicht mehr genügend Licht zum Waldboden. Bei vielen dieser Frühblüher sterben die oberirdischen Teile deswegen im Sommer sogar ab. Vom Scharbockskraut beispielsweise kann man häufig schon Ende Mai keine oberirdischen Organe mehr finden.

Mit der üppigen vegetativen Vermehrung des Scharbockskrautes mag zusammenhängen, daß die Blüten häufig steril bleiben, obwohl sie meistens sehr rege von Insekten, insbesondere Bienen und Hummeln, aber auch von Wollschwebern, besucht werden.

1.6 Vitamine

Stoffe, die in kleinsten Mengen in Pflanzen erzeugt werden und die für den normalen Stoffwechsel in menschlichen und tierischen Organismen unentbehrlich sind, werden Vitamine genannt. Der Name leitet sich von dem 1911 von FUNKE entdeckten Vitamin B_1 ab. FUNKE stellte fest, daß es lebensnotwendig ist *(vita* lat. Leben) und zum anderen wie ein Amin ($-NH_2$-Gruppe) reagiert. Das Vitamin C gehört zu den wasserlöslichen Vitaminen und befindet sich besonders in den frischen Früchten von Hagebutten, Johannisbeeren, Zitrusfrüchten, Sanddorn sowie in Kohlblättern und in Paprikaschoten.

Auch die grünen Blätter vieler Pflanzen sind verhältnismäßig reich an Vitamin C (Ascorbinsäure; Abb. 33.1). Dies gilt auch für das Scharbockskraut. Mit einem einfachen Test läßt sich diese Ascorbinsäure nachweisen.

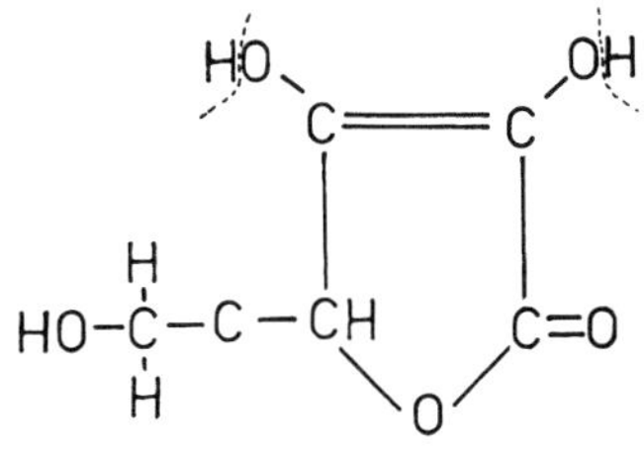

Abbildung 33.1: *Vitamin C (Ascorbinsäure). Die Verbindung wirkt als starkes Reduktionsmittel.*

Ascorbinsäure-Nachweis
(nach BRAUNER/BUKATSCH 1980)
Man benötigt eine Tablette TILLMANNs-Indikator (2,6 Dichlorphenol-Indophenol) und Chromatographiepapier. Unter Erwärmung löst man die Tablette in 5 ml destilliertem Wasser auf und tränkt einen Chromatographiepapierstreifen gleichmäßig mit der blauen Lösung. Das getrocknete Indikatorpapier ist kühl und trocken bei dunkler Aufbewahrung einige Tage haltbar. Bringt man einen winzigen Tropfen Pflanzenpreßsaft – z. B. aus den Blättern von Scharbockskraut – auf das Papier, so bilden sich, falls die Proben nur sauer sind, rosa Flekken (pH-Indikatorwirkung). Enthalten sie zugleich Ascorbinsäure, so bildet sich je nach Gehalt eine mehr oder minder ausgedehnte Entfärbungszone. So können noch Bruchteile von Mikrogramm geschätzt werden. Mit entsprechenden Eichlösungen von Ascorbinsäure lassen sich sogar quantitative Bestimmungen auf diese Weise durchführen.

Der Vitamingehalt des Scharbockskrautes läßt es gut geeignet erscheinen für Frühlings-Wildkrautsalate. Allerdings ist Vorsicht geboten: Wenn man zu alte Pflanzen verwendet, kann der Gehalt an giftigem Protoanemonin so hoch sein, daß man bei reichlichem Genuß Beschwerden bekommt. Scharbockskraut sollte also nur im zeitigen Fruhjahr, möglichst vor der Blüte, gesammelt werden. Zusammen mit Veilchenblüten, Gänseblümchen, Sauerklee und Wiesen-Schaumkraut läßt sich ein schmackhafter Frühlingssalat zubereiten.

2 Hinweise für den Unterricht

2.1 Mögliche Ziele und Inhalte

(1) Überwinterung von Pflanzen – Frühblüher – Frühjahrsgeophyten
(2) Überwinterung des Scharbockskrautes als Beispiel für ein Hahnenfußgewächs
(3) Blütenfarben (biologische Bedeutung und chemische und morphologische Grundlagen der Farbwirkung)

2.2 Material und Geräte

Lugolsche Lösung (Jod-Kaliumjodid-Lösung)

2.3 Unterrichtsschritte

(1) **Unterrichtsgang:**
Wie Scharbockskraut überwintert
(Zeitbedarf etwa 20 Minuten)
Der Unterrichtsgang läßt sich am besten an einem sonnigen Vormittag Ende März bis Ende April durchführen. Es soll kein Schnee mehr liegen, es soll aber auch noch nicht viel Grünes gewachsen sein. Auf frischen Böden in lichten Wäldern oder an Waldrändern findet man um diese Jahreszeit meistens in großer Zahl die kleinen kornähnlichen Brutknöllchen oder Bulbillen des Scharbockskrautes.

Der Lehrer versammelt die Schüler und erklärt ihnen, daß man in früheren Jahren angenommen hat, daß es ab und zu zu Getreideregen kommt. Solches Auffinden von Körnern auf dem Boden wurde von unseren Vorfahren auch als Vorzeichen beispielsweise für eine gute oder schlechte Ernte gedeutet. Der Lehrer hebt dann ein kleines Scharbocksknöllchen vom Boden auf und zeigt es den Schülern. Nun erhalten alle den Auftrag, möglichst viele solcher Knöllchen zu sammeln. Nach einigen Minuten werden die Ergebnisse vorgelegt. Handelt es sich wirklich um Getreide? Was ist der wichtigste Inhaltsstoff eines Getreidekornes? Mit Lugolscher Lösung läßt sich eine Probe auf Stärkegehalt durchführen.

Tatsächlich enthalten die kleinen Körnchen Stärke. Einige Körnchen wurden jedoch gesammelt, bei denen man schon kleine grüne Blättchen oder Triebe erkennen kann. Nun sollen alle noch einmal gezielt nachsuchen, ob sie ausgekeimte Körner oder sogar größere, zugehörige Pflanzen finden können. Dies gelingt in aller Regel und so wird deutlich, daß die Wurzelknöllchen und Bulbillen die Überwinterungs- und Verbreitungsorgane des Scharbockskrautes, eines typischen Frühjahrsblühers, sind. Gemeinsam überlegt man, welche anderen Frühblüher ähnliche Überwinterungseinrichtungen (unterirdische Knollen, Zwiebeln, Rhizome) besitzen. Es ist schön, wenn man zum Abschluß schon eine blühende Scharbockskrautpflanze vorführen kann.

(2) **Blütenbau des Scharbockskrautes**
Ziel ist es, zu zeigen, daß beim Scharbockskraut die Zahl der Blütenhüllblätter sowie der Staub- und Fruchtblätter von Blüte zu Blüte variieren kann (vgl. Abb. 25.2 u. Tab. 26.1) – anders als bei den meisten anderen Blütenpflanzen. Man kann dies mit einer großen Zahl gesammelter Blüten im Klassenzimmer auszählen; besser ist es jedoch, die Untersuchung ebenfalls auf einer kleinen Exkursion vorzunehmen, am besten in der zweiten Aprilhälfte, wenn viele Scharbockskrautpflanzen gleichzeitig blühen. Zunächst soll die Zahl der Blütenblätter festgestellt werden. Zwei Schüler untersuchen zusammen immer eine etwa einen Quadratmeter große Fläche mit 10 bis 20 Scharbockskrautblüten.

Zuerst sollen die typischen Blütenbestandteile – Kelchblätter, Kronblätter, Staubblätter und Fruchtblätter – identifiziert werden. Dies gelingt am besten mit Hilfe eines mitgegebenen Arbeitsblattes, auf dem eine vergrößerte Scharbockskrautblüte abgebildet ist. Die verschiedenen Blütenteile werden neben den abgebildeten Teilen aufgeklebt. Später kann man zur Stabilisierung eine Klarsichtfolie darüberziehen.

Als zweites soll die Zahl der Kronblätter bestimmt werden. Hierzu führt man eine Strichliste und stellt fest, wieviele Blüten mit 7, mit 8, mit 9, mit 10, mit 11 usw. Kronblättern gefunden wurden. Anschließend werden die Auszählergebnisse von allen Gruppen auf einem großen Karton aufgeschrieben und als Säulendiagramm dargestellt. Normalerweise ergibt sich ein glockenförmiges Diagramm (Gauß'sche Normalverteilung). Es kann aber auch sein, daß man gerade an eine Population mit besonders hohen oder besonders niedrigen Kronblattzahlen geraten ist. Gemeinsam überlegen sich Schüler und Lehrer, ob es andere Pflanzen gibt, bei denen die Zahl der Blütenhüllblätter ebenfalls variieren kann (möglicherweise sieht man ja neben dem Scharbockskraut auch Busch-Windröschen stehen). Auch über die Variation der Blütenhüllzahlen bei Zierpflanzen (gefüllte Blüten!) kann gesprochen werden.

Auch die Zahlen von Staubblättern und Fruchtblättern variieren, was man im Gelände allerdings auch mit Hilfe einer Lupe nur mühsam auszählen kann.

(3) **Blütenfarben**

Die meisten Blüten sind kräftig leuchtende Signale für die Blütenbesucher. Auch die dottergelben Blütensterne des Scharbockskrautes leuchten auffällig aus dem grünen Teppich der Blätter hervor. Gibt es andere Blüten, die ähnlich gefärbt sind wie die des Scharbockskrautes? Welche anderen häufigen Blütenfarben kommen vor?

Im Gelände kann man unterschiedlich gefärbte Blüten sammeln und nach den Farben des Regenbogens sortieren lassen. Es zeigt sich: Kräfig rot gefärbte Blüten sind selten, ebenso grüne oder grünliche Blüten. Häufig sind gelbe und blaue bis violette Farbtöne. Das Fehlen von grünen Tönen kann direkt aus dem geringen Kontrast zu den grünen Blättern erklärt werden. Das Fehlen des roten Teils des Spektrums läßt sich damit erklären, daß ein wichtiger Teil der Bestäuber wie Bienen und Hummeln Rot als Farbe nicht erkennen kann. Die meisten knallroten Blüten, zum Beispiel die der Zimmergeranien oder die Weihnachssterne mit ihren roten Hochblättern, werden von Vögeln bestäubt.

Auf die wichtigsten Farbstoffe (Anthocyane, Flavonole, Carotinoide, vgl. S. 29) sollte eingegangen werden. Die pH-Abhängigkeit von Anthocyanfarbstoffen kann man sehr gut zeigen, wenn man einige blaue Blüten in einen Ameisenhaufen legt. Durch die Ameisensäure färben sich die Blütenblätter schnell rot-violett. Flavonole (Anthoxanthine) lassen sich durch Zigarettenrauch oder Ammoniakdämpfe von blaßgelb nach orange, braun oder rot umfärben (Beispiel: Hohe Schlüsselblume). Solche Umfärbereaktionen gelingen nicht mit Carotinoiden, die zum Beispiel für die gelbe Farbe der Scharbockskrautblätter verantwortlich sind.

Ein einfacher Farbnachweis für Carotinoide ist ihre Blaufärbung mit 10%iger Salzsäure. Notfalls kann man dies im Gelände mit Hilfe eines Objektträgers, eines Tropffläschchens mit 10%iger Salzsäure und einem Gasfeuerzeug vorführen. Bringt man ein Blütenblatt des Scharbockskrautes mit einem Tropfen Salzsäure auf einen Objektträger und erhitzt von unten vorsichtig mit der Flamme des Gasfeuerzeuges, dann stellt sich nach kurzer Zeit eine grünblaue Verfärbung ein. Allerdings ist Vorsicht geboten! Wenn man den Säuretropfen zu lange erhitzt, kann er plötzlich Verkochen und dabei können Säurespritzer auf die Kleidung und ins Gesicht gelangen. Der Objekträger darf also immer nur kurz über die Flamme gehalten werden. Ein Kochen der Säure ist für die Farbreaktion nicht notwendig. Es reicht ein Erhitzen auf etwa 50 °C bis 60 °C.

Eine Besonderheit vieler Hahnenfußblüten ist ihr Fettglanz, daher auch die Bezeichnung »Butterblume« oder »Schmalzblume«. Dieser Glanz fehlt allerdings an der Basis der Kronblätter. Durch kombinierten Einsatz von LUGOLSCHER Lösung (Anfärben des Stärketapetums) und Mikroskopieren von Blütenblattquerschnitten (Herstellung mit Hilfe von Styropor und Rasierklingen, aber sehr schwierig) kann man dem Fettglanz auf die Spur kommen (vgl. Abb. 30.1).

2.4 Anknüpfungspunkte

Wie das Schneeglöckchen, läßt sich das Scharbockskraut als typischer Frühblüher-Geophyt als Ausgangspunkt für die Besprechung der Überwinterung von Pflanzen verwenden.

Die Variation der Blütenmerkmale kann zu Fragestellungen der Variation überhaupt und zu ihrer Messung (Biometrie) führen, auch zu Fragen der Vererbung und dem Wechselspiel von Erbanlagen und Umwelteinflüssen. Bereits GREGOR MENDEL hat mit Rassen vom Scharbockskraut experimentiert.

Schließlich bieten Blütenfarben und auch der Vitamin-C-Gehalt der Blätter die Möglichkeit, in das Gebiet der sekundären Pflanzenstoffe einzuführen. Viele dieser Substanzen sind auch als Inhaltsstoffe von Gewürzen, Drogen oder Teemischungen für uns Menschen wichtig.

Die Blütenfarben können außerdem Anknüpfungspunkt für eine Unterrichtseinheit über Blütenökologie sein.

3 Literatur

BRAUNER, L., BUKATSCH, E.: Das kleine pflanzenphysiologische Praktikum, G. Fischer, Stuttgart/New York, 9. Auflage 1980

BRIX, D., WALTER, M.: Die Abstammung der Pflanzen, Evolution und Variation bei Blütenpflanzen. Kindler, München 1969

DEPPE, E.: Was grünt so früh....im Wald? Unterricht Biologie 202, 19.Jg.: 18-21, 1995

HALLER, B., PROBST, W: Exkursionen im Sommerhalbjahr. Band 2, G. Fischer, Stuttgart/New York, 2. Auflage 1989

KAUSSMANN, B., SCHIEWER, U.: Funktionelle Morphologie und Anatomie der Pflan-zen. G. Fischer, Stuttgart/New York 1989

MOLISCH, H., DOBAT, K.: Botanische Versuche und Beobachtungen mit einfachen Mitteln. G. Fischer, Stuttgart/New York, 5. Auflage 1979

PELT, J.-M.: Pflanzenmedizin. Econ, Düsseldorf/Wien 1983

STICHMANN, W. (Hrsg.): Frühling. Unterricht Biologie 202, 19.Jg., 1995

Brutblatt

Kalanchoë spec.

Familie *Crassulaceae*

Blütezeit: **Jan.** **Febr.** März April Mai Juni Juli Aug. Sept. **Okt.** **Nov.** **Dez.**

Um 1800 gelangte das erste Brutblatt in die europäischen Botanischen Gärten. Die englischen Bezeichnungen »Mother of the Thousands« und »Lifeplant« beziehen sich auf die Fähigkeit dieser Pflanze, in den Kerben der Blattränder Adventivsprosse zu bilden.

Goethe, der heute als einer der Begründer der Pflanzenmorphologie gilt, war von dieser Pflanze fasziniert und hat Regenerationsversuche mit ihr unternommen.

Kalanchoë pinnata, die »Goethe-Pflanze«

1 Die Goethe-Pflanze – eine Einführung in die Pflanzenmorphologie

1.1 Goethes Urpflanze

GOETHE gilt als Mitbegründer der Pflanzenmorphologie. Seine Schrift über die Metamorphose der Pflanzen, die erstmals 1790 veröffentlicht wurde, gilt bis heute als die erste theoretische Fundierung der Pflanzenmorphologie als einer Teildisziplin der Botanik. In unserem Jahrhundert wurde dieser Zweig der Botanik vor allem von GOEBEL (1928: Organographie der Pflanzen.) und von WILHELM TROLL (z. B. 1937: Vergleichende Morphologie der höheren Pflanzen.) weitergeführt (vgl. Abb. 39.1).

Die wichtigsten Anregungen, sich mit der Gestaltbildung der Pflanzen zu beschäftigen, erhielt GOETHE vermutlich auf seiner Italienreise in den Jahren 1786 und 1787. *»Es ist erfreuend und belehrend,«* schreibt er in seinem Reisetagebuch am 27. September 1786, *»unter einer Vegetation umherzugehen, die uns fremd ist. Bei gewohnten Pflanzen denken wir zunächst an gar nichts und was ist Beschauen ohne Denken?«* Der Versuch, Gesetzmäßigkeiten hinter die Mannigfaltigkeit der Erscheinungen zu finden, bringt GOETHE auf die Idee von der Urpflanze. *»Ich ging allen Gestalten wie sie mir vorkamen in ihren Veränderungen nach und so leuchtete mir am letzten Ziele meiner Reise in Sizilien die ursprüngliche Identität aller Pflanzenteile vollkommen ein. Und ich suchte diese nunmehr überall zu verfolgen und gewahr zu werden.«*

In der kleinen Schrift *»Die Metamorphose der Pflanzen«* führt GOETHE diesen Gedanken der Abwandlung von einem Urtypus – mit PLATO könnte man sagen von »der Idee einer Pflanze« – näher aus. Dabei geht es ihm vor allem darum, die verschiedenen »Metamorphosen« der Blätter im Laufe der Entwicklung einer einzelnen Pflanze und die verschiedenen Abwandlungen des Typus »Blatt« bei verschiedenen Pflanzenarten aufzuzeigen. *»Es war mir aufgegangen, daß in demjenigen Organ der Pflanze, welches wir als Blatt gewöhnlich anzusprechen pflegen, der wahre Proteus verborgen liege, der sich in allen Gestalten verstecken und offenbaren könne. Vorwärts und rückwärts ist die Pflanze immer nur Blatt. Im künftigen Keime unzertrennlich vereint, daß man eins ohne das andere nicht denken darf.«* (aus einem Brief an HERDER aus Italien).

Eine neue Garten- und Zimmerpflanze aus den Tropen, das Brutblatt *Bryophyllum pinnatum* (von gr. *bryein* = brüten und *phyllon* = Blatt, lat. *pinnatus* = gefiedert) – heute *Kalanchoë pinnata* – regte GOETHES Phantasie stark an. Diese Sukkulente entwickelt nämlich zunächst einfache, später gefiederte Blätter. Die Fiedern fallen sehr leicht ab und in den Kerben des Fiederrandes entwickeln sich Adventivsprosse. Mit den Bezeichnungen »airplant« und »miracle leaf« wird darauf Bezug genommen, daß die abgefallenen Fiedern nicht nur auf dem Boden austreiben, sondern auch, wenn man sie am Fenster aufhängt. Heute noch kann man solche Wunderblätter in Amerika in Briefumschlägen kaufen und als lebendigen, vermehrungsfähigen Gruß an Freunde schicken.

Brutblätter werden heute nur noch als Untergattung *Bryophyllum* der großen Gattung *Kalanchoë* gewertet. Als Zimmerpflanzen sind besonders die Arten *Kalanchoë daigremontiana* und *K. tubiflora* (Abb.39.2) verbreitet. Bei beiden werden Brutknospen und Jungpflänzchen schon ausgebildet, solange die Blätter noch an der Sproßachse festsitzen. Ihre Heimat – wie die vieler anderer *Kalanchoë*-Arten – ist Madagaskar. Sie wurden erst in diesem Jahrhundert in Europa eingeführt.

Abbildung 39.1: *Links: Skizzen* G*OEHTES zur »Urpflanze« (aus: W.* Z*IMMERMANN, Evolution. München 1953); Mitte: »Urpflanze« nach* S*CHLEIDEN (aus* M*ÄGDEFRAU, Geschichte der Botanik. Stuttgart 1974); Rechts: Kalanchoë pinnata, eine Pflanzengestalt, die* G*OETHE als gutes Beispiel für seine Theorie von der »Metamorphose der Pflanze« erschien.*

Abbildung 39.2: *Kalanchoë tubiflora (links) und K. daigremontiana (rechts), zwei weitverbreitete Zimmerpflanzen aus der Gruppe der »Brutblätter«*

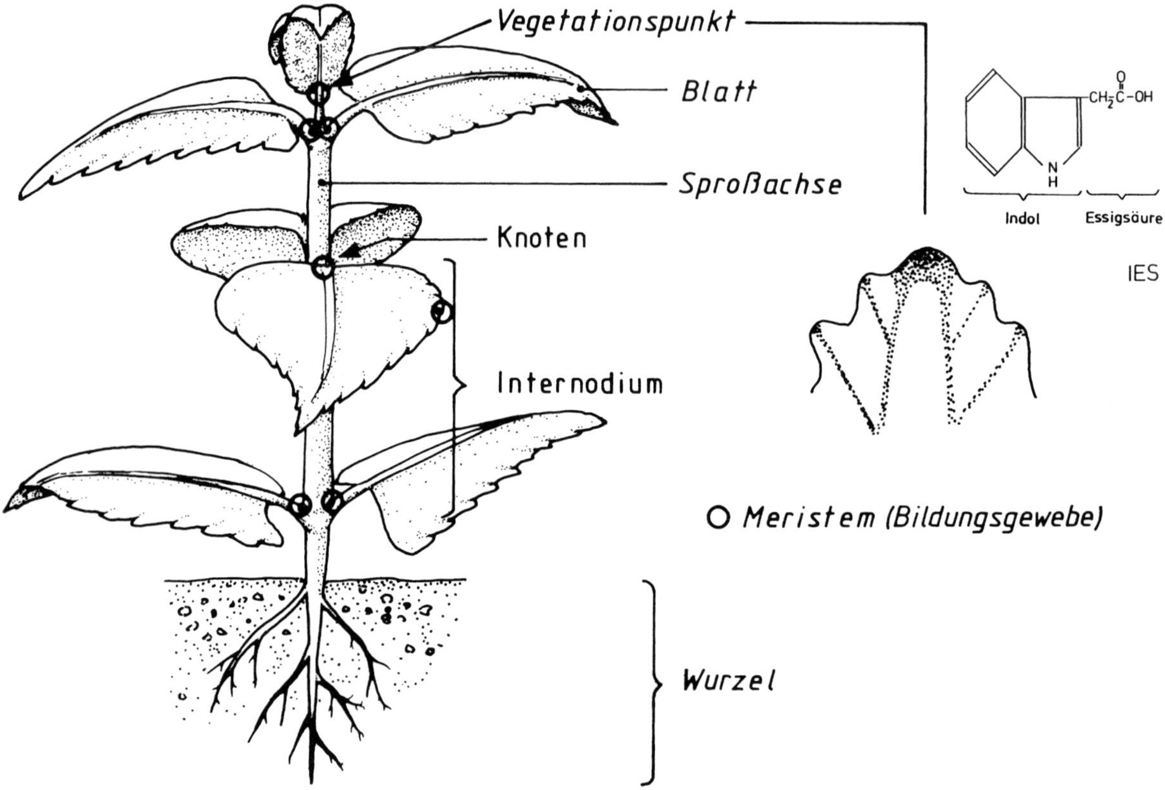

Abbildung 40.1: *Die Grundorgane einer Pflanze am Beispiel des Brutblattes (Kalanchoë daigremontiana). Die aktiven Bildungsgewebe an Sproß- und Wurzelspitzen sowie die ruhenden Bildungsgewebe in den Blattachseln und in den Kerben der Blattzähne sind besonders hervorgehoben. Das in den Meristemen gebildete Pflanzenhormon Indolessigsäure (IES; Auxin) sorgt dafür, daß Seitenknospen nicht austreiben.*

Kalanchoë daigremontiana und *K. tubiflora* bastardieren, und die Merkmale des Bastards liegen zwischen denen der Elternarten.

1.2 Morphologie der Gefäßpflanzen

Aus den skizzierten historischen Gründen, aber auch, weil sich die Pflanze besonders gut dazu eignet, kann das Brutblatt dazu dienen, einige Grundlagen zur Morphologie der Gefäßpflanzen kennenzulernen. Als Vertreterin der Familie Dickblattgewächse *(Crassulaceae)* zeigen alle Brutblatt-Arten mehr oder weniger deutliche Blattsukkulenz. Die Bedeutung dieser Sukkulenz für die Fotosynthese und die Überlebensfähigkeit in Trockengebieten wurde erst in den letzten Jahrzehnten geklärt. Sie beschränkt sich keineswegs auf die reine »Wasserspeicherung«, wie früher vermutet, sondern sie hat auch physiologische Hintergründe. Diese Zusammenhänge lassen sich am Brutblatt in einfacher Weise demonstrieren (s. Punkt (4), S. 54).

Die **Grundorgane** einer Gefäßpflanze sind die Wurzeln, die Sproßachse und die Blätter. Schon Goethe hat festgestellt, daß Blüten umgewandelte Sproßabschnitte sind und daß die einzelnen Blütenteile Blattorganen homolog sind (Kelchblatt, Kronblatt, Staubblatt, Fruchtblatt). Die Grundorgane sind beim Brutblatt einfach und übersichtlich angeordnet. Die Sproßachse ist normalerweise unverzweigt und trägt in regelmäßigen Abständen zwei sich gegenüberstehende Blätter (Abb.40.1).

Die Stellen der Sproßachse, an der Blätter gebildet werden, nennt man Knoten (Nodi), die Abschnitte dazwischen Internodien. Je nachdem wie stark sich die Internodien strekken, wie groß also das Streckungswachstum zwischen der Anlage von zwei Knoten ist, können die Pflanzen ganz unterschiedliche Gestalten haben. Ein *Aeonium* etwa, eine *Echeverie* oder ein *Graptopetalum* – um bei den Dickblattgewächsen zu bleiben – haben sehr kurze Internodien, so daß die Blätter in einer gedrängten Rosette stehen. Bei *Aeonium tabulaeforme,* einem Endemiten[1)] Teneriffas, entsteht so eine tellerförmig flache, enggeschlossene Rosette mit sehr regelmäßiger Anordnung der einzelnen Blätter (Abb.41.1). Würde man beim Brutblatt die Internodien entsprechend verkürzen, würde sich ein ganz ähnliches Erscheinungsbild ergeben.

Bei *Kalanchoë daigremontiana* sind die Blattpaare zweier aufeinanderfolgender Knoten immer um 90 Grad gegeneinander verdreht. Diese Stellung, die zum Beispiel für die Pflanzenfamilie der Lippenblütler *(Lamiaceen)* charakteristisch ist, nennt man »kreuzgegenständig«. Bei den Dickblattgewächsen variieren die Stellungsverhältnisse bei den verschiedenen Arten und zum Teil sogar an einer Pflanze. *Kalanchoë tubiflora* beispielsweise hat normalerweise um 60 Grad gegeneinander verdrehte Dreierwirtel. Die obersten Blätter und die Blätter an Jungpflanzen sind jedoch ebenfalls kreuzgegenständig.

Auch die Länge der Internodien ist innerhalb der Arten nicht konstant. Im prallen Sonnenlicht, an einem Wüstenstandort aber auch in einem hell besonnten Blumenfenster, neigen alle Pflanzen zu einer Verkürzung der Internodien, während Lichtmangel zu einer starken Streckung führen kann, die man auch Vergeilung oder *Etiolement* nennt. Häufig kommt es bei Pflanzen, die normalerweise aufgrund sehr kurzer Internodien Blattrosetten am Boden bilden, vor der Blütenbildung zu einem stärkeren Streckungswachstum der Achsenabschnitte. Die kompakte Anlage der Blätter, die vor allem einen Verdunstungsschutz darstellt, wird so kurzfristig aufgegeben, um den Früchten eine bessere Verbreitungschance zu sichern. Die *Echeverie,* die *Aeonen,* aber auch viele Zwiebelpflanzen oder der schießende Kopfsalat sind Beispiele dafür.

Das **Wachstum** der Pflanzen unterscheidet sich sehr grundsätzlich vom Wachstum der Tiere. Längenwachstum geht bei Pflanzen

Abbildung 41.1: *Aeonium tabulaeforme mit einer nahezu tellerförmigen Blattrosette*

1) Endemit: Art mit räumlich eng begrenztem Verbreitungsgebiet

immer nur von den Spitzen der Achsenorgane, also von den Sproß- und Wurzelspitzen aus. Diese Vegetationspunkte behalten ihre Wachstumsfähigkeit unbegrenzt. Die Folge ist, daß ein Seitenzweig – ebenso übrigens wie ein in die Borke eines Baumes geschnittenes Herz – immer in der gleichen Höhe bleibt, auch wenn der Gipfel des Baumes viele Meter in die Höhe gewachsen ist. Demgegenüber wachsen Blätter nur für einen begrenzten Zeitraum. Zunächst geht ihr Wachstum auch von einem Scheitelmeristem an der Spitze aus, später verlagert es sich in die basalen Regionen des Blattes.

Verantwortlich für das Wachstum sind Bildungsgewebe oder Meristeme. Sie bestehen aus teilungsfähigen, nicht differenzierten Zellen, die an den Vegetationspunkten konzentriert sind. Während sich die Meristemzellen in Sproß- und Wurzelspitze normalerweise immer fleißig teilen, gibt es auch ruhende Teilungsgewebe. Solche Vegetationspunkte in Warteposition nennt man auch »schlafende Knospen« oder »Augen«. Erst, wenn sie durch bestimmte chemische Signale »aufgeweckt« werden, beginnen sie ihre Teilungsaktivität. Dies gilt beispielsweise auch für die »Augen« der Kartoffeln.

Schlafende Knospen liegen beim Brutblatt zum Beispiel in den Achseln der Blätter. Entfernt man den Gipfel des Haupttriebes, so weckt dies die schlafenden Knospen in dem unter der Schnittstelle liegenden Knoten. Es werden meist aus jeder, manchmal auch nur aus einer Blattachsel Seitentriebe entwickelt. Heute weiß man, daß dieses »Wecken« der Seitenknospen mit chemischen Botenstoffen, den Phytohormonen, zusammenhängt.

Tabelle 42.1: *Hormonbedingte Prozesse im Sproß von Blütenpflanzen (nicht blühende Bereiche) (nach Kaussmann/ Schiewer 1989)*

Syntheseorte	Stimulationen	Hemmungen
Auxin (IES)		
Blätter, Blüten, Samen, z. T. Früchte	Zellteilung, Streckungswachstum, Gefäßdifferenzierung, Kambiumaktivität, Adventivwurzelbildung, Wundheilung, Metabolitenakkumulation	Seitenknospenwachstum
Cytokinine		
Wurzel	Zellteilung	Adventivwurzelbildung
Gibberelline		
Wurzel, Blätter, Blüten, Samen, Früchte	Zellteilung, Sproßstreckung, Kambiumaktivität (einige Pflanzen), Akkumulation von Phloemmetaboliten	Dormanz der Seitenknospen
Abscisinsäure		
Wurzel, alternde oder welkende Blätter, Früchte	Dormanz der Seitenknospen, Blattfall, Seneszenz	Sproßwachstum, Auxintransport
Ethen		
Blätter, Früchte	Zunahme Stammdurchmesser, Adventivwurzelbildung (einige Pflanzen), Fruchtreifung, Blattfall, Alterung	Auxintransport, Streckungswachstum

Normalerweise wird von jedem aktiven Bildungsgewebe, also auch vom Gipfelvegetationspunkt des Brutblattes, ein Phytohormon, die Indolessigsäure (IES, Abb.40.1), gebildet. Diese Substanz wird von der Gipfelknospe sproßabwärts transportiert und sorgt dort für die Bildung eines »Korrelationshemmstoffes«. Sie wirkt auf schlafende Knospen gewissermaßen als »Schlafmittel«. Die Folge ist eine Vorherrschaft des Bildungsgewebes an der Hauptsproßspitze, die sogenannte **Apikaldominanz.** Entfernt man das Bildungsgewebe an der Sproßspitze, so wird kein »Schlafmittel« mehr gebildet und die Ruhemeristeme können austreiben. Sobald diese Meristeme jedoch aktiv werden, bilden sie selbst IES und hemmen dadurch die tieferliegenden schlafenden Knospen. Meist kommt es deshalb nur zu einer Verzweigung des obersten Knotens unterhalb des abgeschnittenen Vegetationspunktes.

Während sich viele Brutblattarten, auch die bei uns als Zimmerpflanzen gehaltenen *Kalanchoë daigremontiana* und *Kalanchoë tubiflora,* normalerweise während der vegetativen Phase nicht verzweigen, kommt es bei anderen Pflanzen auch unter normalen Bedingungen in einer gewissen Entfernung vom Gipfelvegetationspunkt zur Bildung von Seitenzweigen. Sehr deutlich ist dies z. B. beim nahe verwandten Pfennigbaum *(Crassula portulacea,* Abb.43.1). Für die Gestalt einer Pflanze ist dieses Austreiben der Seitenknospen ganz entscheidend. Bei Pflanzen mit *monopodialer* Verzweigung bleibt die durchgehende Hauptachse erhalten (Beispiel: Ahorn-Arten). Beim *Sympodium* endet das Wachstum der Hauptachse nach einer Vegetationsperiode und ein oder mehrere Seitentriebe setzen das Wachstum fort (Beispiele: Linden-Arten, Blütenstandsaufbau vieler Nelkengewächse, Flieder). Werden die oberen Seitenzweige

Abbildung 43.1: *Crassula ovata (»Pfennigbaum«), ein Dickblattgewächs aus Südafrika. Diese weitverbreitete Zimmerpflanze hat ein stark verzweigtes Sproßsystem.*

stärker gefördert *(Akrotonie),* so führt dies bei Gehölzen zu baumförmigem Wuchs. Werden die unteren Seitentriebe besonders gefördert *(Basitonie),* so kommen Strauchformen zustande (Abb.44.1).

Durch Eingriffe kann der Gärtner die natürliche Wuchsform gezielt verändern. Die buschige Wuchsform vieler Azaleen zum Beispiel wird dadurch erreicht, daß immer wieder die Gipfelknospen entfernt werden. Früher machte das der Gärtner von Hand, heute geschieht es arbeitssparend durch Spritzung mit Mitteln, die die Gipfelknospen verdorren lassen. Der buschige, dichte Verband der Gehölze in einer Wallhecke kommt dadurch zustande, daß alle zehn bis fünfzehn Jahre die Stämme knapp über der Erdoberfläche ab-

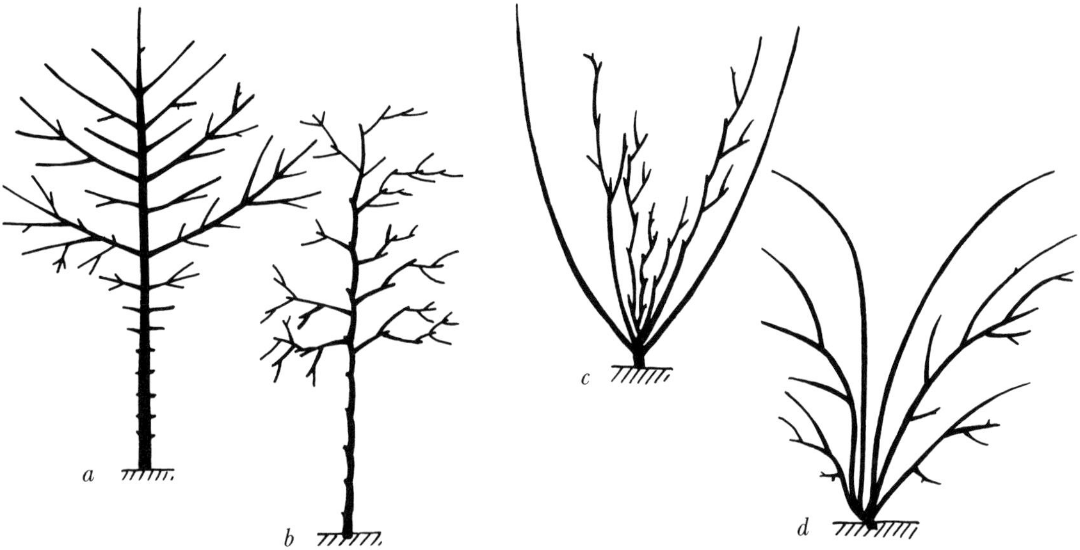

Bei Bäumen sind meist die oberen bzw. äußeren Knospen beim Austreiben bevorzugt (Akrotonie);
a) durchgehende Hauptachse – Monopodium, z. B. Ahorn;
b) Seitenachse setzt jeweils Wachstum fort (Sympodium), z. B. Linde.

Sträucher, bei denen die Knospen und Triebe an den unteren Enden ihrer Mutterachsen gefördert werden (Basitonie);
c) Haselnuß: Die außenseitigen Knospen und Triebe werden gefördert;
d) Schwarzer Holunder: Die nach innen gewendeten Knospen und Triebe werden gefördert.

Abbildung 44.1: *Verschiedene Typen von Sproßsystemen*

Bei vielen Gehölzen entwickeln sich die Erneuerungsknospen recht unterschiedlich. Als ***Langtriebe*** *bezeichnet man Sprosse mit langgestreckten Internodien, während die* ***Kurztriebe*** *dicht gedrängt stehende Blätter entwickeln und in vielen Fällen eine begrenzte Lebensdauer haben. Oft entwickeln sich – wie bei der Lärche (links) und der Vogel-Kirsche (rechts) – Kurztriebe an den Seitenknospen der zweijährigen Langtriebe. Bei den Kirschen sind dies oft blütentragende Triebe.*

Abbildung 44.2: *Langtriebe und Kurztriebe*

Abbildung 45.1: *Spaliergehölz.*
Durch geeigneten Schnitt kann ein völlig zweidimensionaler Wuchs erreicht werden.

gesägt werden. Unterbleibt dieses »Auf-den Stock-setzen«, dann wächst der Knick zur Baumreihe aus. Besonders weit geht diese Manipulation des natürlichen Wachstums bei Spalierobst. Bezeichnenderweise spricht man in diesem Zusammenhang auch von »Erziehung« der Gehölze (Abb.45.1).

Die starke Vermehrung der Seitentriebe nach dem Entfernen von Gipfelknospen macht man sich zunutze, um durch Schnitt kugelige Wuchsformen zu erreichen. Aber auch durch pathologische oder genetische Veränderungen können solche Wuchsformen zustande kommen (vgl. Abb.46.1). Ein extremes Beispiel für das ungehemmte Austreiben von Seitenzweigen aus Blattachselknospen sind die »Hexenbesen«, die man vor allem bei Birken, die auf mageren Sandböden wachsen, häufig beobachten kann (Abb.46.1a). Sie werden von einem Pilz, dem Ascomyceten *Taphrina betulina*, hervorgerufen, der offensichtlich die Blockade der schlafenden Knospen aufhebt. Auffällige Veränderungen in der Wuchsform zeigen auch die von einem Rostpilz befallenen Pflanzen der Zypressen-Wolfsmilch oder von Rosengallwespen angestochene Triebe der Rosen-Arten: Durch die Eiablage des Insekts werden hier enorme, kugelig-dichte Blattbildungen bewirkt. Auch verschiedene Zuchtformen zeigen eine Tendenz zur starken Verzweigung, so zum Beispiel eine Varietät des Spitz-Ahorns *(Acer platanoides var. globosum)*, eine schwachwüchsige Form mit einer dichten, flachkugeligen Krone, die häufig in städtischen Anlagen angepflanzt wird.

Beim Brutblatt sind solche schlafenden Knospen nicht nur an den Blattbasen, sondern auch an den Zähnchen der Blätter oder Fiedern entwickelt. Dort bilden sich nach ei-

a) ***Hexenbesen*** *bei der Birke. Der parasitische Schlauchpilz (Ascomycet) Taphrina betulina verursacht ein ungeordnetes Austreiben bei gleichzeitig vermindertem Streckungswachstum der Internodien.*

b) *Eine von dem Rostpilz Uromyces pisi befallene Zypressen-Wolfsmilch hat den 5fachen Indolessigsäure- und den 3fachen Gibberellinsäuregehalt. Dadurch verändert sich der Gesamthabitus (rechts) entscheidend.*

c) ***Rosenäpfel*** *entstehen durch Eiablage der Rosengallwespe in die jungen Sprosse von Rosen. Dichtgedrängt entstehen zahlreiche mißgebildete Blätter (organoide Galle).*

Abbildung 46.1: *Fehlgeleitetes Wachstum durch Parasitenbefall* niger Zeit die charakteristischen Brutpflänzchen, aus denen kleine Pflanzen mit Wurzeln und Primärblättern entstehen. In seltenen Fällen kommt es sogar so weit, daß an den Blättern der Brutpflanzen schon wieder neue Brutknospen gebildet werden, daß also gewissermaßen Tochter- und Enkelgeneration an der Mutterpflanze hängen (Abb. 47.1).

Während bei *Kalanchoë daigremontiana* alle Blattzähnchen von der Spitze bis zum Grund solche Brutknospen ausbilden, entwickeln sich die Tochterpflänzchen bei *Kalanchoë tubiflora* nur an den Spitzen der schmallinealen Blätter. Bei *Kalanchoë pinnata,* die heute als Zimmerpflanze bei uns nur noch eine untergeordnete Rolle spielt, entwickeln sich die Brutknospen erst, wenn die Blätter abgefallen sind. Man kann die Blattfiedern auch im Zimmer aufhängen. Noch vor dem Austrocknen entwickeln sich dann die Tochterpflanzen in den Kerben des Blattrandes.

Abbildung 47.1: *Brutblatt (Kalanchoë daigremontiana) mit vegetativer Tochter- und Enkelgeneration*

1.3 Systematik und Nomenklatur

Die Gattung *Kalanchoë* gehört zur Familie *Crassulaceae* (von lat. *crassus* = dick, fett; Diminuitiv »Dickerchen«), den Dickblattgewächsen. Sie sind in Mitteleuropa durch die Gattungen *Sedum* (Mauerpfeffer), *Sempervivum* (Fetthenne, Hauswurz) und *Crassula* vertreten. Der Name *Kalanchoë* kommt aus dem chinesischen ›kalankoe‹, was die chinesische Bezeichnung dieser auch in dortigen Gärten und Glashäusern gezogenen Gattung ist. Die Heimat der artenreichen Gattung ist allerdings nicht China, sondern das südliche Afrika und vor allem die Insel Madagaskar. Nur wenige Arten sind – wie *Kalanchoë pinnata* – fast über die ganzen Tropen verbreitet. Dies ist auch der Grund, warum die Gattung erst relativ spät als dankbare Zimmerpflanzengattung entdeckt wurde.

Heute sind dem Sukkulentenliebhaber zahlreiche Gattungen der Dickblattgewächse vertraut. Neben den genannten z. B. *Andromischus, Cotyledon, Echeveria, Graptopetalum, Pachyphytum, Tacitus, Valadia, Aeonium* usw.

Besonders bekannt und verbreitet ist *Kalanchoë blossfeldiana,* das »Flammende Kätchen« (Abb. 48.1a). Sie wurde in den 20er Jahren in den Nebelwäldern Madagaskars entdeckt. Über den Botanischen Garten von Paris gelangte sie an andere Botanische Gärten und dann auch zu den Pflanzenliebhabern und -züchtern. Schon vor mehr als 40 Jahren erkannte R. Harder in Göttingen ihre fotoperiodische Blühreaktion. Das Flammende Kätchen setzt nur Blüten an, wenn die tägliche Lichtperiode weniger als elf Stunden beträgt. Im Zimmer kommt sie deshalb normalerweise nicht zum Blühen, da im Winter die Beleuchtung die Lichtperiode verlängert. Andererseits können Gärtner auf diese Weise die Pflanzen eines ganzen Gewächshauses durch rechtzeitiges Abdunkeln gleichzeitig zu einem bestimmten Termin zum Blü-

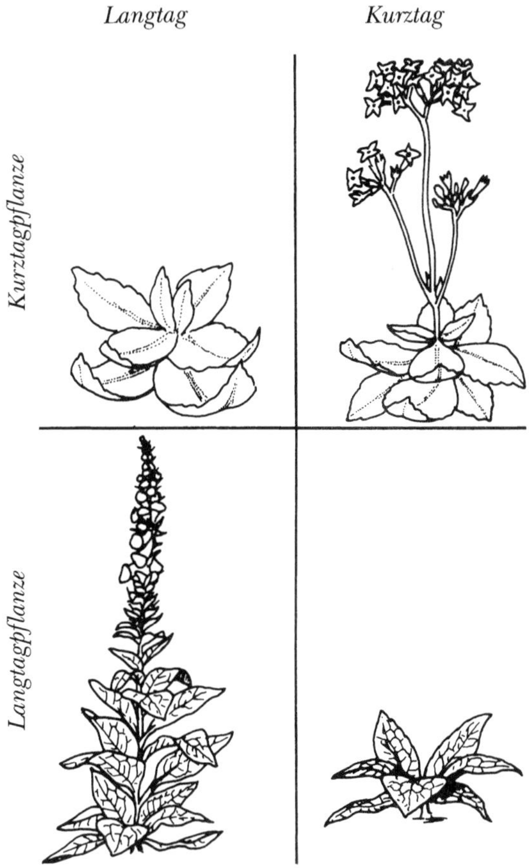

Abbildung 48.1:
Oben: Kalanchoë blossfeldiana, das »Flammende Kätchen«. Die Pflanze wurde in den 20er Jahren in den Nebelwäldern Madagaskars entdeckt.
Rechts: Blütenbildung bei Kurztagspflanzen (oben: Flammends Kätchen) und Langtagspflanzen (unten: Roter Fingerhut).

Tabelle 48.1: *Abhängigkeit der Blütenbildung (Blühinduktion) von der Lichtperiode (vereinfacht nach* STRASBURGER *1991)*

Langtagpflanzen	**Tagneutrale Pflanzen**	**Kurztagpflanzen**
Hafer	Einjähriges Rispengras	Hühnerhirse (Sorte)
Weizen		Reis
Roggen	Bitteres Schaumkraut	Zuckerrohr
Wiesen-Fuchsschwanz	Garten-Gurke	
Ruchgras	Buchweizen	Hanf
Wiesen-Rispengras	Topinambur	Chrysantheme
	(Knollen-Sonnenblume)	Flammendes Kätchen
Acker-Gauchheil	Pastinak	Weihnachtsstern
Acker-Schmalwand	Gemeiner Löwenzahn,	
Wiesen-Klee	Kuhblume	
Schwarzes Bilsenkraut	Acker-Hellerkraut	
Roter Fingerhut	Vogelmiere	
Kopfsalat		

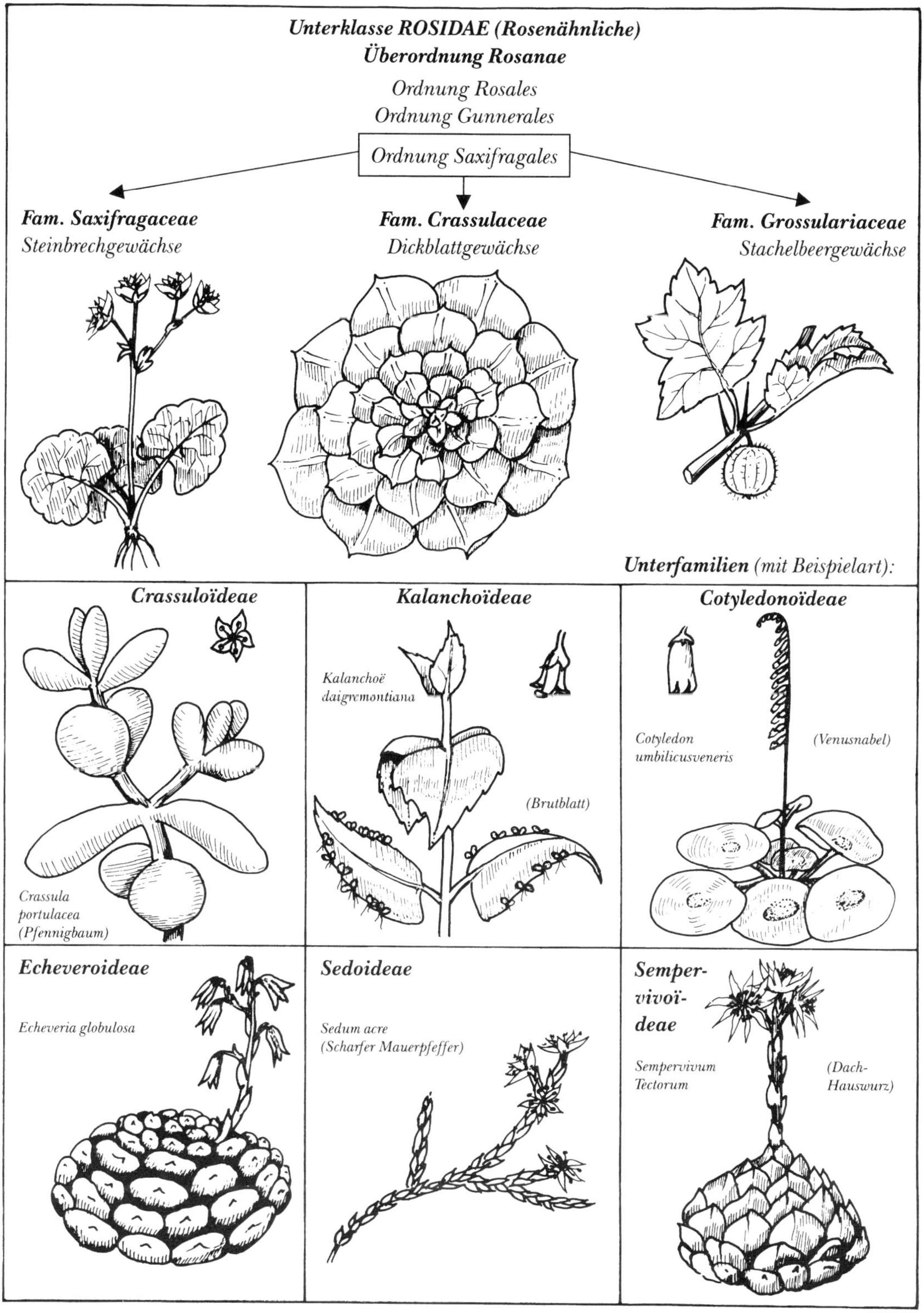

Abbildung 49.1: *Die systematische Stellung und Gliederung der Dickblattgewächse (Familie Crassulaceae; Unterfamilien nach* Rowley *1979)*

hen bringen. Flammende Kätchen stehen deshalb einen großen Teil des Jahres als blühende Topfpflanzen zur Verfügung (Langtag- und Kurztagpflanze vgl. Tabelle 48.1; Abb. 48.1b).

Die *Crassulaceen* sind eine verhältnismäßig artenreiche Familie (nach Cronquist 1981, 900; nach Urania-Pflanzenreich 1500 Arten). Die meisten Arten gehören den drei Gattungen *Sedum, Crassula* und *Kalanchoë* an. Sie werden innerhalb der Unterklasse *Rosidae* in die nähere Verwandtschaft der Rosenartigen gestellt, heute allerdings von den meisten Systematikern in eine eigene Ordnung *Saxifragales* (Steinbrechartige), zusammen mit den Steinbrechgewächsen und den Stachelbeergewächsen, von denen zum Teil noch die *Iteaceen* abgetrennt werden (Abb. 49.1).

Vorwiegend nach dem Blütenbau werden sechs Unterfamilien der Dickblattgewächse unterschieden. Die *Crassuloideae* haben nur einen Staubblattkreis, alle anderen Unterfamilien haben doppelt so viele Staubblätter wie Kronblätter. Vierteilige Blüten (Blütenformel K4 C4 A4 + 4 G4; K: Kelchblätter, C: Kronblätter, A: Staubblätter und G: Fruchtblätter) sind für die *Kalanchoideae* mit der einzigen aus drei Untergattungen bestehenden Gattung *Kalanchoë* charakteristisch. Die *Echeverioideae* haben ebenso wie die *Cotyledonoideae* fünfzählige Blüten. Auch bei den *Sedoideae* können die Blüten fünfzählig sein. Es kommen aber auch drei- bis zwölfzählige Blüten vor. Bei den *Sempervivoideae* schließlich sind die Blüten mindestens sechszählig.

1.4 CAM-Pflanzen

CAM bedeutet *Crassulacean Acid Metabolism*, sagt also aus, daß die *Crassulaceen* einen besonderen Säurestoffwechsel besitzen. Erste Beobachtungen dieses Phänomens gehen auf den Engländer Heyne (nach Kluge 1972) zurück, der im Jahre 1815 am Morgen und am Abend des gleichen Tages einige Blätter der damals neuen Zimmerpflanze *Kalanchoë pinnata* verspeiste. Dabei stellte er fest, daß diese Kostproben morgens beträchtlich saurer schmeckten als abends. Dieser zunächst eher subjektiv erscheinende Fund regte Untersuchungen an, die schließlich folgendes Resultat erbrachten: In den Blättern des Brutblattes häuft sich über Nacht Apfelsäure in beträchtlichen Mengen an, und am Tage verschwindet dieser nachts aufgebaute Vorrat – ausreichende Beleuchtung vorausgesetzt – wieder bis auf einen geringen Rest. Dieser Tag-Nacht-Rhythmus des Säuregehaltes wird als **diurnaler Säurezyklus** bezeichnet (Abb. 51.1). Er ist nur bei solchen Pflanzen weit verbreitet, deren assimilierende Zellen große wasserspeichernde Vakuolen besitzen. Diese Eigentümlichkeit verleiht den betroffenen Pflanzen meist ein fleischiges, »sukkulentes« Aussehen *(succus* lat. Saft).

Wie man heute weiß, finden sich Pflanzenarten mit einem solchen diurnalen Säurezyklus bei den verschiedensten Verwandtschaftskreisen der höheren Pflanzen. Besonders häufig sind sie jedoch bei den *Crassulaceen.* War die Entdeckung von Heyne zunächst nur eine Kuriosität, so konnte sie schon der Pflanzenphysiologe Wilhelm Pfeffer (1845 – 1920) biologisch deuten: *»Für diese Pflanzen, bei denen der Gasaustausch und insbesondere die Gewinnung der Kohlensäure erschwert ist, hat es ohne Frage Vorteile, daß während der Nacht möglichst wenig Kohlenstoff durch die Atmungsprozesse verloren geht. Dies ist aber damit erreicht, daß zunächst organische Säuren entstehen, die am Lichte allmählich wieder zu Kohlensäure oxidiert werden, welche dann ohne zuvorigen Austritt aus dem Gewebe der Verarbeitung im Chloro-*

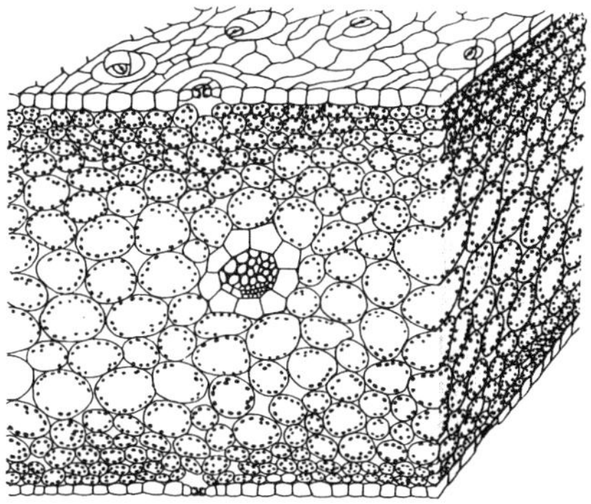

Kalanchoë daigremontiana und Blockdiagramm des Blattaufbaus mit großen, vakuolenreichen Mesophyllzellen (»Sukkulenz«).

Im Diagramm (rechts) ist der Anstieg des Gehaltes an Äpfelsäure (Malat) während der Dunkelphase dargestellt.

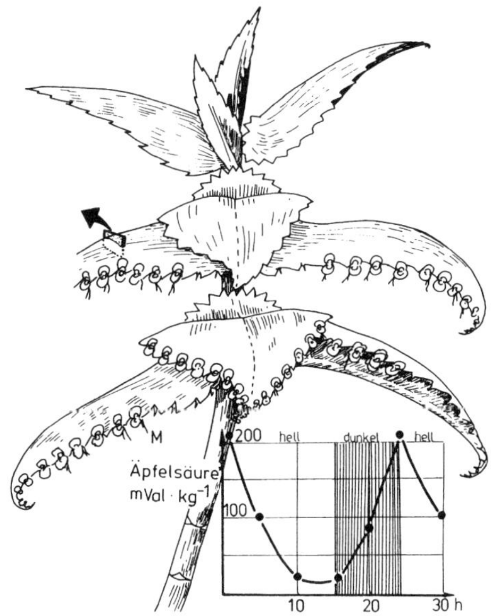

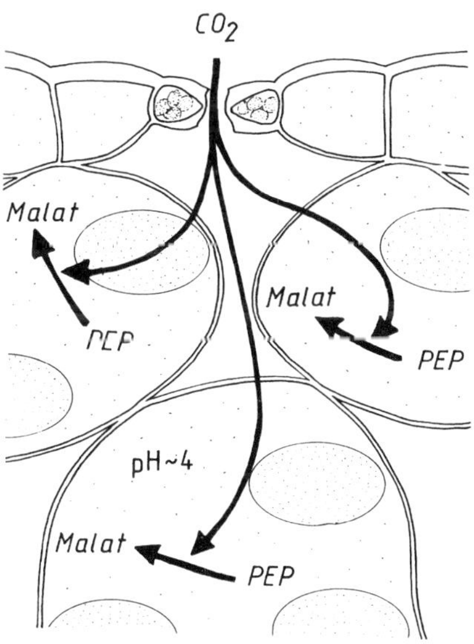

Nächtliche CO_2-Aufnahme und Bindung im Sukkulentenblatt. Das CO_2 wird von C_3-Körper Phosphoenolpyruvat (PEP) gebunden, wodurch Äpfelsäure (Malat) entsteht. Die im Zellsaft gelöste Äpfelsäure führt zur Ansäuerung bis zu einem pH-Wert von etwa 4.

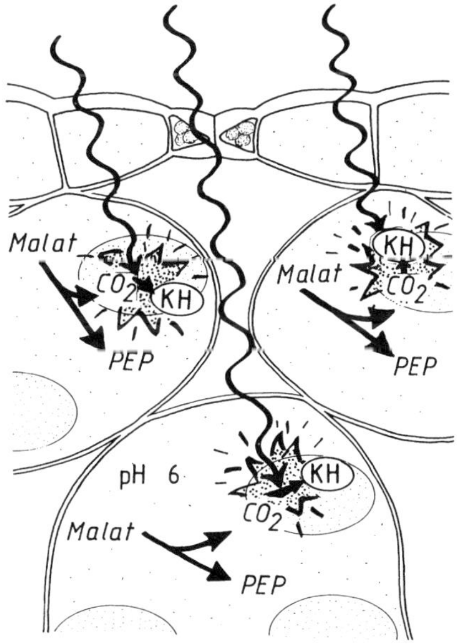

Bei Belichtung am Tage wird CO_2 durch die Fotosynthese verbraucht. Dadurch verschiebt sich das Gleichgewicht Malat $\rightleftarrows$ PEP + CO_2 auf die rechte Seite. Das ständig im Calvinzyklus (Kohlenhydrat- bzw. Glukosebildung) gebundene CO_2 wird durch Spaltung der Äpfelsäure nachgeliefert. Dadurch kann der pH-Wert des Zellsaftes bis auf 6 ansteigen.

Abbildung 51.1: *Der diurnale Säurezyklus bei Crassulaceen (CAM-Pflanzen) (aus Kuhn/Probst 1980)* phyllapparat anheimfällt.« (PFEFFER: Pflanzenphysiologie. Bd. 1, Leipzig 1897).

Heute ist bekannt, daß es nicht nur um das bei der Atmung entstehende CO_2 geht, sondern daß diese Pflanzen tatsächlich auch durch die nachts geöffneten Spaltöffnungen atmosphärisches Kohlendioxid aufnehmen können. Erst durch diese Besonderheit – bei allen anderen Pflanzen sind die Spaltöffnungen nachts geschlossen – sind CAM-Pflanzen zu einer positiven Stoffbilanz in der Lage, denn tagsüber halten sie ihre Spaltöffnungen zum Schutz vor Wasserverlust dicht geschlossen. Eine Kohlenstoffzufuhr in den Pflanzenkörper hinein ist dann nicht möglich. Die Sukkulenten haben so das schwierige Problem gelöst, einerseits nicht zu »verdursten«, andererseits aber auch nicht zu »verhungern«, was die unausbleibliche Folge wäre, wenn sie das in der Nacht aufgenommene CO_2 nicht bis zur Weiterverwendung unter Tageslichteinfluß speichern könnten.

Für die nächtliche Kohlenstoffdioxidspeicherung sind die großen Vakuolen in den Zellen der Sukkulenten wichtig. Man weiß heute, daß die Äpfelsäure aktiv in die Vakuolen gepumpt und dort in gelöster Form gespeichert wird. Nur ein gewisses Mindestwasservolumen in den Vakuolen erlaubt eine ausreichende Speicherung. Wird die Äpfelsäurekonzentration zu groß, so funktioniert der Pumpmechanismus nicht mehr. Äpfelsäure wird von den Vakuolen ins Plasma abgegeben und hemmt dort den weiteren CO_2-Einbau. Dies kann man zum Beispiel auch durch künstliche Verlängerung der Dunkelphase erreichen. Wichtig für den vollständigen Abbau des nachts gespeicherten CO_2 ist eine kräftige Besonnung bei Tage. Nur unter günstigem Lichteinfluß wird durch die intensiv ablaufende Fotosynthese das gesamte gespeicherte CO_2 verbraucht.

Aus dem geschilderten Sachverhalt kann man folgern, daß Sukkulenten mit diurnalem Säurezyklus an wasserarmen Standorten nicht nur wegen der Tatsache der Wasserspeicherung, sondern vor allem wegen dieser physiologischen Anpassung anderen Pflanzen überlegen sind.

Der Verbreitungsschwerpunkt der Dickblattgewächse liegt zweifellos in den Trockengebieten der wärmeren Regionen. Aber auch unsere heimischen Arten sind meistens wenigstens an periodische Trockenphasen angepaßt. Dies gilt für die Hauswurz *(Sempervivum tectorum),* ursprünglich eine Art der Hochgebirgs- und Steinschuttfluren, die fast ohne Erde auf Hausdächern gedeiht. Sie soll dem Haus Glück bringen. KARL DER GROSSE soll die Anpflanzung von Hauswurz auf Dächern und auf Zaunpfählen, die man oben etwas aushöhlte, befohlen haben – zur Abwehr von Seuchen und von Blitzschlag. Vermutlich geht dies auf ein altes heidnisches Brauchtum zurück wie auch der Name »Donnerkraut« (nach Donar oder Thor) und die verwendete Bezeichnung »Jupiters Bart« für das alpine *Sempervivum jovis-barba* zeigen.

Auch der Mauerpfeffer *(Sedum),* so benannt, weil einige Arten scharf schmecken, wächst meist auf periodisch trockenfallenden Standorten, insbesondere auch in Mauerritzen und auf schnell austrocknenden Sandböden.

Die große Widerstandskraft und Trockenresistenz von *Sedum*-Arten beweist ein Erlebnis mit *Sedum dasyphyllum,* einem häufigen Mauerbewohner südlicher Alpentäler. Nachdem ich diese Pflanze schon ein Jahr lang nach ordnungsgemäßem Pressen und Trocknen in mein Herbar eingeordnet hatte, begann sie neu auszutreiben, obwohl kein Tropfen Wasser und nicht einmal Licht zur Verfügung stand.

2 Hinweise für den Unterricht

2.1 Mögliche Ziele und Inhalte

Mit dem Brutblatt lassen sich anschauliche Beobachtungen und Experimente
(1) zur vegetativen Vermehrung und Regeneration,
(2) zur Morphologie und Morphogenese und
(3) zur besonderen morphologischen und physiologischen Angepaßtheit von Sukkulenten durchführen.

Die Pflanze eignet sich deshalb sowohl für sehr grundlegende Einführungen in die Pflanzenkunde wie auch für weiterführende Experimente in der Sekundarstufe I. Die CAM-Problematik ist ein lohnendes Thema für einen Ökologie- oder Physiologie-Kurs der Studienstufe.

2.2 Material und Geräte

- Ausreichende Anzahl von Brutblatt-Pflanzen
- eventuell eine Kollektion von anderen Sukkulenten, vorwiegend aus der Familie der Dickblattgewächse
- pH-Indikatorstäbchen oder Glaselektroden-pH-Meter
- Tiefkühlfach eines Kühlschrankes oder Tiefkühltruhe
- Knoblauchpresse
- einige Blumentöpfe und sandige Blumenerde
- Dunkelsturz

2.3 Experimente mit dem Brutblatt

(1) Vegetative Vermehrung

Brutblatt-Arten sind ideale Pflanzen für Kinder, aber auch für Erwachsene, die miterleben wollen, wie etwas Lebendiges sich vor ihren Augen entwickelt und verwandelt. Es ist sehr einfach, aus den Brutknospen kleine Pflanzen zu ziehen. Diese wachsen bei Zimmertemperatur und hellem Stand problemlos zur nächsten Brutknospen-Spendergeneration heran. Solche Vermehrungs- und Kultivierungsversuche machen auch schon Grundschulkindern Spaß.

Insgesamt ist das Regenerationsvermögen von Brutblattarten sehr hoch. Gipfelsprosse bilden, in Wasser gestellt, sehr schnell Wurzeln aus und können dann wieder eingepflanzt werden. Auch Sproßabschnitte mit einem Knoten bilden am Knoten Wurzeln und aus den Seitenknospen entwickeln sich neue Pflanzen.

Schließlich läßt sich bei Brutblatt-Arten recht gut die unterschiedliche Möglichkeit der vegetativen Vermehrung demonstrieren. *Kalanchoë daigremontiana* und *K. tubiflora* bilden Brutpflanzen an den Blättern, so lange sie noch an der Mutterpflanze sitzen. Bei *Kalanchoë pinnata* bilden sich diese Tochterpflänzchen in den Blattrandwinkeln erst, wenn die Blätter oder Fiedern von der Mutterpflanze abgefallen sind. Bei der reich verzweigten *Kalanchoë marmorata* können Seitentriebe sehr leicht Luftwurzeln bilden. Sie brechen außerdem leicht ab und können so der Vermehrung dienen.

(2) Blütenbildung – Kurztagspflanzen

Kalanchoë-Arten sind Kurztagspflanzen, das heißt, sie blühen nur, wenn die Tageslänge eine bestimmte Zeitspanne, beispielsweise zehn Stunden, unterschreitet. Bei Zimmerpflanzen bedeutet dies oft, daß sie nicht zum Blühen kommen, weil abends die Tagesperiode durch künstliches Licht verlängert wird. Dies gilt zum Beispiel auch für das Flammende Kätchen, das man schön blühend vom Gärtner gekauft hat und das dann seine Blüten nach einiger Zeit verliert und nicht mehr zum Blühen gebracht werden kann. Wenn man die Pflanzen rechtzeitig abdunkelt, im Sommer zum Beispiel schon am frühen Nachmittag, kann man die Blütenanlage künstlich bewirken – eine schöne Demonstration, die zeigt, daß Pflanzenwachstum und Differenzierung auch von äußeren Faktoren gesteuert werden.

Auch die unterschiedlichen Blütenformen der *Kalanchoë*-Arten sind einer Betrachtung wert. Der Blütenbau ist bei allen gleich (K4 C4 A4+4 G4). Es kommen aber fast radförmige Blüten vor (bei *Kalanchoë blossfeldiana)* und dann alle Übergänge bis zu langen, röhrenförmigen – etwa bei *Kalanchoë daigremontiana* oder bei *K. campanulata*.

(3) **Sproßaufbau, Verzweigung**

Mit der Blütenstandsbildung der Brutblatt-Arten wird normalerweise der Vegetationspunkt des Haupttriebes aufgebraucht. Dabei kommt es vorher häufig noch zu starken Seitentriebsausbildungen, wobei die Seitentriebe gleich an der Basis zahlreiche Wurzeln bilden. Nach dem Verblühen stirbt die Mutterpflanze ab und diese Seitentriebe können als Ableger abfallen.

Auch Experimente zum Austritt von Seitenknospen lassen sich beim Brutblatt leicht durchführen: Man zwickt die Gipfelknospe ab und verfolgt, wann und wo sich die ersten Blattachselknospen entwickeln. Wiederholt man dies nach einigen Wochen an den Seitentrieben, so kann man eine buschige dichotom oder polytom verzweigte Pflanze erhalten.

(4) **Sukkulenz – sukkulente Pflanzen**

Nicht umsonst sind sukkulente Pflanzen als Zimmerpflanzen besonders beliebt, halten sie doch die trockenen Bedingungen der Zimmerhaltung besonders gut aus. Oft haben sie sehr ansprechende, lustige Gestalten. Schneidet man ein sukkulentes Blatt auf, so wird deutlich, daß es viel Flüssigkeit enthält. Der Blattsaft von *Aloë*-Arten zum Beispiel soll bei bestimmten Hautkrankheiten und -veränderungen eine günstige Wirkung haben. Häufig werden *Aloë*-Präparate deshalb in Body-Shops angeboten. Die Wasserspeicherung von Sukkulenten kann man leicht als Anpassung an trockene, mindestens periodisch sehr wasserarme Standorte deuten und verstehen.

Durch den diurnalen Säurezyklus, die nächtliche Speicherung organischer Säuren als Kohlenstoffreservoir für den Tag, erhält die Sukkulenz einen zunächst nicht vermuteten zusätzlichen Sinn. Es ist sehr einfach, diesen CO_2-Einbau der Dickblattgewächse messend zu verfolgen. Man muß lediglich über einen Tag und eine Nacht hinweg in regelmäßigen Abständen Blätter oder Blattstücke einer Pflanze abschneiden und den pH-Wert messen. Am besten friert man die Blätter sofort nach Abschneiden ein. Die Blätter werden einzeln in kleine Plastikbeutel verpackt und mit der Uhrzeit der Abnahme beschriftet. Diese Arbeit kann von Schülern zuhause durchgeführt werden. Die tiefgekühlten Blätter werden dann in die Schule mitgebracht und dort bis zur Biologiestunde im Tiefkühlfach aufbewahrt. Zum Messen des pH-Wertes werden die Blätter mit einer Knoblauchpresse ausgepreßt. Aus den erhaltenen pH-Werten kann man eine Kurve des Tagesverlaufes aufzeichnen (vgl. Abb. 51.1). Besonders schöne Unterschiede erhält man an sonnigen, warmen Tagen. Dann kann die

Differenz der gemessenen pH-Werte bis zu 2 betragen. Das heißt, daß die Äpfelsäurekonzentration um den Faktor 100 schwankt.

Zum Messen hält man in den Preßsaft eine Glaselektrode oder ein Meßstäbchen. Die Tageskurven unterscheiden sich nicht nur bei verschiedenen Arten, sondern auch bei verschiedenen Individuen je nach Standort erheblich. Unterschiedliche Besonnung, unterschiedliche Wasserversorgung und auch die Jahreszeit können darauf Einfluß haben.

3 Literatur

EGGLI, U.: Sukkulentenlexikon 4. Crassulaceae. Ulmer, Stuttgart 2003

GOETHE, J. W. von: Die Metamorphose der Pflanzen. Insel-Bücherei Nr. 380, Leipzig o.Jg.

GOETHE, J. W. von: Versuch, die Metamorphose der Pflanzen zu erklären. Gotha 1790. Nachdruck mit Erläuterung und Nachwort von D. KUHN, Weinheim 1984

GOETHE, J. W. von: Die Schriften zur Naturwissenschaft. Böhlhaus Nachf., Weimar 1954

HART, H.`t, EGGLI, U.: Evolution and Systematics of the Crassulaceae, Backhuis Publishers, Leiden 1995

JACOBSEN, H.: Das Sukkulenten-Lexikon. G. Fischer, 2. Auflage, Stuttgart, New York 1981

KÖHLEIN, F.: Pflanzen vermehren. Ulmer, Stuttgart 1998

KLUGE, M.: Das Experiment: Diurnaler Säurerhythmus bei Bryophyllum tubiflorum. Biologie in unserer Zeit 2 (4): 129-130. 1972

KLUGE, M.: Die Sukkulenten. Spezialisten im CO_2-Stoffwechsel. Biologie in unserer Zeit. 2 (4): 120-128. 1972

KUHN, K., PROBST, W.: Biologisches Grundpraktikum, Band 2, G. Fischer, Stuttgart 1980

KULL, U: Neuere Aspekte der Pflanzenmorphologie. Jahreshefte der Gesellschaft für Naturkunde in Württemberg 142: 5 –46, 1987

LÜTTGE, U, KLUGE, M., BAUER, G.: Botanik. Wiley-VCH, Berlin/Weinheim, 5.Auflage 2005

MATURANA, H. R.: Erkennen: Die Organisation und Verkörperung von Wirklichkeit. 2. Auflage, Braunschweig 1985

ROWLEY, G.: Kosmos-Enzyklopädie der Sukkulenten und Kakteen. Franckh, Stuttgart 1979

WEILER, E.W.: Pflanzenphysiologie. In: STRASBURGER, E. (Ersthrsg.): Lehrbuch der Botanik. Spektrum, Heidelberg/Berlin, 35. Auflage 2002

Saguaro-Kaktus

Carnegiea gigantea (ENGELM.) BITT. et ROSE

Familie *Cactaceae*

Blütezeit: Jan. Febr. März April **Mai** **Juni** Juli Aug. Sept. Okt. Nov. Dez.

Wer kennt sie nicht als unverzichtbare Kulisse für die klassischen Wildwestfilme, die imposanten kandelaberartigen Riesenkakteen?

Das Verbreitungsgebiet dieser außergewöhnlichen Pflanzen ist viel kleiner als die Gebiete Nordamerikas, die man üblicherweise als »Wilden Westen« bezeichnet. Es ist beschränkt auf die sogenannte Sonora-Wüste, die sich etwa vom 35. bis zum 23. Grad nördlicher Breite erstreckt, vom Abfall des Colorado-Plateaus in Arizona bis zum Golf von Kalifornien in Nord-Mexico.

Ein besonderer Reiz dieses faszinierenden Trockengebietes geht von den außergewöhnlichen, teilweise bizarren Pflanzenarten aus, die sich hier in vielen Jahrmillionen herausgebildet haben und bis heute als Reliktendemiten in einem kleinen Areal erhalten geblieben sind.

1 Der Saguaro-Kaktus – ein Gigant aus der Wüste

1.1 Die Sonora-Wüste, Lebensraum der Riesenkakteen

Die sogenannte Sonora-Wüste gehört zu den bestuntersuchten Trockengebieten der Erde. Dort, in Tucson/Arizona im nördlichen Teil der Sonora, wurde 1903 das Desert Laboratory of the Carnegie-Institute of Washington gegründet, und etwa 50 Jahre lang wurde von den Wissenschaftlern dieser Institution ökologische Wüstenforschung betrieben. Auch der deutsche Geobotaniker und Pflanzenökologe Heinrich Walter verdiente sich dort als Rockefeller-Fellow seine Sporen.

Genau genommen ist dieses Gebiet allerdings keine richtige Wüste. Die mittleren Jahresniederschläge zwischen 75 und 300 mm berechtigen allenfalls zu der Bezeichnung »Halbwüste« (Abb. 57.1). In Tucson (732 m ü. N. N., 32 Grad nördliche Breite) kann man vier Jahreszeiten unterscheiden (vgl. Tab. 58.1)

(1) In der **kühlen Winterregenzeit** fallen etwa 30% bis 35% der Niederschläge. Vereinzelt treten Fröste auf, doch kommt es

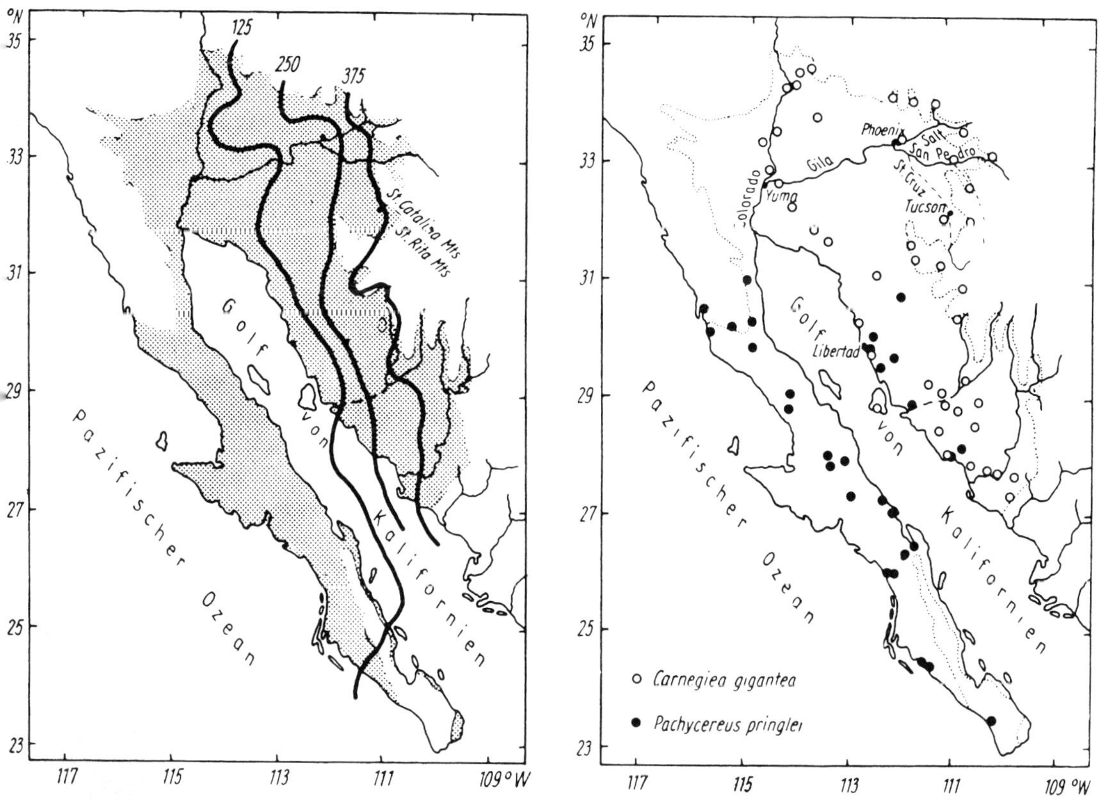

a) Niederschlagshöhe in mm

b) Verbreitung von Carnegiea und Pachycereus; es sind vikariierende Arten, deren Areale sich nur an der Golfküste berühren (aus Walter, H., Breckle, S. W. 1984).

Abbildung 57.1: *Die Sonora-Halbwüste*

Tabelle 58.1: Jahreszeiten in der Sonora-Halbwüste

	Zeit	Niederschläge	Temperatur
Winterregenzeit	Dezember–März	90– 95 mm	kühl vereinzelt Bodenfröste
Vorsommer-Trockenzeit	April–Juni	20– 25 mm	sehr warm (Monatsmittel im Juni über 30 °C)
Sommer-Regenzeit	Juli–September	140–150 mm	sehr warm bis warm starke Gewitterregen mit allen Formen der Erosion
Nachsommer-Trockenzeit	Oktober, November	35– 40 mm	gemäßigt bis kühl (Monatsmittel 10–16 °C)

(verändert nach Walter/Breckle 1984)

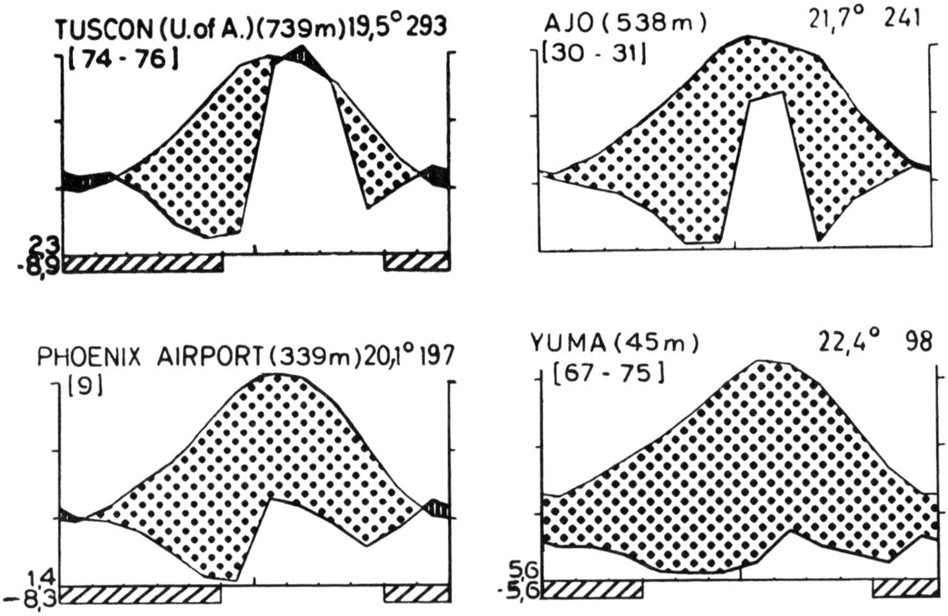

Abbildung 58.1: *Klimadiagramme von Stationen in der nördlichen Sonora-Halbwüste (nach Walter, H., Breckle, S. 1984).*
Auf der Abszisse sind die Monate Januar bis Dezember aufgetragen.
Auf der Ordinate bedeutet ein Teilstrich 10 °C (Monatsmitteltemperaturen) bzw. 20 mm Regen (monatliche Niederschläge).
Wenn die Temperaturkurve über die Niederschlagskurve steigt, überwiegt die Verdunstung (arides Klima).
Wenn sie unter der Niederschlagskurve liegt, überwiegt der Niederschlag (humides Klima).
Oben rechts sind mittlere Jahrestemperatur und mittlere Jahresniederschläge vermerkt,
an der Ordinate links unten das mittlere tägliche Minimum des kältesten Monats und die tiefste gemessene Temperatur.

Abbildung 59.1: *Lebensraum des Saguaro in Süd-Arizona nach einem Ölgemälde von Marianne North, 1881 (aus Royal Bot. Garden, Kew 1980)*

zu anhaltendem Frost nur in den höheren Gebirgslagen über 1500 m. Zum Teil bilden sich auch Kaltluftseen in tief eingeschnittenen Flußtälern und Senken.

(2) Die **Vorsommer-Trockenzeit** ist die wärmste Jahreszeit. Der Juni ist mit einem mittleren Maximum von 37,1 °C der wärmste Monat.

(3) In der **Sommerregenzeit** kommt es zu einzelnen starken Gewittergüssen. Erosionsrinnen und Cañons füllen sich im Nu mit Wassermassen und auf den Hängen kommt es zu Schichtfluten mit starker flächenhafter Erosion. In den Senken kann sich das Wasser stauen. Infolge der anschließenden Verdunstung kommt es dann zu einer gewissen Salzanreicherung und zur Ausbildung dunkler Sodaböden.

(4) In der **Nachsommer-Trockenzeit** kann es zunächst noch sehr warm sein. Dann gehen die Temperaturen auf 15 °C, zum Teil bis 10 °C zurück.

Die Sonora-Wüste (Abb. 59.1) umfaßt ein Gebiet, das schon seit dem mittleren Tertiär von anderen Trockengebieten verhältnismäßig deutlich isoliert ist. So ist zu erklären, daß sich hier Pflanzenarten halten und weiterentwickeln konnten, die früher eine weitere Verbreitung besaßen (Reliktendemiten). Ebenso wie den Riesen-Kaktus findet man auch den Ocotillo-Strauch *(Fouquieria splendens)* nur in dieser Region. Die stammsukkulenten Elefantenbäume (Gattung *Bursera)* und der Boojum-Baum *(Idria columnaris,* Familie *Fouquieriaceae)* sind weitere Einmaligkeiten. Sie repräsentieren gleichzeitig den seltenen ökologischen Typ des Flaschenbaumes. Der Boo-

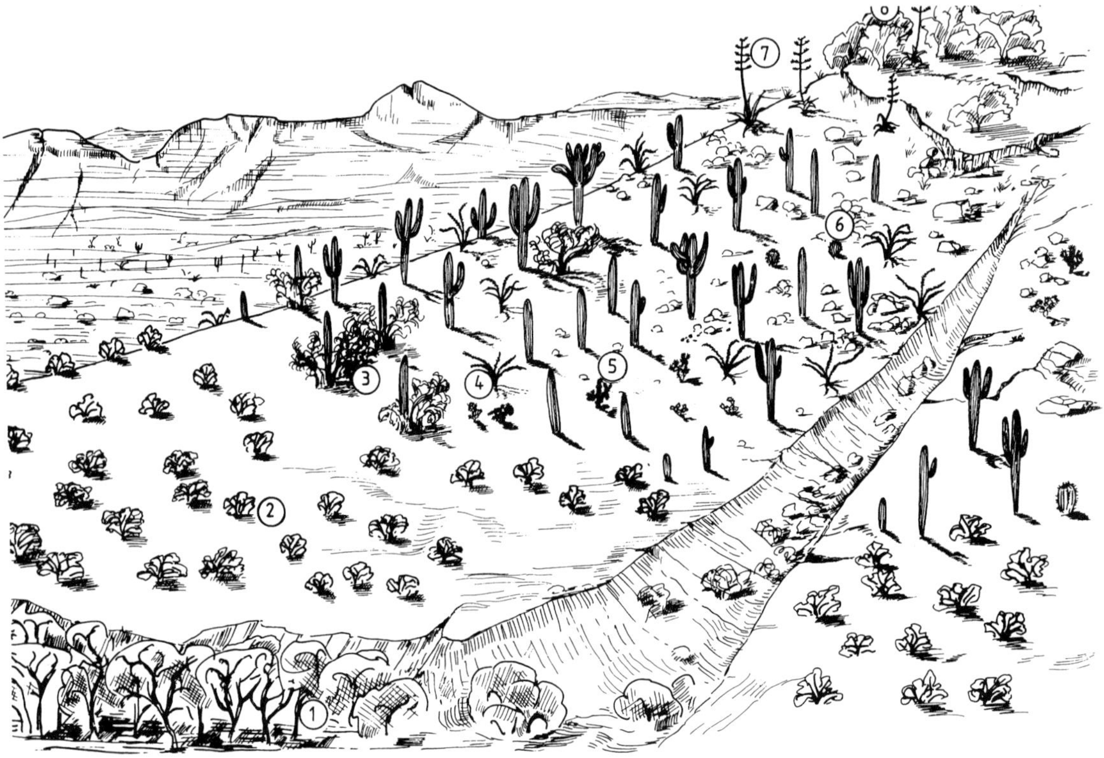

Abbildung 60.1: *Bevorzugter Lebensraum des Saguaro in der Sonora-Halbwüste zwischen ca. 800 und 1300 m ü. N. N. Nach unten folgt dem Gürtel der Riesenkakteen eine offene Gebüschformation mit Creosotbüschen (Larrea tridentata), nach oben Bestände von Agaven und Mesquite- Sträuchern.*
(1) Olneya tesota (Fam. Fabaceae) Desert Ironwood
(2) Larraea tridentata (Fam. Zygophyllaceae), Creosot-Strauch
(3) Cercidium microphyllum (Fam. Caesalpiniaceae), Palo Verde
(4) Fouquieria splendens (Fam. Fouquieriaceae), Ocotillo-Strauch
(5) Opuntia bigelovii (Fam. Cactaceae), Spring-Opuntie, Jumping Cholla
(6) Ferocactus wislizenii, Faß-Kaktus, Barrel Cactus
(7) Agave deserti (Fam. Agavaceae) Wüsten-Agave, Desert Agave
(8) Prosopis juliflora (Fam. Fabaceae) Mesquite-Strauch

jum wird 6 bis 8 m hoch. Das innere Gewebe des basalen Stammes ist schwammig und kann leicht Wasser aufnehmen. Von dem dikken Stamm gehen nahezu waagerechte dünne Zweige mit kleinen ledrigen Blättern aus.

Und natürlich nicht zu vergessen die vielen verschiedenen Kakteen-Arten: Neben Säulenformen wie Saguaro- und Orgelpfeifen-Kaktus *(Pachycereus)* kommen faßförmige, kugelige und dichte Polster bildende Typen vor. Besonders formenreich sind die Gliederkakteen (Gattung *Opuntia),* bei denen man Zylinder-Opuntien – z. B. die Geweih-Opuntie – und Flach-Opuntien – z.B die Biberschwanz-Opuntie – unterscheidet. Zu den Opuntien gehört auch eine berüchtigte, von den Amerikanern »Jumping Cholla« genannte Art *(Opuntia bigelovii).* Ihre Glieder – nach Opuntienart mit unendlich vielen mit Widerhäkchen besetzten Dornen versehen – entwickeln zu den Beinen des vorbeistreifenden Wanderers eine solche Affinität, daß er den Eindruck hat, von ihnen angesprungen zu werden. Los wird man diese unangenehmen Cholla-Kugeln dann nur mit einem Kamm, den man vorsichtig zwischen Kaktus und Bein schiebt.

Im Frühjahr, nach der winterlichen Feuchtperiode, kann sich der Boden der Sonora in ein Blütenmeer verwandeln. Gelborangefarbener Mexikanischer Mohn, schwefelgelber Wüsten-Löwenzahn, karminroter Eulen-Klee und cremefarbene Malven-Arten bilden leuchtende Teppiche. Auch an den Kakteen öffnen sich gelbe, weiße und karminrote Blüten. Und darüber leuchten die korallenroten Blütenäste des Ocotillo-Strauches.

Die beeindruckendste Pflanzenart dieser Traumlandschaft jedoch sind die Saguaros. Sie können bis zu 15 m hoch und bis zu 40 cm dick werden, Säulen, die sich – der Schwerkraft spottend – an der Basis verjüngen und die ein halbes Dutzend oder mehr aufstrebende und oft auch bizarr verkrümmte Arme tragen (Abb. 61.1).

Wie in Abb. 60.1 dargestellt, liegt der bevorzugte Lebensraum des Saguaro in der Sonora-Halbwüste zwischen 800 m und 1300 m ü. N. N. In tieferen Lagen dominiert der Creosot-Busch *(Larrea tridentata, Zygophyllaceae)*, über dem Kakteen-Gürtel herrschen Mesquite-Sträucher *(Prosopis juliflora, Fabaceae)* und Agaven vor.

1.2 Der Lebenszyklus des Saguaro

Der Saguaro-Kaktus blüht im Mai (Abb. 61.2a). Die Bestäubung der weißen, großen Blüten muß in 24 Stunden ablaufen. Jede Blüte öffnet sich direkt nach Sonnenuntergang und ist um Mitternacht voll aufgeblüht. Sie bleibt dann die meiste Zeit des nächsten

Abbildung 61.1: *Großer Saguaro bei Tucson/Arizona*

a

b

Abbildung 61.2: *a) Blüten und b) Früchte des Saguaro. Früchte sich teilweise mit 4 Klappen öffnend.*

Tages offen und schließt sich noch vor Sonnenuntergang für immer. Aber in diesem kurzen Zeitraum hat die nektarreiche Kaktusblüte die verschiedensten Lebewesen reichlich bewirtet. In der Nacht kommen Schwärmer und Fledermäuse, am Tage Ameisen, Wespen, Bienen und Hummeln, Käfer, Schmetterlinge und auch Vögel. Ein besonderer Liebhaber der Saguaro-Blüte ist die Weißflügeltaube, die ihren Kopf ganz in die Trichterblüten eintaucht, um mit ihrem Schnabel zu dem reichlich fließenden Nektar zu gelangen. Für die Bestäubung des Saguaro soll diese Taube besonders wichtig sein.

Anfang Juni sind die letzten Blüten geschlossen. Schon zwei Wochen später beginnt dann mit dem Reifen der ersten Früchte (Abb. 61.2b) ein neues Festessen, an dem traditionell auch der Mensch beteiligt ist. Die Papago-Indianer haben die Frucht Jahrhunderte lang mit Brechstäben geerntet, die sie aus den verholzten Leitbündeln abgestorbener Saguaros fertigten. Sie schlagen die eiförmigen Früchte von den Stämmen, bevor diese sich mit vier roten Klappen öffnen. So kommen sie den verschiedenen tierischen Saguaro-Liebhabern zuvor. Die Früchte werden frisch gegessen. Außerdem kochen die Indianer aus ihnen Sirup und Marmelade, und es wird auch ein vergorenes Getränk (Kiswin) daraus hergestellt.

Abbildung 62.1: *Die Känguruh-Ratte, ein kleines Nagetier der Sonora-Halbwüste, das nie trinken muß*

Ein großer Saguaro kann 200 Früchte mit je etwa 1000 Samen bilden. Verschiedene Vogelarten und Kleinsäuger wie Mäuse und Hörnchen fressen die zuckerreichen Früchte ebenso wie viele Insektenarten. Falken und Kaktus-Eulen brauchen nur auf solche Gäste zu warten, um ebenfalls zu einer reichen Mahlzeit zu kommen. Zu den Primärkonsumenten der Saguaro-Früchte gehört auch die Känguruh-Ratte, das einzige Nagetier, das überhaupt kein Wasser trinken muß (Abb. 62.1). Sie hat nicht nur ungeheuer leistungsfähige Nieren und einen Enddarm, der der Nahrung auch letzte Wasserreste entzieht, sie kann das Wasser, das bei der Veratmung von Kohlenhydraten entsteht ($C_6H_{12}O_6 + 6\ O_2 \rightarrow 6\ CO_2 + \underline{6\ H_2O}$) direkt für die Flüssigkeitsversorgung ihres Körpers nutzen.

Bei einem Besuch der Saguaro-Reservate bei Tucson oder an der mexikanischen Grenze fällt auf, daß man neben den älteren Exemplaren immer nur sehr wenige kleine Pflanzen sieht. Die Chance, daß Jungpflanzen hochkommen, ist nicht groß und sehr vom Klima des jeweiligen Jahres abhängig. Für die Keimung – mit zwei sukkulenten, verwachsenen Keimblättern – ist Feuchtigkeit notwendig. Es muß ein paar Tage hintereinander regnen. Zum weiteren Gedeihen benötigen die jungen Keimlinge außerdem Wärme. Trotzdem wachsen sie erst einmal sehr langsam. Mit fünf Jahren sind die kleinen Kakteen gerade 2,5 cm hoch. Mit zehn Jahren können sie etwa die Hälfte eines Strausseneies erreichen. Nach fünfunddreißig Jahren sind sie 2 bis 2,5 m hoch und können zum ersten Mal blühen und Früchte tra-

Abbildung 63.1: *Saguaro mit Paloverde, seinem »nurse tree«*

Abbildung 63.2: *Bedingungen, die ein Saguaro zum erfolgreichen Keimen benötigt (Tucson Desert Museum)*

gen. Erst wenn sie vier bis sechs Meter hoch sind, nach etwa fünfundsiebzig Jahren, kommt es zur Bildung erster Seitenzweige.

Die Pflanzen können ein Alter von mehr als zweihundert Jahren erreichen und sechzehn Meter hoch werden. Solche riesigen »Wassersäcke« – sie bestehen bei guter Wasserversorgung zu 98% aus dieser in der Wüste kostbaren Flüssigkeit – wiegen fünfzehn Tonnen. Mit dem Wasservorrat gehen sie sparsam um. Nur 1/17000 bis 1/9300 seines Eigengewichtes verliert der Saguaro täglich durch Transpiration (Walter 1973). Bei »normalen Pflanzen« liegt dieser Wert zwischen 1/10 und 1/100.

Sehr häufig sieht man junge Saguaro-Säulen aus dem dichten grünen Geäst eines Paloverde-Busches *(Cercidium microphyllum)* herauswachsen. Diese Wüstenbäume aus der Leguminosen-Familie *Caesalpiniaceae* werden auch als »nurse tree«, als »Kindermädchen« der Saguaros bezeichnet. Denn in der Jugend benötigen die Kakteen viel Schatten. Nur solche Pflanzen, die unter einem nurse tree gekeimt sind, haben die Chance, in diesem günstigen Mikroklima die ersten empfindlichen Jahrzehnte zu überstehen. Später wachsen sie dann ihrem »Kindermädchen« über den Kopf (Abb. 63.1).

Im Museum des Saguaro-National-Monument bei Tucson/Arizona ist anschaulich dargestellt, welche Bedingungen zusammenkommen müssen, damit *Carnegiea gigantea* sich erfolgreich fortpflanzen kann (Abb. 63.2). Doch auch wenn diese Bedingungen erfüllt wurden, drohen den Riesenkakteen noch viele Gefahren:

- Ihr gefährlichster Feind ist heutzutage zweifellos der Mensch. Durch maßlose Grundstücksspekulation im sonnigen Südwesten der USA werden riesige Landstriche mit Wochenendhäusern und Alterssitzen überzogen. Die natürlichen Pflanzengemeinschaften werden zugunsten unpassender Vorgartenpflanzungen vernichtet. Trotz Verbots versucht so mancher Gartenbesitzer, einen jungen Saguaro auszugraben und in seinem Garten zu pflanzen. Natürlich geht er dort in der Regel ein. Das kann allerdings lange dauern. Schließlich kommt es immer wieder zu mutwilligen Beschädigungen. Ein Schnitt mit einem Taschenmesser beispielsweise kann einen Saguaro während der Regenzeit zum Absterben bringen.
- Viehherden sind für junge Saguaro-Pflanzen tödlich. Zwar entwickeln die Keimlinge bald die ersten Dornen und sind dann vor Fraß geschützt, nicht aber vor dem Zertrampeln.
- Saguaros sind sehr frostempfindlich. Kälteeinbrüche, die in regelmäßigen Abständen auch den warmen Südwesten der Vereinigten Staaten erreichen, führen jedesmal zu einem Kaktussterben.

Niering, Whittaker und Lowe haben 1963 insgesamt 1570 abgestorbene Saguaro-Jungpflanzen untersucht und festgestellt, daß 1470 davon durch Nagetierfraß getötet worden waren. Zwei Ziesel-Arten *(Citellus tereticaudus* und *C. harrisii)* gelten als besonders freßlustig. Diese Arten kommen allerdings nur auf den fast ebenen Bajadas (untere Hangbereiche, von span. *bajo* = tiefliegend) mit feinkörnigem Untergrund vor. Auf den etwas höher gelegenen Hängen mit groberem Steinschutt leben andere Nager-Arten, die dem Saguaro wenig gefährlich werden. Man nimmt an, daß die untere Verbreitungsgrenze zu den Creosotbusch-Beständen hin vorwiegend durch die Verbreitung dieser Nager bestimmt wird. Übrigens wächst mit der Beweidung durch Rinder auch die Population der für die Saguaros schädlichen Nagetiere, so daß die Rinderwirtschaft einen doppelt ungünstigen Einfluß hat (Knapp 1965).

Außer diesen gefährlichen Freßfeinden leben noch eine ganze Reihe anderer Tierarten vom Saguaro, teilweise – wie wir dies schon von der Weißflügeltaube gehört haben – durchaus zum gegenseitigen Nutzen. Eine Specht-Art, der Gila-Specht (benannt nach dem in den Golf von Kalifornien mündenden Gilafluß) ist auf den Saguaro nicht als Nahrungslieferant, sondern als Wohnungsvermittler angewiesen (Abb. 65.1). In den weichen Kaktusstamm hackt er sich seine Bruthöhle. Der Kaktus nimmt diese Verletzung nicht weiter übel, da der Specht sorgfältig darauf achtet, diese Arbeit nur während der Trockenperiode zu verrichten. Schnell bildet der Kaktus dann an der Verletzung ein wasserundurchlässiges Korkgewebe aus. Dadurch schützt er sich vor Wasserverlust und Infektionen. Gleichzeitig bietet er seinem Mieter einen festen und trockenen Unterschlupf. Bei abgestorbenen Kakteen kann man diese verkorkten Gewebe noch lange als »Holzschuhe« erkennen, wenn das saftige Parenchym längst verfault ist. Spechthöhlen finden oft Nachmieter, wenn die Spechte sie verlassen haben, zum Beispiel die kleine Kaktuseule (Abb. 65.2).

Leider haben die Saguaro-Bewohner seit einiger Zeit einen sehr durchsetzungskräftigen Konkurrenten bekommen. Unser euro-

Abbildung 65.1: *Gila-Specht und Spechthöhlen an Saguaro-Kakteen (aus* HELMS, *C. L. 1980)*

Abbildung 65.2: *Kaktuseule (Elf Owl) in alter Spechthöhle*

päischer Star wurde zunächst von Europa in die Oststaaten der USA eingeführt und breitete sich dann von dort nach Westen aus. Mittlerweile hat er die Sonora-Wüste erreicht und konkurriert mit Kaktuseulen, Mauerschwalben, Fliegenschnäppern und anderen einheimischen Höhlenbrütern um die verlassenen Spechthöhlen.

1.3 Morphologie der Kakteen

Pflanzen mit fleischig verdicktem Vegetationskörper nennt man Sukkulente (von lat. *succus* = Saft, dicke Flüssigkeit; *succulentus* = saftvoll, kräftig). Je nachdem, welche Grundorgane einer Pflanze fleischig verdickt sind, spricht man von **Blattsukkulenz, Stammsukkulenz** oder auch **Wurzelsukkulenz.** Typisch blattsukkulente Pflanzen haben wir mit dem Brutblatt und den Dickblattgewächsen (Familie *Crassulaceae)* kennengelernt. Zu nennen wären auch die Agaven oder die Aloën. Wurzelsukkulenz ist viel seltener, kommt aber bei verschiedenen Epiphyten, zum Beispiel bei der als Zimmerpflanze häufig kultivierten Grünlilie *(Chlorophytum comosum, Anthericaceae),* vor. Bei Kakteen ist die Sproßachse fleischig verdickt. Die Blätter sind meist zu Dornen reduziert oder fehlen ganz. Nur bei einer kleinen Unterfamilie, den *Pereskioideae,* werden noch normale Laubblätter ausgebildet,

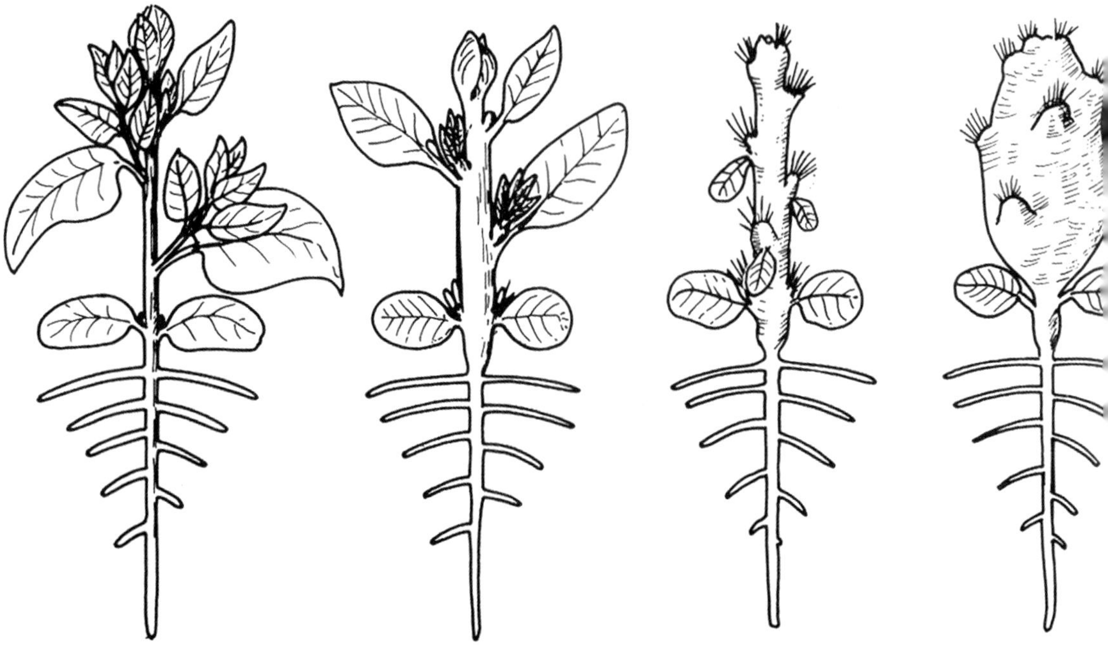

Abbildung 66.1: *Die Entwicklung der Stammsukkulenz bei Kakteen (verändert nach Rauh)*

Pereskia mit flächigen Blattspreiten

Opuntia mit sukkulenten, walzenförmigen Blättern

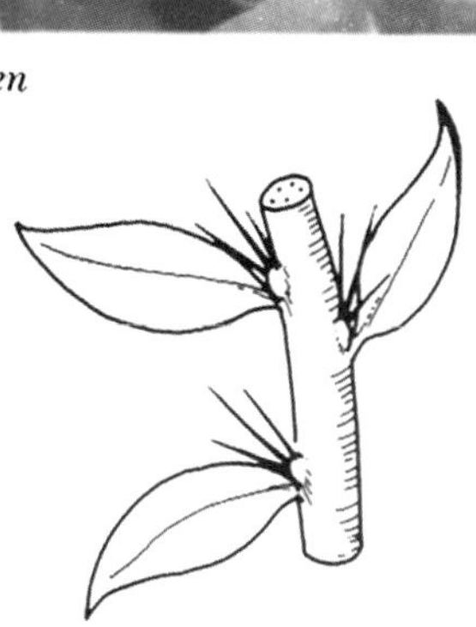

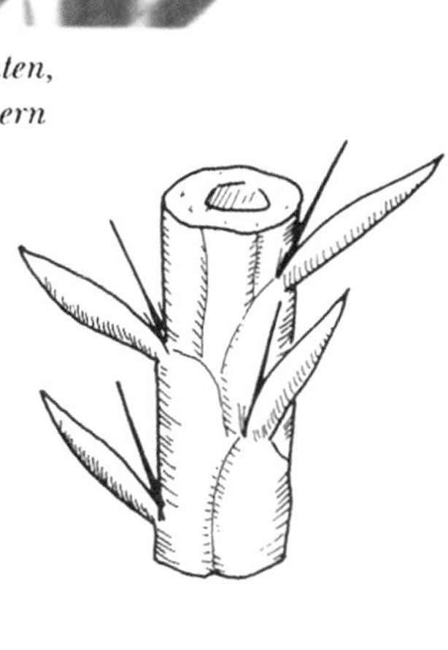

Abbildung 66.2: *Beblätterte Kakteen*

obwohl auch hier schon eine gewisse Stammsukkulenz festgestellt werden kann (Abb. 66.2).

Säulenformen wie bei unserem Riesenkaktus sind verbreitet. Manche – wie *Ferocactus wislizenii*, der ebenfalls in der Sonora-Wüste heimisch ist – haben die Form einer Tonne. Schließlich gibt es auch ganz kugelförmige Kakteen – wie *Echinocactus grussonii*. Große und über hundert Jahre alte Exemplare können Größe und Form eines Sitzpolsters erreichen, allerdings wegen der gewaltigen Dornen sicher kein bequemer Platz. So erklärt sich die volkstümliche Bezeichnung »Schwiegermuttersessel« (Abb. 67.1).

Mit der **Kugelform** ist die geringste Oberfläche erreicht, das ist für sparsamen Wasserverbrauch günstig. Gleichzeitig ist natürlich der mögliche Gasaustausch mit der Atmosphäre stark eingeschränkt. Entsprechend gering ist die Fotosyntheserate und es ist deshalb kein Wunder, daß diese Kakteen sehr langsam wachsen.

Die meisten Kakteen haben eine strukturierte Oberfläche. Zwar führt dies wieder zu einer Oberflächenvergrößerung, doch hat es andere entscheidende Vorteile. Häufig ist die Oberfläche – wie bei *Echinocactus* oder *Carnegiea* – gerippt, oft auch mit Höckern (Mamillen) bedeckt wie bei der Gattung *Mamillaria*. Diese Strukturen haben einmal den Vorteil, daß sie durch Schattenwurf einen Teil der Oberfläche vor der intensiven Sonneneinstrahlung schützen. Dabei kann man eine deutliche Asymmetrie in der Rippenbildung und der Zellsaftkonzentration feststellen (vgl. Abb. 67.2). Da die Kaktussäulen nach oben hin zunächst an Umfang zunehmen, werden vom Vegetationspunkt ab und zu neue Rippen angelegt (Abb. 67.3). Eine weitere Bedeutung von Rippen und Mamillen (kegelförmige Warzen) liegt darin, daß sie

Abbildung 67.1: *»Schwiegermuttersessel« (Echinocactus grusonii), ein kugelförmiger Kaktus aus der Unterfamilie Cactoideae, Tribus Cactaceae, der über 100 Jahre alt werden kann und dann die Größe eines Sitzkissens erreicht.*

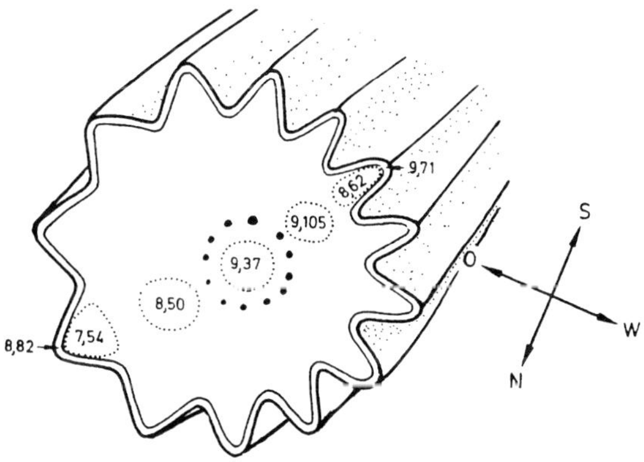

Abbildung 67.2: *Ausbildung der Rippen bei Carnegiea und potentieller osmotischer Druck in bar (negatives osmotisches Potential). Der Rippenabstand ist auf der Südwestseite am kleinsten, der osmotische Druck am größten (nach* W*ALTER 1931 aus* W*ALTER,* B*RECKLE 1984).*

Abbildung 67.3: *Rippenvermehrung beim Saguaro*

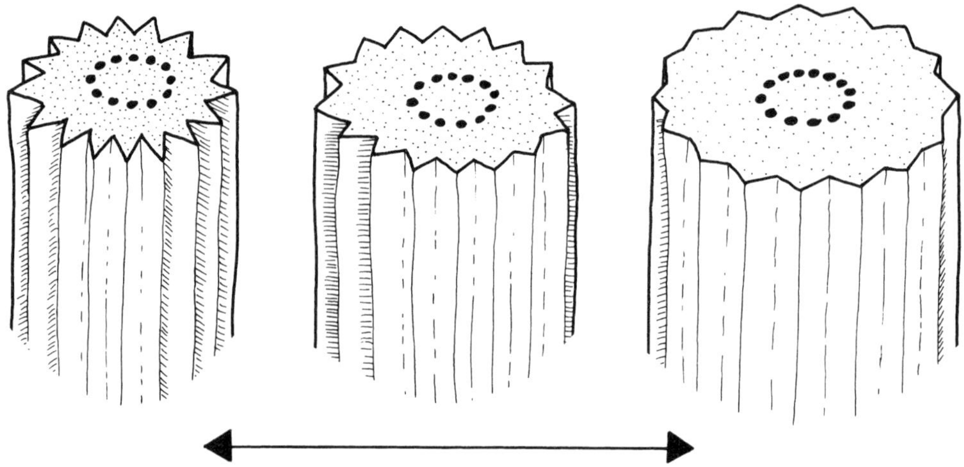

Abbildung 68.1: *Schrumpfen und Dehnen eines Säulenkaktus in Abhängigkeit von der Wasserversorgung*

den Wassersäcken bei langanhaltender Trokkenheit ein geordnetes Schrumpfen erlauben. Wie eine Ziehharmonika ziehen sich dann die Säulen der Saguaro-Kakteen zusammen, bis der lebensspendende Regen kommt. Dann kann ein Kaktus in kurzer Zeit mit seinem flachstreichenden Wurzelsystem von der durchfeuchteten Oberfläche Wasser aufnehmen und sein Speichergewebe prall füllen, wobei die Rippen wieder auseinanderweichen (Abb. 68.1). So wurde bei einem Saguaro-Kaktus ein maximaler Rippenabstand von 7,2 cm, ein minimaler von 4,7 cm gemessen (Walter 1973).

Abbildung 68.2:
Saguaro
mit Wurzelmatte

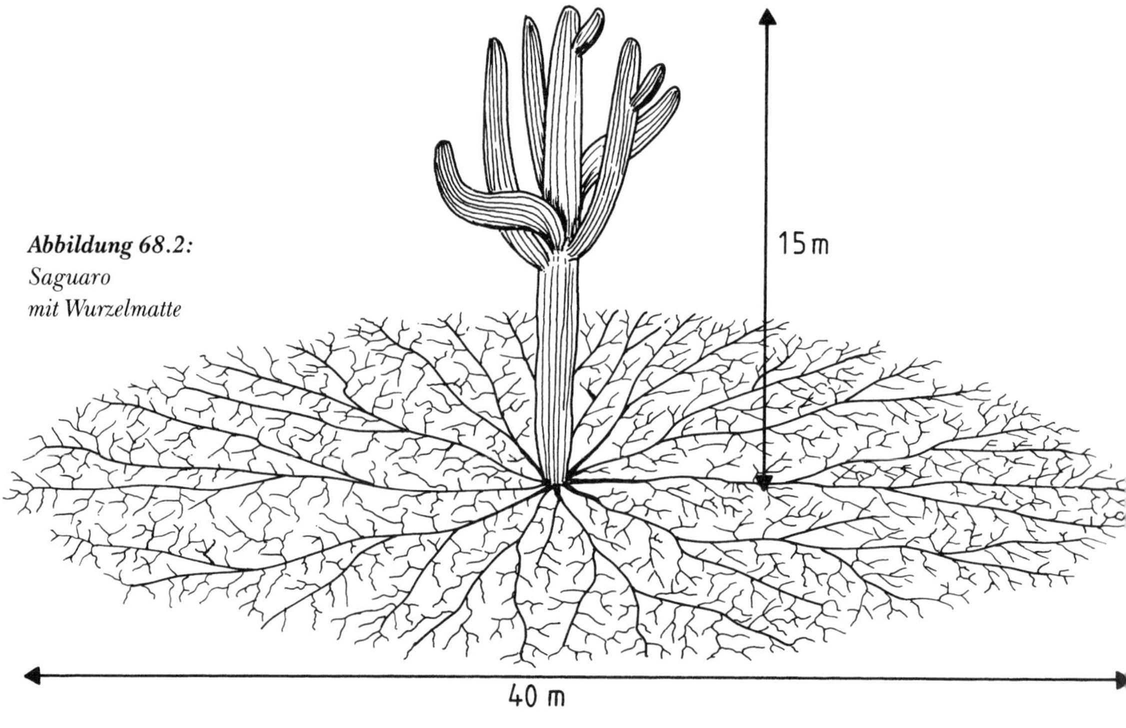

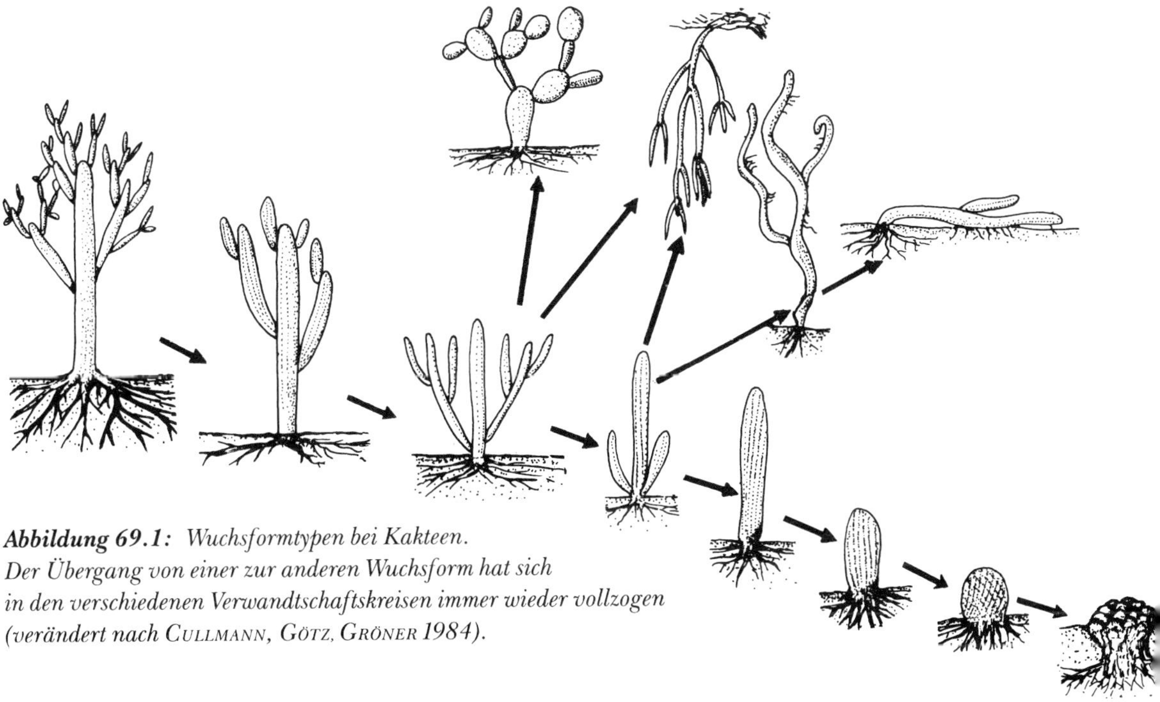

Abbildung 69.1: *Wuchsformtypen bei Kakteen. Der Übergang von einer zur anderen Wuchsform hat sich in den verschiedenen Verwandtschaftskreisen immer wieder vollzogen (verändert nach* CULLMANN, GÖTZ, GRÖNER *1984).*

In einer einzigen, nur wenige Tage andauernden Regenperiode kann ein Saguaro so viel Wasser aufnehmen, daß er davon mehrere Jahre leben kann. Ein auf diese Weise aufgetankter fünfzehn bis sechzehn Meter hoher Saguaro wiegt gute fünfzehn Tonnen. Diese gewaltige Wassersäule wird von einer nur wenige Dezimeter tiefen **Wurzelmatte** gehalten, die allerdings einen Durchmesser von etwa vierzig Metern erreichen kann (Abb. 68.2). Die innere Stabilität der Saguaros wird auf ähnliche Weise erreicht wie bei einem Faltboot oder einem Luftschiff. Bei umgestürzten, verrotteten Kakteen kann man den inneren Spantenbau gut studieren. Die Leitbündel bilden einen unterbrochenen Zylinder aus verholzten Stäben, die an der Basis zu einem festen Holzring verbunden sind (Abb. 69.2). Zusammen mit der derben Außenhaut verleihen sie dem Wassersack Stabilität und Festigkeit.

Abbildung 69.2: *Leitbündelstränge eines abgestorbenen Saguaro*

Bei Kakteen-Liebhabern ist es üblich, zwischen »Wüstenkakteen« und »Blattkakteen«

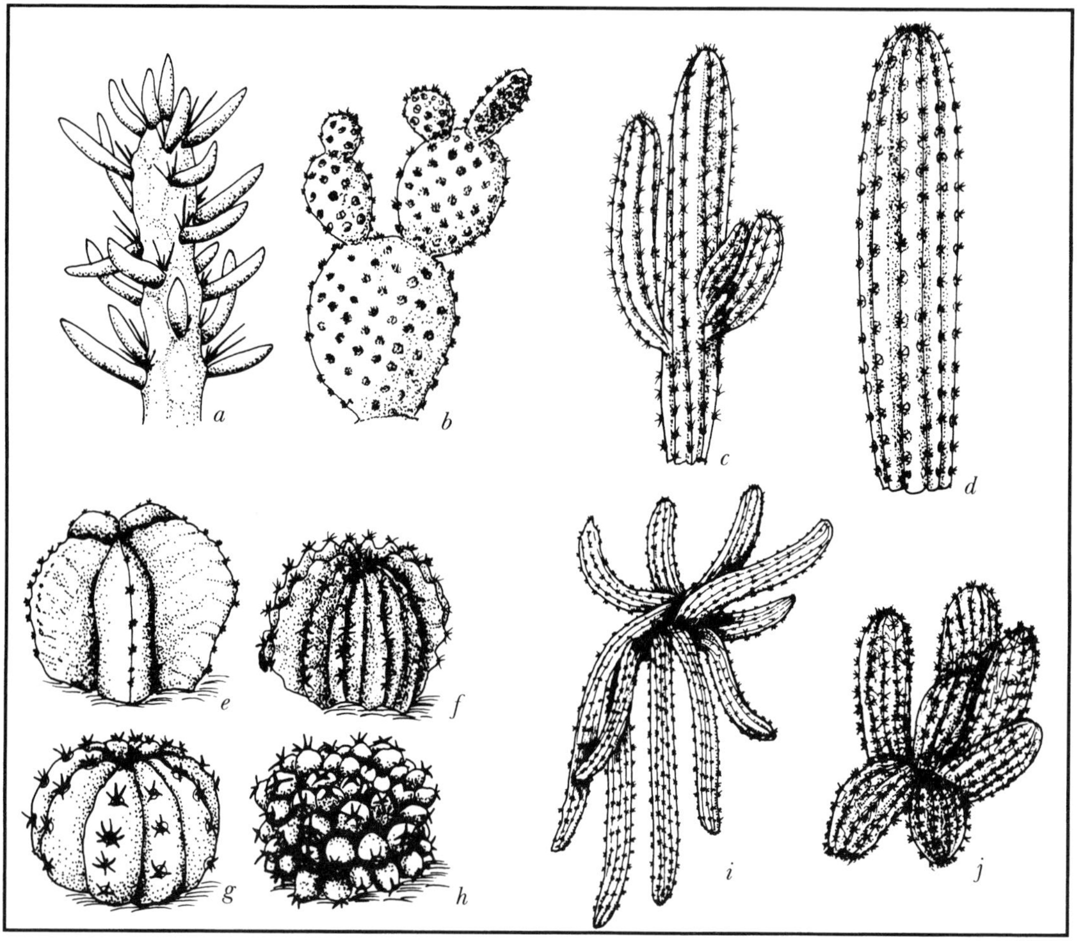
a
b
c
d
e
f
g
h
i
j

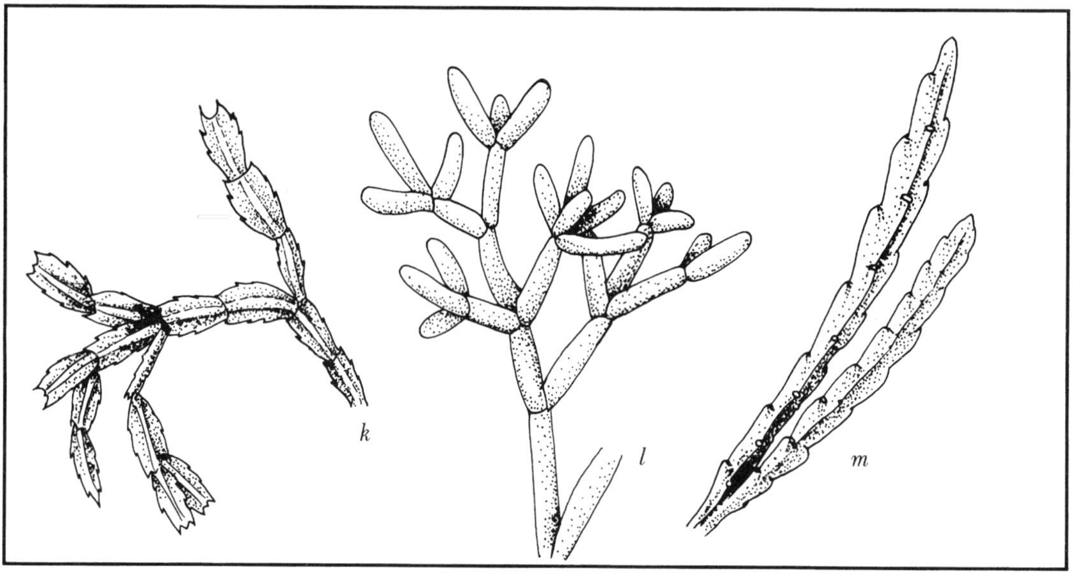
k
l
m

Abbildung 70.1: *Charakteristische, häufig gehaltene Kakteen*

Oberer Kasten: »Wüstenkakteen«

a) Opuntia subulata (N-Argentinien, Bolivien)
b) Opuntia microdasys (N-Mexiko)
c) Cereus peruvianus (seit 1576 kultiviert, Wildvorkommen nicht mehr bekannt)
d) Cereus jamacaru (S-Amerika)
e) Astrophytum myriostigma (Mexiko)
f) Gymnocalycium mihanovichii (Paraguay)
g) Notocactus ottonis (S-Amerika)
h) Dolichothele longimamma (Mexiko)
i) Aporocactus flagelliformis (Mexiko)
j) Lobivia silvestrii (Argentinien)

Unterer Kasten: »Blattkakteen«

k) Rhipsalidopsis-Hybride (Brasilien)
l) Rhipsalis spec. (einzige auch altweltlich verbreitete Kakteengattung)
m) Epiphyllum-Hybride (Mexiko bis Argentinien)

zu unterscheiden (Abb. 70.1). Zu ersteren gehören die zylindrischen oder kugeligen Formen, deren Seitentriebe zu Dornpolstern umgebildet sind. Auch die »Blattkakteen« sind in Wirklichkeit blattlos. Sie besitzen nur mehr oder weniger blattähnlich abgeflachte Sproßachsenabschnitte (sogenannte *Platycladien).* Zu dieser Gruppe gehören die beliebten »Weihnachtskakteen« (z. B. *Schlumbergera truncata)* oder die *Epiphyllum*-Hybriden. Reich verzweigte, stielrunde Sproßabschnitte ohne Blätter besitzen die Arten der Gattung *Rhipsalis.* Diese »Blattkakteen« sind keine Wüstenbewohner sondern Epiphyten, das heißt, sie besiedeln Äste und Zweige von Bäumen. Diese Standorte können ebenfalls sehr trocken sein, da kein wasserspeichernder Boden vorhanden ist.

Auch die Blütenformen der Kakteen sind vielfältig (Abb. 71.1). Große, trompetenförmige Kronen, wie wir sie beispielsweise von der Königin der Nacht oder von *Echinopsis eyresii* kennen, kommen neben offenen, glok-

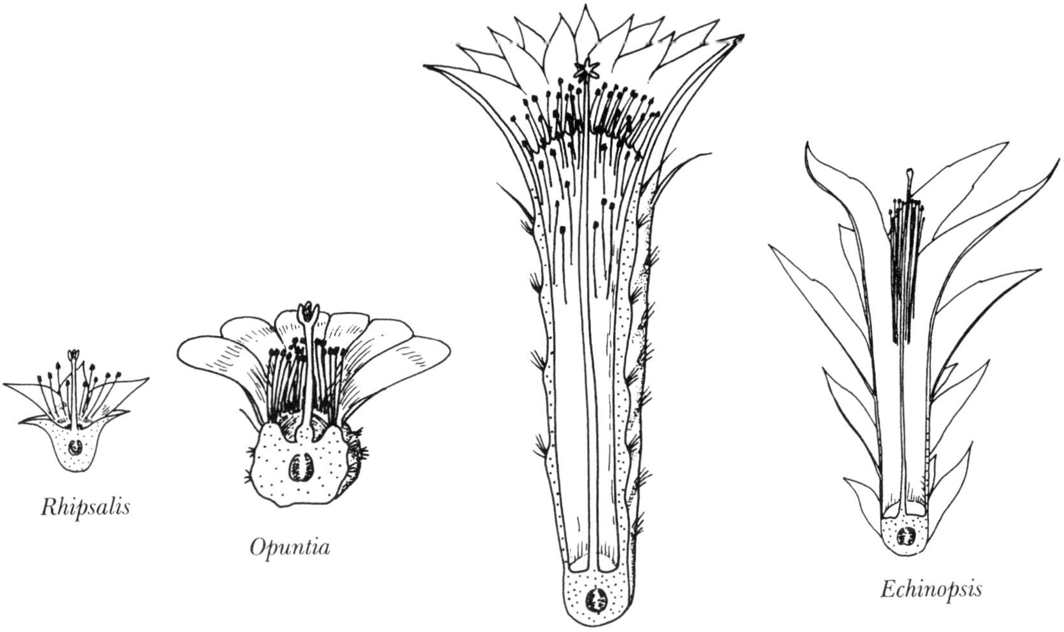

Abbildung 71.1: *Kakteenblüten.*

kenförmigen Kronen mit kurzem, röhrenartigem Schlund (z. B. *Opuntia)* oder breiten, schalenförmigen Blüten (z. B. *Echinocactus grussonii)* vor. Weihnachtskakteen haben abgeflachte, in Reihen übereinander angeordnete Blütenblätter, während die vermutlich relativ ursprünglichen *Rhipsalis*-Arten sehr unscheinbare, kleine, weiße, fünfzählige Blüten tragen. Abb. 71.1 gibt einen Überblick über die häufiger als Zimmerpflanzen gehaltenen Kakteenformen.

1.4 Systematik der Kakteen

Der Name »Cactus« wurde zum ersten Mal von Theophrast für den stacheligen Blütenkopf der Artischocke verwendet. Heute wird im allgemeinen Sprachgebrauch jede stachelige Sukkulente, zumindest jede Stammsukkulente, als »Kaktus« bezeichnet. In Wirklichkeit kommen allerdings neben den eigentlichen Kaktusgewächsen noch eine ganze Reihe anderer Familien vor, die sehr ähnlich aussehende Arten hervorgebracht haben (Abb. 74.1).

Linné stellte 1753 eine eigene Gattung *Cactus* auf, in der er alle damals bekannten zweiundzwanzig Kakteenarten unterbrachte. Heute gibt es diese Gattung – immer noch namengebend für die Familie – nicht mehr. Die zweiundzwanzig Linnéschen Arten sind mittlerweile auf zwölf verschiedene Gattungen verteilt worden.

Dazu sind viele neue Gattungen und Arten beschrieben worden, so daß die Kakteen heute als eine der großen Familien der Bedecktsamer gewertet werden können. Lange Zeit war die systematische Stellung dieser Familie ungewiß. Dies lag an der Kombination von verhältnismäßig ursprünglichen, unspezialisierten Blüten mit einem sehr stark abgeleiteten Vegetationskörper. Die Familie der Kakteen befindet sich gegenwärtig offensichtlich noch in einer Phase intensiver evolutionärer Entwicklung. Gleichzeitig lassen sich die Arten nur schlecht oder gar nicht herbarisieren, und dies erschwert die exakte systematische Arbeit.

Ein ganzes Heer von Liebhabern und Pflanzenzüchtern beschäftigte sich mit dieser Pflanzengruppe, und es wurden immer wieder neue Arten und Gattungen aufgestellt. So ist sicherlich die Zahl von 300 Gattungen und 2000 Arten zu hoch gegriffen. Realistisch dürfte eine Gattungszahl zwischen 80 und 90 sein (vgl. z. B. Hutchinson 1973).

Neben einigen morphologischen Besonderheiten sind die *Cactaceen* vor allem durch den Besitz von Betalainen eindeutig der Unterklasse Nelkenähnliche *(Caryophyllidae)* zuzuordnen. Andere Familien dieser Unterklasse sind zum Beispiel die Mittagsblumengewächse – ebenfalls mit vielen Sukkulenten –, die Kermesbeerengewächse, die Nelkengewächse, die Gänsefußgewächse, die *Nyctaginaceae (Bougainvillea,* Wunderblume) und die in Madagaskar endemischen Sukkulenten-Familie *Didieraceae.*

Für die starke systematische Differenzierung der *Cactaceen* kann die Gattung *Cereus* als Beispiel dienen. In der Gattungsbezeichnung steckt das griechische Wort »cerus« = Wachs (ebenso wie in *Cerinthe* = Wachsblume, in *Ceropegia* = Leuchterblume oder in der Bezeichnung für Flugzeugtreibstoff »Kerosin«). Heute unterscheidet man die verschiedensten Gattungen in dieser Gruppe der Säulenkakteen, die früher alle mit dem Gattungsnahmen *Cereus* benannt wurden. Oft wurde der neue Name einfach dadurch gebildet, daß man einen Zusatz vor *»Cereus«* setzte, z. B. *Echinocereus, Cephalocereus, Azureocereus, Chamaecereus, Pachycereus* usw. Auch der

Saguaro-Riesenkaktus hieß früher *Cereus giganteus*. Dann wurde er umbenannt in *Carnegiea gigantea*. Der Name wurde der außergewöhnlichen Gattung nach Andrew Carnegie (1835 bis 1919) gegeben, einem typisch amerikanischen Selfmademan, der sich vom Laufburschen zum Stahl- und Ölmagnaten emporgearbeitet hatte. Er gründete viele Stiftungen in Kunst und Wissenschaft. Auch das Wüstenlaboratorium von Tucson, Außenstation des Carnegie-Institutes of Washington, profitierte indirekt von einer Carnegie-Stiftung, und so lag es nahe, den großen Förderer mit der Neubenennung des größten Kaktus zu verewigen.

Es werden drei Kaktus-Unterfamilien unterschieden:

(1) Die *Pereskioideae* besitzen noch deutlich abgeflachte Blätter. Die Samen sind schwarz und tragen keinen Airillus (fleischiger Samenmantel). Die Arten der Gattung *Pereskia* haben Blüten mit breiten Hüllblättern, die an eine Rose erinnern. Mit ihren großen, ganzrandigen Blättern haben sie wenig vom Habitus einer Kaktee. Lediglich die etwas verdickten Sproßachsen mit ihren dornenbesetzten Areolen (blattachselständige Polster) geben einen Hinweis auf die Verwandtschaft.

(2) Die meisten *Opuntioideae* bilden ebenfalls noch Blätter aus. Meist sind es jedoch nur kleine zylindrische – oder seltener – abgeflachte Schuppen, die bald welken und abfallen. Typisch für diese Unterfamilie ist die starke Gliederung und Verzweigung des Sprosses. Die einzelnen Glieder können rundlich oder abgeflacht sein. Charakteristisch sind sogenannte Glochidien, kleine, widerhakentragende Dornen.

(3) Die *Cactoideae* sind die größte und gattungsreichste Unterfamilie, die man wieder in zwei Triben und sechs Subtriben einteilt. Hierher gehören sowohl die Säulenkakteen (Subtribus *Cereinae)* als auch verschiedene kugelige Typen mit mehreren Subtriben sowie die fast stachellosen, vorwiegend epiphytisch wachsenden Pflanzen des Subtribus *Hylocereinae,* zu denen zum Beispiel der Weihnachtskaktus gezählt wird.

1.5 Verbreitung

Kakteen sind fast ausschließlich auf Amerika beschränkt. Nur ganz wenige epiphytische Arten der Gattung *Rhipsalis* kommen auch in Afrika, Madagaskar und auf Sri-Lanka vor. Dabei ist man sich bis heute nicht ganz sicher, ob eine frühe Einschleppung durch den Menschen oder eine natürliche Vogelverbreitung der klebrigen Samen Ursache für diese großen Areale ist.

Allerdings treten auch in der alten Welt zahlreiche kakteenähnliche Pflanzenformen auf, doch gehören sie zu anderen Familien, zum Beispiel zu den Wolfsmilchgewächsen, den Schwalbenwurzgewächsen (Stapelien), den Asterngewächsen *(Kleinia* bzw. *Senecio)* oder den *Apocynaceen (Pachyodon).* Diese parallele Ausbildung stammsukkulenter, bedornter Pflanzen in den verschiedensten Verwandtschaftskreisen ist ein schönes Beispiel für Konvergenz im Pflanzenreich (Abb. 74.1).

Aus der fast ausschließlichen Beschränkung der Kakteen auf den amerikanischen Kontinent kann man folgern, daß sie erst zu einer Zeit entstanden sind, als Amerika schon deutlich vom eurasiatischen Kontinent getrennt war, also frühestens im mittleren Tertiär vor rund 30 bis 40 Millionen Jahren.

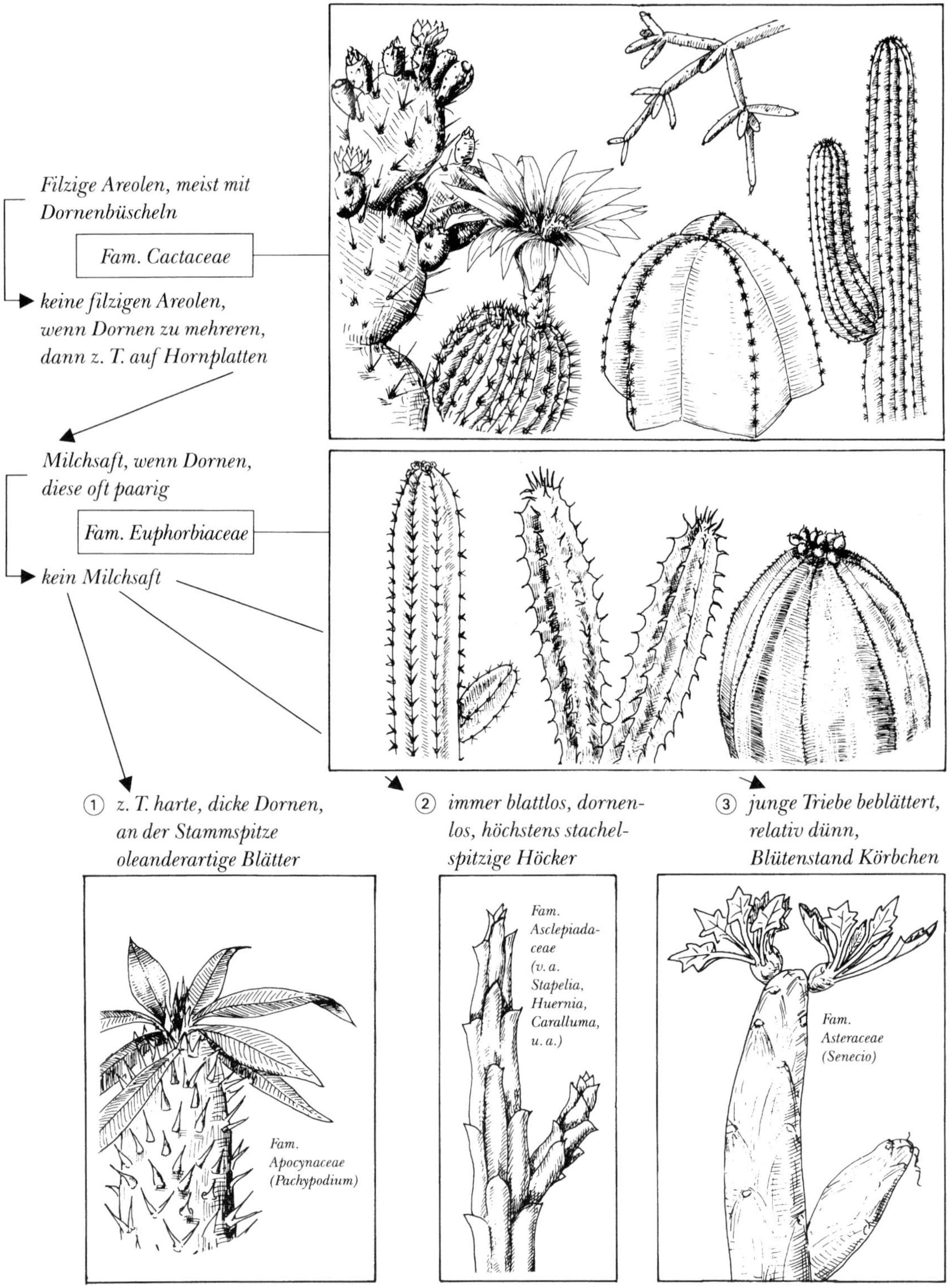

Abbildung 74.1: *Wichtigste Familien mit Stammsukkulenten.*
Die Stammsukkulenz ist ein besonders augenfälliges Beispiel für konvergente Entwicklung bei den Bedecktsamern.

Im 16. Jahrhundert wurden Opuntien aus Amerika ins Mittelmeergebiet eingeführt. Sie haben sich dort schnell verbreitet und können heute als eingebürgert angesehen werden. *Opuntia humifusa* und die etwas größere *Opuntia rafinesquii* haben sich sogar bis in die südlichen Alpentäler ausgebreitet.

1.6 Ein Kaktus ohne Dornen

Zum Schluß sei auf einen kleinen Kaktus hingewiesen, der für die Indianer im heutigen Mexiko und in den südwestlichen Vereinigten Staaten große Bedeutung hatte. Der kleine Peyotl-Kaktus sitzt mit dem größten Teil seines dicken Strunkes im Boden. Er hat eine verhältnismäßig glatte, stachellose Oberfläche und lediglich einen Haarschopf in der Nähe des Vegetationspunktes, aus dem sich auch die Blüten entfalten. Diese Kaktee diente den Indianern schon seit über 2000 Jahren zur Herstellung einer Rauschdroge. Sie wurde schon um die Jahrhundertwende – als erste haluzinogene Pflanze – chemisch untersucht, und es gelang damals, den Hauptwirkstoff in Form eines kristallinen Alkaloids zu identifizieren. Da die kleinen Kakteen auch »Mescalbuttons« (deutsch etwa »Schnapsknopf«, von *mescal* = Agavenbranntwein) genannt werden, gab man dieser Substanz den Namen Mescalin.

Einmal im Jahr unternahmen die Huichol, ein Indianerstamm aus der Sierra Madra Occidental in Mexico, eine heilige Wanderung, um Peyotl-Kakteen zu sammeln. Der von ihrem Siedlungsgebiet mehr als 200 km entfernte Sammelort ist nach Vorstellung dieser Indianer der Sitz ihrer Götterahnen, wo ihr Stammesleben seinen heiligen Ursprung hat. Während der beschwerlichen Wanderung enthielten sich die Pilger der Nahrung, des Schlafes und des Geschlechtsverkehrs.

»Du siehst, wie wir ausziehen, um Peyote zu sammeln. Wir gehen, ohne zu essen und zu trinken, mit festem Willen und einmütiger Seele – wie man als Huichol eben geht – Hier liegt unsere Einheit, sie müssen wir verteidigen.«
(Ramón Medina Silva, Mexikanischer Schriftsteller; aus Schultes/Hofmann 1980)

2 Hinweise für den Unterricht

2.1 Mögliche Ziele und Inhalte

Sukkulente Pflanzen sind in unseren Breiten selten. Sie spielen als Zimmerpflanzen jedoch eine ganz wichtige Rolle und als solche sind sie Schülern oft vertrauter als einheimische Arten. Die extremen Pflanzengestalten, die Ausdruck extremer Umweltbedingungen sind, eignen sich besonders gut zur Einführung in ökologische Fragestellungen. Gleichzeitig können an den auffällig vom Normaltyp einer grünen Pflanze abweichenden Kakteen grundlegende Erkenntnisse zur »Metamorphose der Pflanzen« gewonnen werden.

Durch folgende inhaltliche Schwerpunkte kann man versuchen, Kenntnisse über den Lebensraum und die natürlichen Lebensbedingungen mit grundlegenden Einsichten in die morphologischen Besonderheiten der Stammsukkulenten zu verbinden und gleichzeitig die Freude und das Interesse an der eigenen Kakteenhaltung anzuregen:

(1) Die Lebensbedingungen in der Sonora-Wüste
(2) Die Eigenschaften und Ansprüche der Riesenkakteen (Saguaros)

(3) Morphologische Besonderheiten der Stammsukkulenz
(4) Konvergenz bei Stammsukkulenten
(5) Pflegeansprüche von Kakteen, Anlegen eines Kakteengärtchens

2.2 Material und Geräte

- Bilder oder Dias aus der Sonora-Wüste und von Riesenkakteen (z. B. FWU-Serie oder UB Heft 71, 1982)
- Ableger von verschiedenen Kakteen
- Tonschalen und Untersetzer
- Sand, Basaltsplitt, Kies, größere Steine, z. B. Bachkiesel, Glimmer, Flint usw.
- eine Packung Kakteen-Samen

2.3 Unterrichtsschritte

(1) **Wenig Regen und viel Sonne – das Klima der Sonora-Halbwüste**
Ausgangspunkt ist ein Bild, beispielsweise ein Dia aus der Sonora-Wüste, auf dem man eine offene Vegetation mit Riesenkakteen, Creosotbüschen, Ocotillo und Ähnlichem erkennen kann. Auch eine Kopie von Abb. 59.1 wäre geeignet. Die Schüler sollen Vermutungen darüber anstellen, wo dieses Gebiet liegt und welche klimatischen Verhältnisse für die dargestellte Landschaft charakteristisch sind. Einige der Vermutungen können an der Tafel notiert werden. Dann wird mit Hilfe einer Nordamerika-Karte gezeigt, wo sich die Landschaft befindet und als Themenangabe wird an die Tafel geschrieben »Das Klima der Sonora-Halbwüste«. Anhand von Klimadiagrammen (Overhead-Folie) werden die vier Jahreszeiten der Sonora erläutert und in einer Tabelle zusammengefaßt (vgl. Tabelle 58.1).

(2) **Riesenkakteen (Saguaros) – die größten Pflanzen der Sonora**
Für richtigen Baumwuchs ist das Klima der Sonora-Halbwüste zu trocken. Es gibt lediglich einige Sträucher, die mit sehr wenig Wasser auskommen. Die größten und höchsten Pflanzen sind die Riesenkakteen. Welche Eigenschaften erlauben es diesen Pflanzen, in einem so wasserarmen und heißen Gebiet zu überleben und dabei sogar bis zu fünfzehn Tonnen schwere Vegetationskörper zu bilden, die zu mehr als 98% aus Wasser bestehen? Mit Hilfe von Dias und Zitaten wird die Lebensgeschichte eines Saguaro erzählt. Dazu wird ein Tafelbild entwickelt. Die vielen Gefahren, die den Lebensweg eines Saguaro begleiten, bis er schließlich blüht und fruchtet, werden beschrieben. Man kann dabei auch allgemein auf die Gefährdung von Kakteen eingehen, auch auf die Probleme, die durch Importe von wildwachsenden Kakteen für Liebhaber und Sammler entstehen (vgl. WWF-Informationsblatt »Kakteen sterben aus«).

(3) **Kakteen sind Stammsukkulente**
Die Besonderheit der Stammsukkulenz und der weitgehenden Blattlosigkeit der Kakteen werden zunächst mit dem Bauplan einer »normalen« Pflanze, die in Wurzel, Sproßachse und Blätter gegliedert ist, verglichen. Entsprechend einer Schemazeichnung (vgl. Abb. 66.1) wird der typische Kakteenbauplan vom Bauplan einer normalen Sproßpflanze hergeleitet. Bei der großen Zahl verschiedener Kakteen-Arten und -Gattungen ist es nicht verwunderlich, daß die Formenvielfalt innerhalb des Typus Kaktus riesengroß ist. Am Beispiel einer Kakteen-Kollektion sollen die verschiedenen Bauplan-Typen (vgl. Abb. 69.1) besprochen und mit bestimmten Anforderungen ihres jeweiligen Lebensraumes in

Verbindung gebracht werden. Auch hier ist es günstig, wenn Dias von Wildstandorten, Bildbände oder Ähnliches zur Verfügung stehen. Die Schüler erhalten den Auftrag, zu Hause weitere Artenbeispiele für die verschiedenen Bauplantypen zu finden (Zimmerpflanzen zu Hause oder bei Bekannten, Blumengeschäfte).

(4) **Konvergenz**
An einem besonders bekannten und einleuchtenden Beispiel soll zunächst der Begriff der Konvergenz wiederholt werden. (Möglichkeit: »Fischtyp« bei Fischen, großen Meeressäugern, Vögeln und Reptilien). In Lebensräumen, die der Sonora-Wüste ähneln, haben sich auch ähnliche Pflanzengestalten entwickelt. Außerhalb Amerikas gibt es jedoch keine Kakteen, und andere Familien haben dort ihre Stelle eingenommen. Eine kleine Pflanzenkollektion, zum Beispiel eine Stapelie, eine Kleinie (bzw. *Senecio*-Art) und eine Euphorbie, kann mit einer Säulenkaktee verglichen werden (vgl. Abb. 74.1).

(5) **Anlage eines Kakteengartens**
Abschluß der Unterrichtseinheit über Kakteen und Stammsukkulente kann die Anlage eines Kakteengartens in einer Tonschale sein. Von Kakteen und auch von anderen Sukkulenten lassen sich sehr leicht Ableger gewinnen. Wer zu Hause Kakteen hält, kann immer einige solcher Ableger entbehren. Alle Schüler erhalten den Auftrag, möglichst viele Kakteenableger in die Klasse mitzubringen. Für relativ wenig Geld können kleine Kakteen auch gekauft werden. Arbeitsgruppen von drei bis vier Schülern legen dann in einer Tonschale einen Kakteengarten an.

Zunächst wird gemeinsam besprochen, welche Grundvoraussetzungen für die Anlage des Gartens einzuhalten sind. Kakteen lie-

c) Ein kleiner Kakteengarten in einer Pflanzschale

Abbildung 77.1: *Anlage eines Kakteengartens*

ben leicht sauren, gut durchlässigen und durchlüfteten, sandigen Boden. Eine Kombination von Komposterde oder Einheitserde mit Quarzsand und Aquarienkies, Basaltsplitt oder zerstoßenen Tonscherben ist gut geeignet. Zur Dekoration eignen sich Vulkantuffe und alle anderen dekorativen Steine, soweit sie nicht zu viel Kalk enthalten. Der Schalengrund sollte wegen der besseren Drainage mit grobem Kies oder mit Tonscherben aufgefüllt werden. Die verschiedenen Kakteenarten sollten so gepflanzt werden, daß sich ein möglichst ansprechendes Bild ergibt. Aber auch biologische Gesichtspunkte wie Wachstumsgeschwindigkeit und späterer Platzbedarf der Setzlinge sollten Berücksichtigung finden. Die Kakteengärten können später im Klassenzimmer weiter kultiviert werden (vgl. Abb. 77.1).

3 Literatur

ANDERSEN, E. F.: Das große Kakteen-Lexikon. Ulmer, Stuttgart 2005

CULLMANN, W. GÖTZ, E., GRÖNER, G.: Kakteen Kultur, Vermehrung und Pflege. Lexikon der Gattungen und Arten. 5. Auflage, Ulmer, Stuttgart 1984

GERHARDT, A. (Hrsg.): Pflanzen in der Wüste. Unterricht Biologie 41, 6. Jg., 1982

GROTJOHANN, N.: Überlebenskünstler in der Wüste. Morphologische und physiologische Besonderheiten der Kakteen. Unterricht Biologie 286, 27. Jg.: 34-39, 2003

JANSSEN, W. (Hrsg.): Morphologie. Unterricht Biologie 101, 9. Jg., 1985

KNAPP, R.: Die Vegetation von Nord- und Mittelamerika und der Hawaii-Inseln. G. Fischer, Stuttgart 1963

KLEINER, E.: Kakteen. Franckh/Kosmos, Stuttgart 2004

KÜMMEL, F., KLÜGLING, K.: Winterharte Kakteen. Neumann-Neudam, Melsungen 1987

NIERING, N., WHITTAKER, R.H., LOWE, C. H.: The Saguaro: A population in relation to environment. Science 142: 15-23, 1963

PROBST, W.: Vegetationszonen. Unterricht Biologie 117, 10. Jg.: 24-26, 31-34. 1986

PROBST, W. (Hrsg.): Wüsten. Unterricht Biologie 266, 25. Jg., 2001

Royal Botanical Gardens, Kew (ed.): AVision of Eden, Webb & Bower, Exeter 1980

SCHREVE, F.: Vegetation of the Sonoran Desert. Carnegie Institution of Washington. Publication 591. Washington 1951

SCHULTES, R.E., HOFFMANN, A.: Pflanzen der Götter. Hallwag, Bern/Stuttgart 1980

THIELE, H.: Kakteen - Amerikaner auf der Fensterbank. Unterricht Biologie 117, 10. Jg.: 14-17, 1986

WALTER, H., BRECKLE, F.-W.: Ökologie der Erde. Bd. 2: Spezielle Ökologie der tropischen und subtropischen Zonen. Spektrum, Heidelberg/Berlin 2004

Apfelbaum

Malus domesticus L.

Familie *Rosaceae*

Blütezeit: Jan. Febr. März **April** **Mai** Juni Juli Aug. Sept. Okt. Nov. Dez.

Der Apfelbaum und seine runde Frucht sind vielen Völkern seit alters her wichtige Symbolträger, denken wir nur an den Zankapfel der Eris, die goldenen Äpfel der Hesperiden, den Reichsapfel im kaiserlichen Zepter, den magischen silbernen Apfelzweig der Kelten oder das germanische Apfelfest zum Jahresausklang.

Der Apfel ist eine sehr alte Kulturpflanze, und schon bevor diese Art in Kultur genommen wurde, waren verschiedene Wild-Apfelarten begehrte Sammelfrüchte.
Heute droht die alte Obstbaumkultur zu verschwinden.
Wo noch vor fünfzig Jahren Obstwiesen beherrschende Landschaftselemente waren, sind sie heute den intensiven Ackerbauflächen und Rebflächen aber auch Wäldern gewichen.
Dafür sind in klimatisch günstigen Gegenden wie etwa dem Bodenseegebiet riesige Obstbaumplantagen entstanden, Intensivkulturen aus niederwüchsigen Bäumchen in Reih und Glied, die zwanzigmal im Jahr oder öfter gespritzt werden müssen.
Diese Industrialisierung der Produktion hat auch dazu geführt, daß die große Sortenvielfalt einer erstaunlichen Einheitlichkeit gewichen ist.

Sündenfall
(Hieronymus Bosch)

1 Der Apfel: Symbol und Wirklichkeit

1.1 Adam und der Apfel

1. Mose 1, 3–7

Und die Schlange war listiger denn alle Tiere auf dem Felde, die Gott der HERR gemacht hatte und sprach zu dem Weibe: »Ja, sollte Gott gesagt haben, ihr sollt nicht essen von allerlei Bäumen im Garten?«. Da sprach das Weib zu der Schlange: »Wir essen von den Früchten der Bäume im Garten. Aber von den Früchten des Baumes mitten im Garten hat Gott gesagt ›Esset nicht davon. Rühret's auch nicht an, daß ihr nicht sterbet.‹« Da sprach die Schlange zu dem Weibe: »Ihr werdet Mitnichten des Todes sterben, sondern Gott weiß, daß, welches Tages ihr davon esset, so werden eure Augen aufgetan und werdet sein wie Gott und wissen, was Gut und Böse ist.« Und das Weib schaute an, daß von dem Baum gut zu essen wäre und lieblich anzusehen, daß es ein lustiger Baum wäre, weil er klug machte und nahm von der Frucht und aß und gab ihrem Mann auch davon und er aß.

Die Geschichte von der Erbsünde und vom Baum der Erkenntnis, der – wie man uns erzählt[1] – ein Apfelbaum gewesen sein soll, ist allgemein bekannt. Daß dabei eine Schlange im Spiel war, und daß Eva, die Frau, es war, die die Initiative ergriff, hat sicherlich tiefe mythologische und religiöse Wurzeln. Adam übrigens blieb der Apfel Evas im Halse stekken. Dort sieht man ihn noch heute als »Adamsapfel«.

Die griechische Mythologie berichtet, daß der Apfelbaum von Dionys erschaffen und der Aphrodite zum Geschenk gemacht wurde. Dionysos ist eine der griechischen Göttergestalten, die in deutlicher Beziehung zu den dominierenden weiblichen Gottheiten steht, die schon vor Zeus den Götterhimmel beherrschten. Eines der dionysischen Symbole ist die Schlange. Deshalb ist es kein Zufall, daß die heiligen goldenen Äpfel der Hesperiden von einem Drachen, also einer Schlange, bewacht wurden.

Apfel und Schlange sind alte Symbole einer matriarchalisch geordneten Welt und es ist verständlich, daß sie von den nachfolgenden patriarchalischen Religionen zu Symbolen des Bösen gemacht wurden. Apoll besiegte die Schlange von Delphi, der Heilige Georg tötete den Drachen. Und im Mittelalter galt der Apfel als Symbol nicht nur der Erbsünde, sondern auch der ebenso verpönten Sinnenfreude. Allerdings blieb er nach wie vor auch das Symbol der Vollkommenheit. Deutlicher Ausdruck dafür ist der Reichsapfel im Zepter des Kaisers des Heiligen Römischen Reiches.

Auch bei den Germanen hatte der Apfel mythologische Bedeutung. Er galt als Symbol der Mutterbrust und der nährenden Liebe. Die Äpfel aus Freyas Garten waren – wie die Äpfel der Hesperiden – Symbole der Unsterblichkeit. In Japan wie in China galten Apfelblüten als Inbegriff der Schönheit, der Apfel als Symbol für Friede und Eintracht. Blühende Apfelzweige sind ein beliebtes Motiv auf japanischen Tuschezeichnungen.

1.2 Der Apfelbaum als Kulturpflanze

Schon im Altertum wurden Obstbäume und -sträucher kultiviert. Das Wissen um die Obstkultur wurde von den Mönchen vom Altertum über das Mittelalter bis zur beginnenden Neuzeit hin bewahrt und gepflegt.

Nach dem Bau der Frucht teilt man ein in **Steinobst** (fleischiger Mantel, harter Kern,

1 In der Bibel allerdings ist dieser Hinweis auf die Art des Fruchtbaumes im Paradies nicht zu finden!

der den Samen enthält), **Kernobst** (fleischig verdickte Fruchtachse mit Kernhaus) und **Beerenobst.** Zu letzterem gehören allerdings nicht nur Sträucher und Kräuter, die botanisch echte Beeren als Früchte hervorbringen, sondern auch solche mit Sammelsteinfrüchtchen und Sammelnüßchen wie Himbeere oder Erdbeere. Die meisten Obstgewächse gehören zur Familie der Rosengewächse oder der verwandten Stachelbeergewächse (vgl. Tab. 81.1).

Das Kernobst mit Apfel, Birne und Quitte, gehört zur Unterfamilie der *Maloideae,* der Apfel-Unterfamilie der Rosengewächse. Charakteristisch für diese ist ein aus 1 bis 5 Fruchtblättern bestehender Fruchtknoten, der durch die fleischig werdende Blütenachse völlig umwachsen wird und schließlich eine charakteristische »Apfelfrucht« bildet (Abb. 82.1 und 82.2).

Das heutige Wort »Apfel« stammt vom althochdeutschen *apful.* Es ist ein für die euro-

Tabelle 81.1: *Steinobst, Beerenobst, Kernobst, Schalenobst*

Beerenobst	Kernobst	Steinobst
Brombeere, Himbeere, Loganbeere (Halbsträucher), Sprosse sterben nach 2 Jahren ab **Erdbeere** (Staude) **Johannisbeeren** (Rote Joh., Schwarze Joh., Gelbfrüchtige Joh.) Flachwurzelnde Sträucher; nach Anpfl. i. Herbst oder zeitg. Frühjahr 2–3 cm zurückschneiden; Sproßerneuerung erfolgt immer wieder aus Wurzelstock heraus; Fruchtholz v. a. an 2–3jährigen Trieben **Stachelbeere** (Strauch) wird oft auf Hochstamm geproft **»Josta«** Kreuzung von Johannisbeere und Stachelbeere **Heidelbeere** (Zwergstrauch)	**Apfel** (Baum) Stammeltern: Holz-Apfel, Paradies-Apfel, Korallen-Apfel, Pflaumenblättriger Apfel, Kirsch-Apfel. Flachwurzler, selbststeril, z. B. Augustapfel, Holsteiner Cox, Boskoop, Gravensteiner **Birne** (Baum) oft auf Quittenunterlage veredelt; Tief- und Flachwurzler, z. B. Williams Christ, Clapps Liebling, Conférence **Quitte** (Baum) nach Fruchtform Birnenquitten und Apfelquitten; Name nach kretischer Stadt Kydonia **Schalenobst** **Haselnuß** (Strauch) Windbestäubung, selbststeril, Vermehrung durch Absenken von Seitentrieben **Walnuß** (Baum) wärmeliebend; vermutlich aus Asien schon im Altertum in Europa eingebürgert	**Sauerkirsche, Weichselkirsche** (verhältnismäßig kleiner Baum), Hausgarten, auf allen Böden **Süßkirsche** (großer Baum) Herzkirschen mit weichem, Knorpelkirschen mit festem Fruchtfleisch; tiefgründiger, lehmiger Boden; selbststeril **Aprikose** (Baum) in Mitteleuropa nur an klimagünstigen Orten **Pfirsich** (v. a. Buschbäume) kälteempfindlich; v. a. in Weinbauklima **Zwetschge, Hauspflaume** (Baum), Sorten alle mit abgeflachten, sich i. a. gut vom Fleisch lösenden Steinen Stammarten: Schlehe und Kirschpflaume **»Pflaume«, Mirabelle, Reneklode** (Baum) alle mit verhältnismäßig runden Steinen, die sich schlecht vom Fleisch lösen; Stammart: Haferpflaume

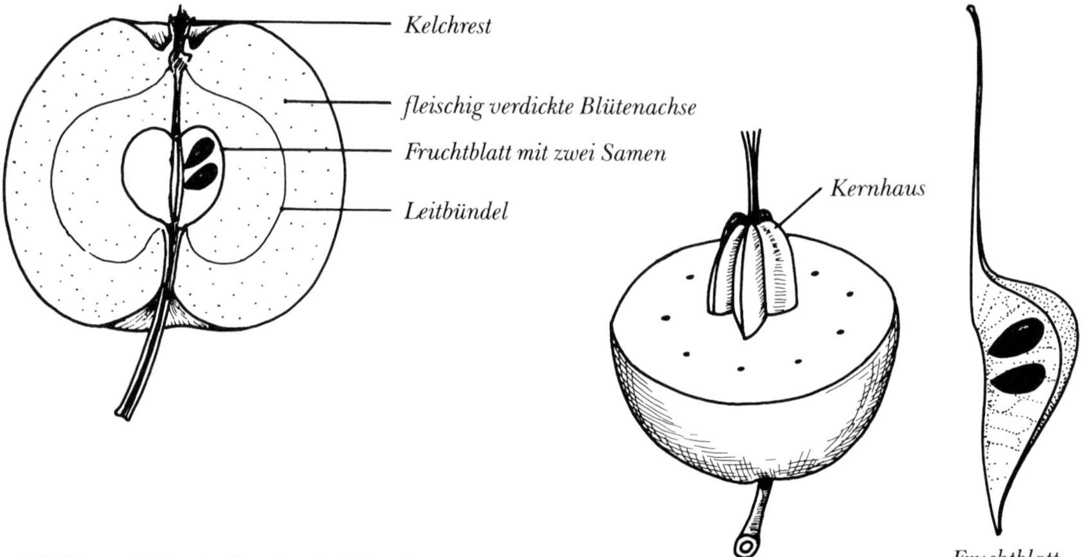

Abbildung 82.1: *Aufbau der Apfelfrucht*

Abbildung 82.2: *Einige Apfelfrüchte.*
Von links nach rechts, obere Reihe: Weißdorn, Feuerdorn, Zierapfel; untere Reihe: Zwergmispel, Vogelbeere, Japanische Quitte.

päische Sprachgeschichte bedeutsames Wort, das Zusammenhänge zwischen germanischen, keltischen und slawischen Sprachen zeigt.

Man unterteilt die Gattung *Malus* in mehr als 30 Arten. Die komlizierten genetischen Verhältnisse der Gattung machen die Abgrenzung von Arten und Unterarten ausgesprochen schwierig. Es gibt zhlreiche unterschiedliche Einteilungsversuche und die Nomenklatur ist verwirrend. Lange Zeit nahm man an, dass an der Entstehung des Hausapfels (*Malus domesticus*) mehrere Wildarten Anteil hatten. Neuere Funde aus Kasachstan und molekulargenetische Untersuchungen (Juniper, Mabberly 2006) weisen jedoch darauf hin, dass die mittelasiatiche Art *Malus sieversii* die Ursprungsart ist. Der Ort, an dem von einer englischen Expedition besonders großfrüchtige Bäume diese Art gefunden wurden, ligt nicht weit von der kasachischen Hauptstadt Alma Ata, was auch Deutsch "Vater des Apfels" bedeutet. Die Entwicklung besonders großer Früchte wurde dort vermutlich durch große Pflanzenfresser begünstigt

Die Kultivierung wird nachweislich schon seit er Jungsteinzeit betrieben. Schon in der römischen Kaiserzeit kannte man etwa 30 verschiedene Sorten. Höhepunkt der Sortenvielfalt waren das 18. und 19. Jahrhundert. Die Anzahl der verschiedenen Apfelsorten wurde in dieser Zeit unüberschaubar. Man kann sicherlich von mehr als 10 000 Sorten ausgehen.

Das ganze Mittelalter über haben sich vor allem die Klöster um den Obstbau bemüht. Dort wurden auch die Bezeichnungen "pfropfen" (von lat. "propagare" = vermehren) und "okulieren" (von lat. "oculus" = Auge) eingeführt. Die Zahl der Sorten wurde erheblich gesteigert.

Man schätzt, dass es in Deutschland heute ca. 40 Millionen Apfelbäume gibt. Allerdings dürfte diese Zahl in den letzten zwei Jahrzehnten stark rückläufig sein.

Wie die Wildäpfel, haben auch die meisten Kulturäpfel 34 Chromosomen im doppelten Satz. Heute gibt es allerdings einige triploide Sorten (2n = 51) wie *Gravensteiner, Schöner von Boskoop* und *Baumanns Renette*. Die Pollen dieser triploiden Sorten sind unterschiedlich groß und meist steril.

Eine Besonderheit der Äpfel ist die **Selbststerilität.** Blütenpflanzen sind in ihrer Mehrheit diploide Zwitter. Ihre Blüten enthalten pollenerzeugende Staubblätter und Fruchtknoten mit Eizellen. Um trotzdem die genetisch nachteilige Selbstbefruchtung zu verhindern, wurden verschiedene Mechanismen entwickelt:

- Dichogamie (zeitlich verschiedene Reifung von Narben und Staubblättern)
- Herkogamie (verstärkte räumliche Trennung der beiden Organe in einer Blüte).

Der wichtigste Filtermechanismus, der über Fruchtbarkeit oder Unfruchtbarkeit eines Pollenkornes entscheidet, liegt im allgemeinen in den Narben und Griffeln. Sie verhindern oft nicht nur die Keimung von Pollen einer anderen Art, sondern auch von Pollen der gleichen Pflanze. Diese genetische Unverträglichkeit (Inkompatibilität) war möglicherweise schon bei den Ausgangsformen der Blütenpflanzen vorhanden. Bei vielen selbstkompatiblen Sippen kann man ein schlechteres Wachstum der eigenen Pollenschläuche feststellen.

Bei getrenntgeschlechtlichen Lebewesen genügt ein dipolares System, bei dem zwei verschiedene Genomtypen (z.B. XX und XY) über die Ausbildung des Geschlechts entscheiden, um Selbstbefruchtung zu vermeiden. Im Gegensatz dazu benötigen zwittrige Diplonten zu diesem Zweck ein multipo-

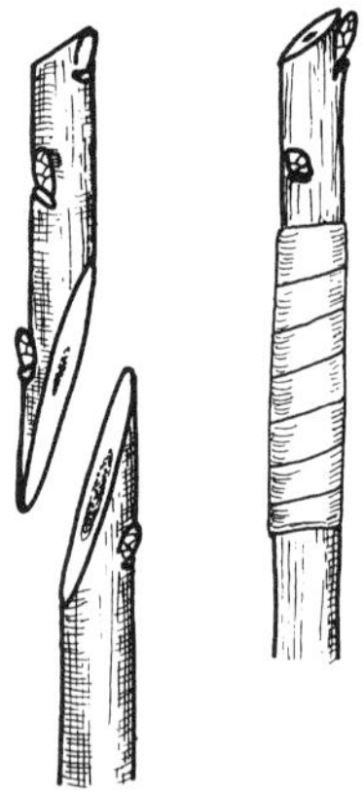

Kopulation

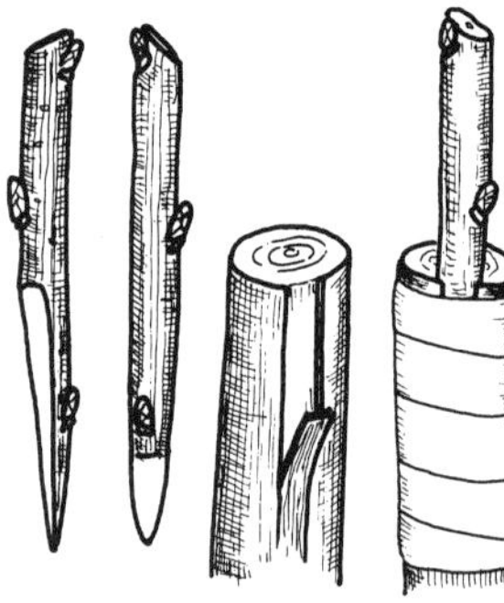

Pfropfung

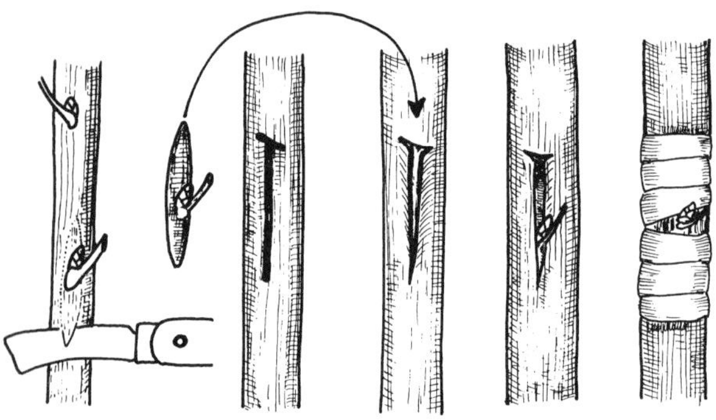

Okulation

Abbildung 84.1: *Veredelungstechniken*

lares Genomsystem. Es existiert ein die Befruchtung (das Pollenschlauchwachstum auf der Narbe) kontrollierender Faktor, dem ein oder mehrere Gene zugrunde liegen. Dieser Faktor kann in vielen Allelen vorliegen beispielsweise als S_1, S_2 usw. Die Befruchtung erfolgt zwischen beliebigen Partnern, soweit diese verschiedene Allele tragen.

Beispiel: Ein Apfelbaum hat die Kontrollfaktoren S_1 und S_2. Er bildet Pollen mit S_1 und S_2 aus, die beide kein Pollenschlauchwachstum auf dem Griffel S_1, S_2 derselben Pflanze zeigen. Beide wachsen jedoch auf anderen Apfelbäumen mit der Konstitution S_3, S_4, S_6 usw. Dadurch führt jede Befruchtung zu wiederum heterozygoten Pflanzen. Bei Kreuzungen $S_1 S_3 \times S_1 S_2$ keimen 50% aller Pollen.

Weil alle Apfelbäume einer Sorte durch Pfropfen aus gleichen Stammpflanzen hervorgegangen sind, sind sie untereinander steril. Der Ertrag einer Apfelplantage ist nur gewährleistet, wenn nicht alle Apfelbäume vor derselben Stammutter abstammen, das heißt in der Praxis, wenn sie nicht alle zur selben Sorte gehören.

Da also alle Fruchtansätze aus verschiedenen Sorten hervorgehen, können keine reinen Linien weiter vermehrt werden. Es entstehen immer wieder neue Bastarde. Da meist auch schon die Eltern der Bastarde unreinerbig sind, spalten auch schon die ersten Nachkommen auf. Sät man Apfelkerne, so läßt sich nicht voraussagen, was daraus entsteht. Es können aus den Samen Bäume entstehen, die den Wildformen ähnlich sind oder solche, die einer der beiden Stammformen entsprechen. Meistens erhält man irgendwelche Übergänge zwischen beiden.

Im allgemeinen hat man früher die Stämmchen der Sämlinge nur als **Pfropfunterlage** verwendet, weil man irrtümlicherweise glaubte, daß sie nur den Wildformen ähnliche Früchte tragen. Aus Unachtsamkeit des Gärtners bei der Veredelung sind bisweilen Äste der Unterlage stehengeblieben und haben zum Teil recht wertvolle Sorten gebracht. So sind z. B. *Schöner von Boskoop* und *Bordorfer* aus solchen Unterlagen entstanden.

Neue Sorten können auch durch Knospenmutation entstehen. Wenn auf diese Weise ein Ast oder Zweig eines Baumes plötzlich von den anderen unterschiedliche Früchte hervorbringt, kann man diesen Ast durch Pfropfen weiter vermehren. Im Jahre 1847 sind auf diese Art aus den *Gravensteinern* die *Roten Gravensteiner* gezüchtet worden, 1928 aus der Sorte *Delicious* die Sorte *Star King*.

Heute sucht man durch planmäßige Züchtung und Kreuzung Sorten zu schaffen, die hohen Ertrag, Qualität, Dauerhaftigkeit und Widerstandskraft gegen Schorf und Frühjahrsfrost verbinden.

Da sich Obstbäume nicht wie Beerensträucher direkt durch Stecklinge vermehren lassen, benötigt man hierzu Pfropfunterlagen. Von der Unterlage hängt Wüchsigkeit, Blühfreudigkeit, Blühbeginn, Ertragsfähigkeit, Widerstandsfähigkeit gegen Krankheiten und zum Teil sogar Ausbildung und Geschmack der Früchte mit ab. Durch die Wahl der Unterlage kann man vor allem darüber entscheiden, welche Wüchsigkeit der Baum haben wird (Hochstamm, halbhoher Stamm, Busch, Spalier). Die Unterlagen für Hochstämme werden in der Regel aus Sämlingen gezogen. Für Zwergobst wird gewöhnlich der Paradiesapfel als Unterlage verwendet. Da die Sämlinge aufgrund der Heterozygotie der Apfelsorten schwer zu beurteilende Eigenschaften haben können, versucht man heute, auch die Unterlagen durch vegetative Vermehrung zu gewinnen. Beim Paradiesapfel beispielsweise ist das möglich.

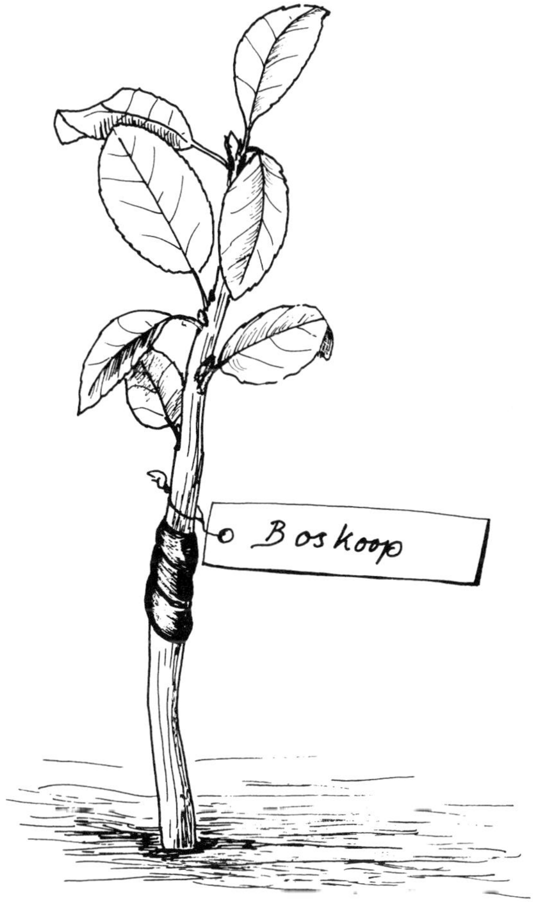

Abbildung 85.1: *Junger Apfelbaum: Aus der Unterlage (Bitterfelder) ist das durch Kopulation aufgepropfte Edelreiß (Boskoop) ausgetrieben.*

1.3 Aufbau der Blüte und der Frucht

Der Apfel hat – wie alle Rosengewächse – eine fünfzählige Blüte: K5 C5 A5 + 5 +5 (+ 5) G5. Der fleischige Teil der Apfelfrucht wird aus dem Gewebe der Blütenachse gebildet. Nach Bestäubung und Befruchtung fallen die Blütenblätter ab. Während die Samen im Kernhaus heranreifen, das aus den spelzigen Fruchtblättern gebildet wird, beginnt die umhüllende Blütenachse sich zu verdicken (Abb. 86.1).

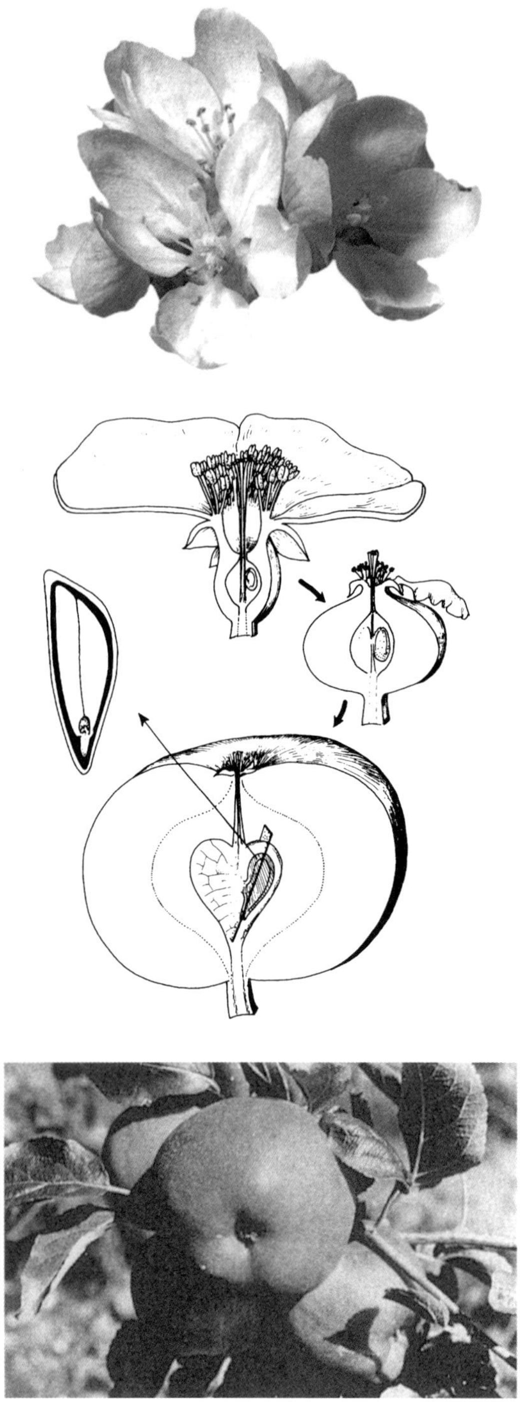

Abbildung 86.1: *Von der Apfelblüte zur Frucht. Im Samenlängsschnitt (Mitte links) sind die beiden Speicherkotyledonen zu erkennen.*

Kinderreim

»In einem kleinen Apfel,
da sieht es lustig aus.
Drin sind fünf kleine Stübchen,
grad wie in einem Haus.
In jedem Stübchen sitzen
zwei Kernlein braun und fein
Sie sitzen drin und warten
auf den lieben Sonnenschein.«

Auch andere Rosengewächse haben auffällige und ungewöhnlich gestaltete Früchte, bei deren Ausbildung die Blütenachse eine wichtige Rolle spielt. Bei der Erdbeere zum Beispiel ist sie ebenfalls fleischig und verdickt und die Einzelfrüchtchen (einsamige Nüßchen) sitzen auf ihrer Oberfläche. Bei der Rose bildet sie eine grubenförmig vertiefte fleischige Hülle um die einzelnen Nußfrüchtchen (Hagebutte). Bei Himbeere und Brombeere schließlich sitzen kleine Steinfrüchtchen auf der zapfenförmig verlängerten Achse. Zur Apfel-Unterfamilie gehören außer Quitte und Birne auch noch Mispel, Zwerg-Mispel, Mehlbeere und Weißdorn. Bei den beiden letztgenannten ist das Kernhaus in einen steinigen Achsenmantel eingehüllt (Steinapfel). Gleichzeitig nimmt die Zahl der Fruchtblätter bis zum Weißdorn auf eines ab (Abb. 87.1).

1.4 Reifen und Keimung

Apfelfrüchte sind auf die endozoochore Verbreitung eingerichtet, das heißt die fleischige Frucht kann von Tieren gefressen werden, ohne daß die Samen, die eine sehr feste Schale besitzen, bei der Passage durch den Darmtrakt beschädigt werden. Diese braune Schale verhindert auch die Keimung der Samen

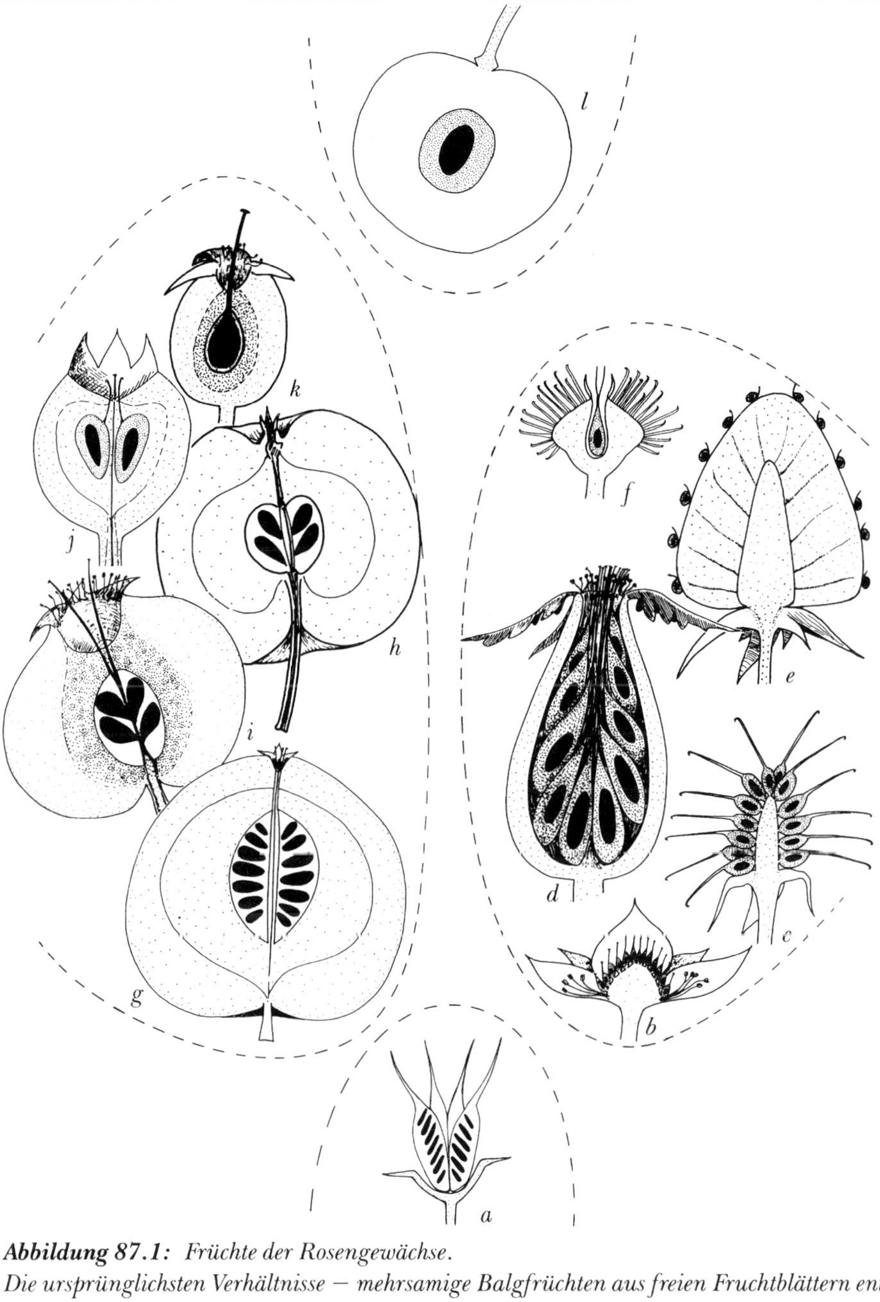

a) Spierstrauch
b) Fingerkraut
c) Nelkenwurz
d) Rose
e) Erdbeere
f) Odermennig
g) Quitte
h) Apfel
i) Mispel
j) Mehlbeere
k) Weißdorn
l) Kirsche

Abbildung 87.1: *Früchte der Rosengewächse.*
Die ursprünglichsten Verhältnisse – mehrsamige Balgfrüchten aus freien Fruchtblättern entstanden – findet man bei der Spierstrauch-Unterfamilie (unten). Die Früchte der Rosen-Unterfamilie (rechts) sind sehr unterschiedlich gebaut, z. T. kommt es – wie bei der Erdbeere und der Hagebutte – zur Einbeziehung der Blütenachse in die Fruchtbildung. Wesentlich einheitlicher sind die Früchte der Apfel-Unterfamilie. In allen Fällen handelt es sich um »Apfelfrüchte«: Die freien Fruchtblätter werden im Laufe der Fruchtreife vom fleischigen Achsengewebe eingehüllt, sie bilden in der Apfelfrucht das Kernhaus. Es kann fünf- bis einblättrig und – wie bei Weißdorn – von einer steinartigen Schicht umgeben sein (»Steinapfel«). Den einheitlichsten Bau zeigen die Früchte der Pflaumen-Unterfamilie (oben): Aus einem Fruchtblatt entwickelt sich eine Steinfrucht.

und erst, wenn sie sich im Boden zersetzt hat, kann der Embryo auswachsen. Im Experiment kann dies nachgeprüft werden, indem man geschälte Apfelsamen neben ungeschälte in Keimgefäße legt. Die geschälten keimen viel schneller.

Auch von der Apfelfrucht wird ein keimungshemmender und gleichzeitig reifungsfördernder Stoff abgegeben, das Ethylen (Ethen), das man auch Apfelgas nennt. Apfelsaft aber auch Apfelschalen hemmen die Keimung von Kressesamen. Reife Äpfel führen zu einer abnormen Keimung von Erbsen und Bohnen, wenn man sie zusammen mit jungen Keimlingen unter eine Glasglocke bringt. Legt man unreife Beerenfrüchte, zum Beispiel grüne Tomaten, mit einem Apfel unter eine Glasglocke, so folgt unter Ethyleneinfluß rasches Nachreifen (Abb. 88.1). Diese Methode wird auch heute noch großtechnisch zur Nachreife tropischer Früchte angewandt, allerdings nicht mit Äpfeln, sondern mit reinem Ethylen.

Abbildung 88.1: *Versuchsanordnung zum Nachweis von »Apfelgas« (Ethen)*

Außerdem enthalten Apfelschalen Fruchtester, die für das typische Apfelaroma mitverantwortlich sind. Sie lassen sich leicht synthetisieren (künstliches Apfelaroma in Fruchtbonbons, Kosmetikartikeln, Spirituosen usw). Man hat früher aromatische Apfelsorten zur Herstellung duftender Fette verwendet, indem man die Schalen oder die ganze Frucht in geruchloses Fett einlegte und damit die fettlöslichen Duftstoffe absorbierte. So leitet sich das Wort *»pommade«* vom französischen *»pomme«* = Apfel ab.

1.5 Nutzung der Apfelfrucht

Bei einem Wirte wundermild,
Da war ich jüngst zu Gaste.
Ein goldner Apfel war sein Schild
An einem langen Aste.
Es war der gute Apfelbaum,
Bei dem ich eingekehret.
Mit süßer Kost und frischem Schaum
Hat er mich wohl genähret.
Es kamen in sein grünes Haus
Viel leicht beschwingte Gäste.
Sie sprangen frei und hielten Schmaus
Und sangen auf das Beste.
Ich fand ein Bett zu süßer Ruh
Auf weichen grünen Matten.
Der Wirt er deckte selbst mich zu
Mit seinem kühlen Schatten.
Nun fragt' ich nach der Schuldigkeit
Da schüttelt er den Wipfel.
Gesegnet sei er alle Zeit
von der Wurzel bis zum Gipfel.

LUDWIG UHLAND

Der Apfel ist in Deutschland in vielen Gegenden ein traditionelles und vielseitig genutztes Obst. Die Ernte beginnt mit den Klaräpfeln im Hochsommer und endet mit den Boskoop-Äpfeln, die nach der Ernte noch abgelagert werden müssen und erst um Weihnachten ihr volles Aroma entfalten. Sie eignen sich deshalb besonders gut für Bratäpfel, die – gut zubereitet – zu einer der köstlichsten Speisen des Winterhalbjahrs gehören.

Aber auch zur Verfeinerung von Backwaren sind Äpfel wichtige Zutaten. Herrlich schmecken Apfelkuchen aus Hefe- oder Mürbeteig mit Mandeln bestreut oder mit einem Rahmüberzug und natürlich nicht zu vergessen der traditionelle Apfelstrudel, der vor allem in den Ländern des alten Habsburger Reiches meisterhaft zubereitet wird.

Bei Jahrmärkten und Volksfesten werden mit rotem Zuckerguß überzogene »Liebesäpfel« verkauft. Das erste Fallobst des Jahres läßt sich hervorragend zu Apfelmus verarbeiten, während noch unreife Äpfel wegen ihres hohen Pektingehaltes besonders geeignet sind für Apfelgelee.

In Süddeutschland verarbeitete früher jeder Bauer sein eigenes Fallobst zu Apfelsaft und Most. Der frisch gekelterte Saft ist ein herrliches aber nicht ganz leicht bekömmliches Getränk. Nach einer Woche, wenn er angefangen hat zu gären, schmeckt er noch besser (»räser Süßmost«). Und auch der durchgegorene Most ist nicht zu verachten. Früher hatte in Süddeutschland fast jeder Bauer einige Fäßchen im Keller. Verdünnt mit Wasser war dieses Getränk der wichtigste Durstlöscher bei der Feldarbeit. Aus den Resten oder den weniger gut gelungenen Fässern wurde Obstschnaps gebrannt.

Die vielseitige Nutzung der Apfelfrucht korrespondierte mit der weiten Verbreitung des Apfelbaumes und der Apfelbaumkultur.

Abbildung 89.1: *Eine Landschaft mit Streuobstwiesen (Lenninger Tal, Schwäbische Alb).*
Zwischen den Ortschaften und dem Hangwald kann man einen durchgehenden Streuobstgürtel erkennen. In der Talsohle wird Ackerbau betrieben.

Vor allem in den Mittelgebirgslandschaften umgaben hochstämmige Apfel-, Birnen-, Pflaumen- und Kirschbäume früher die Ortschaften in einem mehr oder weniger breiten Gürtel. Diese Obstwiesen, die oft gleichzeitig als Mähwiesen für Grünfutter genutzt wurden, prägten das Landschaftsbild der Täler und der unteren Berghänge. Seit etwa einem Vierteljahrhundert gehen in allen Bundesländern diese Kulturen stark zurück. Die Hauptursachen:

Abbildung 90.2: *Der Siebenschläfer* (Glis glis), *ein typischer Bewohner der Streuobstwiesen*

- Ausweitung der Siedlungs- und Industrieflächen in Ortsrandlagen
- Anlage von neuen Wegen und Straßen
- Intensivierung des Ackerbaus und der Viehwirtschaft
- Umstellung von Obstwiesen auf Halb- und Niederstammanlagen
- Rodungen zur Verminderung des Angebots von »minderwertigem« Obst
- Konkurrenz für einheimisches Obst durch Importfrüchte und Süßgetränke
- Vernachlässigung der Pflege durch die Besitzer wegen geringer Wirtschaftlichkeit (in der Folge Verbuschung, eventuell Aufforstung).

In jüngster Zeit hat man erkannt, daß mit diesen extensiv bewirtschafteten Streuobstwiesen auch eine sehr artenreiche und charakteristische Lebensgemeinschaft verloren zu gehen droht. Typische Arten dieser Lebensräume sind zum Beispiel Gartenschläfer, Siebenschläfer (Abb. 90.2) und Haselmaus, Raubwürger, Schwarzstirnwürger und Rotkopfwürger – alles Arten, die heute vom Aussterben bedroht sind und die nach Vernichtung der Streuobstwiesen in keine anderen Lebensräume ausweichen können. Dasselbe gilt auch für viele Wirbellose. Stellvertretend seien Schmetterlinge wie Pflaumenglucke und Nierenfleck genannt. Bemerkenswert und reichhaltig ist der Epiphytenbewuchs alter Apfelbäume. Eine ganze Reihe von Moosarten, Strauch-, Blatt- und Krustenflechten siedeln auf der blättrig-rissigen Borke ihrer Stämme und Äste. In Süddeutschland hatten die Streuobstwiesen früher vor allem eine große Bedeutung als Lieferanten für Mostobst. In den 50er und 60er Jahren wurde dieses Getränk immer mehr aus der Landwirtschaft verdrängt. Großbetriebe kauften das Mostobst auf für die Herstellung von Apfelsaft. In den bäuerlichen Haushalten ersetz-

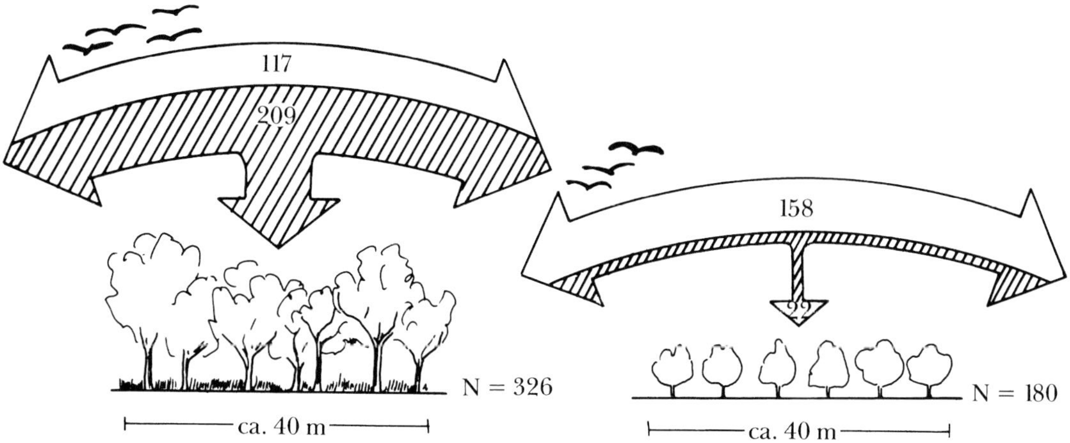

Abbildung 91.1: *Vogelüberflug (weißer Teil des Pfeils) und Vogeleinflug (schraffierter Teil des Pfeils) in Obstwiese (links) und Obstplantage (rechts) (nach MADER 1982)*

Tabelle 91.1: *Artenliste zu Abb. 91.1*

(N = Anzahl der beobachteten Einflüge)

Obstwiese	N	Plantage	N
Blaumeise	46	Amsel	5
Haussperling	24	Blaumeise	4
Buchfink (brütend)	17	Grünfink	4
Kohlmeise	13	Kohlmeise	1
Gartenbaumläufer	10	Haussperling	1
Grünfink	10	**nur Überflug**	
Amsel	10	Mehlschwalbe	
Star	5	Rauchschwalbe	
Gartengrasmücke	4	Mauersegler	
Grauschnäpper (br.)	4	Star	
Mönchsgrasmücke	2	Turteltaube	
Fitis	2	Ringeltaube	
Bachstelze	2	Kiebitz	
Girlitz	1	Buchfink	
Buntspecht	1	Saatkrähe	
Zilp-Zalp	1		
Weidenmeise	1		
nur Überflug			
Mehlschwalbe			
Rauchschwalbe			
Mauersegler			
Turmfalke			
Saatkrähe			

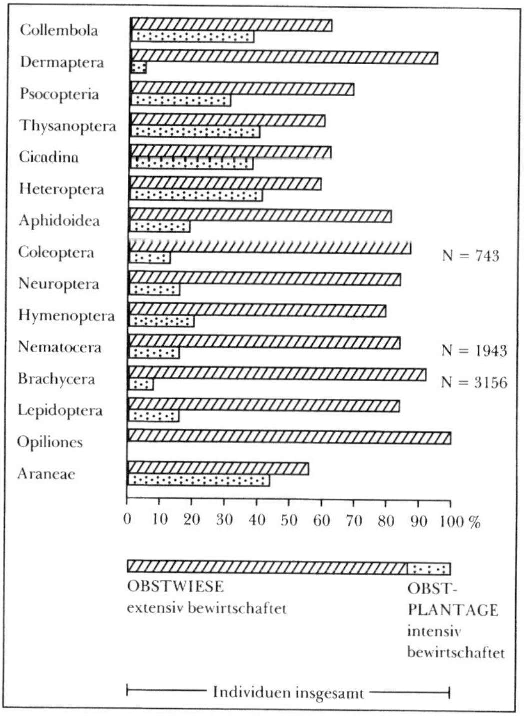

Abbildung 91.2: *Gegenüberstellung der Individuenprozente ausgewählter Taxa aus Fensterfallenfängen der Obstwiese (schraffiert) und der Obstplantage (punktiert; N = Gesamtindividuenzahl der häufigsten Gruppen; aus MADER 1982)*

ten Bier und Limonaden den traditionellen Most.

In der Obstkultur setzte sich immer mehr die intensiv genutzte Obstplantage durch, in der wenige, für die Großvermarktung besonders geeignete Sorten kultiviert werden. Solche Obstplantagen haben insbesondere wegen des umfangreichen Einsatzes chemischer Hilfsmittel ökologisch keine Bedeutung. In einer vergleichenden Arbeit konnte MADER (1982) zeigen, daß eine Obstwiese eine vergleichbare Obstplantage in vieler Hinsicht übertrifft (Abb. 91.1 u. 91.2; Tab. 91.1):

- in der Ressourcennutzung durch Vögel um das 13fache
- in der Artenzahl der Spinnen um 85%
- in der Artenzahl der Laufkäfer um 50%
- in der Gesamtzahl der in Fensterfallen gefangenen Fluginsekten um das 6fache
- in der Anzahl der Hymenopteren um das 5fache,
- in der Anzahl der Bienen um das 16fache.

1.6 Die hohe Kunst der Obstbaumkultur: Baumschnitt

Wie auch im Kapitel über das Brutblatt (S. 42) erwähnt, wird das Auswachsen von Seitentrieben bei der Pflanze meistens vom Sproßscheitel (Apikalmeristem) hormonell gesteuert. Diese Steuerung bewirkt, daß nur wenige der angelegten Seitenknospen tatsächlich zu Zweigen werden und daß sich diese Seitenzweige gegenseitig wenig überlagern und stören. Natürliche Einwirkungen wie Wind, Windbruch, Beschattung durch andere Bäume und ähnliches, können in der Natur starken Einfluß auf die Kronenausbildung und Form eines Baumes nehmen. So sieht ein einzeln stehender Baum immer völlig anders aus als einer, der im dichten Verband steht. Dieses Beispiel zeigt, daß Umwelteinflüsse für die Gestalt eines Baumes entscheidend sind. Der Gärtner kann sich dies zunutze machen, indem er gezielt bestimmte Zweige oder Zweigabschnitte eines Baumes herausschneidet und dadurch das Wachstum und die Kronenausbildung in ganz bestimmtem Sinne beeinflußt.

Ziel eines Obstgärtners wird es vor allem sein, einen relativ gleichbleibenden und möglichst lang anhaltenden hohen Ertrag zu erzielen. Gleichzeitig sollen die Früchte so am Baum angeordnet sein, daß man sie auch ohne allzugroße Mühe ernten kann. Das heißt beispielsweise, daß die Früchte sich nicht nur in den hohen Gipfelbereichen der Krone entwickeln sollen, sondern auch an breit ausladenden, möglichst vom Boden aus erreichbaren Seitenästen.

Wie aus Abb. 93.1 hervorgeht, findet im Laufe der Kronenentwicklung in den einzelnen Lebensabschnitten des Baumes eine Verlagerung der Zonen von Trieb- und Fruchtbildung statt. Bei senkrecht stehenden Zweigen sind im allgemeinen die Spitzen, bei gebogenen oder waagerecht stehenden Zweigen die Seitenknospen im Trieb gefördert. Fruchtknospen werden dabei bevorzugt an schwachen Seitentrieben gebildet, die der Krone mehr oder weniger deutlich durch Schräg- oder Waagerechtstellung untergeordnet sind. Durch richtigen Schnitt läßt sich ein früher Beginn des Ertrages und ein lang anhaltender Ertrag an allen Kronenteilen sichern. Gleichzeitig kann man durch diese Maßnahme Krankheits- und Alterungsprozessen vorbeugen.

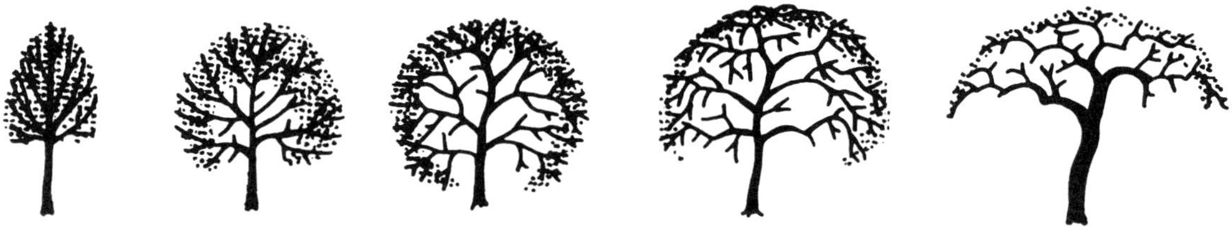

a) bevorzugte Trieb(zuwachs-)zonen und

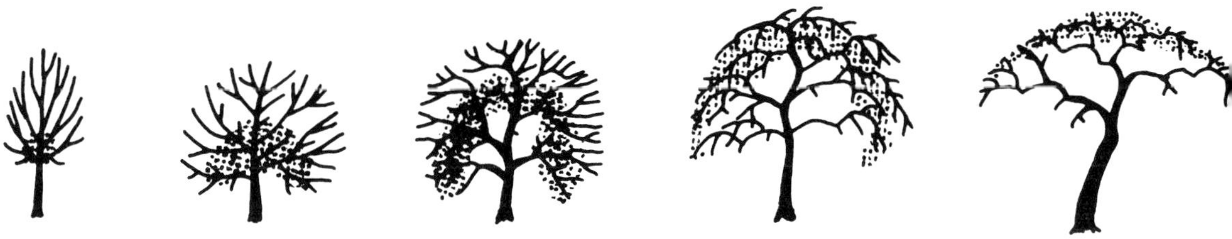

b) bevorzugte Ertragszonen bei verschiedenen Altersstadien eines Apfelbaumes

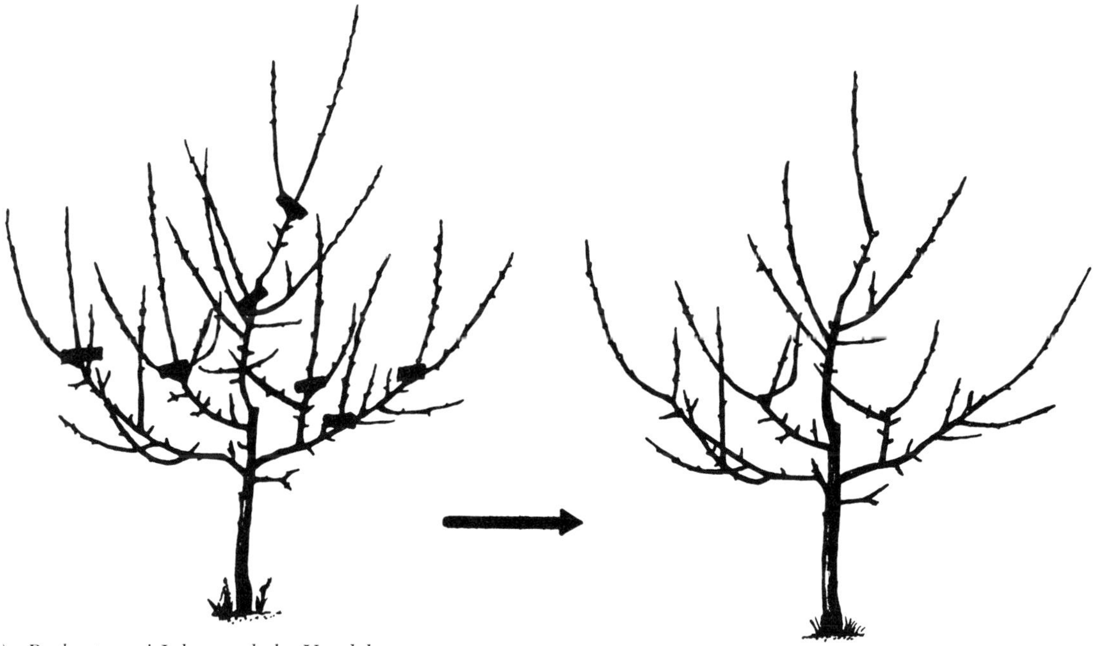

c) Boskoop zwei Jahre nach der Veredelung:
steile, zu stark entwickelte Jungtriebe werden bis auf den Astring entfernt;
ein Einkürzen der Jungtriebe an Gerüst- und Fruchtästen erfolgte nicht
(dies wäre – als ertragssteigernde Maßnahme – eventuell in späteren Jahren sinnvoll)
(nach HILKENBÄUMER 1979)

Abbildung 93.1: *Obstbaumschnitt.*
Durch Schnitt kann man das Wachstum eines Obstbaumes so beeinflussen, daß im Kronenraum möglichst lange ein optimales Verhältnis zwischen Trieb (Zuwachs) und Ertrag erhalten bleibt. Auch kann die Kronenausdehnung den jeweiligen Standortverhältnissen angepaßt werden.

1.7 Baumscheiben

Ein weiterer wichtiger Punkt bei der Apfelkultur ist die Förderung der Wurzeln durch geeignete Baumscheiben. Apfelbäume gehören zu den typischen Flachwurzlern. Der größte Teil der feinen Saugwurzeln liegt in der obersten Bodenschicht. Deshalb kommt der richtigen Baumscheibenpflege eine grosse Bedeutung für die Gesundheit, die Wuchskraft und den Ertrag des Baumes zu. Niemals darf man die Baumscheiben umgraben, da dabei diese feinen Saugwurzeln zerstört würden. Auch eine direkte Besonnung des Bodens und die damit verbundene starke Austrocknung ist nicht günstig. Schwach wurzelnde Bodendecker, die einerseits den Boden beschatten, andererseits jedoch keine große Wurzelkonkurrenz für die Baumwurzeln bedeuten, sind günstig (z. B. die Gundelrebe). Auch die Kapuzinerkresse wird zur Ansaat in Baumscheiben empfohlen, da ihr Gehalt an Senfölglykosiden die Blattläuse vom Apfelbaum abhalten soll.

Das Wurzelwerk eines Apfelbaumes ist sehr ausgedehnt. Der Wurzelraumdurchmesser überschreitet sogar noch den Kronendurchmesser. Dies sollte man bei der Anlage und Pflege der Baumscheibe berücksichtigen.

2 Hinweise für den Unterricht

2.1 Mögliche Ziele und Inhalte

(1) Die Entwicklung von der Blüte zur Frucht
(2) Bedingungen der Samenverbreitung durch Tiere
(3) Das »Apfelgas« als Pflanzenhormon
(4) Der Apfelbaum als Lebensraum
(5) Schädlinge und Schädlingsbekämpfung im Apfelbau

2.2 Unterrichtsschritte

(1) **Von der Blüte zur Frucht**
Material und Geräte:
- Äpfel
- aufgeblühte und schon abgeblühte Apfelblüten
- Messer
- eventuell Arbeitsblatt oder Folie entsprechend Abb. 86.1

Verlauf:
Der Apfel eignet sich besonders gut für eine solche Unterrichtseinheit, da man zur fortgeschrittenen Blütezeit etwa Ende April/Anfang Mai sowohl Blüten in voll aufgeblühtem Zustand als auch solche in abgeblühtem Zustand und außerdem reife Äpfel aus dem Obstgeschäft nebeneinander zur Verfügung hat. So kann man am Originalobjekt vergleichen, welche Blütenteile schließlich zu welchen Teilen der Frucht heranwachsen. Wichtig ist es, darauf hinzuweisen, daß der größte Teil der Apfelfrucht aus der Blütenachse entsteht. Das Kernhaus aus den eigentlichen Fruchtblättern läßt sich bei mehligen Äpfeln »freiessen«. Man kann dann die fünf Fruchtblätter mit je zwei Samenanlagen gut erkennen.

(2) **Samenverbreitung durch Tiere**
Material und Geräte:
verschiedene Früchte mit »endozoochorer« Verbreitung (z. B. Himbeere, Brombeere, Kirsche, Pflaume, Sanddorn, Tomate, Apfel)

Verlauf:
Einmal können Tierarten, die für die Verbreitung von Wildäpfeln in Frage kommen, zusammengestellt werden, zum anderen Früchte mit »endozoochorer« Verbreitung wie etwa Kirsche, Apfel, Himbeere, Vogelbeere, Sanddorn, Tomate. Die Schüler vergleichen und listen auf, mit welchen Mitteln die tierischen Verbreiter angelockt werden (Geschmack, Farbe, Duft usw.) Die unverdaulichen Teile werden jeweils herauspräpariert und zu Keimungsversuchen verwendet.

Apfelkerne z. B. keimen viel besser nach Entfernen der Samenschale. Wenn man parallel geschälte und ungeschälte Apfelsamen zur Keimung ansetzt, kann man diesen Unterschied nach einer Woche sehr deutlich sehen.

(3) **Apfelgas, ein Pflanzenhormon**
Material und Geräte:
- Glasglocken oder große Einmachgläser mit Deckel
- reife Äpfel oder Apfelschalen
- Kressesamen
- grüne Tomaten
- Watte oder Filtrierpapier (als Keimsubstrat für die Kressesamen)

Verlauf:
Keimende Kressesamen und grüne Tomatenfrüchte werden jeweils mit und ohne reifer Apfelfrucht unter eine Glasglocke gebracht. Die Versuchsanordnung wird gezeichnet und das Ziel (Frage: »Geben reife Äpfel einen Stoff ab, der Samenkeimung und Reifung von Früchten beeinflußt?«) des Versuchs wird besprochen.

Nach ein bis zwei Wochen wird der Versuch ausgewertet. Man läßt das Ergebnis ebenfalls zeichnen und als Beantwortung der Ausgangsfrage formulieren.

(4) **Der Apfelbaum als Lebensraum**
Material und Geräte:
- Stopfpräparat eines Siebenschläfers, Dias oder Fotos vom Siebenschläfer
- Materialien zur Herstellung eines Posters: Karton, Kleber, Scheren, Bleistifte und Radiergummi, Plakafarben, Filzschreiber

Verlauf:
Apfelbäume und Streuobstwiesen sind Lebensräume für viele Tier- und Pflanzenarten. Besonders ansprechende Tiere, die an Streuobstwiesen gebunden sind, sind die einheimischen Bilche: Siebenschläfer, Gartenschläfer und Haselmaus. So kann zum Beispiel der Jahresablauf im Leben eines Siebenschläfers das Beziehungsgefüge zwischen Apfelbaum und einer Tierart verdeutlichen. Anschließend können Beziehungen zu anderen Tierarten behandelt und ein Poster – etwa nach Art der Abbildung 90.1 – entwickelt werden.

(5) **Schädlinge und Schädlingsbekampfung**
Material und Geräte:
- Klopfnetze
- Fang- und Beobachtungsgläser
- Lupen bzw. Binokulare
- Bestimmungshilfen (vgl. NELLEN u. a. 1989)

Verlauf:
Zu diesem Bereich liegt eine umfassende und gut durchdachte Unterrichtsanleitung des IPN Kiel vor (NELLEN u. a. 1989). Als Einstieg dient eine Exkursion in einen Apfelgarten oder eine Apfelplantage. Alternativ können Schüler, die einen Apfelbaum im Garten haben, je nach Jahreszeit Blüten oder Früchte und Blätter in den Unterricht mitbringen, die irgendwelche Spuren von Schädlingen

a) Der Apfelblütenstecher (Rüsselkäfer) legt seine Eier in Blütenknospen, die dann verwelken.

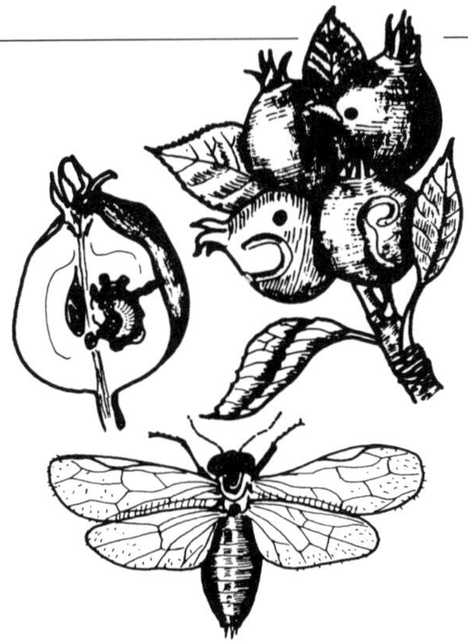

b) Die Larve der Apfel-Sägewespe frißt bei jungen Früchten einen Spiralgang knapp unter der Schale, der auch noch bei älteren Früchten im Sommer als Korkband zu sehen ist.
Dann bohrt sich die Larve in das Apfelinnere und frißt das Kernhaus aus.

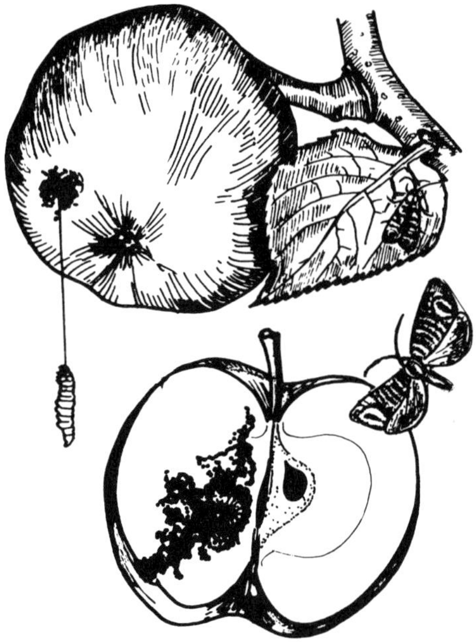

c) Die Raupen des Apfelwicklers dringen vor allem von der Kelch- oder Stielgrube aus in die junge Frucht ein und fressen im Kernhaus. Später wird der Kot durch einen zweiten Gang nach außen geschafft. Der Apfel ist dann als »madig« erkennbar.

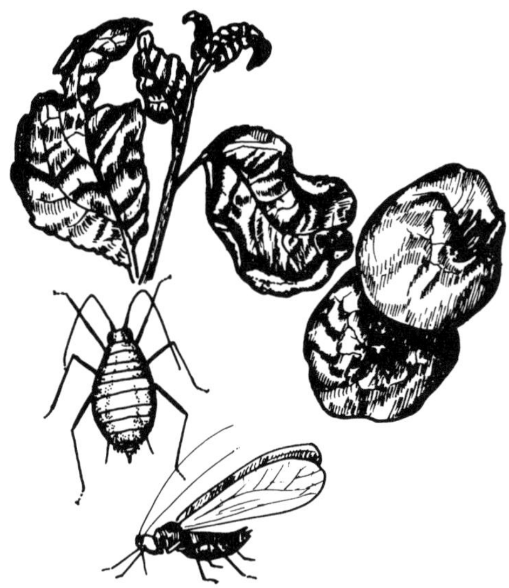

d) Verschiedene Blattlausarten saugen den Pflanzensaft junger Apfelbaumtriebe.
Die Blätter deformieren und verkümmern.
Auch die jungen Apfelfrüchte zeigen charakteristische Veränderungen.

Abbildung 96.1: *Beispiele für Schädlinge am Apfelbaum* aufweisen. Mit Hilfe von Bestimmungskarten (vgl. NELLEN u. a. 1989) werden die Schadbilder interpretiert. Jeweils eine Arbeitsgruppe der Schüler wählt sich dann eine Schädlingsart aus und beschäftigt sich mit ihrer Entwicklung im Jahresverlauf, ihrer Beziehung zu anderen Arten, der möglichen biologischen Bekämpfung und der wirtschaftlichen Bedeutung. Informationen (Arbeitsblätter, Literatur) sollten vom Lehrer bereitgestellt werden (Quelle z. B. JACOBS/RENNER 1988 für Schadinsekten; BAYER-Pflanzenschutz-Kompendium; Abb. 96.1).

Zum Abschluß können sich die Schüler entweder intensiver mit der Bekämpfung von Schädlingen auseinandersetzen (Fang mit Pheromonfallen: Apfelwickler-Männchen Anfang Juni; Leimringe: Frostspanner-Weibchen Ende Oktober) oder mit der Lebensweise und möglichen Förderung von Nutzinsekten-Arten wie Schwebfliege, Ohrwurm, Florfliege oder Schlupfwespe.

Abbildung 97.2: *Klopfprobe zum Nachweis von »Schädlingen« und »Nützlingen« am Apfelbaum (aus NELLEN u. a. 1989)*

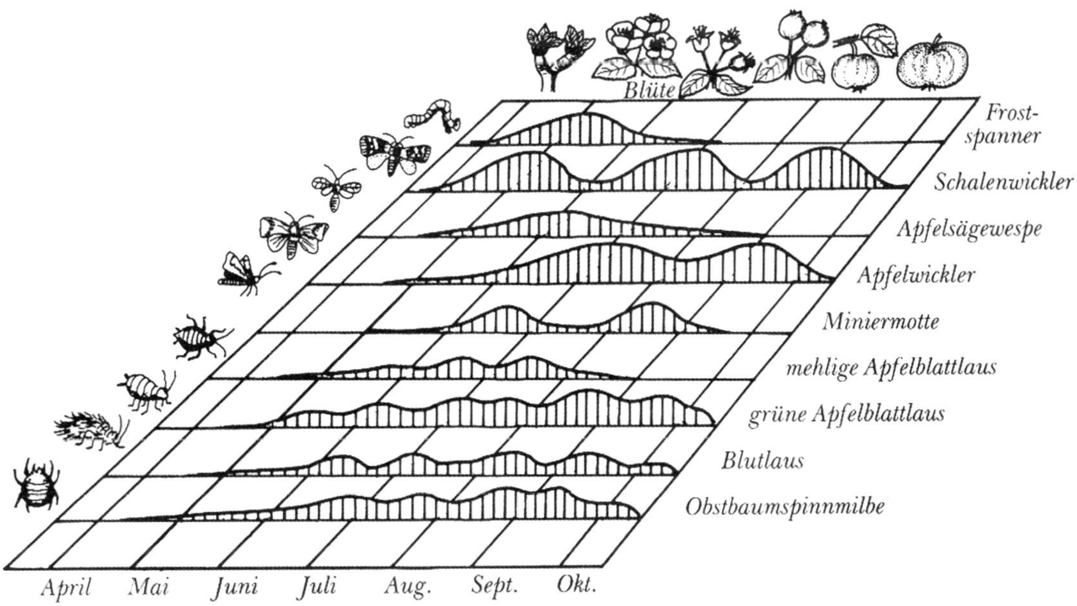

Abbildung 97.1: *Beispiele für die Populationsentwicklung von Apfelbaum-Schädlingen im Jahresverlauf (nach GOTTWALD aus NELLEN u. a. 1989)*

3 Literatur

BARTHA-PICHLER, B. u.a.: Rosenapfel und Goldparmäne: 365 Apfelsorten – Botanik, Verwendung, Geschichte. AT-Verlag, Baden/München 2005

BAYER Pflanzenschutz-Compendium Band II, Leverkusen, ohne]ahrg.

BERNKOPF, S., KEPPEL, H., NOVAK, R.: Neue alte Obstsorten. Österr.Agrarverlag, Wien, 5.Aufl. 2003

BÖTTNER, J.: Spalierobst und Feinobst. Trowitzsch und Sohn, Frankfurt/Oder 1907

BRANDT, E.: Von Äpfeln und Menschen.... Verlag Atelier im Bauernhaus, Fischerhude 2004

CARL, H.: Die deutschen Pflanzen- und Tiernamen. Deutung und sprachliche Ordnung. Quelle & Meyer, Heidelberg/ Wiesbaden, 2. Auflage, 1986

COOPER, J. C.: lllustriertes Lexikon der traditionellen Symbole. Drei Lilien Verlag, Wiesbaden 1986

FITSCHEN, J.: (Ersthrsg.): Gehölzflora. Quelle & Meyer, Heidelberg, Wiesbaden, 11. Auflage, 2002

HAAS, de P. G.: Naturgemäßer Obstbaumschnitt. BLV, München 1981

]ACOBS, W., RENNER, M.: Biologie und Ökologie der Insekten. G. Fischer, Stuttgart/New York, 2. Aufl. 1988

JUNIPER, B.E., MABBERLY, D.: The story of the apple. Timber Press, Portland (Oregon) 2006

KOTTE, W: Krankheiten und Schädlinge im Obstanbau und ihre Bekämpfung. Parey, Berlin/ Hamburg, 3. Auflage, 1958

LOHMANN, M.: Ökogärten als Lebensraum. BLV, München 1983

LÜTKENS, R.: (Hrsg.): Schädlingsbekämpfung. Unterricht Biologie 28, 3.Jg., 1978

MADER, H.-].: Die Tierwelt der Obstwiesen und intensiv bewirtschafteter Obstplantagen im quantitativen Vergleich. Natur und Landschaft 57 (11): 371-377, 1982

Ministerium für Ernährung, Landwirtschaft und Forsten Nordrhein-Westfalen: Schützt die Obstwiesen! Düsseldorf 1981

MÜHL, F.: Alte und neue Apfelsorten. Obst- und Gartenbauverlag, München, 5.Auflage 2005

Naturschutzzentrum Hessen e. v. (Hrsg.): Wegweiser zur Unterschutzstellung von Obstwiesen. Wetzlar 1987

Naturschutzzentrum Hessen e. v. (Hrsg.): Lebensraum Obstwiese. Wetzlar 1988

Naturschutzzentrum Hessen e. v. (Hrsg.): Ökologischer Pflanzenschutz im Apfelanbau für Haus und Kleingarten. Wetzlar 1989

NELLEN, u., HEER, R. u. a.: Integrierte Schädlingsbekämpfung im Apfelbau. Teil I: Theorie und Praxis des Pflanzenschutzes im Apfelbau. Teil 2: Unterrichtsbeispiel: Ein Jahr als Apfelbauer. IPN Kiel, Aulis, Köln 1989

SCHNIEPER, C., BÄUMLI, 0.: Der Apfelbaum im Jahreslauf. Kinderbuchverlag Reich, Luzern, 2. Auflage, 1983

SCHOPFER, H. (Hrsg.): Streuobstwiesen. Unterricht Biologie 257, 2. Jg., 2000

SCHUSTER, G.: Ohne Saft und Kraft. Natur 1988 (10): 109-115

SILBEREISEN, R., GÖTZ, G., HARTMANN, W.: Obstsorten-Atlas. Ulmer, Stuttgart, 2. Auflage, 1996

WESEL, V: Nützlinge und Schädlinge im Obstbau. Unterricht Biologie 115, 10 Jg.: 31-35, 1986

WINKEL, G. (Hrsg.): Das Schulgarten-Handbuch. Friedrich, Seelze, 2. Auflage 1997

Rot-Buche

Fagus sylvatica L.
Familie *Fagaceae*

Blütezeit: Jan. Febr. März **April** **Mai** Juni Juli Aug. Sept. Okt. Nov. Dez.

»Ganz verborgen im Wald kenn' ich ein Plätzchen, da stehet
eine Buche: man sieht schöner im Bilde sie nicht.
Rein und glatt in gediegenem Wuchs erhebt sie sich einzeln,
Keiner der Nachbarn rührt ihr an den seidenen Schmuck.«

Eduard Mörike

Die Rot-Buche ist heute der wichtigste Waldbaum Mitteleuropas. Im Laufe der nacheiszeitlichen Wiederbewaldung hat sie sich diesen Platz erst vor etwa 3000 Jahren erobert. Weltweit ist die Geschichte der Buchen und ihrer Verwandten, einer durchweg sehr altertümlichen, schon in der Kreide entstandenen Pflanzengruppe, eng verknüpft mit den großen erdgeschichtlichen Ereignissen.

1 Die Buche, der wichtigste Waldbaum Mitteleuropas

1.1 Wachstum und Entwicklung

Im Frühjahrswald sieht man häufig kleine krautige Pflanzen mit eigenartigen, paarig gestellten, rautenförmigen Blättchen, die ihrer Form nach beinahe an die Blätter des Ginkyo erinnern. Doch sind sie im Gegensatz zu den Ginkyoblättern auf der Oberseite glänzend dunkelgrün. Dazu kontrastiert die weißlich-filzige Unterseite. Etwas später, wenn die nächsten Blätter aus diesem Keimblattpaar

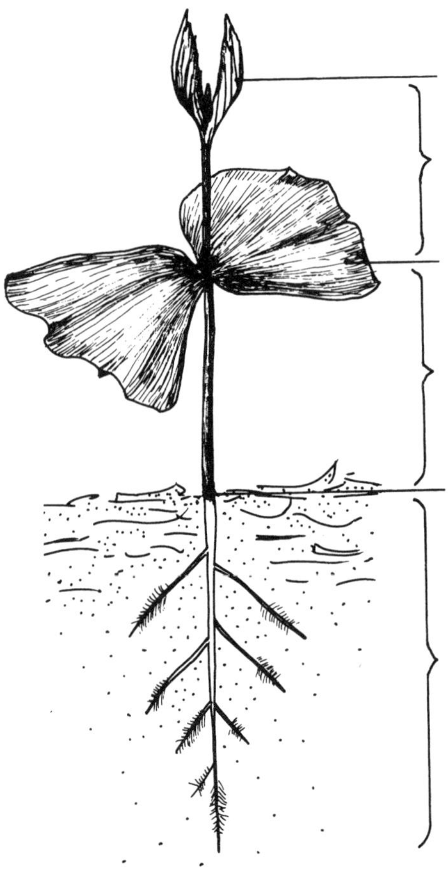

Abbildung 100.1: *Bau des Buchenkeimlings*

sprossen, erkennt man, daß es sich um junge Buchen handelt.

Den Winter über haben die Bucheckern geschützt unter der Laubstreu gelegen. Wenn die Temperaturen dann im Frühjahr über den Gefrierpunkt steigen, beginnt die Keimung. Zunächst schiebt sich die Keimwurzel aus dem spitzen Ende der dreieckigen Samen. Dann drückt die junge Sproßachse aus der Samenschale heraus. Der größte Teil des Samens war vorher von ölhaltigen »Speicherkotyledonen« ausgefüllt. Diese **Keimblätter** mobilisieren nun ihre Nährstoffe und sorgen damit für das erste Wachstum des jungen Keimlings. Gleichzeitig entfalten sie sich und beginnen, in die Fläche zu wachsen und zu ergrünen. Das, was wir dann im Frühlingswald als paarige, rautenförmige, dunkelgrüne Blättchen sehen, sind die umgebildeten Speicherkotyledonen aus den Bucheckern (vgl. Abb. 100.1, 101.1).

Zieht man einen Keimling vorsichtig aus dem Boden, so daß die Wurzeln möglichst vollständig erhalten bleiben, kann man seinen Aufbau genauer studieren (Abb. 100.1): Die durchgehende Hauptwurzel trägt zahlreiche Seitenwurzeln. Eine solche Differenzierung in Haupt- und Nebenwurzeln nennt man **Allorrhizie.** Sie ist charakteristisch für die Zweikeimblättrigen Bedecktsamer. Bei den Einkeimblättrigen geht die Hauptwurzel schon während der Keimung zugrunde und wird durch viele sproßbürtige, etwa gleich stark entwickelte Wurzeln ersetzt **(Homorrhizie).** Besonders deutlich wird dieser Unterschied etwa, wenn man eine Löwenzahnpflanze und ein Grasbüschel aus dem Rasen zieht und diese miteinander vergleicht.

Etwa die Stelle, an der der Keimling die Bodenoberfläche erreicht, entspricht dem Übergang von Hauptwurzel zu Sproßachse. Man nennt die Stelle auch Wurzelhals. Der

a) *Noch sitzen die Reste der Fruchtwand auf dem jungen Buchenkeimling, das Hypokotyl hat sich aber schon aufgerichtet.*

b) *Die Keimblätter haben sich entfaltet und sind ergrünt.*

c) *Der nächste Knoten mit den Primärblättern entwickelt sich.*

d) *Buchenkeimling mit vollentwickeltem Primärblattpaar.*

Abbildung 101.1: *Keimung des Buchensamens*

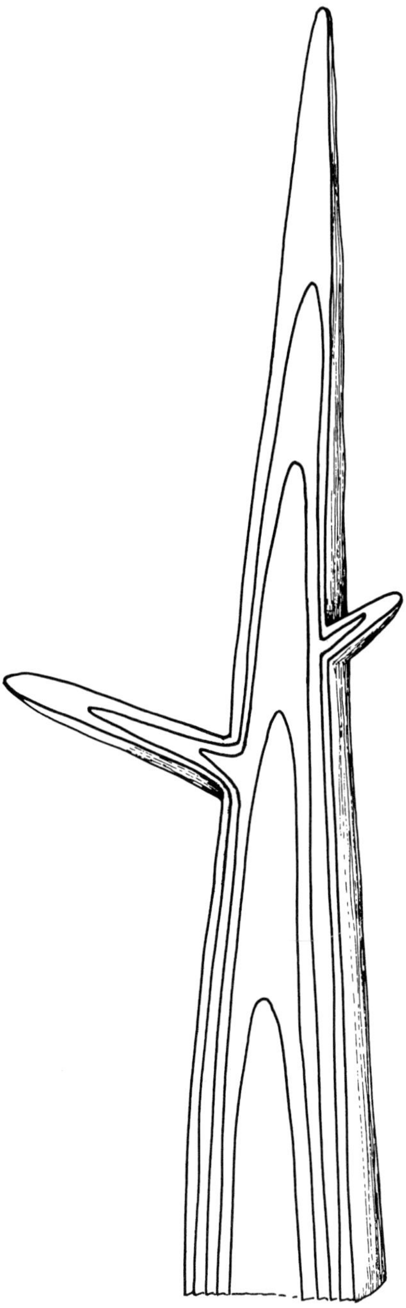

Abbildung 102.1: *Schematische Darstellung zum Wachstum eines Baumes.*
Durch die Aktivität von Gipfelmeristem und Kambium wird in jedem Jahr ein »Zuwachskegel« gebildet.

erste Abschnitt der Achse unter den Keimblättern wird Hypokotyl genannt. Der Achsenabschnitt vom ersten zum zweiten Knoten, also von den Keimblättern zum Primärblatt, ist das Epikotyl.

Die Keimblätter haben bei fast allen Pflanzen eine völlig andere Gestalt als die Folgeblätter. Auch die **Primärblätter** können noch etwas anders geformt sein. Bei den Buchen entsprechen sie weitgehend den typischen Laubblättern. Allerdings sind sie noch gegenständig als ein Paar angeordnet, während die Folgeblätter wechselständig gebildet werden.

An der Spitze der Achse und der Wurzeln sitzen die Vegetationspunkte, die Zentren des primären Wachstums, (vgl. Kapitel Brutblatt, S. 40ff). Hier liegen mehrere Schichten teilungsfähiger Zellen, die ständig nach unten und zur Seite Teilungsprodukte (junge Zellen) abgeben. Durch starkes Streckungswachstum dieser jungen Zellen kommt dann der eigentliche Wachstumsschub zustande.

Das teilungsfähige Gewebe der obersten Spitze geht schnell in differenzierte Zellen über, die nicht mehr teilungsfähig sind. Lediglich ein schmaler Zylinder, das sogenannte Kambium, bleibt als Ring teilungsfähiger Zellen bestehen. Dieser Kambiumring ist in der älteren Sproßachse der Ort des **sekundären Dickenwachstums.** Während das Längenwachstum eines Baumes und eines Zweiges auf die Spitzenregion beschränkt ist, sind alle Achsenorgane in ihrer gesamten Länge zu Dickenwachstum in der Lage. Diese kontinuierliche Verdickung führt dazu, daß ein Stamm einer zweikeimblättrigen Pflanze – dies gilt ebenso für die Nacktsamer – in seinen ältesten, also untersten Teilen, am dicksten ist und nach oben – entsprechend der Zeit, die das Kambium tätig war – immer dünner wird (vgl. Abb. 102.1). Nach innen

a) Buchen-Jungbestand (Stangenholz), ca. 20jährig

b) Etwa 100jährige Buche an der Flensburger Förde

c) Der Sturm hat die Buche umgeworfen; nun kann man bequem in die Krone steigen.

Abbildung 103.1

werden von diesem Bildungsgewebe wasserleitende Elemente abgegeben – das sogenannte Holz oder Xylem (von gr. *xylon* = Holz) – nach außen das Assimilate leitende Phloem (von gr. *phloios* = Bast, Rinde). Das Phloem wird auch als Bast oder Siebteil bezeichnet. Mit zunehmendem sekundärem Dickenwachstum wird die primäre Rinde des jungen Buchenstammes gesprengt. Es muß deshalb ein sekundäres Abschlußgewebe entwickelt werden. Hierfür ist ein weiteres Bildungsgewebe notwendig, das sogenannte Korkkambium. Da es sich aus bereits differenzierten Zellen sekundär entwickelt, spricht man auch von einem sekundären Bildungsgewebe oder einem sekundären Meristem. Die Aufgabe dieses Korkkambiums ist es, ständig durch neugebildete Korkzellen den Abschluß des immer weiter in die Dicke wachsenden Achsenkörpers nach außen zu gewährleisten.

Die Borke, die nach außen abgegeben wird, ist ein Verschleißprodukt. So, wie sie gebildet wird, blättert oder bröckelt sie an der Außenseite ab. Der Korkkambiumring wird bei den meisten Bäumen immer wieder in tieferen Schichten neu angelegt. Je nachdem, ob dieses Gewebe den Stamm als einen geschlossenen Ring umgibt oder ob es – wie in Abb. 104.2 dargestellt – schuppenförmige Sektoren ausscheidet, spricht man von Ringel- oder Schuppenborke. Bei der Buche bleibt der erste Korkkambiumring allerdings dauernd erhalten. Ein Baumstamm besteht von außen nach innen aus folgenden Schichten: Borke, Bast, Kambium, Holz.

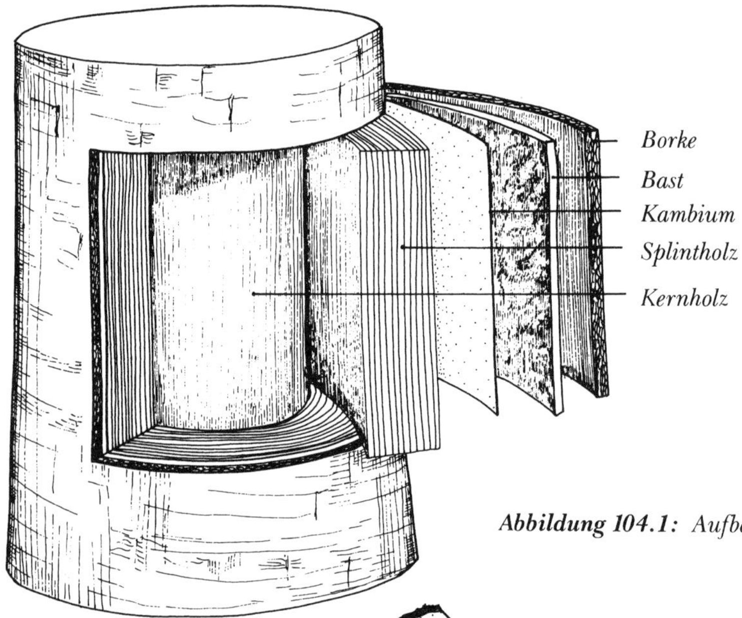

Abbildung 104.1: *Aufbau eines Baumstammes*

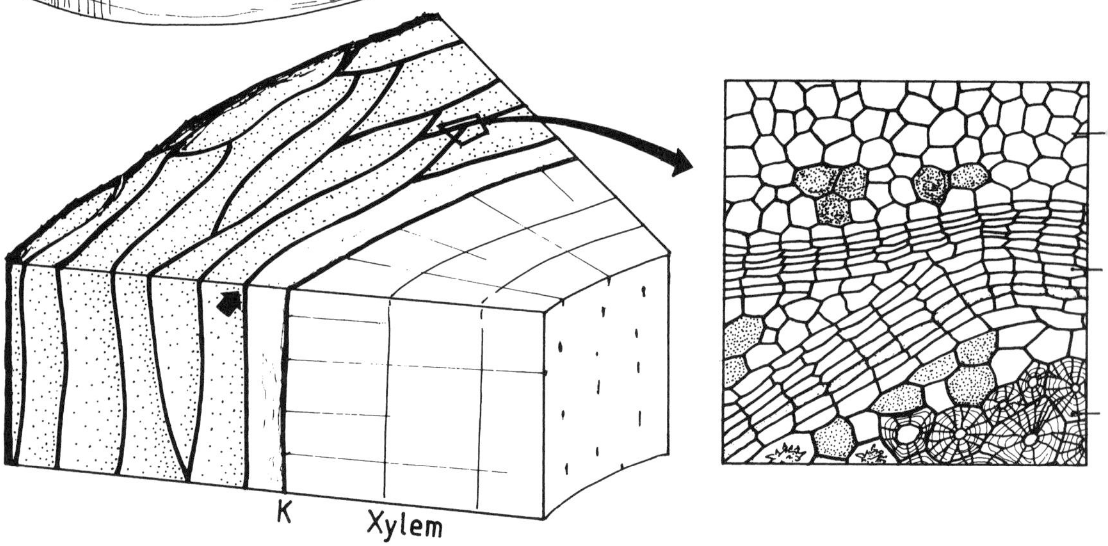

Abbildung 104.2: *Bildung des sekundären Abschlußgewebes (Borke).*
Als Folge des sekundären Dickenwachstums wird die Rinde gesprengt, und durch ein sekundäres Meristem (Korkkambium, Phellogen) wird ein sekundäres Abschlußgewebe gebildet.
Die vom Phellogen gebildeten Trennschichten werden Periderm genannt.
Die Zellen verkorken und unterbrechen den Stofffluß in radiärer Richtung, so daß alle äußeren Gewebe absterben.
Bei weiterem Dickenwachstum wird tiefer ein neues Phellogen angelegt.
Die Phellogenschichten können ringförmig oder – wie in der Abbildung – schuppenförmig angelegt werden.
Der Pfeil weist auf die innerste Peridermschicht mit noch aktivem Phellogen hin. Bei der Buche bleibt das erste Korkkambium dauernd erhalten. Sie hat deshalb bis ins hohe Alter eine ganz glatte Stammoberfläche.
(K = Kambium, RPar = Rindenparenchym: viele Zellen mit Gerbstoffeinlagerungen, einige mit Oxalatkristallen,
Pr = Periderm,
St = Steinzellen: Sklereïden im Rindenparenchym)

Abbildung 105.1: *Das doppelte Mißverständnis von »Vater und Sohn«*
(aus E. O. Plauen: Vater und Sohn. Gesamtausgabe, Südverlag GmbH, Konstanz 1982)

Es ist gar nicht so einfach, sich das Wachstum eines Baumes richtig vorstellen zu können. Dies beweist die Karikatur von Plauen (Abb. 105.1). Der bekannte Cartoonist will mit der Bildersequenz darstellen, daß Vater und Sohn nicht bedenken, daß der Baum schneller wächst als der Sohn. Das mag zwar stimmen, da der Baum aber nur an den Zweigspitzen in die Länge wächst, muß der Nagel im Baum immer in der gleichen Höhe bleiben. Er wird lediglich mit der Zeit durch das sekundäre Dickenwachstum immer mehr eingehüllt und wird schließlich im alten Baumstamm ganz verschwinden. Ebenso ist ein Herz, das man mit 15 Jahren in 1,5 m Höhe in die Rinde schneidet, 20 Jahre später noch in der gleichen Höhe zu sehen. Allerdings haben sich die Konturen vergrößert und verwischt.

Die Wachstumsschalen eines Baumes sind in Abb. 102.1 schematisch dargestellt. Dem großen Wachstumsschub an den Achsenspitzen entspricht eine kleinere Dickenzunahme an der Achse. Genau wie das Spitzenwachstum, so ist auch das Dickenwachstum abhängig von der Klimagunst. Im Winter findet praktisch kein Wachstum statt. Im Frühjahr und Sommer kommt es zu einem Wachstumsschub, der dann gegen Herbst hin langsam schwächer wird. An einem Buchenzweig kann man die verschiedenen Zonen für mindestens drei bis fünf Jahre gut ablesen. Ebenso sieht man diese Wachstumsschübe im Querschnitt eines Stammes. Es sind die sogenannten Jahresringe. Zählt man bei einem gefällten Baum die Jahresringe am Gipfel und an der Basis, so stellt man fest, daß am Gipfel weniger Ringe entwickelt sind. Man kann also für jeden Abschnitt des Baumes genau sein Alter angeben.

Diese Jahresringe sind – das sieht man schon an einem einfachen Stammquerschnitt – nicht einer wie der andere. Es gibt dicke und dünne Ringe. Die Abfolge von dicken und dünnen Jahresringen ist charakteristisch für den Klimaverlauf eines Gebietes. Auf diese Art ist es möglich geworden, eine absolute Zeitdatierung **(Jahrringchronologie)** vorzunehmen. Man hat die Jahrringssequenzen bis in vorchristliche Zeit zurück aufzeichnen können. Heute kann man ein Holzstück, das wenigstens fünfzehn bis zwanzig Jahresringe enthält, ziemlich sicher datieren, da es aus statistischer Sicht nahezu unmöglich ist, daß sich eine Abfolge von zwanzig verschieden dicken Jahresringen einmal in zwei Jahrtausenden identisch wiederholt.

1.2 Kätzchenblüher

Bäume speichern ihre Reservestoffe vorzugsweise im Holzparenchym. Sie haben gegenüber den krautigen Pflanzen den Vorteil, daß sie – auch wenn es sich um laubwerfende Arten handelt – jedes Jahr nur einen verhältnismäßig kleinen Teil ihres Vegetationskörpers neu aufbauen müssen. So ist es verständlich, daß unter ihnen viele Frühblüher zu finden sind. Einmal können diese Bäume dann die gesamte Vegetationsperiode zur Reifung der Früchte nutzen, zum anderen sichert die Blütenentfaltung vor der Belaubung die Bestäubung. Besonders wichtig ist

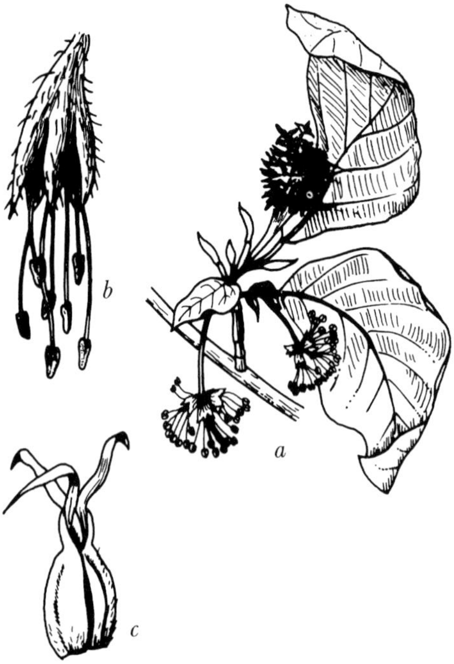

a) Kurztrieb der Buche mit weiblichem Blütenstand und zwei männlichen Blütenkätzchen
b) Männliche und
c) weibliche Blüte mit Perigon

f) Diagramm des Blütendichasiums der Stiel-Eiche (Quercus petraea; nur Mittelblüte erhalten) und
g) Eichel, sowie

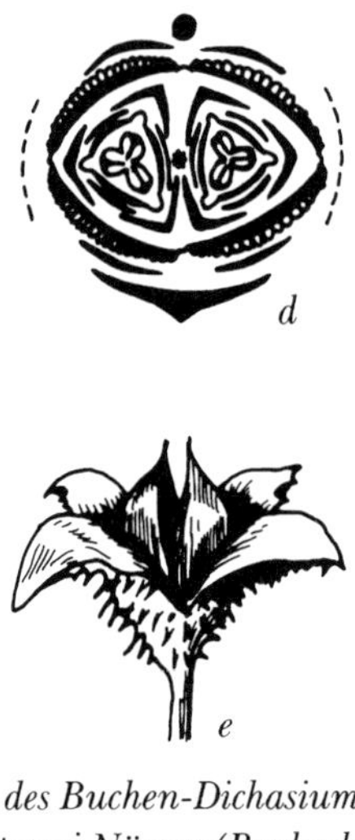

d) Diagramm des Buchen-Dichasiums
e) Cupula mit zwei Nüssen (Bucheckern)

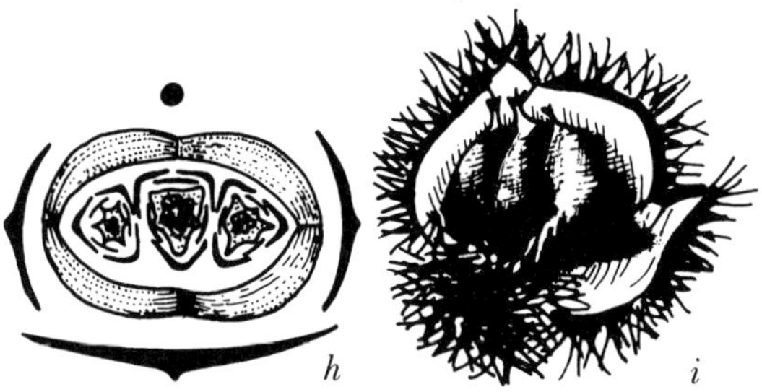

h) Blütendiagramm der Edelkastanie (Castanea sativa) und
i) Cupula mit drei Nüssen

Abbildung 106.1: *Blüten und Früchte der Buche (Fagus) und der Buchengewächse (Fagaceae)* das für Windblüher. Das Blätterwerk würde den größten Teil des Pollens abfangen.

Von den bedecktsamigen Baumarten unserer Breite gehören die meisten Windblüher in die Verwandtschaft der Buchenartigen. Charakteristisch für dieses Gehölz ist, daß bei ihnen die männlichen Blüten in mehr oder weniger langgestreckten, meist hängenden Blütenständen angeordnet sind, die eine biegsame, vom Wind leicht bewegbare Achse besitzen (»Kätzchen«). Die Kätzchen der Birken-, Buchen- und Walnußgewächse stellen zusammengesetzte Blütenstände dar. An der Hauptachse sitzen zahlreiche, ursprünglich dreiblütige Dichasien (Mittelblüte mit zwei Seitenblüten), bei denen teilweise die Mittelblüte, teilweise die Seitenblüten ausgefallen sind (vgl. Abb. 106.1).

Demgegenüber sind die Kätzchen der Weidengewächse, zu denen auch die Pappeln gehören, einfache Trauben.

Die Blütenhülle der Einzelblüten ist stark reduziert. Oft fehlt sie ganz, denn ein Schauapparat zur Anlockung von Insekten wird nicht benötigt (Windbestäubung). Blüten und Blütenstände sind eingeschlechtlich und bei den Buchenartigen einhäusig verteilt. Dabei können die weiblichen Blüten ebenfalls in kürzeren Kätzchen angeordnet sein wie bei Birke und Hainbuche oder in drei- bis einblütigen Dichasien wie bei Buche, Eiche, Hasel und Edel-Kastanie. Eine Besonderheit stellen die zapfenähnlichen, verholzten weiblichen Blütenstände der Erle dar.

Dic Buchenartigen *(Fagales)* mit den Familien Buchengewächse (Eiche, Buche) und Birkengewächse (Birke, Hainbuche, Hasel, Erle) gehören zu einer Verwandschaftsgruppe, deren Entstehung sich bis in die Kreidezeit zurückverfolgen läßt. Man kann mit einiger Sicherheit annehmen, daß die Gattungen *Quercus* und *Fagus* wenigstens 50 Millionen Jahre alt sind. Dieses hohe phylogenetische Alter hängt natürlich auch mit der langen Generationsfolge bei Bäumen zusammen.

1.3 Gerbstoffe

Die wichtigste Neuentwicklung der Verwandtschaftsgruppe der *Fagales,* zu der auch die bei uns in Gärten gehaltenen Zaubernußgewächse gehören, war die »Erfindung« von Gerbstoffen und gerbstoffverwandten Verbindungen. Diese Inhaltsstoffe fanden wegen ihrer besonderen Fähigkeit Eiweiße zu fällen, zu fixieren, in der Ledergerberei Verwendung. Gerbstoffe sind in erster Linie als Fraßschutz und Abwehrstoff gegen Bakterien und Pilzbefall zu verstehen. Die ursprünglicheren Gehölze aus der Gruppe der Magnolienartigen haben keine solchen Substanzen. Man könnte sich vorstellen, daß die gemäßigten Zonen mit ihren ungünstigen Jahreszeiten und den dadurch bedingten Wachstumsunterbrechungen vollständig erst durch auf diese Weise besser geschützte Gehölze besiedelt werden konnten. Noch heute sind die Vertreter der Unterklasse Hamamelididae, zu der Buchengewächse und Zaubernußgewächse gehören, in den Laubwäldern der gemäßigten Zonen die wichtigsten Baumarten.

Biochemisch gesehen sind Gerbstoffe keine einheitliche Stoffgruppe. Ihre Wirkung besteht darin, daß die OH-Gruppen der Gerbstoffmoleküle sich mit den NH-Gruppen der Eiweißmoleküle vernetzen. Eiweiße werden auf diese Weise gefällt.

Die Gerbstoffe sind im Pflanzenreich weit verbreitet. Tannine sind aus Phenolkarbonsäuren aufgebaut und oft glycosidisch oder auch esterartig (z. B. Depside: Inhaltsstoffe vieler Flechten) miteinander verknüpft. Daneben kennt man noch die Catechine, im Pflanzenreich weit verbreitete Gerbstoffe aus kondensierten Polyphenolen. Charakteristischer Bestandteil der Tannine bei Buchenverwandten ist die Ellagsäure (Abb. 108.1).

Außer in der Ledergerberei werden Gerbstoffe seit alters her auch medizinisch verwendet. Hierzu ein Auszug aus dem berühmten Kräuterbuch des Dioskorid (um 70 n. Chr.) in einer Übersetzung von PETER OFFENBACH von 1610: »*Die Brüh, da diese Häutlin oder Rinden in gesotten sind, wird nützlich zu trinken gegeben wider den Bauchfluß, wider die rote Ruhr und wider das Blutspeien. Sie werden nützlich vermischt unter die Frauenzäpflin, die wider den übrigen Fluß der Bärmutter werden bereit. Die Eicheln haben dieselbe Kraft, treiben den Harn, machen in der Speis genossen ein Wehtun des Hauptes und eine Aufblähung des Leibes, werden aber sehr nützlich gegessen wider aller giftiger Tierstich und Biß. Gebrühte Eicheln und ihre Rinden ingesotten und in Kuhmilch getrunken ist gut wider das Gift. Kleingestoßene rohe Eicheln überlegt sänftigen die hitzige Geschwulst.*«

1.4 Waldgeschichte Mitteleuropas

Vergleicht man die Laubwälder der verschiedenen gemäßigten Zonen in Asien, Amerika und Europa, stellt man fest, daß die europäischen Wälder die geringste Anzahl an Gehölzarten enthalten. Noch vor den Eiszeiten sah dies auch hier in Europa ganz anders aus. Aus dem Pliozän (vor etwa 2 bis 2,5 Millionen Jahren) kennt man aus Mitteleuropa zahlrei-

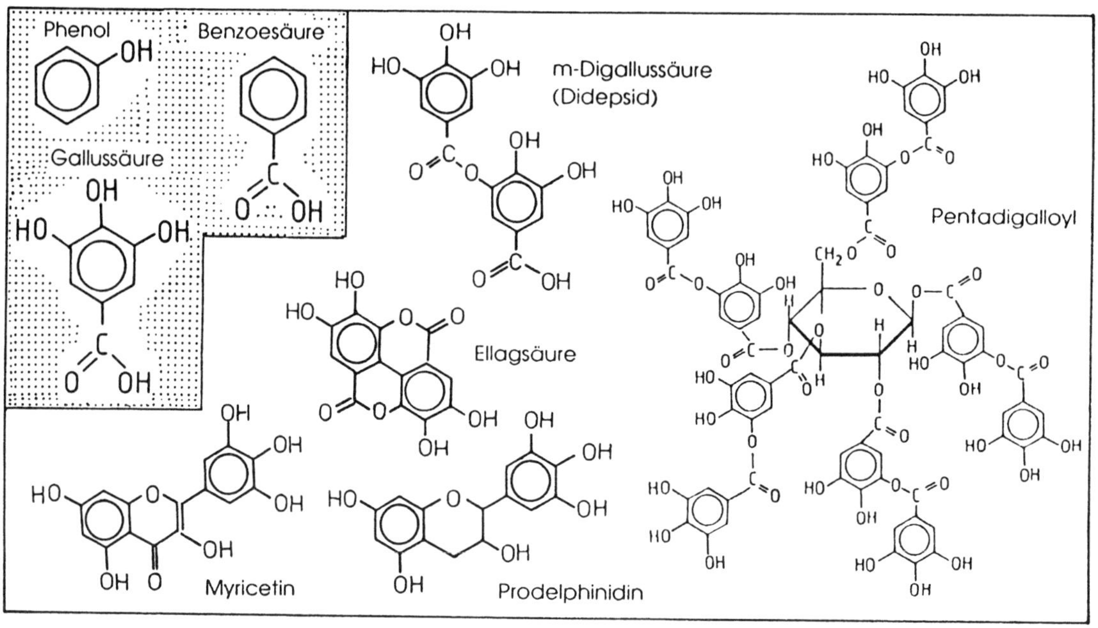

Abbildung 108.1: *Gerbstoffe, charakteristisch für Buchengewächse und die ganze Unterklasse Hamamelididae. Sie können von Phenol und den Phenolderivaten Benzoesäure und Gallussäure abgeleitet werden. Meist sind einzelne Bausteine (z. B. Digallussäure) durch Verbindung mit Zuckermolekülen zu kompliziert gebauten dreidimensionalen Strukturen verknüpft (Beispiel Pentadigalloyl). (aus MARTENSEN/PROBST 1990)*

che Gattungen wie Amberbaum, Sassafras, Magnolie, Tulpenbaum, Platane und Roßkastanie sowie viele Ahorn- und Eichen-Arten, die heute nur noch in Ostasien oder Nordamerika vorkommen. Nordamerikanische Waldgesellschaften der gemäßigten Zonen bestehen heute aus zwanzig bis dreißig Baumarten, mitteleuropäische meistens nur aus zwei bis vier. Die wichtigsten Arten der natürlichen Wälder Mitteleuropas sind Rot-Buche, Stiel-Eiche und Trauben-Eiche, etwas seltener die Hainbuche und in den Gebirgen und nach Osten hin die Rot-Fichte. Auf trockenen Böden spielen Kiefern eine gewisse Rolle.

Diese Artenarmut erklärt sich aus der Wirkung der Eiszeiten. Während der letzten Eis-

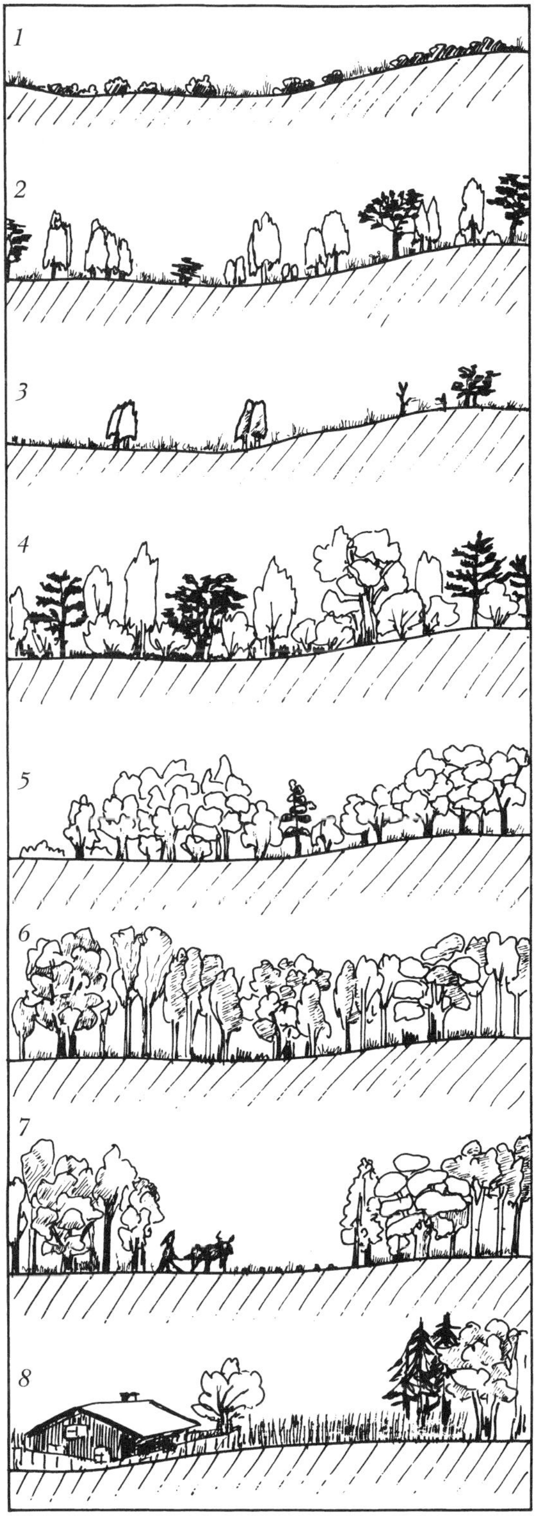

Abbildung 109.1: *Entwicklung der Waldgesellschaften in Mitteleuropa nach der Eiszeit.*
1) Ältere Tundrenzeit: *Vor etwa 20 000 Jahren begann der Rückgang der Gletscher und des Inlandeises. Doch bis etwa 10 000 v. Chr. gab es in Mitteleuropa kaum Baumvegetation. Neben Zwerg-Birken, Strauchweiden und Sanddorn herrschten Gräser, Seggen, Beifuß, Silberwurz und andere Tundra- und Steppenpflanzen vor.*
2) Allerödzeit: *Birken- und Kiefernwälder.*
3) Jüngere Tundrenzeit: *Nach erneuter Klimaverschlechterung Rückgang der Gehölze und Ausbreitung der Tundra: Parktundra. Gegen Ende wieder Zunahme von Kiefern- und Birkenwäldern.*
4) Frühe Wärmezeit: *Ausbreitung von Hasel und Kiefer. Später auch Eiche, Ulme, Linde und Erle.*
5) Mittlere Wärmezeit: *Eichenmischwald mit Ulme, Linde, Esche, Ahorn, Erle.*
Gegen Ende ein sehr deutlicher Rückgang der Ulmen, möglicherweise krankheitsbedingt.
6) Späte Wärmezeit: *Auftreten der Buche, außerdem Hainbuche, Tanne, Fichte.*
7) Nachwärmezeit: *Zeit der beginnenden Rodung. Anthropogene Veränderung der Landschaft.*
8) 1700 bis zur Gegenwart: *Beginnende Forstwirtschaft, vollständige Umstrukturierung der Landschaft durch den Menschen.*

Tabelle 110.1: *Ende der Würmeiszeit, Späteiszeit und Nacheiszeit in Mitteleuropa. Spalten für Zeitangaben, Pollenzonen I– XII (nach* Overbeck*), Vegetationsperioden, Klimageschichte und Vorgeschichte des Menschen (nach* Straka*, erweitert aus:* Strasburger*).*

Zeit	Pollenzone	Vegetation	Vegetationsperiode	Klima	Vorgeschichte
	XII	Kulturforste	Nachwärmezeit (Subatlantikum)	Nacheiszeit	Geschichtliche Zeit
+1000	XI	Buchen			
0					Eisenzeit
–1000	X	Buchen-Eichen	Späte Wärmezeit (Subboreal)		Bronzezeit
–2000		Eichenmischwald (Eichen, Ulmen, Linden, Eschen)			Späte Jungsteinzeit
–3000	IX				
–4000	VIII		Mittlere Wärmezeit (Atlantikum)		Mittlere Jungsteinzeit
–5000					Frühe Jungsteinzeit
–6000	VII	Hasel	Frühe Wärmezeit (Boreal)		Mittelsteinzeit
–7000	VI	Hasel-Kiefern			
–8000	V	Birken-Kiefern	Vorwärmezeit		
	IV	baumarme Tundren	Jüngere	subarktische Zeit (Späteiszeit)	Jungpaläolithikum (Altsteinzeit)
–9000					
	III	Birken-Kiefern	Mittlere (Alleröd)		
–10 000	II	baumarme Tundren	Ältere		
–11 000					
	I	baumlose Tundren	Späte arktische Zeit (Hocheiszeit)		
–12 000					
		↓	↓		↓

zeit war ganz Mitteleuropa vollkommen waldfrei. Vor etwa zwölftausend Jahren begann dann allmählich die Wiederbewaldung. Seit dieser Zeit konnten sich höchstens hundert bis zweihundert Baumgenerationen entwickeln. Zieht man noch in Betracht, daß diese Wiederbesiedelung durch Klimaschwankungen erheblichen Ausmaßes modifiziert und auch behindert wurde, so kann man sagen, daß unsere Waldgesellschaften vermutlich erst ein Zwischenstadium eines in seiner letzten Konsequenz viel differenzierteren und artenreicheren Ökosystems sein dürften. Hätten unsere Wälder noch einige zigtausend Jahre mehr Zeit für ihre Entwicklung gehabt, so würden sie vermutlich – was Differenziertheit und Artenzusammensetzung anbelangt – den Wäldern Nordamerikas und Ostasiens immer ähnlicher geworden sein. Dort konnte die Wiederbesiedelung nach der Eiszeit rascher und vollständiger erfolgen, da die entsprechenden Waldgesellschaften in den nordsüdlich streichenden Gebirgen einfach nach Süden ausgewichen waren und nun mit dem sich verbessernden Klima wieder nach Norden vordringen konnten. Das Ökosystem selbst war in seiner Substanz nicht zerstört.

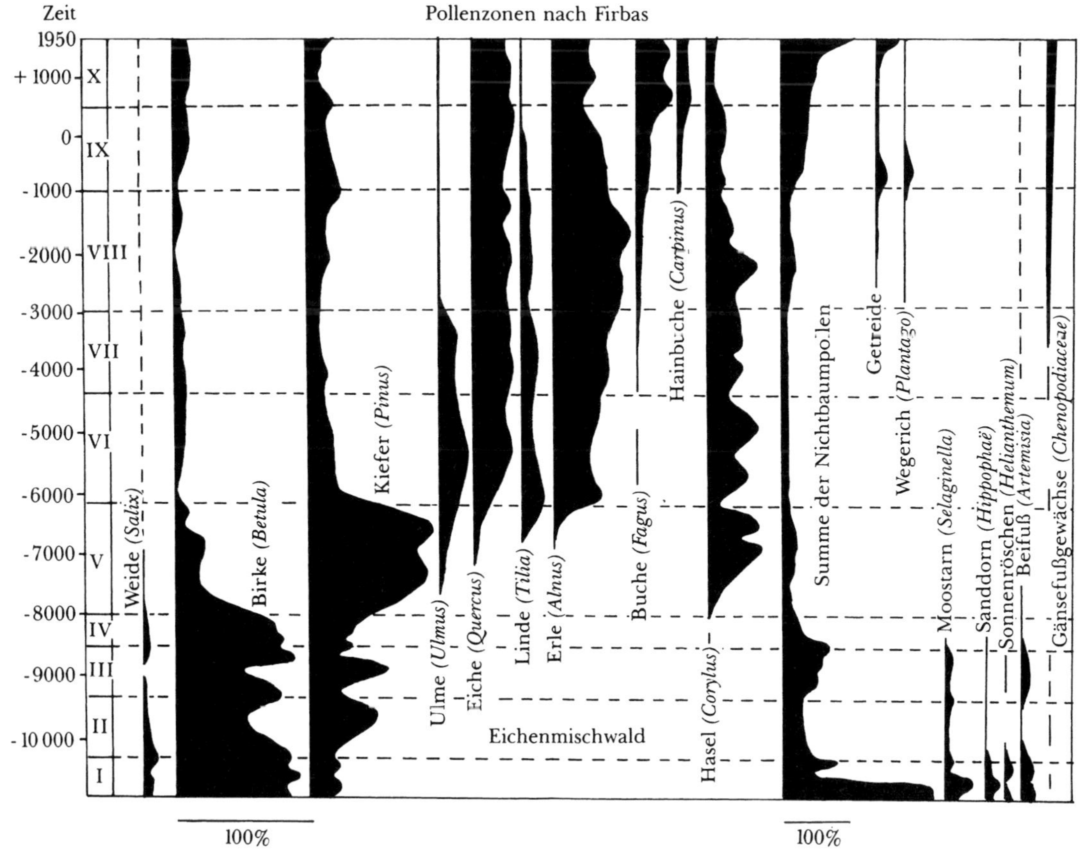

Abbildung 111.1: *Schematisiertes Pollendiagramm für Ostholstein.*
links: *Baumpollen*
rechts: *Nichtbaumpollen und Sporen (nach* FUKAREK*, u. a.: Pflanzenwelt der Erde, Aulis Verlag, Köln 1980)*

1.5 Mitteleuropäische Waldgesellschaften heute

Wichtigster Laubbaum Mitteleuropas ist zweifellos die Rot-Buche. Wie aus der Tabelle (Abb. 112.1) hervorgeht, zeigt diese Baumart hinsichtlich der Ansprüche an Bodenreaktion, Nährstoffgehalt und Feuchtigkeit mittlere Bedürfnisse. Dies gilt auch für eine Reihe anderer Standortfaktoren. Sie ist aber besonders anspruchslos, was den Lichtfaktor anbelangt. Dies gilt insbesondere für Keimpflanzen und Jungpflanzen, die auch noch in relativ dunklem Waldschatten gut gedeihen. Für die Verjüngung und Konkurrenzkraft gegenüber anderen Gehölzarten ist dies ein entscheidender Vorteil. In vielen mitteleuropäischen Waldgesellschaften ist die Buche deshalb vorherrschende Gehölzart. Oft sieht man in solchen Buchenwäldern einjährige Keimlinge anderer Baumarten, etwa des Berg-Ahorns. Doch diese können sich wegen Lichtmangels nicht durchsetzen. Lediglich wenn es zu trocken oder zu feucht wird, wie es auf sehr sandigen Böden der Mark Brandenburg oder des Mainzer Beckens und entlang von Bachläufen und feuchten Niederungen der Fall ist, gibt die Buche den Platz

Waldbäume	Lichtanspruch				Wärmeanspruch				Frostempfindlichkeit				Luftfeuchtigkeit				Bodenansprüche: Bodenfeuchte				Bodenansprüche: Mineralstoffe				Bodenansprüche: Tiefgründigkeit			
	+			−	+			−	+			−	+			−	+			−	+			−	+			−
Wald-Kiefer	●							●				●				●				●				●		●		
Rot-Fichte				●				●			●		●				●						●					●
Europ. Lärche	●							●				●				●		●						●			●	
Weiß-Tanne				●		●			●				●					●				●				●		
Rot-Buche				●		●				●				●				●				●				●		
Stiel-Eiche	●				●				●					●			●					●			●			
Trauben-Eiche	●				●				●						●				●				●			●		
Berg-Ahorn		●						●		●			●					●			●				●			
Winter-Linde		●			●					●																●		
Berg-Ulme		●			●					●			●					●			●				●			
Gem. Esche	●					●			●				●				●				●				●			
Weiß-Birke	●							●				●				●				●				●				●
Hain-Buche				●		●						●		●				●					●			●		
Schwarz-Erle			●				●				●		●				●						●			●		

Abbildung 112.1: *Standortansprüche mitteleuropäischer Waldbäume (nach DYLLA/KRÄTZNER 1989)*

Lauter «Tannen»-bäume

Wilfried Probst

Seit dem 16. Jahrhundert verbreitete sich im christlichen Abendland der Brauch, zum Weihnachtsfest einen Baum aufzustellen und ihn mit Äpfeln und Süßigkeiten zu behängen. Im 17. Jahrhundert breitet sich die Sitte durch Kauf- und Handelsleute in der europäischen Oberschicht aus, aber erst seit dem 19. Jahrhundert hat der Weihnachtsbaum seinen festen Platz in den Wohnzimmern der deutschen Bürgerfamilien. Inzwischen werden Jahr für Jahr zu Weihnachten über 20 Millionen «Tannen»bäume festlich geschmückt. Der beliebteste «Tannen»baum ist und bleibt die Fichte. Der Nachteil dieser Baumart ist, dass sie im warmen Zimmer ihre Nadeln relativ schnell abwirft. So wurde früh nach haltbareren Alternativen gesucht. In den letzten Jahren eroberten immer mehr Nadelbaum-Arten den Rang eines Weihnachtsbaums – nur eine Weihnachts-Lärche wird es nie geben …

Übrigens: Viele Fotos von «Tannen»-zweigen entstanden mithilfe von Scanner und Computer.
Auf diese Weise lassen sich auch andere Pflanzenteile ganz unkompliziert ins Bild setzen!

Rot-Fichte (*Picea abies*)

Typisch sind die relativ kurzen, 1–2 cm langen, steifspitzigen, vierkantigen Nadeln. Sie sind allseits dunkelgrün. An waagerechten Trieben wachsen sie manchmal in Reihen, meist jedoch rund um die Zweige. Die Rinde jüngerer Bäume ist hell rotbraun.

Heimat: ursprüngliche Verbreitung in den Höhenlagen der Mittelgebirge und der Alpen; inzwischen in Mitteleuropa auf etwa 40 % der Waldflächen angepflanzt.

Übrigens: Man kennt weit über 100 Zier- und Zuchtformen der Rot-Fichte. Wegen ihres flachen Wurzelsystems ist sie gegen Windbruch sehr empfindlich.

Stech-Fichte (*Picea pungens*)

Typisch sind die bis 3 cm langen, rund um den Zweig angeordneten steifen Nadeln mit stechender Spitze. Die Äste stehen dicht und waagerecht. Junge Triebe sind zunächst orangebraun, glatt und kahl. Die gelbbraunen Knospen sind stumpf und kaum harzig.

Heimat: die Höhenlagen der nordamerikanischen Rocky Mountains von Wyoming bis New Mexico (1800–3300 m ü. N.N.).

Übrigens: Stech-Fichten gibt es in drei Farbvarianten: Am natürlichen Standort haben sie mattgrüne Nadeln und können bis 40 m hoch wachsen, als Zierformen haben sie silbergraue oder blaugrüne Nadeln. Es gibt auch sehr unterschiedliche Wuchsformen. Die Zwergform «*Glauca Globosa*» wird nur 1,50 m hoch.

Sitka-Fichte (*Picea sitchensis*)

Typisch sind die steifen, auf der Unterseite silbergrauen Nadeln mit scharfen Spitzen. Sie wachsen rund um die Zweige. Die hellbraunen Triebe haben auffällig abstehende Nadelkissen. Bei älteren Bäumen löst sich die Rinde in rotbraunen Schuppen ab.

Heimat: schmaler Küstenstreifen entlang der nordamerikanischen Pazifikküste von Alaska bis Nordkalifornien (bis 1000 m ü.N.N).

Übrigens: Sitkafichten haben sich in West- und Mitteleuropa bei Aufforstungen in Küstennähe gut bewährt. Sie wachsen schnell und erreichen in ihrer Heimat Maximalhöhen von 95 m und Höchstalter von 800 Jahren.

Serbische Fichte (*Picea omorika*)

Typisch ist der kerzengerade, schmale Wuchs. Frei stehende Bäume haben bis zum Boden Äste. Die Nadeln sind relativ weich und stechen nicht (Gegensatz zu anderen Fichten!).

Heimat: Die Art wurde 1872 in abgelegenen Höhenlagen des serbischen Taragebirges (zwischen 700–1000 m) beiderseits der Drina entdeckt. Im Tertiär besiedelte der Baum weite Teile Europas, wurde jedoch während der letzten Kaltzeit auf sein jetziges Areal zurückgedrängt.

Übrigens: Omorica-Fichten sind beliebte Park- und Gartenbäume, die wegen ihres schmalen Wuchses auch in kleinen Gärten Platz finden. Schon junge Bäume bilden – vor allem nahe zum Baumgipfel – zahlreiche kleine dunkelviolette Zapfen.

Weiß-Tanne (*Abies alba*)

Typisch sind die flachen, oft über 3 cm langen, auf der Oberseite glänzend dunkelgrünen Nadeln, die auf der Unterseite zwei weiße Spaltöffnungsstreifen tragen und an der Spitze deutlich gekerbt sind. Die Nadeln sitzen an Lichttrieben rund um den Zweig, an Schattentrieben meist in zwei Zeilen.

Heimat: Europa, nördliche Verbreitungsgrenze: Thüringer Wald, Erzgebirge; südliche Verbreitungsgrenze: Balkan, Süditalien; das Hauptverbreitungsgebiet liegt in den Alpen, den vorgelagerten Mittelgebirgen sowie in Südosteuropa.

Übrigens: Die Weiß-Tanne ist ein wichtiger Forstbaum, allerdings sehr empfindlich gegen Luftschadstoffe wie Schwefeldioxid und Ozon. Deshalb wachsen Weiß-Tannen kaum noch in Industriegebieten.

Nordmann-Tanne (*Abies nordmanniana*)

Typisch ist der gerade Wuchs und die dichte Benadelung, auf der Triebunterseite mehr oder weniger gescheitelt. Die Nadeln weisen teilweise nach vorne und nach unten. Auf der Oberseite sind sie glänzend dunkelgrün, auf der Unterseite haben sie zwei weiße Streifen. Die jüngsten Triebe sind gelblich grün und spärlich kurz behaart.

Heimat: Gebirgsregionen zwischen 900 m und 2000 m des westlichen Kaukasus und der Nordost-Türkei.

Übrigens: Nordmann-Tannen sind wegen ihrer dichten Benadelung als Zierbäume und Weihnachtsbäume beliebt. Sie haben ähnliche Ansprüche wie die Weiß-Tanne, sind aber etwas kälteempfindlicher.

Edel-Tanne (*Abies procera*)

Typisch ist die auffallend dichte Benadelung. Die seitlichen Nadeln sind deutlich länger als die übrigen. Jede Nadel liegt mit ihrem unteren Viertel dem Zweig an und ist dann aufwärts gekrümmt.Die Nadeln sind graugrün; an beiden Seiten zieht sich ein schmalen Streifen mit Spaltöffnungen entlang. Schon sehr junge Bäume bilden bis zu 25 cm lange Zapfen aus.

Heimat: die feuchten Höhenlagen (bis 2000 m) an der nordamerikanischen Pazifikküste; nördliches Kalifornien, Oregon, Washington.

Übrigens: Edel-Tannen werden häufig auf eine robustere Baumart gepfropft, damit sie weniger anfällig gegen Trockenheit sind. Sie werden oft von Triebläusen und Tannenkrebs befallen.

Kolorado-Tanne (*Abies concolor*)

Typisch sind die sehr langen (4–8 cm), biegsamen, beidseitig graugrünen und aufwärts gebogenen Nadeln. Aus der Ferne könnte man den Baum der langen Nadeln wegen für eine Kiefer halten. Die Knospen sind klein, kugelig und sehr harzhaltig. Die 8–14 cm langen Zapfen sind zunächst grünlich bis violett und werden bei der Samenreife braun. Deckschuppen sind von außen nicht zu sehen.

Heimat: die höheren Gebirgslagen (2000–3600 m ü.N.N.) der südlichen Rocky Mountains, vor allem in den Staaten Utah, Colorado, Arizona und New Mexico.

Übrigens: Weil Kolorado-Tannen unempfindlich gegen Sommerdürre und Luftverschmutzungen sind, gelten sie als ideale Baumart für innerstädtische Parkanlagen.

Korea-Tanne (*Abies koreana*)

Typisch ist die regelmäßige, breit kegelförmige Gestalt des kleinen Baumes, der sich besonders für die Bepflanzung kleiner Hausgärten und Grabanlagen eignet. Die gelblichen, schwachbehaarten Triebe sind rundum benadelt. Die kurzen (höchstens 2 cm langen), oberseits grünen und unterseits bläulich-weißen Nadeln sind nach oben gebogen. Wenige Nadeln in der Mitte der Zweigoberseite sind sogar nach rückwärts gerichtet. Schon an jungen Bäumen werden zahlreiche, 4–7 cm lange Zapfen gebildet. Zwischen den bläulich-violetten Samenschuppen schauen die gelblichen Zipfel der Deckschuppen hervor.

Heimat: die Gebirge Südkoreas südlich des 37. Breitengrads (n. Br.). Dort werden die Bäume etwa 15 m hoch

Übrigens: Die Korea-Tanne wird zur Weihnachtszeit vor allem als Topfpflanze angeboten.

Douglasie (*Pseudotsuga menziesii*)

Typisch sind die relativ weichen Nadeln, die mit dünnen Stielchen an den Zweigen sitzen. Sie duften beim Zerreiben nach Zitrusfrüchten. Nach Abfallen der Nadeln bleiben rundliche, etwas vorstehende Blattnarben zurück.

Heimat: das nordwestliche Nordamerika; in küstennahen, nebelreichen Urwäldern (Washington, British Columbia) erreicht die Douglasie Höhen von bis zu 100 m und Stammdurchmesser von 5 m. Seit mehr als 100 Jahren wird sie auch in Mitteleuropa forstlich genutzt. Die blaugrüne Form «glauca» wächst in küstenferneren Wäldern.

Übrigens: Das Holz der Douglasie wird unter der Bezeichnung «Oregon Pine» gehandelt. Die Zapfen der Douglasie haben auffallend lange, zungenförmige Deckschuppen.

Kanadische Hemlocktanne (*Tsuga canadensis*)

Typisch für den tannenähnlichen Baum sind überhängende Gipfeltriebe und ein breitausladender Wuchs. Die dunkelgrünen Nadeln tragen auf der Unterseite zwei breite weiße Streifen mit einem deutlichen grünen Rand. Die nur 2 cm langen Zapfen sehen wie kleine Fichtenzapfen aus. Sie bleiben nach dem Ausstreuen der Samen noch am Zweig.

Heimat: der feuchtkühle bis gemäßigte Nordosten Nordamerikas von Neuschottland bis Georgia; dort können Hemlocktannen 50 m hoch werden und Stammdurchmesser von über 2 m erreichen.

Übrigens: Hemlocktannen werden in Mitteleuropa seit mehr als 200 Jahren vor allem in Parks und Gärten, selten als Forstbaum, angepflanzt. Von *Tsuga canadensis* gibt es mehrere Zierformen, z.B. «Pendula» mit breit abstehenden Hängeästen.

Buchenkeimling.
Joch sitzen die Reste der Fruchtwand
auf der jungen Pflanze;
Hypokotyl hat sich schon aufgerichtet.

Die monumentale Gostalt einer etwa 100jährigen Buche

Das leuchtende Gelb des blühenden Rapsfeldes bildet einen herrlichen Kontrast gegen die Farben der umgebenden Landschaft.

Wildkohl (Brassica oleracea) – die »Stammutter« unserer heutigen Kohlsorten

Rübsen (Brassica rapa ssp. oleifera)

Der Raps (Brassica napus ssp. oleifera) ist durch Allopolyploidie aus Kohl und Rübsen entstanden.

Getreideernte in der Türkei (Taurus Gebirge) 1990

Querschnitt durch den Stengel der Großen Brennessel (Urtica dioica).
Die Bastfasern mit verdickten Zellwänden (blau angefärbt) liegen in der Rinde.

Fliegenpilz (Amanita muscaria). Fruchtkörper in verschiedenen Entwicklungsstadien.

Der Englische oder Langblättrige Sonnentau (Drosera anglica) ist eine unserer grazilen einheimischen Sonnentauarten. Im Gegensatz zum Rundblättrigen Sonnentau ist er sehr selten.

Gefangen! Für die Stubenfliege gibt es kein entrinnen mehr aus der Umklammerung der Venus-Fliegenfalle (Dionaea muscipula).

Mit zu Fallgruben umgebildeten Blättern lockt der tropische Epiphyt Nepenthes (Kannenpflanze) Insekten an.

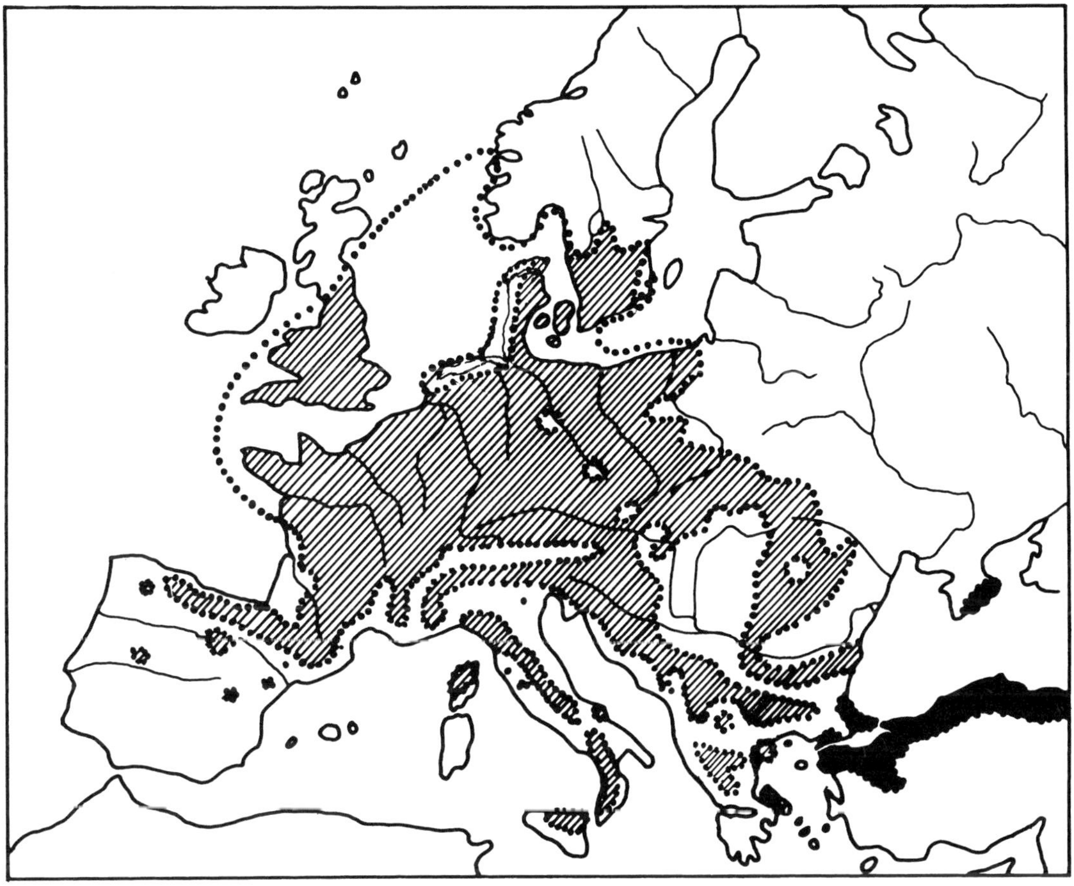

Abbildung 121.1: *Heutige natürliche Verbreitung der Rot-Buche (schraffiert) und der Orient-Buche (schwarz) (Moesische Buche NO-Griechenlands nicht gesondert dargestellt)*

frei für andere Gehölzarten, zum Beispiel für Kiefern und Eichen auf Sandböden oder Erlen und Eschen auf staunassen, teilweise überfluteten Böden. Auch sehr flachgründige Böden über Kalkstein werden bevorzugt von Eichen oder Kiefern besiedelt. Schließlich können auch kalte und harte Winter für die Buchen ein Problem werden. So können in Mittel- und Hochgebirgslagen, aber auch im kontinentaleren Osteuropa, Fichten über die Buchen dominieren.

Die verschiedenen Buchenwälder und Buche-Eichen-Wälder unterscheiden sich in der Zusammensetzung der Gehölze weniger als in der Zusammensetzung der Krautschicht, die sehr stark von Feuchtigkeit, Bodenreaktion und Nährstoffangebot abhängt. Das Spektrum geht vom sauren, basenarmen oder fast basenfreien Eichen-Buchen-Wald bis zum orchideenreichen Kalk-Buchen-Wald (Abb. 122.1 und 124.1).

Abbildung 122.1: *Kalkbuchenwald (Frühlings-Platterbsen-Buchenwald) auf mineralstoff- und basenreichem Boden mit folgenden Arten:*

A. Natürliche Baumarten:
1 Buche, Fagus sylvatica
Kirsche, Prunus avium (nicht abgebildet)
Esche, Fraxinus excelsior (nicht abgebildet)
Sträucher:
2 Seidelbast, Daphne mezereum

B. Kennarten der Assoziation Lathyro-Fagetum und des Unterverbandes Cephalanthero-Fagion in der Krautschicht:
3 Frühlings-Platterbse, Lathyrus vernus
4 Leberblümchen, Hepatica nobilis (= triloba)
– Türkenbund, Lilium martagon
5 Gelbe Anemone, Anemone ranunculoides (Windröschen)
6 Akelei, Aquilegia vulgaris

C. Unterscheidungsarten der Waldgersten-Subassoziation gegen die Bärlauch-Subassoziation:
7 Waldgerste, Elymus europaeus
8 Einblütiges Perlgras, Melica uniflora
9 Hain-Rispengras, Poa nemoralis

D. Anspruchsvollere Buchenwald-(Fagionverbands-)Kennarten
10 Einbeere, Paris quadrifolia
11 Nesselblättrige Glockenblume, Campanula trachelium

E. Anspruchsvollere Buchenwald-(Fagetalia-Ordnungs-)-Kennarten;
E1 eine gewisse Bodenfrische bevorzugend
– Goldnessel, Lamium galeobdolon
12 Wald-Segge, Carex sylvatica
13 Wald-Zwenke, Brachypodium sylvaticum
14 Scharbockskraut, Feigwurz Ficaria verna (= Ranunculus ficaria)
15 Aronstab, Arum maculatum
16 Hohe Schlüsselblume, Primula elatior
17 Kriechender Günsel, Ajuga reptans
18 Knotige Braunwurz, Scrophularia nodosa

E2 auf betont frischen Lokalstandorten:
19 Riesen-Schwingel, Festuca gigantea
20 Großes Hexenkraut, Circaea lutetinana
21 Mittleres Hexenkraut, Circaea intermedia
22 Rasenschmiele, Deschampsia caespitosa (taufrisch/feucht)
23 Winkel-Segge, Carex remota

F. Weniger anspruchsvolle Ordnungs-Klassen-charakterarten:
24 Flatterhirse, Milium effusum (frisch)
25 Wald-Veilchen, Viola sylvatica
26 Busch-Windröschen, Anemone nemorosa
27 Wald-Habichtskraut, Hieracium sylvatica (– H. murorum)

(aus HARTMANN *1974)*

1.6 Die Bedeutung der Buche für den Menschen

Die weite Verbreitung und das häufige Auftreten der Buche hat einen großen Einfluß auf die Namensgebung von Ortschaften und Landschaften gehabt. In großer Zahl gibt es Ortsbezeichnungen wie »Buch«, »Bucha«, »Buchau«, »Buchbach«, »Buchberg«, »Buchgrund«, »Buchdorf«, »Buchen«, »Buchenau«, »Buchholz«, »Buchwald«, »Buchfeld«, »Buchloh«, »Buchschlag«, »Bukau«, »Büchen«, »Büchenbrunn«, »Schönbuch«, »Weidenbuch« usw.

Das zerstreutporige Buchenholz ist weißlich grau bis rötlich gelb, zäh und wenig elastisch aber trotzdem tragfähig und ziemlich schwer (bis zu 800 kg/m^3). Es schwindet verhältnismäßig stark, ist aber druckfest und unter Wasser sehr dauerhaft. Durch Dämpfen erhält es seine bekannte rötliche Färbung. Die Markstrahlen sind sehr breit und gut abgegrenzt und für die Erkennung von Buchenholzmöbeln und -gegenständen entscheidend. Buchenholz läßt sich sehr gut be arbeiten, drehen, dämpfen, beizen und polieren. Es wird in der Möbel- und Bauschreinerei für die Herstellung von Stühlen, Tischen, Furnieren, Leisten, Kanten, Küchengeräten, Spielwaren, Treppen, Werkbänken und Kisten verwendet, aber auch zu Schälfurnieren, Sperrholzplatten und Preßholz verarbeitet. Sein hoher Heizwert macht es zu einem beliebten Kamin- und Brennholz. Schließlich wurde es in den letzten Jahren vermehrt zur Gewinnung von Zellulose und zur Kunstfaserherstellung herangezogen.

Die Bucheckern, 20 bis 25 mm lange, zu zweit in den Bechern liegende dreikantige Früchte, enthalten jeweils einen sehr ölreichen Samen. Die Bucheckern fallen erst ziemlich spät im Jahr – bis in den November

Abbildung 124.1: *Eichen-Buchenwald (Hainsimsen-Eichen-Buchenwald) auf saurem Sandboden mit folgenden Arten:*

Natürliche Baumarten:
1 Trauben-Eiche, Quercus petraea K1
2 Buche, Fagus sylvatica
3 Hainbuche, Carpinus betulus
4 Hänge- oder Sand-Birke, Betula pendula
Strauchschicht:
gelegentlich Wald-Geißblatt, Lonicera perclymenum; Faulbaum, Frangula alnus; Eberesche, Sorbus aucuparia; außerdem Himbeere, Rubus idaeus und Brombeer-Arten, Rubus ssp.

Krautschicht:
Charakterarten des Luzulo-Querco-Fagetum und Luzulo-Fagion-Unterverband sowie ± azidophile Diff.arten der Assoziation:
5 Hainsimse, Luzula luzuloides (syn. albica, nemorosa)
6 Wiesen-Wachtelweizen, Melampyrum pratense
7 Sternmoos, Mnium hornum
8 Wald-Bürstenmoos, Polytrichum formosum (syn. P. attenuatum)
9 Goldrute, Solidago virgaurea
10 Dreizähniges Habichtskraut, Hieracium laevigatum

Azidophile Begleiter
11 Weißmoos, Leucobryum glaucum (besonders nach Streunutzung)
12 Rotes Straußgras, Agrostis tenuis (syn. A. vulgaris)
13 Drahtschmiele, Avenuella flexuosa
14 Heidelbeere, Vaccinium myrtillus
15 Weiches Honiggras, Holcus mollis
16 Adlerfarn, Pteridium aquilinum
17 Dornfarn, Dryopteris dilatata
(aus HARTMANN 1974)

– aus den Bechern und werden dann von Eichhörnchen, Mäusen oder Eichelhähern gerne gefressen. Die genannten Tiere legen auch Vorratslager mit Bucheckern an, die sie zum Teil nicht wiederfinden oder im Frühjahr nicht mehr benötigen. So tragen sie zur Verbreitung bei. Nach dem Zweiten Weltkrieg dienten Bucheckern wegen ihres hohen Ölgehaltes auch zur Herstellung von Speiseöl. Das Sammeln auf dem herbstlich kühlfeuchten Waldboden hat vielen Menschen rheumatische Erkrankungen und Nierenleiden eingebracht.

Im Volksglauben spielt die Buche im Vergleich zur Eiche nur eine untergeordnete Rolle. Eine Bauernregel besagt, daß viele Bucheckern im Herbst einen strengen und harten Winter oder ein Mäusejahr bedeuten. Nach dem Volksglauben werden Buchen nur selten vom Blitz getroffen, daher der Spruch: *»Buchen sollst Du suchen, Eichen sollst Du weichen«*. Auch die Bezeichnung »Buch« geht auf die Baumart zurück: Beschriftete Buchenholztafeln, welche zusammengeheftet wurden, waren die ersten Vorgänger unserer heutigen Bücher.

2 Hinweise für den Unterricht

2.1 Mögliche Ziele und Inhalte

(1) Samenkeimung und Aufbau eines Buchenkeimlings
(2) Vom Keimling zum Baum – Wachstum eines Baumes
(3) Sekundäres Dickenwachstum und Borkenbildung
(4) Kätzchenblüher – Windblüher
(5) Buchenwälder und andere Waldgesellschaften

2.2 Material und Geräte

- Keimlinge von Buchenpflanzen (frisch oder Herbarmaterial)
- Baumscheiben oder frisch abgesägte Buchenstümpfe
- 30 bis 40 Glaskopfstecknadeln auf einem Korken oder Styroporstückchen
- etwa 20 Papierfähnchen
- Sandpapier mittel
- Meterstab oder Maßband
- etwa 200 g Ton pro Teilnehmer
- einige Kilogramm Gips
- 1 bis 2 Eimer mit Wasser
- Handtücher

2.3 Unterrichtsschritte

(1) Der Buchenkeimling

Ein schwach gepreßter Buchenkeimling wird mit dem Overheadprojektor vorgeführt. Normalerweise werden nur wenige Schüler die Buche erkennen. Anschließend können Buchenkeimlinge, an denen noch die Bucheckern hängen, ausgeteilt werden, und die Aufgabe wird gestellt, diese Keimpflanzen zu zeichnen (vgl. Abb. 101.1). Dabei können Grundbegriffe wie »Wurzel«, »Sproßachse«, »Keimblätter«, »Primärblätter«, »Epikotyl«, »Hypokotyl« und »Samenschale« wiederholt werden. Auf die besondere, von den übrigen Laubblättern stark abweichende Gestalt der Keimblätter soll besonders eingegangen werden. Gleichzeitig kann die Bedeutung der Keimblätter als Speicherorgan an noch nicht gekeimten Samen deutlich gemacht werden. Man kann auf andere Pflanzen, bei denen

a) Zählen und markieren der Jahresringe

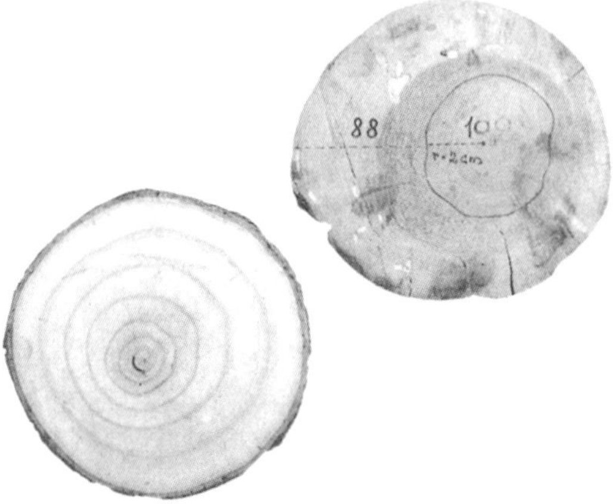

b) Unterschiedliche Wachstumsgeschwindigkeit von Gehölzen: links Japan-Lärche 7 Jahre, rechts Moor-Kiefer (Spirke) 100 Jahre

c) Stumpf mit Jahresdaten

Abbildung 126.1: *Altersbestimmung an einem Baumstumpf.*

ebenfalls die Keimblätter die Nährstoffspeicherung im Samen übernehmen, hinweisen (Erbse, Bohne).

(2) **Vom Keimling zum Baum – Wachstum eines Baumes**

Wenn man den kleinen Buchenkeimling neben die Baumscheibe einer 50 bis 80 Jahre alten Buche hält, kann man zunächst keine Gemeinsamkeiten feststellen. Durch das Wachstum verändert sich die Pflanze vollständig. Zwei verschiedene Wachstumsprozesse sollten herausgearbeitet werden:

- Streckungswachstum
- sekundäres Dickenwachstum

Das **Streckungswachstum** der Pflanzen – dies wurde schon beim Brutblatt besprochen – ist auf die Sproß- und Wurzelspitzen beschränkt. Praktisch kann dies zum Beispiel mit der Frage eingeleitet werden, wo sich ein in die Baumrinde geschnittenes Herz in zehn Jahren befinden wird (vgl. hierzu auch Cartoon von PLAUEN, Abb. 105.1).

Besonders wichtig für das Wachstum von Bäumen ist jedoch das **sekundäre Dickenwachstum.** Eine anschauliche Behandlung dieses Unterrichtsabschnittes im Freien bietet sich an. In einem Buchenwald mit frisch geschlagenen Bäumen können die Teilnehmer zunächst schätzen, wie alt die verschiedenen Bäume sind. Es ist klar, daß die Dicke des Stammes als relatives Maß für das Alter dient. Nun wird erklärt, daß Bäume jedes Jahr etwas dicker werden, indem sie unter der Rinde im Frühjahr und Frühsommer weiches, helles Holz, im Spätsommer und Herbst hartes, dunkles Holz bilden. So wachsen jedes Jahr deutlich abgesetzte Jahresringe, die man an einem abgesägten Baumstamm oder Ast sehen kann.

Für eine Altersbestimmung erhalten jeweils zwei oder drei Teilnehmer Sandpapier, Stecknadeln mit Papierfähnchen und einen Bleistift. Sie sollen nun an einem ausgewählten Baumstumpf oder Stammstück eine Altersbestimmung vornehmen. Hierzu sollen von jeder Gruppe die Jahresringe ihres Baumes gezählt und mit den Stecknadeln im Fünf- oder Zehnjahresabstand markiert werden. Markante Daten, zum Beispiel der eigene Geburtstag oder ein anderes wichtiges Ereignis, können auf die Fähnchen geschrieben und an die richtige Stelle in den Baum eingesteckt werden (Abb. 126.1).

Nach dem Auszählen und Markieren treffen sich alle Teilnehmer und schauen sich die Ergebnisse der einzelnen Gruppen an. Im Gespräch können folgende Fragen angeschnitten werden:

– Sind alle Stämme gleich schnell gewachsen?
– An welchen Stellen sind die Jahresringe besonders eng, wo sind sie besonders weit?
– Kann man feststellen, daß bestimmte Jahre durchgehend dünnere, andere durchgehend dickere Ringe hervorgebracht haben?

Die Teilnehmer können in ihren Arbeitsgruppen versuchen, die Lebensgeschichte ihres Baumes aus der Abfolge der Jahresringe zu entwickeln, zum Beispiel: »Meine ersten 20 Jahre ging es mir sehr gut. Schließlich wurde mir der Platz zu eng und ich konnte nicht mehr so richtig wachsen. Dann wurde neben mir ein großer Baum gefällt, so daß ich plötzlich wieder viel mehr Licht und Wasser zum Wachsen hatte und schneller größer wurde. In einem sehr trockenen Sommer allerdings konnte ich nur einen ganz kleinen Zuwachs erreichen, usw. . . .«.

(3) Sekundäres Dickenwachstum und Borkenbildung

Besonders charakteristisch für das sekundäre Dickenwachstum ist die Notwendigkeit der Bildung neuer Abschlußgewebe. Die Borkenbildung läuft bei verschiedenen Baumarten recht unterschiedlich ab und führt zu einem sehr prägnanten und artspezifischen Merkmal: Die Borke kann zum Beispiel glatt, längsrissig, ringelig, fleckig oder plattig sein. Buchen haben bis ins hohe Alter eine relativ glatte Borke. Charakteristische Muster und Spuren sind aber dennoch gut zu erkennen. Verletzungen, abgebrochene Äste, Blitzschlag und ähnliches lassen sich an der Borke wiederfinden. So unterscheiden sich auch die zunächst sehr gleichförmig aussehenden Stämme eines Buchenhochwaldes deutlich voneinander. Dies wird besonders klar bei einem Tastspiel im Gelände. Ein solches Spiel kann in Partnerarbeit ausgeführt werden. Ein Partner wird mit verbundenen Augen zu

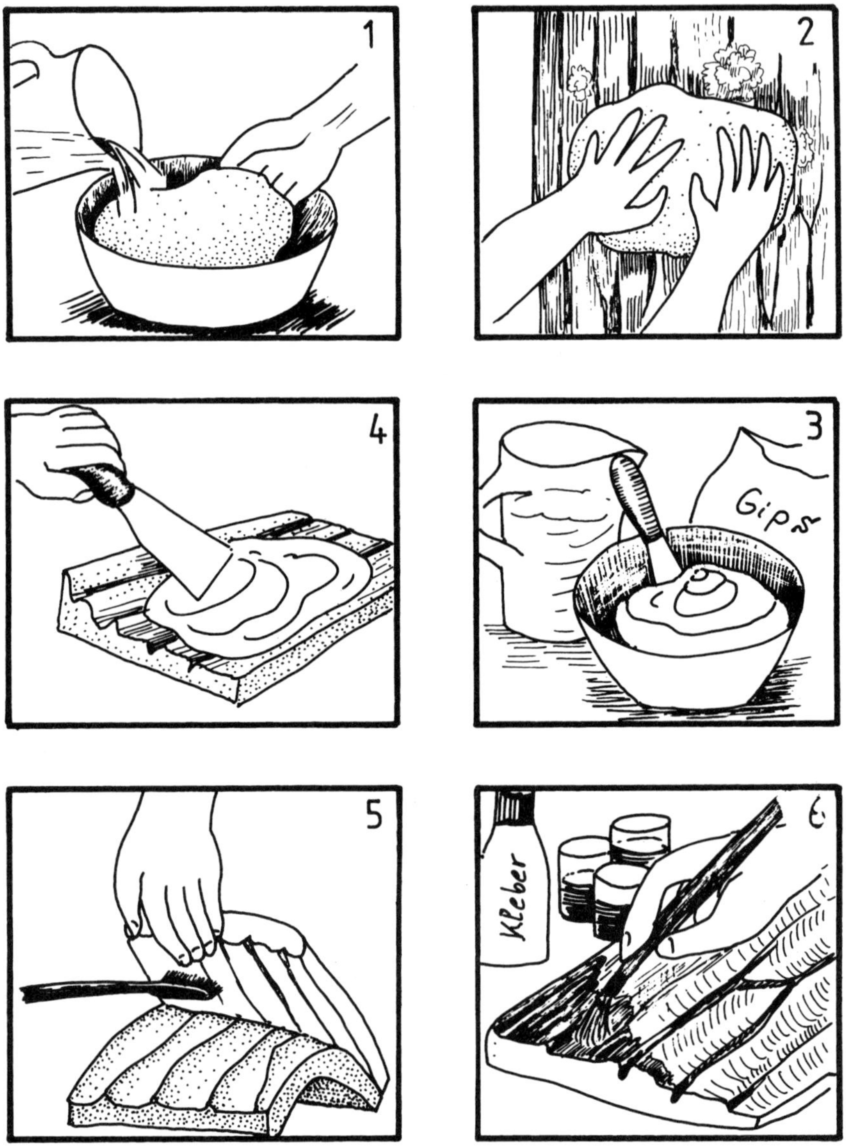

Abbildung 128.1: *Wie man aus Ton und Gips einen Rindenabguß herstellt.*
Zunächst wird der Ton geknetet und eventuell – falls er zu trocken ist – mit Wasser vermischt und auf Zeitungen nachgetrocknet. Wenn er die richtige Konsistenz hat (er darf nicht mehr an den Händen haften), kann er für den Abdruck verwendet werden. Er wird kräftig gegen die Borke gedrückt und dann vorsichtig abgenommen. Anhaftende Borkenteilchen und Aufwuchs wie Flechten und Moose können ruhig auf dem Abdruck belassen werden. Sie haften später am Gips.
Für den Gipsabdruck eignet sich am besten ein schnell härtender feiner Gips (Alabastergips, Modelliergips). Sobald er ausgehärtet ist – etwa nach 20 bis 30 Minuten – kann der Gips vom Ton gelöst werden.
Tonreste lassen sich mit einer alten Zahnbürste beseitigen.
Schließlich kann das Gipsmodell nach dem natürlichen Vorbild coloriert werden, wozu sich Tusch- oder Plakafarben gut eignen. Eventuelle Epiphyten können aufgeklebt werden.

c

a

b

a) *»Blindenführung« zum Baum*
b) *Ertasten der Stammoberfläche*
c), d) *Anfertigen eines Tonabdrucks der Borke*
e) *Ausgießen mit Gips*
f) *Bemalen des Gipsabgusses*
g) *Abgüsse von Buchenstammborke*

e

f

g

d

Abbildung 129.1: *Die Borke von Bäumen*

einem Stamm geführt, den er genau abtastet. Anschließend wird er wieder zum Ausgangspunkt zurückgeführt. Von dort aus muß er – nun mit offenen Augen – seinen Baum wiederfinden (Abb. 129.1). Anschließend tauschen Führer und Geführter die Rollen.

Die besondere Form der Borke kann in Gips abgegossen werden. So lassen sich Spuren von Verletzungen oder Astnarben festhalten, aber auch die charakteristischen Risse und Strukturen einer Borkenart sind so gut konservierbar. Man macht dazu mit Ton einen Abdruck. Dieses Negativ wird mit Gips ausgegossen. Noch bevor der Ton austrocknet, löst man den erhärteten Gips aus der Tonform. Dieses Gips-Positiv der Borke kann nach der Natur bemalt und eventuell mit Epiphyten beklebt werden (Abb. 128.1, 129.1).

(4) **Kätzchenblüher – Windblüher**

Buchen, Eichen, Hainbuchen, Birken, Hasel und Erlen sind Kätzchenblüher, die ihren Pollen mit dem Wind verbreiten. Alle diese Arten eignen sich, um die charakteristischen Merkmale von kätzchenblütigen Windblühern zu erarbeiten. Es ist auch möglich, mehrere Arten miteinander zu vergleichen und die Gemeinsamkeiten herauszustellen. Kein Problem ist das zum Beispiel für Erlen und Hasel (eventuell auch noch Zitter-Pappeln) sowie für Eichen und Buchen, da sie jeweils etwa zur gleichen Zeit blühen. Man kann die Zweige vor der Blüte schneiden und im warmen Zimmer vortreiben. So läßt sich der gemeinsame Aufblühtermin recht gut festlegen.

(5) **Buchenwälder und andere Waldgesellschaften**

Die Zusammensetzung unserer Wälder ist im Vergleich zu denen anderer Regionen der Erde relativ einheitlich. Buchen spielen dabei eine ganz vorherrschende Rolle. Auch dies läßt sich am besten im Gelände demonstrieren, etwa indem man die Gehölzarten eines Waldstückes feststellt. Eine einfache Möglichkeit, mit der man gleichzeitig eine grundlegende statistisch-ökologische Methode vorstellen kann, ist der Transekt. Mit Hilfe von langen Wäscheleinen lassen sich Linienzüge von Baum zu Baum legen, und wenn man den zwei bis vier Arbeitsgruppen die Aufgabe gibt, von jedem mit dem Seil berührten Baum ein Blatt als Probe mitzunehmen, so kann man aus der Anzahl der Blätter auf die Zusammensetzung der Waldgesellschaft schließen. Die Blätter können auf einer Anschlagtafel so angeordnet werden, daß ein »Säulendiagramm« entsteht (Abb. 130.1). Diese Methode läßt sich sehr gut auf einer Exkursion oder während eines Geländepraktikums durchführen. Es ist sinnvoll, dabei mindestens zwei verschiedene Standorte zu berücksichtigen, die sich in ihrer Artenzusammensetzung deutlich unterscheiden – etwa eine feuchte Niederung mit Erlen und

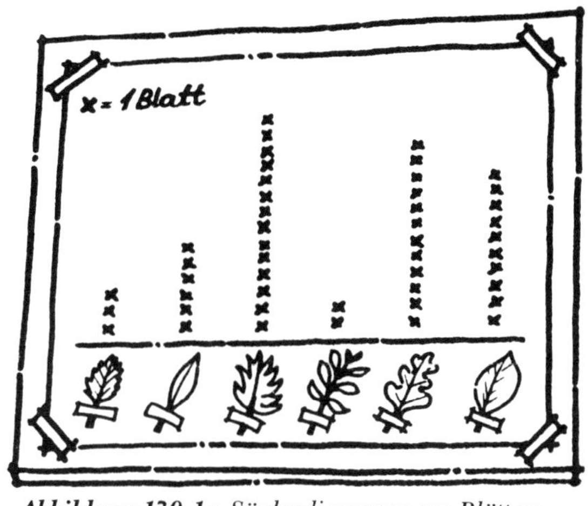

Abbildung 130.1: *Säulendiagramm aus Blättern, die mit der Transektmethode in einem Waldstück gesammelt wurden (aus Kuhn/Probst/Schilke 1986)*

Eschen und einen Hangwald, in dem Buchen vorherrschen. Ausgehend von den Ergebnissen kann man dann auf die besonderen Eigenarten der Buche und ihrer damit begründbaren großen Verbreitung in Mitteleuropa zu sprechen kommen (vgl. z. B. Abb. 112.1 und 120.1).

3 Literatur

BRAMWELL, M. (Hrsg): Das große Buch vom Holz. Schuler, München 1977

BRAUNS, A.: Taschenbuch der Waldinsekten. Band I: Systematik und Ökologie. Band 2: Ökologische Freilanddifferenzialdiagnose. Bildteil. G. Fischer, Stuttgart/New York, 4. Auflage 1990

DYLLA, K.,KRÄTZNER, G.: Das biologische Gleichgewicht in der Lebensgemeinschaft Wald. Quelle & Meyer, Wiesbaden, 4. Auflage 1989

ELLENBERC, H.: Vegetation Mitteleuropas mit den Alpen. Ulmer, Stuttgart, 5. Auflage 1996

FUKAREK, F., HEMPEL, W., HÜBEL, H.: Pflanzenwelt der Erde. Aulis, Köln 1980

GANZ, M.: Entwicklung von Baumartenzusammensetzung und Struktur der Wälder vom Schwarzwald bis auf die Schwäbische Alb : mit besonderer Berücksichtigung der Buche. Diss. der Uni Freiburg, 2004

HALLER,B.,PROBST, W: Exkursionen im Sommerhalbjahr. G. Fischer, Stuttgart/New York, 2. Auflage 1989

HARTMANN, F. R.: Mitteleuropäische Wälder. G. Fischer, Stuttgart 1974

HOFMEISTER, H.: Lebensraum Wald. Parey, Hamburg/ Berlin, 3. Auflage 1990

KUHN, K., PROBST, W., SCHILKE, K.: Biologie im Freien. Metzler, Stuttgart 1986

LÜTTKE-TWENHÖVEN, F. (Hrsg.): Buche oder Eiche? Unterricht Biologie 253, 24. Jg., 2000

MEYER, H.: Europäische Wälder. Ein Überblick und Führer durch die gefährdeten Naturwälder. G. Fischer (UTB 1386), Stuttgart/New York 1986

Schutzgemeinschaft Deutscher Wald: Baumfaltblatt Nr. 1: Die Buche.

STERN, H. u. a. (Hrsg.): Rettet den Wald. Kindler, München 1979

STRASBURGER, E.(Ersthrsg.): Lehrbuch der Botanik für Hochschulen. Spektrum, Heidelberg/Berlin, 35. Auflage 2002

TÜXEN, R.: Unser Buchenwald im Jahreslauf. Beih. Veröff. Naturschutz Landschaftspflege, Bad.-Württ. 47: 1-128. Karlsruhe 1986

VELDMANN, G., VOGT, H.: Die Krankheiten und Schädlinge der Rot-Buche (Fagus sylvatica L.). Universitätsbibl., Jena 1985

WALTER, H., STRAKA, H.: Arealkunde. Floristisch-historische Geobotanik. Ulmer, Stuttgart, 2. Auflage 1970

Raps

Brassica napus L.
Familie *Brassicaceae*

Blütezeit: Jan. Febr. März April **Mai** Juni Juli Aug. Sept. Okt. Nov. Dez.

Mai an der Flensburger Förde: Weit dehnen sich die blühenden Rapsfelder, deren leuchtendes Gelb herrlich kontrastiert gegen die abgestuften Blau- und Grüntöne von Himmel, Meer, Feldern, Weiden und Wäldern der hügeligen Jungmoränenlandschaft. Der Raps aus der alten Kulturpflanzenfamilie der Kreuzblütler hat in den letzten Jahrzehnten ständig an Bedeutung gewonnen. Dies begann mit der Züchtung von 00-Sorten, durch die er auch für die Nahrungsmittelherstellung nutzbar wurde und setzt sich fort mit der steigenden Bedeutung von „Biodiesel", das vornehmlich aus Rapssaaat gewonnen wird. So schön die großen gelben Blütenmeere in der Maienlandschaft sind - die ausgedehnten Raps-Monokulturen haben für die Landschaftsökologie nicht nur positive Seiten. Einmal werden die empfindlichen Rapspflanzen von einer Vielzahl von Schädlingen bedroht, die sich nur mit einem hohen Einsatz an chemischem Pflanzenschutz eindämmen lassen. Zum anderen benötigt Raps hohe Düngergaben, die nicht nur die Rapspflanzen sondern auch der Umgebung beeinflussen.

Rapsfeld

1 Raps, Rübsen, Rübsamen – eine traditionsreiche Ölsaat

1.1 Die Kreuzblütler (Kohlgewächse)

Betrachtet man solch ein gelbes Blütenmeer eines Rapsfeldes näher, so erkennt man blaugrüne Pflanzen mit kohlartigen Blättern, die an der Basis oft fiederspaltig, höher am Stengel schmaler und fast ganzrandig die Stengelbasis mit breitem Grund umfassen.

Die leuchtend gelben, im Durchmesser fast zwei cm großen Blüten lassen den typischen Bau der Kreuzblüte erkennen: Beherrschend sind die vier kreuzförmig gestellten großen Kronblätter, die in Platte und Nagel gegliedert sind. Mit dem schmalen Nagel sitzen sie am Blütenboden fest. Etwa nach einem Drittel der Gesamtlänge knicken sie zu der stark verbreiterten Platte um. Die vier in der Waagerechten liegenden Platten lassen die Blütenkrone tellerförmig erscheinen. Die schmalen, etwas abstehenden Kelchblätter, ebenfalls vier an der Zahl, fallen weniger auf. Beim genaueren Hinsehen erkennt man sechs Staubblätter, von denen vier etwas enger am Griffel stehen. Die typische Blütenformel lautet also:

✣ K4 C4 A2+4 G($\underline{2}$)

Diese Blütenformel ist für die gesamte Familie der Kohlgewächse oder Kreuzblütler – wie man sie nach der Stellung der Blütenteile auch nennt – fast durchgehend verwirklicht. Es gibt nur ganz wenige unbedeutende Abweichungen. Deshalb kann man einen blühenden Kreuzblütler leicht der Familie zuordnen. Viel schwerer ist schon seine weitere Bestimmung. Eine Hilfe sind dabei die Früchte, die sogenannten Schoten, Streufrüchte vom Kapseltyp, die sich aus zwei Fruchtblättern bilden. Die zwei Fruchtblätter sind mit ihren Rändern verwachsen, an denen die meist zahlreichen Samenanlagen gebildet werden. Zwischen den beiden Fruchtblättern hat sich jedoch eine »falsche«, da nicht aus den eigentlichen Fruchtblättern bestehende Trennwand gebildet. Bei manchen Kreuzblütlern fallen nach der Samenreife die beiden Fruchtblattklappen ab, die falsche Scheidewand bleibt als weißes Häutchen noch lange erhalten. Besonders auffällig ist dies beim sogenannten Silberblatt oder Mondblatt, dessen Fruchtstände oft dekorative Beigabe von Trockengestecken sind *(Lunaria annua, Lunaria rediviva)*.

Viele bedeutende Kulturpflanzen gehören zur Familie der Kreuzblütler, auch solche, die als besonders charakteristisch für die Deutschen gelten, bezeichnen uns unsere Nachbarn doch teilweise als »Krauts«. Das ist zwar nicht unbedingt als Schmeichelei gedacht, es weist aber doch auf ein vielerorts in Mitteleuropa sehr beliebtes Gericht hin, das Sauerkraut. Es wird unter Mithilfe von Milchsäurebakterien aus einem Kohlkopf – *Brassica oleracea ssp. capitata* hergestellt. *Brassica oleracea* ist eng verwandt mit dem Raps *(Brassica napus)*, und er war als Kulturpflanzenart – wenn auch nicht als Kohlkopf – schon bei den Römern in verschiedenen Sorten bekannt.

Zur Herstellung des Sauerkrauts wird der Kohlkopf mit Hilfe eines Krauthobels fein geschnitten. Die geschnittenen Blätter werden dann dicht gepackt und so unter Sauerstoffabschluß einer Milchsäuregärung unterzogen. Früher stampfte man das Kraut zu diesem Zwecke mit nackten Füßen in Fässer ein – die nicht sehr schmeichelhafte Bezeichnung »Krautstampfer« für etwas stämmig geratene Beingestelle stammt aus der Zeit, als Sauerkraut noch in jedem Haushalt selbst hergestellt wurde.

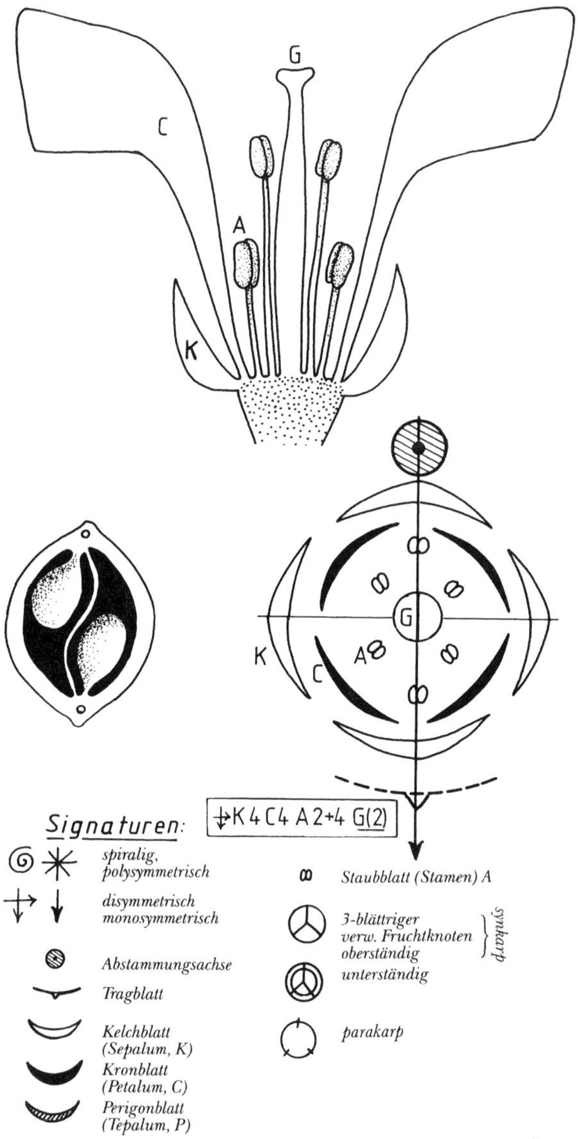

rechts: Habitus;

links oben: Blüte im Aufriß;

links unten: Querschnitt durch die Frucht (Schote) mit 2 randständigen Samenanlagen und »falscher« Scheidewand; Blütendiagramm (Blütengrundriß) und Blütenformel

Abbildung 134.1: *Der Raps (Brassica napus), ein Kreuzblütler*

In Norddeutschland wird eine dem Wildkohl näherstehende Unterart des Kohls, der Grünkohl *(Brassica oleracea ssp. oleracea)* besonders geschätzt. Vor allem in den Wintermonaten von Dezember bis Januar, wenn die Kohlpflanzen schon dem Frost ausgesetzt waren, wird dieses Traditionsgericht mit karamellierten Kartoffeln, knusprigem Speck und fetten Würsten sehr gerne in geselliger Runde gegessen.

Andere Kreuzblütler wie Senf, Rettich, Kresse, Brunnenkresse oder die alte Indigopflanze Färberwaid waren und sind wichtige Kulturpflanzen. Als Nahrungsmittel eignen sie sich einmal, weil sie nur wenige giftige Inhaltsstoffe enthalten, zum anderen, weil die enthaltenen Senföle (s. u.: Glucosinolate) zu einem sehr würzigen Geschmack beitragen.

Verschiedene Kreuzblütler neigen zur Rübenbildung, d. h. sie bilden verdickte, in die Primärwurzel übergehende basale Achsenabschnitte. Auch solche Rüben wurden schon früh für die menschliche Ernährung genutzt. Neben dem Rettich *(Raphanus)* waren es die Kohlrüben *(Brassica)*, die vor allem als Kohlenhydratlieferanten wichtig waren. Unvergessen in Deutschland ist immer noch der Kohlrübenwinter 1916/17. Damals haben Kohlrüben, die als einziges kohlenhydrathaltiges Lebensmittel in ausreichender Menge vorhanden waren, z. B. die Bevölkerung Hamburgs vor einer schlimmen Hungersnot bewahrt.

1.2 Die Geschichte des Rapsanbaus

Rüben ähnlich der Kohlrübe wurden auch schon im Altertum genutzt und schon damals stellte man fest, daß auch die Samen dieser Rüben als Öllieferanten verwendet werden

Abbildung 135.1: *»Harzer Frosch«, Grubenlampe der Bergleute, die mit Rapsöl betrieben wurde*

konnten. Diese Rübsamen, mittelhochdeutsch »Rübsen« und daraus weiterentwickelt und verkürzt »Raps«, fanden vor allem für Öllampen Verwendung. Schon in den alten Kulturen Asiens und des Mittelmeerraumes diente Rapsöl für Beleuchtungszwecke. In Europa wurde der Raps allerdings erst im späten Mittelalter in Kultur genommen. Bis zur Einführung des billigeren Petroleums im 19. Jahrhundert blieb Rübenöl dann der wichtigste Brennstoff für die Öllampen (Abb. 135.1), z. B. für die Lampen der Bergleute. Wegen der hohen Preise für tierische Fette mußte die ärmere Bevölkerung häufig auch auf Rübenöl für Speisezwecke zurückgreifen, was wegen des Gehaltes an *Erucasäure* jedoch nicht ganz ungefährlich war.

Mit der beginnenden Industrialisierung gewann das Rapsöl zunehmend Bedeutung als Grundstoff für die Seifenherstellung, als Schmieröl – z. B. in der Turbinentechnik – oder bei der Stahlhärtung und neuerdings für verschiedene Syntheseprodukte. Bis 1974 wurde fast die gesamte Rapserzeugung diesem technischen Bereich zugeführt.

Bis Mitte des 18. Jahrhunderts spielte Rapsanbau in unserer Landwirtschaft nur eine geringe Rolle. Dies war zum Teil durch die Fruchtfolge bestimmt. Raps konnte wegen seiner frühen Aussaat nur nach der Brache auf dem Winterweizenfeld angebaut werden, das jedoch für die Brotversorgung dringend benötigt wurde. Außerdem galt Raps als »bodenaussaugend«, da die Nährstoffe seines Strohs nicht wie beim Getreidestroh über Verfütterung oder Einstreu in den Boden zurückgelangten. Auch die Gefährdung durch Winterfrost, Schädlingsbefall und ungünstiges Erntewetter waren risikoreich im Vergleich zu Getreide. Außerdem mußte statt mit der Sense mit der Sichel geerntet werden und das sperrige Rapsstroh bereitete bei der Bergung große Probleme.

Zu Beginn des 19. Jahrhunderts kam es in Deutschland zu einem drastischen Anstieg der Ölfruchtpreise. Einmal war dafür wohl die steigende Beleuchtung der Wohnungen mit Öllampen – nicht nur in Deutschland, sondern auch in Polen und Rußland – verantwortlich, zum anderen wurde der Tran, der vorher als Brennstoff gedient hatte, immer teurer, da wegen der Überfischung der nordatlantischen Fanggründe der Ertrag des Walfangs stark zurückging. Schließlich war auch tierisches Speisefett immer teurer geworden, so daß ärmere Leute stattdessen zunehmend das billigere Rüböl verwenden mußten. In die mecklenburgische Koppelwirtschaft ließ sich der Rapsanbau gut einbauen: Die übliche Wechselweide wurde um einen Schlag vermindert und nach der Brache wurde Raps vor dem Wintergetreide angebaut. Die tiefreichenden Rapswurzeln nutzen tiefere Bodenschichten als die Getreidepflanzen und gelten deshalb bis heute als gute Vorfrucht für Getreide (vgl. z. B. Schröder-Lembke 1989).

Verschiedene Landsorten, die an unterschiedliche Klima- und Bodenverhältnisse angepaßt waren, wurden entwickelt. Nach der Einführung der Mineraldüngung gelang es überdies leichter, den hohen Nährstoffbedarf des Rapses zu decken. Schließlich wurde

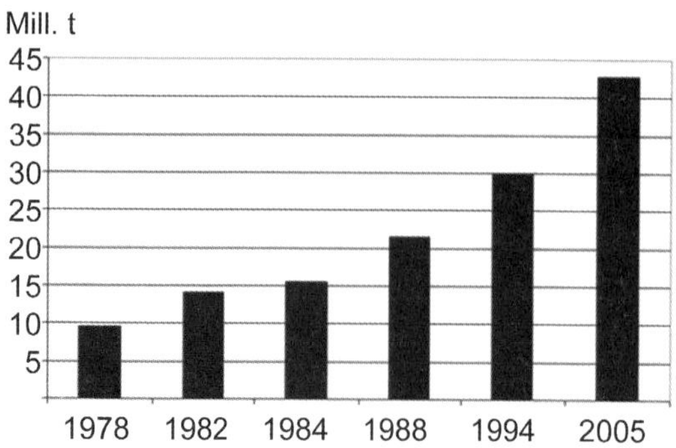

Abbildung 136.1: *Zunahme der Raps-Welternte (nach Fischer-Weltalmanach)*

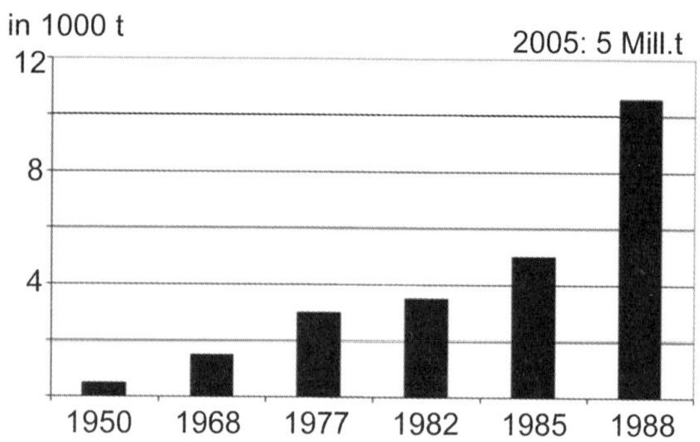

Abbildung 136.2: *Zunahme der Rapsernte in Deutschland*

seit Mitte dieses Jahrhunderts des Anbaurisiko durch die Möglichkeit chemischer Schädlings- und Unkrautbekämpfung weiter vermindert. Damit verbunden allerdings sind auch neue Gefahren und Probleme.

Ein weiterer wichtiger Grund für die Zunahme des Rapsanbaus in der zweiten Hälfte unseres Jahrhunderts war die zunehmende Mechanisierung in der Landwirtschaft. Seit man Raps mit dem Mähdrescher ernten kann, seit es vollmotorisierte Bodenbearbeitung und günstige Trocknungsanlagen gibt, ist Raps sogar weniger arbeitsintensiv als Rüben- und Kartoffelanbau.

1.3 Vom Rübsamen zum 00-Raps – Erfolge der Züchtung

Auf dem Weltmarkt werden als »Raps« verschiedene Ölsaaten aus der Gattung *Brassica* bezeichnet. Das Öl wird entsprechend Rapsöl oder Rüböl genannt. Die größten Samen stammen vom eigentlichen Raps *(Brassica napus)* mit Durchmesser bis über 3 mm. Älter als dieser Raps ist der Rübsen *(Brassica rapa)*, der heute vor allem in Kanada als Sommerraps angebaut wird. Besonders dürreresistent ist der in China und Indien angebaute »Braune Senf« *(Brassica juncea)* und der Abbessinische Senf *(Brassica carinata)*.

Wie die zytologische Analyse von *Brassica napus* zeigt, besitzt diese Art 2n = 38 Chromosomen. Offensichtlich handelt es sich um eine durch Alloploidie aus den Stammarten *Brassica olearacea* (Gemüsekohl) und *Brassica rapa* (Rübsen) entstandene Bastard-Art (vgl. Abb. 137.1). Dieser Bastard dürfte schon im Mittelalter spontan entstanden und weiter kultiviert worden sein.

Für die Verwertung des Rapsöls und des Rapsschrotes in der Nahrungsmittelindu-

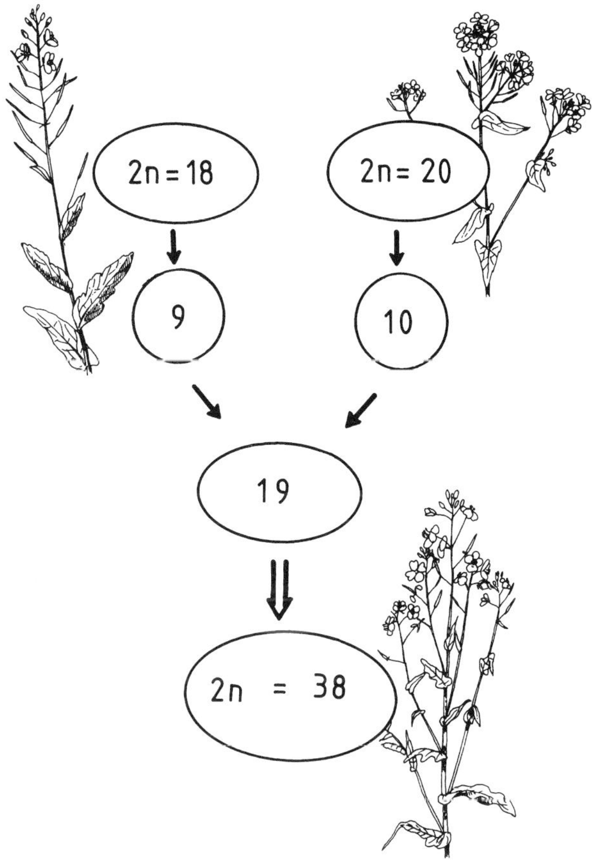

Abbildung 137.1: *Entstehung des Rapses aus Kohl und Rübsen durch Allopolyploidie*

Tabelle 137.1: *Kohl, Rübsen, Raps*

Brassica oleracea L. 2n = 18		Kohl	viele verschiedene Kultursorten
Brassica rapa L.			
2n = 20	ssp. pekinensis	Chinakohl	(Blatt)
	ssp. rapa	Wasserrübe	(Rübe)
	ssp. oleifera	Rübsen	(Ölsaat)
Brassica napus L.			
2n = 38	ssp. rapifera	Steckrübe, Kohlrübe	(Rübe)
	ssp. napus	Raps, Schnittkohl	(Ölsaat, Blatt)

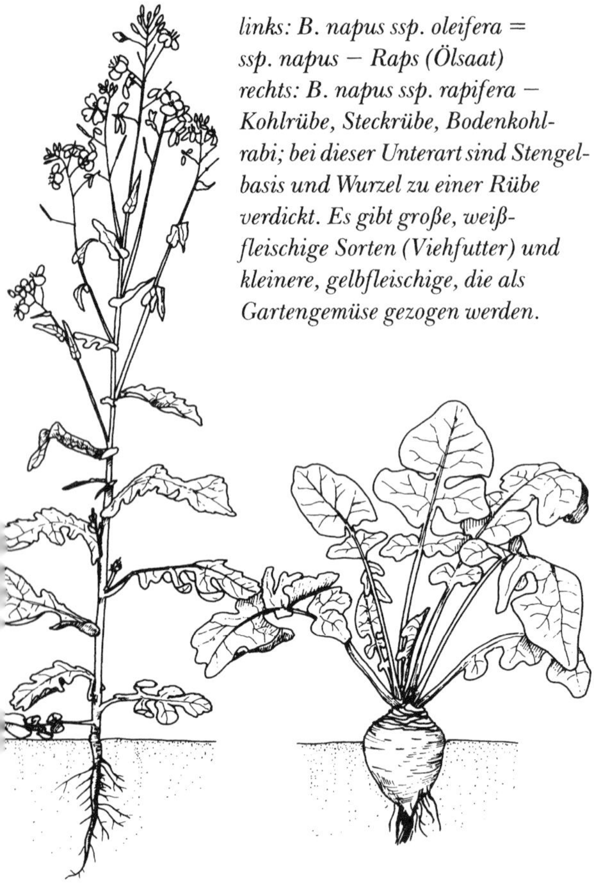

links: B. napus ssp. oleifera = ssp. napus – Raps (Ölsaat) rechts: B. napus ssp. rapifera – Kohlrübe, Steckrübe, Bodenkohlrabi; bei dieser Unterart sind Stengelbasis und Wurzel zu einer Rübe verdickt. Es gibt große, weißfleischige Sorten (Viehfutter) und kleinere, gelbfleischige, die als Gartengemüse gezogen werden.

Abbildung 138.1: *Die beiden Unterarten von Brassica napus*

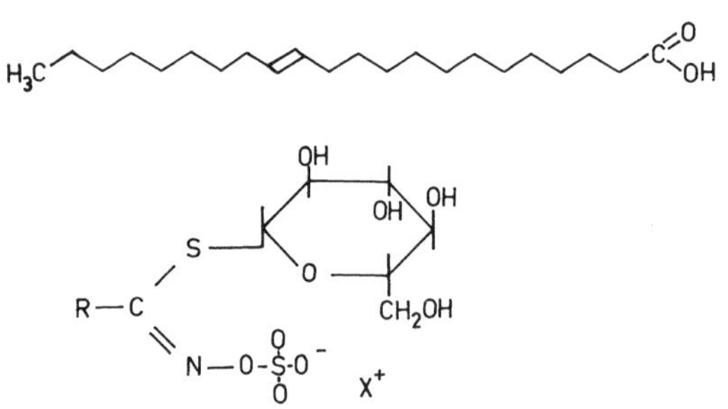

Abbildung 138.2: *Erucasäure (oben) und Glucosinolat (unten). R. bedeutet verschiedene organische Reste, z. B. 3-Butenyl ($CH_2 = CH\text{-}(CH_2)_2\text{-}$) beim Gluconapin; X^+ steht für ein Kation, z. B. für K^+. Insgesamt kennt man mehr als 80 verschiedene Glucosinolate.*

strie und als Tierfutter waren früher vor allem zwei Inhaltsstoffgruppen hinderlich: einmal die Erucasäure im Öl, zum anderen die Glucosinolate (Senfölglycoside) im Schrot (Abb. 138.2). Das erste Zuchtziel war die Gewinnung erucasäurefreier Sorten. Dadurch, daß man dem Sämling ein Keimblatt entnehmen kann ohne seine Keimfähigkeit entscheidend zu mindern, konnte der Raps züchterisch sehr schnell weiterentwickelt werden, da man schon im Samenstadium durch Analyse der Keimblatt-Inhaltsstoffe eine Auslese zwischen erucasäurearmen und erucasäurereicheren Sorten treffen konnte. So gelang die Züchtung von 0-Raps relativ schnell. Dieser 0-Raps eignet sich zwar recht gut zur Margarineherstellung, da der größte Teil der Glucosinolate in den Preßrückständen enthalten ist. Als Rapsschrot für die Tierernährung ist er jedoch nur eingeschränkt nutzbar, da die Glucosinolatgehalte einen zu hohen Anteil im Futter nicht zulassen. Bis 1988 wurden in der EG von den Mischfutterherstellern etwa 2,5 Millionen Tonnen Rapsschrot von 0-Qualität verfüttert.

Nächstes Züchtungsziel war deshalb die Verminderung des Glucosinolatgehalts. Dies gelang ebenfalls in relativ kurzer Zeit. Bereits 1985 hatte das Bundessortenamt sechs Rapssorten mit solcher 00-Qualität zugelassen. Besondere Förderung des Anbaus von 00-Rapssorten durch die EG führte in den letzten Jahren zu einer starken Erweiterung des Rapsanbaus und weitere Steigerungen sind vorhersehbar. 1989 hatten fast 100% der deutschen Rapsernte – das entsprach einer Menge von 1,4 Mill. t – 00-Qualität. Diese Entwicklung blieb nicht ohne Folgen für die landwirtschaftlichen Ökosysteme.

Im Jahr 1986 wurde in Österreich zum ersten Mal in größerem Umfang Raps der 00-Sorte angebaut. Im Winter 86/87 beobachte-

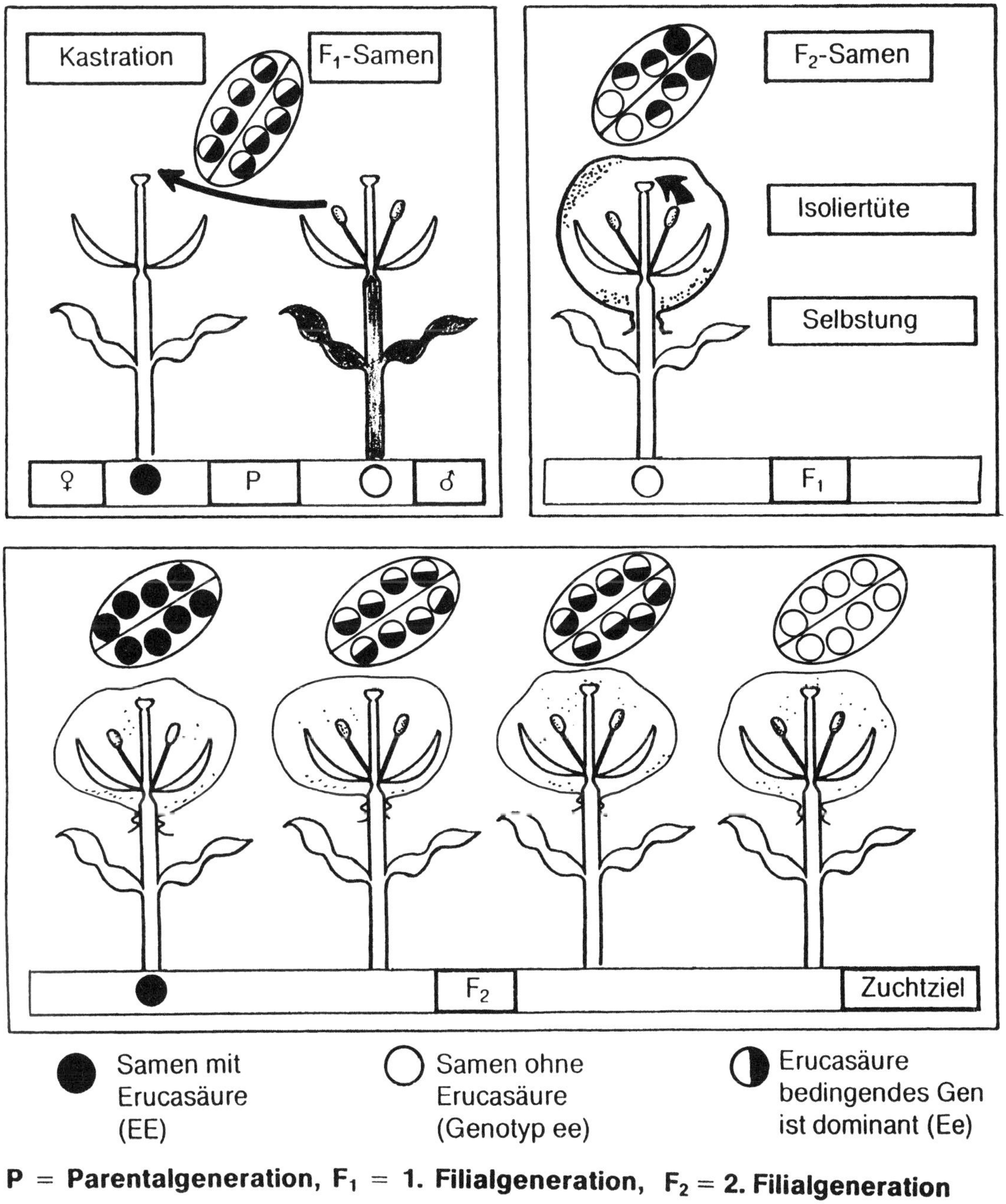

Abbildung 139.1: *Kreuzungsschema für die Zucht von erucasäurefreiem Raps.*
Das vereinfachte Schema geht davon aus, daß der Erucasäuregehalt nur von einem Gen abhängig ist.
In eine von der übrigen Merkmalsausstattung her geeignete Sorte wird eine erucasäurefreie Sorte eingekreuzt.
Ein Viertel der Pflanzen der F-2-Generation hat erucasäurefreie Samen.
Die von den übrigen Merkmalen her geeignetsten Pflanzen werden weitergezüchtet. (Aus Janssen 1982, S. 48)

te man Rehe mit einer eigenartigen Verhaltensstörung: Sie zeigten keinerlei Scheu vor dem Menschen, reagierten kaum auf Geräusche und waren offensichtlich blind. Auch eine große Zahl von toten Tieren wurde gefunden, wobei es auffallend war, daß die Symptome vor allem bei Kitzen beobachtet wurden. Alle diese verhaltensgestörten und geschädigten Tiere zeigten eine deutliche Anämie (nur wenig mehr als 6 g Hämoglobin auf 100 ml Blut im Gegensatz zu dem Normalwert von 20 g auf 100 ml zu dieser Jahreszeit). Die Autopsie der toten Tiere zeigte, daß ihr Pansen extrem wenig Trockensubstanz enthielt. Im Gegensatz zu dem normalen Wert von 16% bis 23% waren es nur zwischen 5% und 10%. Es konnte der Nachweis geführt werden, daß Raps im Pansen der Rehe ganz stark überwog und daß alle Tiere in unmittelbarer Nähe von 00-Rapsfeldern gelebt hatten.

Die Zusammensetzung der Rapsblätter ist für Wiederkäuer ungünstig. Insbesondere die hohen Zuckergehalte (75 bis 175 mg Saccharose/g Trockensubstanz und bis fast 300 mg Zucker/g Trockensubstanz insgesamt) dürften für die starke geschmackliche Attraktivität der Rapspflanzen verantwortlich sein. Bei Rehen, die Raps im Übermaß gefressen haben, konnte man Blutarmut (reduzierte Zahl roter Blutkörperchen) nachweisen, was möglicherweise mit einem giftigen Abbauprodukt von Rapsinhaltsstoffen erklärt werden kann. Seit Ende der 1980iger Jahre, als diese Problematik heftig diskutiert wurde, haben sich die Rehe jedoch offensichtlich an die neuen Rapssorten gewöhnt und ihre Ernährungsgewohnheiten angepasst, so dass die Zahl der Erkrankungen stark zurückgegangen ist.

Dieses Beispiel zeigt, dass auch schon mit den durch konventionelle Pflanzenzucht hervorgerufenen Veränderungen von Kulturpflanzen Ökosysteme und Beziehungsgefüge in der Natur in unvorhersehbarer Weise beeinflusst werden können. Dies wird oft als Argument für die Unbedenklichkeit gentechnischer Veränderungen angeführt, doch ist die Logik dieser Argumentation nicht sehr überzeugend. Zweifellos sind gentechnische Veränderungen schon deshalb gravierender, weil es dabei keine Artgrenzen gibt. Darüber hinaus werden damit die Eingriffs- und Manipulationsmöglichkeiten immer einfacher und die Ökosysteme werden in immer kürzerer Folge mit immer mehr Änderungen konfrontiert. Im Falle der Wildschäden durch 00-Raps scheint ein natürlicher Regulationsprozess den Eingriffsausgleich geschafft zu haben, ob dies in anderen Fällen immer genauso möglich sein wird, bleibt offen.

Sicherlich wäre die Landwirtschaft gut beraten, die „Grüne Gentechnik“ behutsam zu handhaben und die Notwendigkeit von tiefen Eingriffen – das sind gentechnische Veränderungen von Lebewesen allemal – sorgfältig abzuwägen. Dies gilt insbesondere auch vor dem Hintegrund, dass man über das Zusammenwirken und die Regulationsmechanismen innerhalb eines Genoms noch vieles nicht weiß

1.4 Der Raps schmeckt nicht nur Rehen

Es gibt viele Organismen, die vom Raps leben (s. Abb. 141.1) und die durch eine Ausweitung des Rapsanbaues auch entsprechend gefördert werden. Besonders bekannt und auffällig ist der Raps-Glanzkäfer (*Meligethes aeneus* Abb. 142.1), der von April bis Mai die Blütenknospen des Rapses befällt und zerfrißt. Raps-Glanzkäfer werden von Gelb angezogen und wenn man in dieser Jahreszeit mit einer gelben Öljacke oder einem gelben Pull-

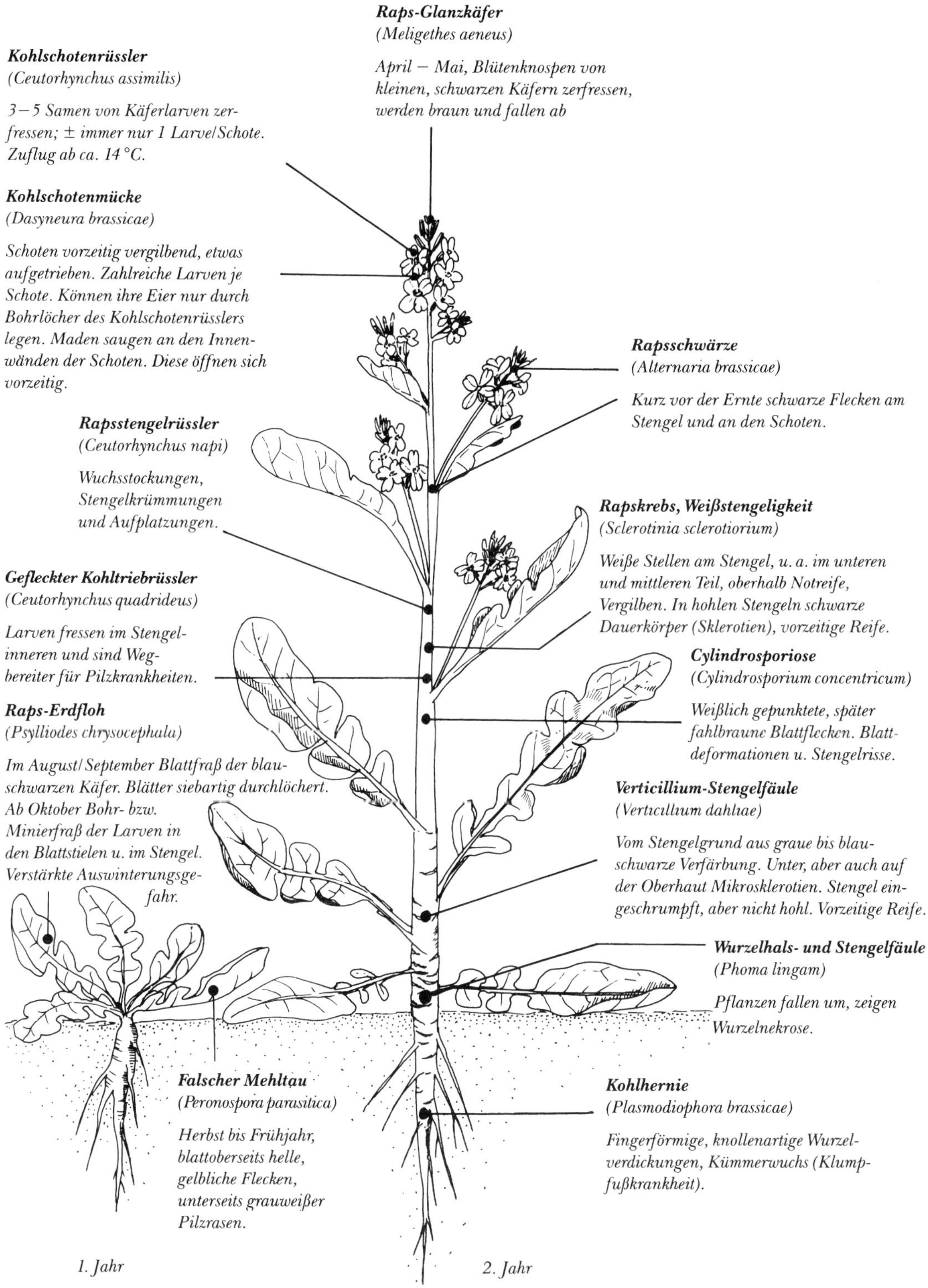

Abbildung 141.1: *Tiere (links) und Pilze (rechts), die vom Raps leben*

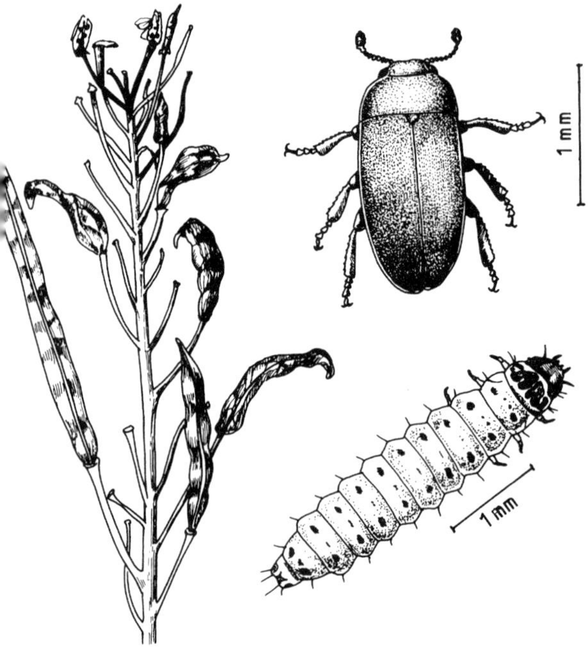

Abbildung 142.1: *Raps-Glanzkäfer (Meligethes aeneus), Larve und Schadbild an der Pflanze*

over spazieren geht, kann man in kurzer Zeit große Mengen dieser kleinen schwarzen Tierchen auf sich ziehen. Ich habe einmal erlebt, daß bei einer Kaffeestunde im Freien eine gelbe Tischdecke hunderte von Rapskäfern angezogen hat. Da einige auch in die Kaffeetassen fielen, wurde die gemütliche Runde dadurch erheblich gestört.

Der Kohlschotenrüssler, ebenfalls ein Käfer, bohrt die Rapsschoten an und legt seine Eier hinein. Seine Bohrgänge können auch von der Kohlschotenmücke genutzt werden, die ihre Eier durch diese Löcher in die Schoten legt. Ihre Maden saugen an den Innenwänden der Schoten, die sich dadurch vorzeitig öffnen. Der Rapsstengelrüssler bohrt die Stengel des Rapses an und kann bewirken, daß die Rapspflanzen umkippen. Der Gefleckte Kohltriebrüssler schließlich ist vor allem als Wegbereiter für Pilzkrankheiten gefährlich. Auch er befällt den Rapsstengel. Der Rapserdfloh – der Name weist auf die Sprungkraft des Tieres hin, systematisch handelt es sich um einen Blattkäfer – kann schon an den jungen Rapspflanzen durch Bohr- und Minierfraß der Larven in den Blattstielen und im Stengel schädigend wirken. Befallene Pflanzen sind im Winter besonders gefährdet (Auswinterungsgefahr).

Neben den genannten Insekten gibt es eine große Zahl von Pilzkrankheiten, die den Rapspflanzen gefährlich werden können. Falscher Mehltau vor allem in der feuchten Jahreszeit vom Herbst bis Frühjahr, Kohlhernie, eine Krankheit, die auch andere Kohlsorten befällt, und schließlich besonders verbreitet die Wurzelhals- und Stengelfäule *(Phoma lingam)*, die zu einem Umfallen der Rapspflanzen führt. Der Rapskrebs, auch Weißstengeligkeit genannt, *(Sclerotina sclerotiorum)* fällt durch einen weißen Belag der mittleren und oberen Stengelteile auf. Er führt zur Notreife, Vergilben und Umkippen der Pflanzen. Aus den dunklen Sklerotien entwickeln sich am Boden Apothecien, die man im Mai in den Rapsfeldern finden kann.

Je mehr sich der Rapsanbau ausweitet, desto gefährlicher werden diese Schädlinge. Großflächige chemische Bekämpfungsmaßnahmen bieten sich deshalb oft als die einfachste Möglichkeit an, diesen Gefahren zu begegnen. Dies wird wiederum Auswirkungen auf andere Ökosysteme außerhalb der Rapsfelder haben. Ähnlich wie die starke Ausweitung des Maisanbaues in den 70er Jahren wird so auch eine starke Erhöhung des Rapsanbaues, insbesondere der neuen 00-Sorten, gefährliche, bis jetzt noch nicht in allen Folgen abzusehende Auswirkungen auf die Ökosysteme haben. Um die Folgen dieser neuen Entwicklung für die Umwelt zu begrenzen, wäre es sinnvoll, besonders sorgfältig auf Pufferstrukturen zwischen den Rapsfeldern und eine Begrenzung der Schlaggrößen zu achten. Ganz sorgfältig sollten Prinzipien des integrierten Pflanzenschutzes wie Beobachtung und Einhaltung von Schadensschwellen beachtet werden. Bei der weiteren Sortenzüchtung sollte besonders auf Resistenzfaktoren geachtet werden, um dadurch die Notwendigkeit chemischer Bekämpfungsmaßnahmen etwas einzudämmen.

2 Hinweise für den Unterricht

2.1 Mögliche Ziele und Inhalte

(1) Der Raps, ein typischer Kreuzblütler (exemplarische Behandlung einer Pflanzenfamilie, Blütenbau, Blütenmodell, Blütenformel)
(2) Schädlinge und Schädlingsbekämpfung beim modernen Rapsanbau (Problematik von Schädlingen und Nützlingen, Schädlingsbekämpfung, Rückstandsproblematik, integrierter Pflanzenschutz)
(3) Sterben die Rehe am Raps? (Problematik der modernen 00-Raps-Sorten und ihrer Verträglichkeit für das Wild als Beispiel für mögliche Auswirkungen moderner Pflanzenzüchtung auf ein Ökosystem)
(4) Vom Rübsamen zum 00-Raps (Beispielhafte Darstellung für die Vorgehensweise moderner Pflanzenzüchtung)

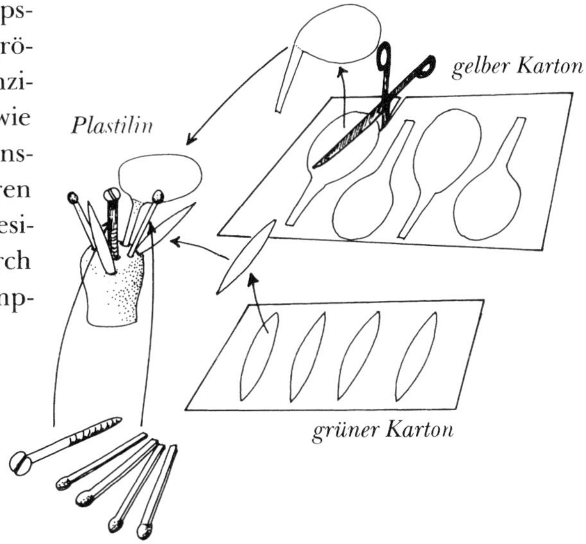

Abbildung 143.1: *Materialien für ein Blütenmodell eines Kreuzblütlers*

2.2 Unterrichtsschritte

(1) **Der Raps – ein typischer Kreuzblütler**

Material und Geräte (Abb. 143.1):
- Blühende Rapspflanzen
- Streichhölzer oder Zahnstocher aus Holz
- Plastilin
- Scheren
- Tonkarton (Farbe: Grün, Rot, Gelb, Violett)
- Schrauben

Verlauf:
Merkmale der Rapspflanze:
Im Mai sind blühende Rapspflanzen im allgemeinen überall leicht zugänglich. Immer zwei Schüler erhalten eine Pflanze. Sie werden zunächst nach Namen und Vorkommen und ihrer Verwendung gefragt. Anschließend erhalten die Partnergruppen den Auftrag, die Pflanze durch wenige Stichworte zu

charakterisieren. Einige dieser Beschreibungen werden vorgelesen und der Lehrer sammelt die genannten Merkmale an der Tafel, wobei er schon vorsortiert (Merkmale des Blütenbereiches, des Sprosses, der Wurzel, Duft und Geschmack, Verwendung und wirtschaftliche Bedeutung).

Der Blütenbau ist für die Verwandschaft wichtig:
Durch Vergleiche und Beispiele auch anderer Pflanzenarten wird im Unterrichtsgespräch deutlich gemacht, daß Blütenmerkmale für die Verwandschaft, d. h. für die systematische Einteilung von Pflanzen, besonders wichtig sind.

Abbildung 144.1: *Blütenmodelle*

Bau eines Blütenmodells:
Die Schüler erhalten nun den Auftrag, mit Hilfe von Plastilin, Farbkarton und Streichhölzern ein Modell der Kreuzblüte herzustellen. Zum Schluß wird das Blütenmodell besprochen und aus dem Modell wird eine Blütenformel abgeleitet.

Der Lehrer erklärt, daß dieser Blütenbau für alle Vertreter der Kreuzblütler gilt.

Wiedererkennen anderer Arten aus der Familie der Kreuzblütler:
Es werden nun jeder Partnergruppe auf einem Tablett 5 bis 10 Pflanzenarten ausgeteilt, von denen etwa die Hälfte zu den Kreuzblütlern gehört. Es soll sich jeweils um blühende Pflanzen oder auch nur um Blüten handeln. Nun erhalten die Schüler den Auftrag, die Kreuzblütler aus dieser Probe herauszufinden, indem sie die Blüten mit ihrer Modellblüte vergleichen.

Es ist wichtig, die Blüten nicht so zu wählen, daß die Aufgabe zu leicht erfüllt werden kann. Auch bei den Nicht-Kreuzblütlern sollten vierzählige Blüten vorkommen (z. B. Schattenblume, Aufrechtes Fingerkraut).

(2) **Schädlinge und Schädlingsbekämpfung beim Raps**

Material und Geräte:
- Arbeitsblatt
- Originalobjekte oder Abbildungen (Dias, Poster) von Rapsschädlingen

Verlauf:
Zunächst erhalten die Schüler den Auftrag, anhand eines Arbeitsblattes (vgl. Abb. 141.1) an ausgeteilten Rapspflanzen eine Bestimmung der vorkommenden Schädlinge vorzunehmen. Dann soll erarbeitet werden, welche Möglichkeiten zur Schädlingsbekämpfung

dem Landwirt zur Verfügung stehen und welche Auswirkungen solche Bekämpfungsmaßnahmen haben können. Dabei soll insbesondere auf das Schadensschwellenprinzip und andere Methoden des integrierten Pflanzenschutzes eingegangen werden (vgl. z. B. JANSSEN 1978; AID-Broschüre Integrierter Pflanzenschutz 1985; KELLER 1985).

(3) **Senfölglykoside**

Material und Geräte:

– Verschiedene (Wild-)Salat- oder Gemüsepflanzen (z. B. Kopfsalat, Chicoree, Rote Bete, Kohlrabi, Apfel, Rettich . . .)
– Arbeitsblatt mit Zeitungsausschnitten und anderen Texten zum Thema

Verlauf:
Senfölglycoside (Glucosinolate) charakteristische Inhaltsstoffe der Kreuzblütler:
Die Schüler bilden Gruppen aus etwa sechs bis acht Teilnehmern, die sich jeweils um einen Tisch oder eine Tischgruppe setzen und mit verbundenen Augen hintereinander verschiedene Pflanzen kosten (z. B. Kopfsalat, Chicoree, Rote Bete, Kohlrabi, Kresse, Rettich, Apfel). Sie sollen die Pflanzen herausfinden, die aufgrund ihres charakteristischen Geschmacks (Senföle) zu den Kohlgewächsen zu rechnen sind.

Senföle – ein Fraßschutz für Kreuzblütler:
Es soll nun herausgearbeitet werden, daß die scharf schmeckenden Senföle charakteristische Inhaltsstoffe der Kreuzblütler sind, die sie vor übermäßigem Verbiß vor allem durch Wiederkäuer schützen. Beispiele für andere Pflanzenfamilien mit ähnlichen scharf schmeckenden Inhaltsstoffen können genannt werden (z. B. Zwiebelgewächse: Lauchöle).

(4) **Biodiesel**
Biodiesel ist ein Kraftstoff mit ähnlichen Eigenschaften wie Dieselkraftstoff. Er wird aber nicht aus Erdöl, sondern aus Pflanzenölen oder tierischen Fetten gewonnen. Biodiesel ist daher ein erneuerbarer Energieträger. Chemisch handelt es sich um Fettsäuremethylester, das heißt, die in Fetten und Ölen vorliegenden Ester des dreiwertigen Alkohols Glycerin (Glycerol) werden in einer chemischen Reaktion zu Estern des einwertigen Alkohols Methanol umgeestert. Fettsäuremethylester sind etwas dünnflüssiger als die Fettsäureester des Glycerins.

Im Zusammenhang mit der derzeit diskutierten stärkeren Verwendung von erneuerbaren Energiequellen und hinsichtlich des CO2 –Ausstoßes neutralen Energieträgern werden Biokraftstoffe als Ersatz für Kraftstoffe auf Mineralölbasis immer gefragter. In diesem Zusammenhang können folgende Fragen bearbeitet werden:

- Wie kann aus Rapsöl Biodiesel hergestellt werden?

- Welche Vorteile und welche Nachteile für die Umwelt ergeben sich aus der Verwendung von Biodiesel?

- Welche wirtschaftlichen Möglichkeiten und Konsequenzen würden sich aus der vermehrten Verwendung von Biodiesel in Deutschland (weltweit) ergeben?

Hier sollten auch die Konsequenzen für die Landwirtschaft und die landwirtschaftliche Nahrungsmittelproduktion berücksichtigt werden. Welche Anbauflächen könnten bereitgestellt werden?

man jeweils die Zeit für das Aufwachsen einer Generation ein.

3 Literatur

ALPMANN, L.: Raps – Anbau und Verwertung einer Kultur mit Perspektive. Landwirtschaftsverlag, Münster-Hiltrup 2006

APPELQUIST, L. A., OHLSON, R. (Eds.): Rapeseed. Cultivation, Composition, Processing and Utilisation. Elsevier, Amsterdam/London/New York 1972

Auswertungs- und Informationsdienst für Ernährung, Landwirtschaft und Forsten (AID): Integrierter Pflanzenschutz. Bonn 1985

Fischer-Weltalmanach, Zahlen, Daten, Fakten. 1974-2006. Fischer Taschenbuchverlag, Frankfurt

FRANKE, M.: Nutzpflanzenkunde. Thieme, Stuttgart, 6. Auflage 1997

FRIEDT, W: Raps als nachwachsender Rohstoff. Semunda aktuell, Juli 1988

HACKBARTH, .J.: Die Ölpflanzen Mitteleuropas. Stuttgart 1944

HEER, R.: Biologische und integrierte Schäd--lingsbekämpfung. Studienbriefe für Biologielehrer. Studienbrief 5. Deutsches Institut für Fernstudien. Tübingen 1979

HOFFMANN, F.: Senföle. Chemie in unserer Zeit 12 (6): 182-188, 1978

JANSSEN, W: Öl aus Raps. Unterricht Biologie 74, 7. Jg.: 1- 24 und 45 - 48. 1982

KÖRBER-GROHNE, U.: Nutzpflanzen in Deutschland. Kulturgeschichte und Biologie. Theiss, Stuttgart 1988

ONDERSCHEKA, K., TATARUCH, F.: Gutachtliche Stellungnahme zur Ursache der gehäuften Rehwildverluste nach Aufnahme von 00-Raps. Forschungsinstitut für Wildtierkunde der Veterinärmedizinischen Universität Wien. Wien, Mai 1987

PODLESAK, W.: Rückblick auf 10 Jahre Rapsanbau - marktkonforme Produktion von Ölsaaten. 10. Thüringer Rapstag, Jena 2005

Raps-Förderungsfonds (RFF): Raps auf neuen Wegen. 00-Sorten in Züchtung, Anbau und Vermehrung. Bonn, Juni 1986

SCHRÖDER-LEMBKE, G.: Die Entwicklung des Raps- und Rübsenanbaus in der deutschen Landwirtschaft. Norddeutsche Pflanzenzucht Hans-Georg Lembke KG, Hohenlieth 1989

SCHWARZENBACH, A. M., KNODEL, H.: Nutzpflanzen. Studienreihe Biologie, Band 9, Metzler, Stuttgart 1982

Rot-Fichte

Picea abies

Familie Kieferngewächse

Oh Tannenbaum, oh Tannenbaum,
wie grün sind deine Blätter!
Du grünst nicht nur zur Sommerszeit,
nein auch im Winter, wenn es schneit
Oh Tannenbaum, oh Tannenbaum,
wie grün sind deine Blätter!
Oh Tannenbaum, oh Tannenbaum,
du kannst mir sehr gefallen!
Wie oft hat nicht zur Weihnachtszeit,
ein Baum von dir mich hoch erfreut.
Oh Tannenbaum, oh Tannenbaum,
du kannst mir sehr gefallen!
Oh Tannenbaum, oh Tannenbaum,
dein Kleid will mich was lehren:
Die Hoffnung und Beständigkeit
gibt Trost und Kraft zu jeder Zeit.
Oh Tannenbaum, oh Tannenbaum,
dein Kleid will mich was lehren.

1 Tanne oder Fichte?

1.1 Verwandt und doch verschieden

In den skandinavischen Sprachen gibt es für Tanne und Fichte nur ein Wort: gran. Dies kommt den Vorstellungen der meisten Nichtbotaniker in Deutschland sehr entgegen. Da spricht man nämlich – wie in dem bekannten Weihnachtslied – fast nur von „Tannenbäumen", auch wenn es um Fichten geht.

Abbildung 148.1 *Fichte und Tanne*

Trotzdem dürfte die Trennung der beiden Gattungen durchaus berechtigt sein, haben sie doch eine Reihe von sehr guten Unterscheidungsmerkmalen, mit deren Hilfe auch ein Laie sofort sagen kann, ob es sich bei einem Baum um einen Vertreter der Gattung Fichte (*Picea*) oder Tanne (*Abies*) handelt:

1. **Die Zapfen** – bei der Fichte hängen sie und fallen als Ganzes ab, bei der Tanne stehen sie aufrecht und bei der Reife fallen die Schuppen einzeln ab.
2. **Die Nadelansätze** – bei der Fichte sind es bräunliche, verholzte Stielchen, bei der Tanne sitzen sie mit verbreiterten grünen Scheibchen am Zweig. Dürre Tannenzweige ohne Nadeln sind deshalb glatt, Fichtenzweige haben lange Warzen
3. **Die Wuchsform** – die Fichten haben auch im Alter spitze Wipfel, bei den Tannen ist das Streckungswachstum im Alter deutlich verringert, dadurch entstehen nestartige Wipfelformen.

1.2 Die weitere Verwandtschaft

Außer *Picea* und *Abies* gibt es jedoch noch weitere Gattungen, die im Deutschen mit dem Namen »Tanne« verbunden werden und auch mit Tannen und Fichten verwandt sind. Douglastanne (*Pseudotsuga*) und Hemlockstanne (*Tsuga*) sind zwar keine einheimischen Gattungen – sie stammen aus Nordamerika –, aber man kann sie bei uns in Parks, auf Friedhöfen und auch in Forsten nicht selten antreffen. Weniger passende Bezeichnungen sind »Zimmertanne« für *Araucaria excelsa* oder »Kaurifichte« für *Agathis australis*. Bei beiden handelt es sich zwar auch um Nadelgehölze, aber sie gehören zu den auf der Südhalbkugel beheimateten Araukariengewächsen.

2 Nadelgehölze und Nacktsamer

2.1 Was sind Nadelgehölze?

Tanne und Fichte sind "Nadelgehölze" oder "Coniferen" ("Zapfenträger"). Beide Namen sind allerdings nur bedingt geeignet, um diese Klasse der Nacktsamer zu charakterisieren. Es gibt auch zahlreiche andere Pflanzen mit nadelförmigen Blättern, z. B. Krähenbeere und Glockenheide, Rosmarin und Spargelarten. Ach zapfenähnliche Organe als Träger der Fortpflanzungeinheiten sind nicht so selten – man denke an die Sporophyllstände der Schachtelhalme oder an die zapfenartigen Sammelbalgfrüchte der Magnolien und die Fruchtstände der Erlen.

Nadelgehölze (Klasse *Pinopsida* oder *Coniferopsida*) sind eine Klasse der Samenpflanzen. Das unterscheidet sie von den Gefäßsporenpflanzen (Echte Farne, Bärlapp-Farnpflanzen und Schachtelhalm-Farnpflanzen) und den Moosen, denen außer den Samen noch weitere Merkmale der Höheren Pflanzen fehlen. Bei den Samenpflanzen unterscheidet man Nackt- und Bedecktsamer.

Im Gegensatz zur Klasse der Bedecktsamer liegen die Samenanlagen bei den Nacktsamern offen auf Samenschuppen oder sie stehen endständig an kurzen Seitenzweigen.

Zu den Nacktsamern gehören mehrere sehr unterschiedlich aussehende Samenpflanzen-Klassen, z.B. die Palmblatt-Nacktsamer und die Ginkgo-Nacktsamer (vgl. Übersicht).

Beim Generationswechsel der Nacktsamer ist der Gametophyt noch nicht ganz so stark reduziert wie bei den Bedecktsamern. Er erinnert noch stärker an die Farnpflanzen. Zwar bleibt die Megaspore (Nucellus) mit dem Megaprothallium (Embryosack) in der Samenanlage eingeschlossen , aber es werden noch Archegonien ausgebildet, im männlichen Geschlecht kommt es in bei manchen Arten noch zur Ausbildung beweglicher Keimzellen (Abb.149).

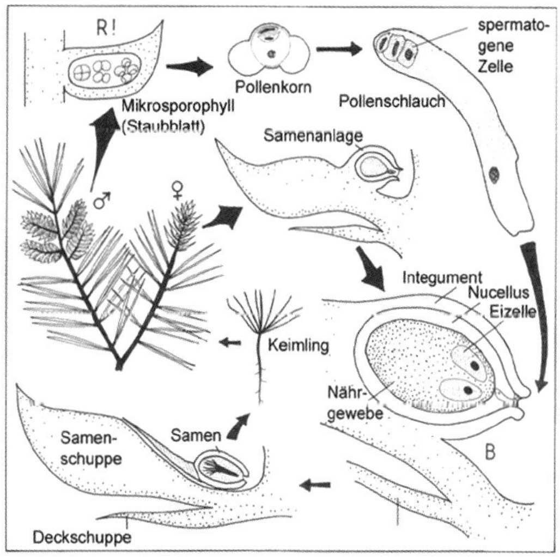

Abb. 149.1 *Generationswechsel d. Nacktsamer*

System der Nacktsamer

Wedelblättrige Nacktsamer mit den Klassen
- Farn-Nacktsamer (Lyginopteridopsida, Pteridospermen) (ausgestorben)
- Palmblatt-Nacktsamer (Cycadopsida, Cycadeen)
- Blumen-Nacktsamer (Bennettitopsida, Cycadeoiden) (ausgestorben)
- Mantel-Nacktsamer (Gnetopsida, Chlamydospermen)

Nadel- und Gabelblättrige Nacktsamer mit den Klassen
- Gabelblatt-Nacktsamer (Ginkgopsida, einzige rezente Art Ginkgo biloba)
- Nadelblatt-Nacktsamer (Pinopsida, Coniferen, Nadelgehölze)
    - o Unterklasse Cordaitidae (ausgestroben)
    - o Unterklasse Pinidae (Coniferen, Kiefernähnliche)
      Ordnung Voltziales (ausgestorben)
      Ordnung Pinales (Kiefernartige)

2.2 Blüten, Zapfen, Früchte

Als Blüten bezeichnet man in der Botanik Sporophyllstände mit begrenztem Wachstum, die deutlich von den nicht fertilen Sprossabschnitten abgesetzt sind. Oft ist die Sprossachse dieser Sporophyllähren mehr oder weniger gestaucht. Die Bedecktsamer bilden im allgemeinen auffällige Blüten, die dazu dienen, bestäubende Tiere anzulocken. Als Schauapparat dient in der Regel die Blütenhülle aus Kelch- und Kronblättern. Nach innen folgen fertile Blattorgane: Zuerst die Staubblätter, dann die meist zum Stempel verwachsenen Fruchtblätter, in deren Innerem die Samenanlagen liegen. Dem gegenüber haben die meisten heutigen Nacktsamer und alle Nadelgehölze eingeschlechtliche, meist ziemlich unscheinbare Blüten, die vom Wind bestäubt werden. Lediglich die ausgestorbenen Blumen-Nacktsamer (Klasse *Bennettitopsida*) hatten tierbestäubte Zwitterblüten.

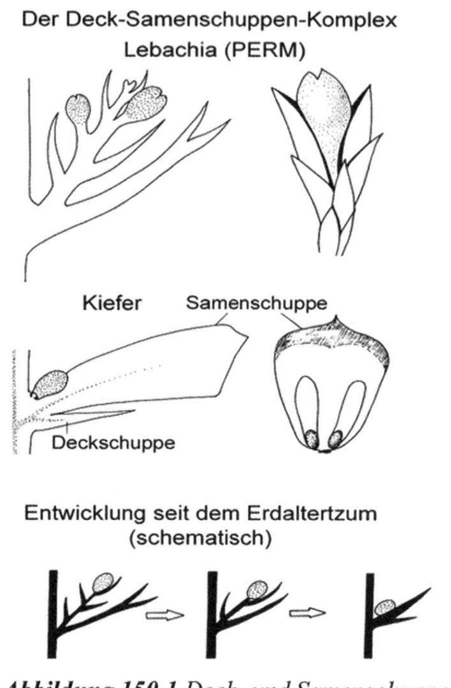

Abbildung 150.1 *Deck- und Samenschuppe*

Die weiblichen Blüten der Nadelgehölze sind meist zu holzigen Zapfen zusammengefasst. Dies gilt allerdings nicht für Ginkgobaum und Eiben. Lange stritten sich die Botaniker, ob es sich bei den Zapfen gemäß der botanischen Blütendefinition um Einzelblüten oder um ganze Blütenstände handele. Schließlich gaben Fossilfunde den Ausschlag für die Entscheidung dieses Streites: Es handelt sich um Blütenstände, die ursprünglich so aufgebaut waren, dass in der Achsel eines Tragblattes ein kleiner Kurzspross entspringt, an dem die Sporophylle mit den Samenanlagen sitzen (z.B. bei der fossilen *Lebachia*, Abb. 150.1). Bei den heute lebenden Coniferen ist dieser Kurzspross zur Samenschuppe reduziert, die normalerweise zwei Samenanlagen trägt. Das Tragblatt ist bei den meisten Coniferen als Deckschuppe noch erhalten (Abb. 150.1). Im Gegensatz dazu sind die männlichen Sporophyllstände echte Blüten, die allerdings bei manchen Nadelgehölzen auch wieder zu Ständen zusammengefasst sein können, z.B. bei den Kiefern. Das Besondere bei den Kiefernblütenständen ist allerdings, dass sie von der Hauptachse durchwachsen werden. An älteren Kiefernzweigen kann man die Stellen, an denen die männlichen Blüten gebildet wurden, noch jahrelang zurück verfolgen.

Die meisten Coniferen tragen männliche und weibliche Blüten an einem Baum. Manche Gattungen wie Eibe, Wacholder und Araukarie sind jedoch zweihäusig. Entsprechend der Windbestäubung produzieren die meisten Nadelgehölze sehr viel Pollen, der oft in deutlich sichtbaren Wolken vom Wind verbreitet wird und teilweise auf Gewässern gelbliche Beläge bilden kann (»Schwefelregen«). Wie strömungsphysikalische Untersuchungen zeigten, können die jungen weiblichen Zapfen als Pollenfänger dienen. Dem kommt entgegen, dass sie meistens an den oberen und äußeren

Zweigen eines Baumes gebildet werden, während die männlichen Blüten an den unteren Zweigen häufiger sind. Auch werden männliche Blüten schon an jüngeren Bäumen angelegt, als die weiblichen. Zwischen der Bestäubung und der Befruchtung verstreichen bei manchen Nadelholzarten lange Zeiträume, bei der Kiefer z.B. ein ganzes Jahr. Auch die Reifezeit der Samen kann recht lange dauern. Tannen- und Fichtenzapfen reifen innerhalb eines Jahres bis zum Winter, bei der Wald-Kiefer werden sie erst im dritten Jahr nach der Blütenentwicklung reif. Oft kann man an Kiefernzweigen alle drei Zapfengenerationen nebeneinander beobachten.

2.3 Die Lebensform »Nadelgehölz«

Habituell kann man die meisten Nadelbäume durch ihre regelmäßige Verzweigung von Laubbäumen gut unterscheiden. Dies wird z.B. auch dadurch deutlich, dass Nadelgehölze in Karten oft durch eine schmale Pyramide, Laubgehölze durch einen Kreis symbolisiert werden. Typisch für viele Nadelbäume – z.B. für die Gattungen Tanne und Fichte – ist eine sehr deutlich dominierende Hauptachse mit untergeordneten Seitenachsen. Dies erlaubt einen schmalen, oft fast säulenartige Wuchs (besonders deutlich z.B. bei der Serbischen Fichte). Er hilft übrigens, schneereiche Winter besser zu überstehen, da die Schneelasten von den Seitenzweigen leicht abrutschen. Oft lässt das Verzweigungssystem der Nadelgehölze besonders klar eine Differenzierung in Langtriebe und Kurztriebe erkennen. Besonders auffällig ist dies bei Lärchen und Zedern, bei denen die Kurztriebe stark gestaucht sind und ganze Nadelbüschel tragen. Noch stärker reduziert sind die Kurztriebe der Kiefern. Sie tragen ein bis fünf sehr lange Nadeln und fallen nach einigen Jahren als Ganzes ab. Auch bei den den sommergrünen Sumpf-Zypressen und dem Urwelt-Mammutbaum fallen die Kurztriebe jeden Herbst als Ganzes ab.

Alle heute lebenden Coniferen (vermutlich auch alle ausgestorbenen) sind Holzgewächse. Ihre verholzten Stämme und Zweige enthalten im Gegensatz zu den Bedecktsamern nur englumige Tracheiden und keine weitlumigen Tracheen. Mit der Lupe kann man deshalb Nadelholz im Anschnitt leicht von Laubholz unterscheiden. Weitere charakteristische Unterschiede ergeben sich bei mikroskopischer Betrachtung. Außerdem sind die meisten Coniferen immergrün. Sie haben entweder schmale, nadelartige und derbe Blätter (»Nadel«gehölze) oder schuppig gestaltete, der Sprossachse anliegende Blätter, die ebenfalls nur eine geringe verdunstende Oberfläche haben. Eine dicke Kutikula mit Wachsauflagen und zum Teil mehrere Epidermisschichten aus dicht aneinander schließenden, relativ dickwandigen Zellen sowie eingesenkte Spaltöffnungen lassen erkennen, dass Nadelgehölze dem Habitus der Trockenpflanzen (Xerophyten) zuzuordnen sind.

Abb. 151.1: *Kiefer mit Kurztrieben (links) und Tanne ohne Kurztriebe (rechts)*

2.4 Kälteresistenz

Dabei kommen Nadelgehölze keineswegs nur in Trockengebieten vor. Viele Arten sind charakteristisch für die höheren Lagen der Gebirge und die kaltgemäßigte Klimazone. Der Schutz vor hoher Transpiration hilft den Bäumen dieser Regionen, die kalten und langen Winter zu überstehen: Gerade im Winter, wenn durch Bodenfrost der Wassernachschub stockt, ist die Gefahr der Austrocknung besonders groß (Frosttrocknis). Außerdem werden die harten Nadeln von der aufliegenden Schneelast nicht so leicht verletzt. Bei Oimekon in Ostsibirien, am sogenannten »Kältepol« der Erde wachsen Lärchen (*Larix dahurica*) und wenige Wald-Kiefern (*Pinus sylvestris*) trotz extrem niedriger Wintertemperaturen (gemessenes Temperaturminimum -67 °C!).

Solche extreme Kälteresistenz ist nur durch physiologische Anpassungen möglich. Dabei scheint es immer wichtig zu sein, dass sich die Bäume langsam an die Abkühlung gewöhnen können. Sie bauen dann z.B. mehr ungesättigte Fettsäuren in die Membranlipide ein, wodurch deren Funktion auch bei tiefer Temperatur erhalten bleibt. Die Zellmembranen kälteempfindlicher Arten besitzen einen hohen Anteil gesättigter Fettsäuren. Diese Membranen gehen dann bei Temperaturen nahe Null Grad in einen semikristallinen Zustand über. Sobald aber die Membranen weniger fluide werden, funktionieren ihre Proteinkomponenten nicht mehr normal. Damit werden die Transport- und Enrgieübertragungsfunktionen so vermindert, dass die Zellen nicht lange überleben können. Außerdem tötet Frost die Zellen durch intrazelluläre Eiskristallbildung und durch die damit verbundene Dehydrierung des Protoplasten. Man weiß, dass Samen oder Pilzsporen längere Zeit bei Temperaturen nahe dem absoluten Nullpunkt gehalten werden können. Daraus kann man schließen, dass tiefe Temperaturen alleine nicht schädigend wirken. Auch wenn man wassergesättigte Zellen sehr schnell abkühlt und damit erreicht, dass sich keine großen Eiskristalle entwickeln, kommt es zu weniger Schädigungen. Unter natürlichen Bedingungen entwickelt sich das erste Eis normalerweise in den Interzellularen und den Gefäßen des Xylems. Es gibt spezielle Proteine, die frostresistenten Pflanzen helfen, die Bildung von Eiskristallen zu unterbinden. Sie lagern sich an die Oberfläche von sich entwickelnden kleinen Eiskristallen an und unterbinden oder verlangsamen deren Wachstum (Antifrostproteine). Auch die geringe Größe von Interzellularen kann die extrazellulare Eiskristallbildung verhindern (Taiz, Zeiger 2000). Allerdings kommt hohe Frostresistenz nicht nur bei Nadelgehölzen sondern z.B. auch bei Birken- und Hartriegel-Arten vor.

Der Vorteil immergrüner Nadeln in Klimabereichen mit langen Wintern liegt auch darin, dass auch während der kalten Jahreszeit in günstigen Perioden Fotosynthese mit positiver Stoffbilanz betrieben werden kann und dass nicht jedes Jahr große Energiemengen für die Neubildung von Blättern aufgewandt werden müssen. Insbesonere die Übergangsperioden im Frühjahr und im Spätherbst können wesentlich besser zur Fotosynthese genutzt werden als bei laubwerfenden Bäumen.

Das gerade unter extremsten Bedingungen kontinentalen Klimas mit langen kalten Wintern (Ostsibirien, Zentralalpen) sommergrüne Lärchen die Waldgrenze bilden, zeigt einmal mehr, dass das Ziel des "Angepasstseins" meistens auf mehreren Wegen erreicht werden kann. Die zentralalpinen Lärchen-Arven-Wälder zeigen aber auch, dass die beiden in dieser Extremlage vorkommenden Baumarten sich in ihren Ansprüchen so unterscheiden, dass sie beide nebeneinander existieren können. Beide

Baumarten haben hinsichtlich des Bodens nur ganz geringe Ansprüche. Sie können das kontinental getönte subalpine Klima gut ertragen. Der Lichtbaum Lärche ist eine ausgesprochene Pionierpflanze. Ihre Flugsamen erreichen schnell neue Standorte. Die stärker Schatten ertragende und länger lebende Arve benötigt Tannenhäher, Spechte oder Eichhörnchen zur weiteren Verbreitung. Während deshalb in jungen Wäldern zunächst die Lärchen dominieren, werden diese Lärchenwälder später immer mehr von Arven unterwandert und diese gewinnen in älteren Wäldern die Oberhand - so lange, bis beispielsweise durch eine Lawinenbahn wieder neuer Siedlungsraum für Lärchen geschaffen wird. Außerdem dominieren auf Südhängen Lärchen während Nordhänge eher von Arven bestanden werden.

2.5 Die Ältesten und die Größten

Zu den Nadelgehölzen gehören die ältesten und auch die größten Pflanzenarten der Erde.

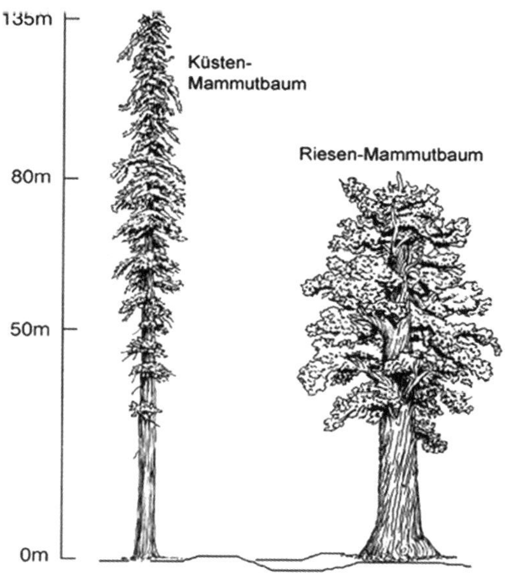

Abbildung 153.1 *Mammutbäume*

Wenn Gehölze ein hohes Alter erreichen, so hängt dies meistens damit zusammen, dass ihr Holz durch besondere Inhaltsstoffe gut gegen Schädlingsbefall insbesondere gegen die Zersetzung durch Pilze, geschützt ist. Dies macht diese Baumarten aber auch zu besonders wertvollen Nutzholzlieferanten. Oft sind deshalb solche alt werdenden Nadelgehölze vom Menschen so stark dezimiert worden, dass sie heute vom Aussterben bedroht sind. Dies gilt für die Mammutbäume Nordamerikas (Redwood oder Küsten-Sequoie - *Sequoia sempervirens* - und Echter Mammutbaum - *Sequoiodendron giganteum*) und die Alerce (*Fitzroia cupressoides*) Süd-Chiles.

Als die Pflanzen, die das höchste Lebensalter erreichen, gelten die Grannen-Kiefern (*Pinus longaeva*) aus den Gebirgen Kaliforniens, Nevadas und Utahs. In den kalifornischen White Mountains gedeihen sie noch an Standorten bis zu 3.600 m über N.N. Die Kiefern erreichen normalerweise nicht viel mehr als 10 m Höhe. Dabei können aber die Stämme an der Basis weit über 4 m dick werden, wobei große Teile dieser Stämme schon abgestorben sind. Für 1 cm Dickenzuwachs benötigen sie bis zu 100 Jahre. Außer diesem langsamen Wachstum dürften folgende Eigenschaften zum hohen Alter beitragen:

- das schwere, harzreiche und dadurch gegen Pilzbefall besonders widerstandsfähige Holz,
- die hohe Resistenz gegen Trockenheit, Frost und Feuer,
- sehr langlebige Nadeln (bei der Grannen-Kiefer bis 40 Jahre),
- die Fähigkeit, weiter zu wachsen, auch wenn große Teile des Stammumfanges abgestorben sind.

Während man bei Mammutbäumen und Alercen ein Alter von über 2.000 Jahren nachweisen konnte, sind die ältesten Grannen-Kiefern um die 5.000 Jahre alt.

3. Fichten und andere Nadelgehölze in Mitteleuropa

3.1 Laubwälder und Nadelwälder

Die Fichte (*Picea abies*) ist in Mitteleuropa auf die höheren Gebirgslagen beschränkt. Auch Tannenwälder und Tannen-Buchen-Wälder sind montane Waldgesellschaften. In den atlantisch getönten Klimazonen West- und Mitteleuropas kann die Europäische Eibe als zweite Baumschicht in Laubwäldern auftreten, vorwiegend in Buchenwäldern auf basenreichen Böden, zum Beispiel im Eiben-Steilhangbuchenwald (*Taxo-Fagetum*) des Juras und des westlichen Alpenvorlandes. Wegen des begehrten Nutzholzes – z. B. zur Herstellung von Lanzen und Speeren – wurden Eiben vermutlich schon im Mittelalter sehr stark dezimiert.

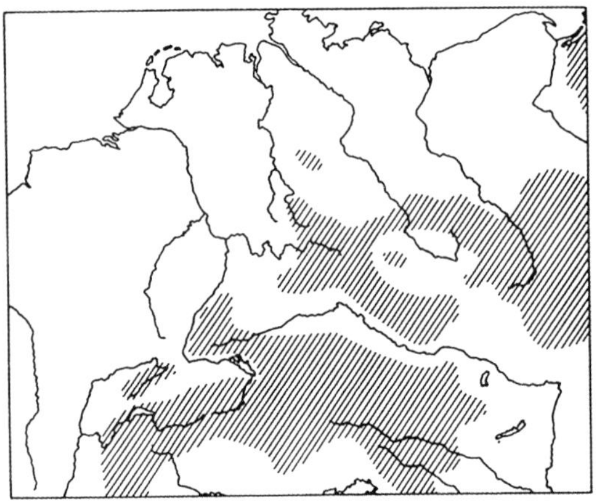

Abb. 154.1 *Die natürliche Verbreitung d. Fichte*

Vergleicht man die Zusammensetzung der ursprünglichen Wälder Mitteleuropas mit dem gegenwärtigen Zustand, dann hat sich das Verhältnis Laubholz zu Nadelholz gegenüber dem ursprünglichen Zustand nahezu umgekehrt. Dies hat vor allem zwei Gründe: Zunächst wurden wesentlich mehr Laubwaldstandorte gerodet und für ackerbauliche Zwecke Zwecke genutzt. Dann wurde mit Beginn des 19. Jahrhunderts durch die intensiver und systematischer betriebene Forstwirtschaft zunehmend mit Nadelgehölzen aufgeforstet, vor allem mit Fichten und Kiefern. Diese Maßnahmen wurden vor allem getroffen, um die Holzerträge der bewirtschafteten Wälder zu fördern. Doch auch wenn der Holzertrag bei günstigem Vergleich in Fichtenforsten höher ist als in Buchen- oder Eichenwäldern, so hat sich doch die Fichtenmonokultur in vieler Hinsicht als ungünstig erwiesen, sofern sie auf ursprünglichen Laubholzstandorten angelegt wurde. Die Fichtenforste sind viel anfälliger gegen verschiedene Schädlinge, insbesondere Borkenkäfer. In befallenen Beständen kann Windbruch in kurzer Zeit große Schäden anrichten. So hat sich heute in der Forstwirtschaft die Erkenntnis durchgesetzt, dass eine wirklich nachhaltige Waldbewirtschaftung mit Laubgehölzen und Laubholz-Nadelholz-Mischbeständen besser zu erreichen ist als mit Nadelholz-Monokulturen.

Im subatlantischen mitteleuropäischen Tieflandsklima sind sommergrüne Laubhölzer Nadelhölzern in ihrer Konkurrenzkraft überlegen. Dadurch werden Nadelgehölze auf Randstandorte verdrängt, auch wenn ihr physiologisches Optimum etwa im gleichen Bereich liegt wie das der Buche. Ihr ökologisches Optimum finden sie in der Konkurrenz mit sommergrünen Laubgehölzen auf mageren, sauren Sandböden (Kiefern der Mark Brandenburg) oder auf flachgründigen Kalkböden (Gemeiner Wacholder der Schwäbischen Alb) oder in den eher kontinentaleren Klimabereichen der höheren Gebirgslagen. Allgemein gilt (Ellenberg 1996) unter sonst vergleichbaren Bedingungen, dass der Anteil an Nadelgehölzen umso höher ist,

- je kontinentaler der Klimacharakter ist,
- je kürzer die Vegetationsperiode ist,
- je basenärmer der Boden ist (vor allem auf nas-

sen Standorten), und
- je trockener und durchlässiger der Boden ist (Kiefernwald).

Wo Coniferen zur Vorherrschaft gelangen, bildet ihre schwer zersetzbare Nadelstreu einen Rohhumusboden, der die Ansiedelung von Laubgehölzen erschwert. Dies gilt auch für aufgeforstete Nadelwälder, die sich in einem älteren Entwicklungszustand in Mitteleuropa kaum von den natürlichen Bergnadelwäldern unterscheiden (Beispiel: Harz, Schwarzwald).

3.2 Fichtenwälder als Lebensraum

Die teilweise pauschal getroffene Aussage, dass Laubwälder artenreicher wären als Nadelwälder, ist sicherlich nicht richtig. Allenfalls könnte man sagen, dass die Artendiversität auf Extremstandorten meist geringer ist, als auf mittleren Standorten und dass Forste aus einer Baumart weniger Lebensräume bieten, als natürliche Wangesellschaften, die sich zumeist aus mehreren Baumarten zusammensetzen. Doch genau so, wie Buchen und Eichen Nahrungsgrundlage für eine große Zahl von wirbellosen Tieren – insbesondere Insekten – darstellen und Ausgangspunkt für vielfältige Nahrungsnetze sein können, so trifft dies auch für die mitteleuropäischen Nadelholzarten zu. Zahlreiche Arten von Borkenkäfern, Rüsselkäfern, Bockkäfern, Schmetterlingen, Blattwespen, Blattläusen und Wanzen leben von Fichten, Tannen und Kiefern (vgl. Brauns 1991).

Typische Kiefern - gebundene Insekten sind z. B. Kiefern-Buschhornblattwespe, Forleule, Kiefernbock, Vierpunkt–Prachtkäfer und Großer Waldgärtner (Borkenkäfer). Auf Fichten spezialisiert sind die Fichten-Gespinstblattwespe, die Nonne (Fam. Wollspinner), der Kupferstecher (Borkenkäfer) und der Harzrüsselkäfer. Die Riesen-Holzwespe legt ihre Eier

Abbildung 155.1 *Die Fichte als Lebensraum*

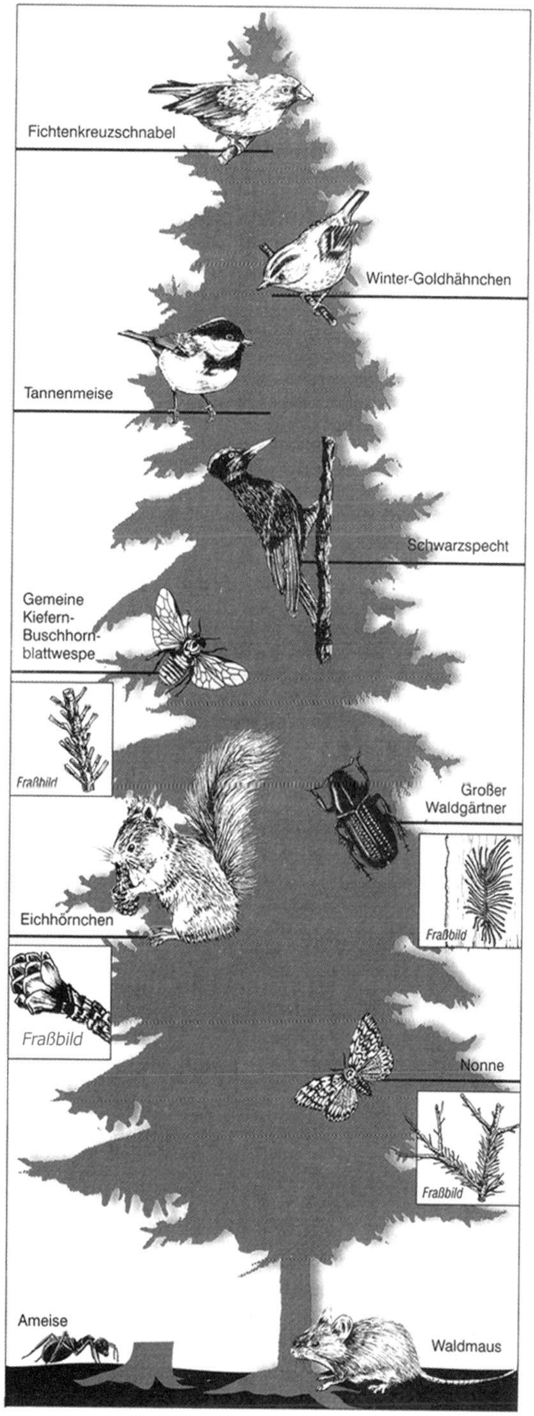

in stehende und liegende Fichtenstämme, aber auch in Tannen, Kiefern und Lärchen. Typische Nadelwaldbewohner unter den Singvögeln sind Kreuzschnäbel,Tannenmeise und Winter-Goldhähnchen. Der Tannenhäher ist besonders in den alpinen Nadelwäldern verbreitet. Typisch für die zentral- und südalpinen Arvenwälder ist das häufige Auftreten vielstämmiger Bäume. Dies bringt man damit in Zusammenhang, dass der Tannenhäher (dort auch Nusshäher genannt) für die Verbreitung der Arven verantwortlich ist. Wie unser Eichelhäher legt er viele Verstecke mit Zirbelnüssen als Wintervorrat an, von denen er einige nicht wiederfindet. Aus diesen wachsen dann jeweils mehrere Keimlinge der Arven (Zirbel-Kiefern). Auch der Schwarzspecht bevorzugt große Nadelwaldgebiete. An pilzbefallenen Stämmen kann man seine Spuren besonders gut sehen, oft zerhackt er sie auf der Suche nach Kerbtieren vollständig. Aber auch in lebende Stämmen hackt er auf der Suche nach Rossameisen (*Camponotus herculeanus*) große Löcher.

Typisch für Nadelgehölze ist der Knospenverbiss durch Kleinsäuger (Rötelmaus, Gelbhalsmaus, Waldmaus, Eichhörnchen). Oft findet man im Frühjahr unter Tannen oder Fichten viele abgebissene Triebspitzen von 5-10 cm Länge. Es sind alles einjährige Triebe, die unmittelbar unter einem Kranz männlicher Blüten abgebissen wurden, und zwar von Eichhörnchen, die die Blütenknospen mit ihren Schneidezähnen sehr geschickt aushöhlen. Ähnliche Triebspitzenfunde von Kiefern gehen auf das Konto des Großen Waldgärtners, eines Borkenkäfers, der die letzjährigen Triebe anbohrt und sie dadurch zum Abbechen bringt. Von den Coniferenzapfen ernähren sich Eichhörnchen, Mäuse, Kreuzschnäbel und Spechte, und sie hinterlassen dabei charakteristische Fraßspuren.

Im Gegensatz zu den oftmals sehr eintönigen Fichtenforsten des Flachlandes haben Berg-Fichtenwälder in der Regel einen reichen Unterwuchs. An lichteren Stellen gedeihen zahlreiche Hochstauden. Häufig ist ein Gras mit sehr schmalen Blätter, das im Schatten selten zur Blüte kommt, die Schlängel-Schmiele. Weitere typische Arten sind Wolliges Reitgras, Rippenfarn, Sauerklee, Dornfarn und Zwergstäucher wie Heidelbeere und Preiselbeere. Schattigere Stellen sind von dichten Moosrasen bedeckt In der Moosschicht gedeihen Haarmützenmoose (*Polytrichum spp.*), Rotstängelmoos (*Pleurozium schreberi*), Besenmoos (*Dicranum scoparium*), Wellblättriges Plattmoos (*Plagiothecium undulatum*) und Rentierflechten (*Cladina spp.*).

Auch bestimmte Pilzarten sind charakteristisch für Nadelwälder. In den saueren Rohhumusböden sind sie als Zersetzer für den Stoffkreislauf besonders wichtig. Viele Arten sind Mykorrhizapilze, das heißt, sie bilden mit Nadelbäumen eine enge Symbiose (vgl. S. 215).

Zu den Pilzen, die in Lebensgemeinschaft mit der Fichte zu finden sind, zählen Vertreter der Gattung der Wulstlinge wie beispielsweise der Fliegenpilz und der Perlpilz, der Maronenröhrling, der Fichten-Steinpilz oder der Fichten-Reizker. Andere bilden zwar keine Mykorrhiza, sind aber auf die Zersetzung der Nadelstreu spezialisiert. Zieht man am Hut eines Nadel-Stinkschwindlings (*Micromphale perforans*), so kommt immer die Nadel mit, die gerade von seinem Mycel zersetzt wird (Abb. 156.1).

Abb. 156.1

4. Hinweise für den Unterricht

3.2 Mögliche Ziele und Inhalte

„Oh Tannenbaum...“ - der Weihnachtsbaum ist vermutlich der bekannteste Nadelbaum. Allerdings werden für diesen Zweck nicht nur Tannen sondern auch verschiedene Fichtenarten verwendet. Ein Unterrichtsziel könnte es sein, einige Weihnachtsbaumarten kennen zulernen und z.B. die Unterschiede zwischen Fichten und Tannen zu erfahren.

Auch die richtige Auswahl und Pflege des Weihnachtbaums und die Frage, was man nach den Festtagen mit dem Baum machen soll, können vorweihnachtlicher Unterrichtsstoff sein.

Nicht alle Nadelgehölze sind als Weihnachtsbaum geeignet. Es gibt auch winterkahle Nadelbäume. Einfache Untersuchungen können zeigen, dass Lärchennadeln weniger gut gegen Trockenheit und Kälte geschützt sind als Fichtennadeln. Die besondere Frostresistenz von Nadelgehölzen ist ein spannendes Thema der Pflanzenphysiologie. Dazu gehört auch die Erkenntnis, dass Kälte wie Trockenheit wirken kann („Frosttrocknis“).

Die besonderen Inhaltstoffe der Nadelgehölze, Harze und etherische Öle wurden vermutlich im Laufe der Evolution als Fraßschutz entwickelt. Sie wurden und werden vom Menschen vielfach genutzt. Sie machen es auch möglich, dass selbst grüne Fichten gut brennen und dass man Nadelholzarten eventuell schon am Geruch unterscheiden kann. Im Unterricht können beide Aspekte berücksichtigt werden. Ausgehend von der Dufterfahrung kann man zunächst auf die Eigenschaften von etherischen Ölen und Harzen eingehen und dann die Nutzungsmöglichkeiten behandeln. Die Frage, welche Vorteile die Inhaltsstoffe den Nadelbäumen bringen, leitet zu dem evolutionsbiologisch interessanten Thema der sog. Sekundären Pflanzenstoffe“ über.

3.3 Unterrichtsschritte

(1) Weihnachtsbäume

Ausgangpunkt des Unterrichts kann die Homepage eines Weihnachtsbaum-Lieferanten sein. Welche Eigenschaften soll ein Weihnachtsbaum haben? Die Schülerbeiträge werden zunächst gesammelt, dann kann man daraus die Fragen für eine Fragebogenaktion bei Verwandten und Bekannten entwickeln:

Dabei müssen nicht alle Fragen beantwortet werden. Das Ergebnis ist „der perfekte Weihnachtsbaum“ (vgl. Kreiselmaier in Probst 2004)

In weiteren Unterrichtsabschnitten können verschiedene Weihnachtsbaumarten bestimmt und charakterisiert werden, ein Pflegeplan für Weihnachtsbäume kann entwickelt werden und schließlich kann man sich mit Fragen der Entsorgung befassen (vgl. S. 113 ff).

(2) Fichte und Lärche

Material und Geräte:

- Mikroskop und Zubehör
- Rasierklingen, Styroporblöckchen
- 2 Pappteller
- benadelte Zweige von Fichte und Lärche

Am Beispiel von Fichte und Lärche lassen sich die besonderen ökologischen Angepasstheiten immergrüner Nadelgehölze besonders gut heraussarbeiten. Ausgangspunkt kann die unterschiedliche Beschaffenheit von Fichten- und Lärchennadeln sein. Besonders deutlich werden die Unterschiede beim Betasten (Fühlboxen).

Um zu erklären, wie diese Unterschiede zustande kommen, kann sich nun eine genauere morphologische und anatomische Untersuchung der Nadeln anschließen. Um Querschnitte für das Mikroskopieren anfertigen zu können, benötigt man Rasierklingen und Styroporblöckchen (vgl Abb. 158.1).

Welche Zusammenhänge bestehen zwischen Nadelmorphologie und Umweltanforderungen an Lärchen und Fichten? Man wiegt 50g frische Lärchennadeln und dieselbe Gewichtsmenge Fichtennadeln ab und stellt sie in in Papptellern auf die Heizung oder die Fensterbank. Nach einem Tag werden die Nadeln erneut gewogen und es zeigt sich, dass die Fichtennadeln deutlich weniger Wasser verloren haben. Im folgenden Unterricht wird der bessere Verdunstungsschutz als Anpassung an die Wasserknappheit bei tiefen Wintertemperaturen gedeutet (Frosttrocknis). Daraus erklärt sich auch, dass Lärchen ihre Nadeln – wie die meisten Laubbäume – im Winter abwerfen um nicht zu "verdursten".

(3) **Fichtenduft**

Material und Geräte:

- Mehrere Filmdöschen
- Reibschale mit Mörser, Quarzsand
- Speiseöl (möglichst geruchsfrei)
-Benadelte Zweige verschiedener Coniferen

Viele Nadelgehölze haben einen ausgeprägten Duft. Man kann versuchen, Nadelholz-Arten aufgrund ihres Duftes zu unterscheiden. Riechdöschen werden mit unterschiedlichen, etwas zerquetschten Nadeln bestückt, die zugehörigen Zweige liegen auf dem Tisch. Man muss durch Schnuppern herausfinden, welches Duftdöschen zu welchem Zweig gehört. Um Weiteres über die Eigenschaften der Duftstoffe herauszufinden, kann man versuchen, die Stoffe aus den Nadeln zu extrahieren. Die übliche Wasserdampfdestillation ist allerdings sehr aufwändig. Aber auch folgender Versuchsansatz sagt etwas über die Eigenschaft der Duftstoffe aus:

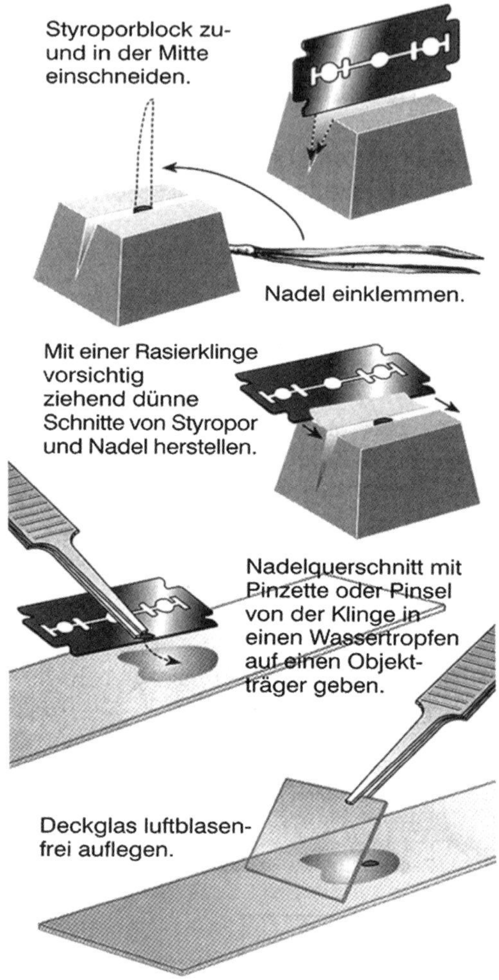

Abbildung 158.1 *Schneidetechnik*

1. Duftdose: Unzerschnittene Nadeln
2. Duftdose: Zerschnittene Nadeln
3. Duftdose: Mit Mörser und Quarzsand zerriebene Nadeln
4. Duftdose: mit Mörser und Quarzsand zerriebene, mit Öl versetzte Nadeln

Nun kann man den Duft der Ansätze über mehrere Tage vergleichen.

Aus den Ergebnissen kann man ableiten, dass etherische Öl in den Nadel eingeschlossen sind, dass sie aus verletztem Gewebe leicht ver-

dass sie in Öl gebunden (gelöst) werden können.
Eine weitere Eigenschaft der etherischen Öle ist bekannt: Sie brennen gut: Man muss nur einen Fichtenzweig in eine Kerzenflamme halten, um das zu beobachten. Die gilt auch für das harzreiche Holz. Der Kienspan sorgte bis vor 200 Jahren für Licht im Hause einfacher Leute.

(4) **Zapfenträger**
Die Samen der Nadelgehölze entwickeln sich, bis auf wenige Ausnahmen – in verholzenden Zapfen, daher der Name Coniferen (lat. conus = Zapfen, ferre = tragen). An der Zapfenachse sitzen Samenschuppen und Deckschuppen, die Samen werden offen auf den Samenschuppen gebildet. (Abb. 159.1).

Trotz dieses einheitlichen Grundbauplans können die Zapfen der Coniferen sehr unterschiedlich aussehen. Für den Aufbau einer Zapfensammlung eignen sich besonders gut Parkanlagen und botanische Gärten, exotische Zapfen kann man eventuell auch bei Floristen oder Friedhofsgärtnern erwerben. Pinienzapfen mit essbaren Samen gibt es in der Adventszeit sogar in Obstabteilungen von Supermärkten.

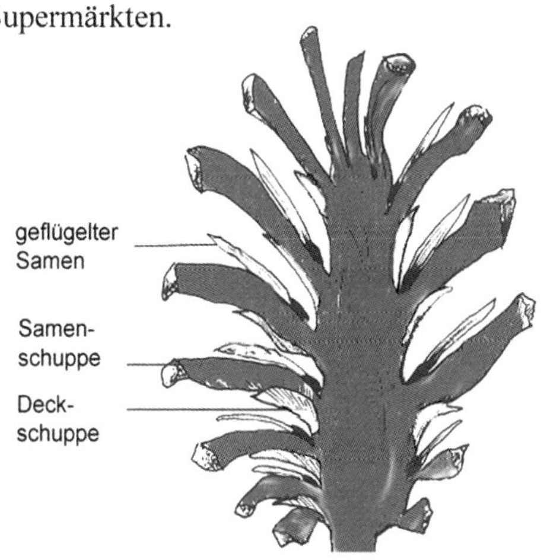

Abbildung 159.1 *Kiefernzapfen im Längsschnitt*

Die Zapfen einer Zapfensammlung lassen sich nach Ähnlichkeiten ordnen. Man kann prüfen, inwieweit der "Zapfenstammbaum" der wirklichen Verwandtschaft entspricht.

6. Literatur

FALKENBERG, H.: Unsere Nadelgehölze. Neue Brehmbücherei Bd. 87, Siemsen, Wittenberg-Lutherstadt 1954

FITSCHEN, J. (Ersthrsg.): Gehölzflora. Quelle und Meyer, Heidelberg, Wiesbaden, 11. Auflage 2002

HALLER, B.; PROBST, W.: Exkursionen im Winterhalbjahr. G. Fischer, Stuttgart, New York 2.Auflage 1983

MORGENTHAL, J.: Die Nadelgehölze. G. Fischer, Stuttgart, 4. Auflage 1964

PROBST, W. (Hrsg.) : Nadelgehölze und Co., Unterricht Biologie 300 (28.Jg.) 2004

SCHÜTT, P.; LANG, K. H. J.; SCHUCK, H. J.: Nadelhölzer in Mitteleuropa. Bestimmung, Beschreibung, Anbaukriterien. G. Fischer, Stuttgart, New York 1984

SCHÜTT, P. u.a.: Lexikon der Nadelgehölze. Nikol, Hamburg 2004

TAIZ, L.,ZEIGER, E.: Physiologie der Pflanzen. Spektrum, Heideberg/Berlin 2000

Große Brennessel

Urtica dioica L.

Familie *Urticaceae*

Blütezeit: Jan. Febr. März April **Mai** **Juni** Juli Aug. Sept. Okt. Nov. Dez.

Wenn es im ersten Buch Mose heißt *»Verflucht sei der Acker um deinetwillen. Mit Kummer sollst du dich darauf nähren dein Leben lang, Dornen und Disteln soll er dir tragen«*. . . dann denkt man sicher auch an die Brennessel, dieses schon von kleinen Kindern durch unangenehme Erfahrungen erkannte und gemiedene Unkraut, das Schuttplätze und Waldränder, Heckensäume und Erlenniederungen in unzugängliche Dickichte verwandeln kann.

Der romantische Naturliebhaber tut sich schwer mit solchen Geschöpfen, die – wie Stechmücken und Wespen, Disteln und Brennesseln – offensichtlich vornehmlich Schmerzen bereiten. Aber auch solche Lebewesen, die von uns häufig als »Strafe Gottes« angesehen werden, haben ihre guten und nützlichen Seiten.

Brennesselbestand

1 Mit Giftspritze und Pollenschleuder – aus der Naturgeschichte einer trickreichen Pflanze

1.1 Auf wüsten Plätzen und Schutthaufen ...

Die Große Brennessel *Urtica dioica* findet sich laut OBERDORFERS Exkursionsflora *»an Wegen und Schuttplätzen besonders im Umkreis dörflicher Siedlungen, an Gräben und Zäunen, in Auenwäldern und Waldschlägen, auf feuchtfrischen, nährstoffreichen, lockeren, mild-neutralen, humosen, meist tiefgründigen, steinigen oder sandigen oder reinen Ton- und Lehmböden.«* Die kriechende Pionierpflanze wurzelt bis 70 cm tief und ist eine ausgesprochene Stickstoff-Zeigerpflanze. Im Wald gilt sie auch als Feuchtigkeitsanzeiger.

Im Gegensatz zu der bei uns ebenfalls heimischen einjährigen Kleinen Brennessel *(Urtica urens)* ist die Große Brennessel ausdauernd. Sie hat ein kräftiges unterirdisches Rhizom, das sich stark verzweigt und mit dessen Hilfe sich Brennesseln in kurzer Zeit über unbewachsene Flächen ausbreiten können. Brennesseln sind deshalb besonders prädestiniert für die Besiedelung offener, vegetationsfreier Flächen, die gleichzeitig reich an Mineralien und organischen Stoffen sind. Schuttplätze und frisch aufgefüllte Böschungen, Grabenränder, Wegränder, Kompostplätze, andere Gartenecken mit reichlicher Nährstoffversorgung und Viehlagerplätze wären hier zu nennen. Dabei findet man Brennesseln in schattigen Erlenbrüchen ebenso wie in völlig offenem Gelände. Der Habitus der Lichtpflanzen unterscheidet sich etwas von dem der Pflanzen schattiger Standorte. Insbesondere werden die Brennesseln im vollen Sonnenlicht nicht so hoch, die Blätter bleiben kleiner, und es treten vermehrt rote Farbstoffe (Anthocyane) auf. Außerdem ist der Blütenansatz in der Sonne besser.

In der Pflanzensoziologie gilt die Brennessel als Charakterart der Klasse der mehrjährigen Beifuß-Ufer- und Schuttgesellschaften *(Artemisietea)*. Aber man findet sie ebenso in Schlaggesellschaften *(Epilobietalia)*, in Flußauen mit ursprünglichen Ufersaumgesellschaften sowie in Erlenbrüchen.

1.2 Mit Giftspritze und Pollenschleuder zum Erfolg

Die Eigenschaft, die der Brennessel im deutschen ihren Namen gegeben hat, und die auch dem lateinischen Namen *Urtica* (von lat. *urere* = brennen) zugrunde liegt, hängt mit der Wirkung ihrer Brennhaare zusammen. Sie bestehen aus einer einzigen Zelle, sind aber so groß, daß man sie schon mit bloßem Auge erkennen kann. Haare nennt man bei Pflanzen Auswüchse der äußeren Zellschicht, der Epidermis. Werden – wie bei den Stacheln der Rose – auch noch tieferliegende Gewebeschichten für den Auswuchs verwendet, spricht man von Emergenzen. Bei der Brennessel handelt es sich um ein einzelliges Haar, dessen kugelig vergrößerte Basis von einer becherartigen Emergenz umgeben wird (Abb. 162.1).

Der untere Teil dieses Haares besitzt eine verdickte, stark kalkinkrustierte Wand. Im oberen Teil ist außerdem bzw. stattdessen Kieselsäure eingelagert. Dadurch wird die Wand spröde und brüchig. Wird das etwas seitlich stehende Köpfchen des Haares berührt, so bricht es leicht ab, wobei an der Spitze eine an eine Injektionsnadel erinnernde

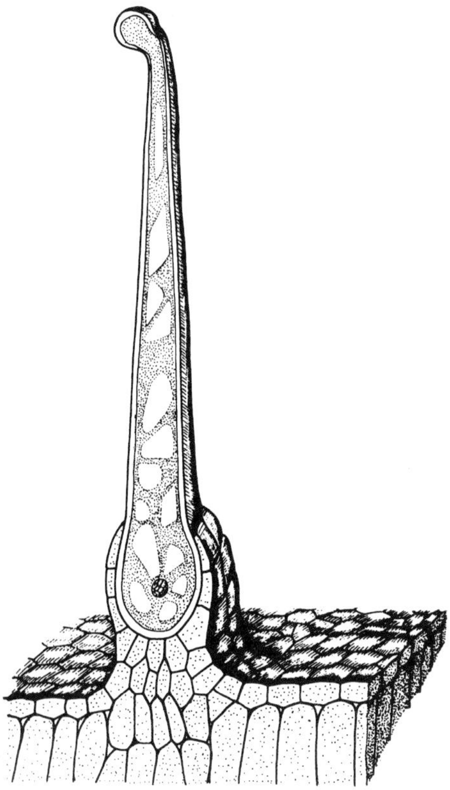

a) Schematische Darstellung eines Brennhaares;

b) Schon mit bloßem Auge sind die Brennhaare an Blättern und Stengel zu erkennen.

c) Mit der Lupe erkennt man, daß die großen Brennhaare zwischen vielen kleineren Haaren sitzen.

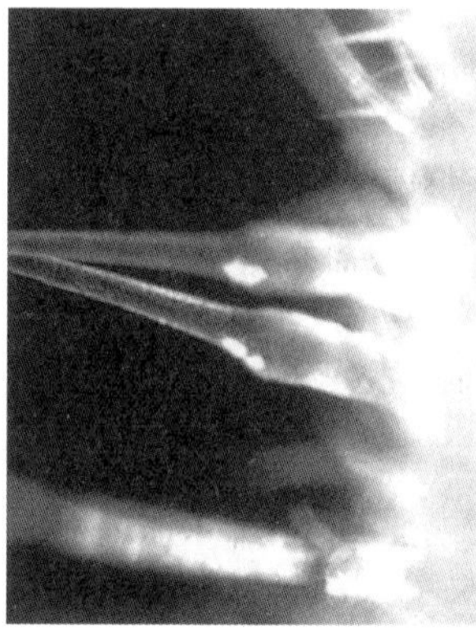

d) Sie haben eine langausgezogene Spitze und eine ampullenartig verdickte Basis.

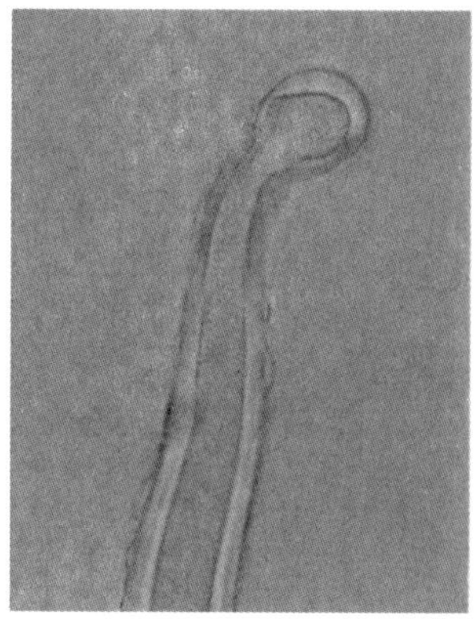

e) An der Haarspitze sitzt ein Köpfchen, das sehr leicht abbricht, da die Zellwand unter dem Köpfchen durch Kieselsäureeinlagerungen besonders brüchig ist.

Abbildung 162.1: *Brennhaare der Großen Brennessel*

schräge Öffnung entsteht. Diese kann sich leicht in die Haut einbohren. Da die lebende Zelle unter erheblichem Druck steht und durch den Aufprall ein zusätzlicher Druck auf die blasenförmige Erweiterung am unteren Ende des Haares ausgeübt wird, entleert sich der Zellinhalt in die Wunde, ganz ähnlich, wie dies bei der Betätigung einer Spritze geschieht.

Mit dem Zellinhalt werden vor allem die Stoffe Histamin, Acetylcholin, Serotonin und Natriumformiat (Natriumsalz der Ameisensäure) injiziert.

Histamin ist das Decarboxylierungsprodukt der Aminosäure Histidin. Histamin bewirkt Erweiterungen der Blutkapillaren und kann außerdem allergische Reaktionen hervorrufen.

Acetylcholin ist die Überträgersubstanz der meisten Nervenendigungen. Es hat außerdem noch peripher blutdrucksenkende Wirkung. Im Sekret ist es in einer Konzentration von ca. 1:100 enthalten. Es ist für den brennenden Schmerz verantwortlich.

Zweifellos sind diese Brennhaare mit ihren Inhaltsstoffen ein wirksamer Schutz gegen das Gefressenwerden durch Säugetiere. Eine ganze Reihe einheimischer Pflanzenarten wie die Taubnessel-Arten, der Acker-Hohlzahn oder die Nesselblättrige Glockenblume haben ähnlich geformte Blätter und können vegetativ leicht mit Brennesseln verwechselt werden (vgl. Abb. 163.1). Möglicherweise handelt es sich hier um pflanzliches Mimikry. Mindestens bei Kindern kann man die Wirksamkeit dieses Mimikry direkt beobachten. Vielfach werden solche ähnlich aussehenden Pflanzen ebenso gemieden und in Ruhe gelassen wie die Brennesseln. Ob dieses Formmerkmal auch bei Ziegen und Rindern wirkt, sei allerdings dahingestellt.

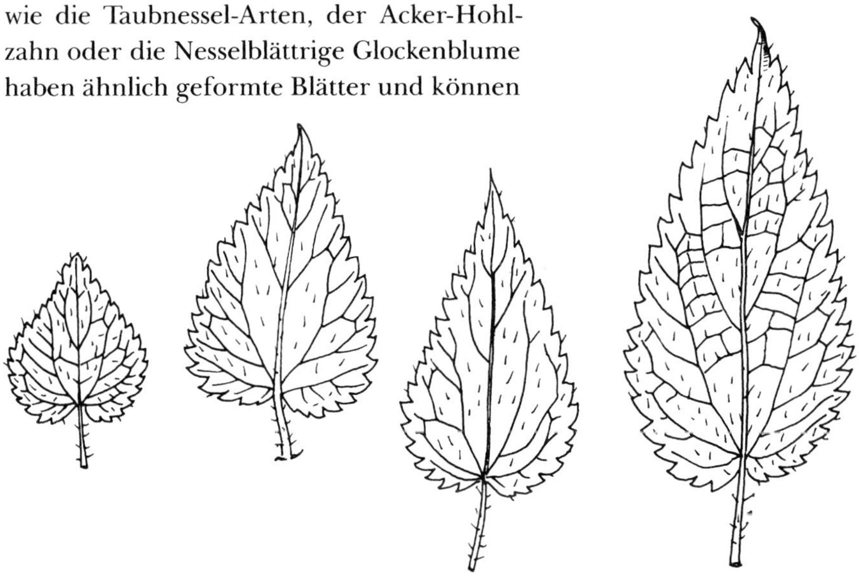

Verschiedene Blätter der Großen Brennnessel

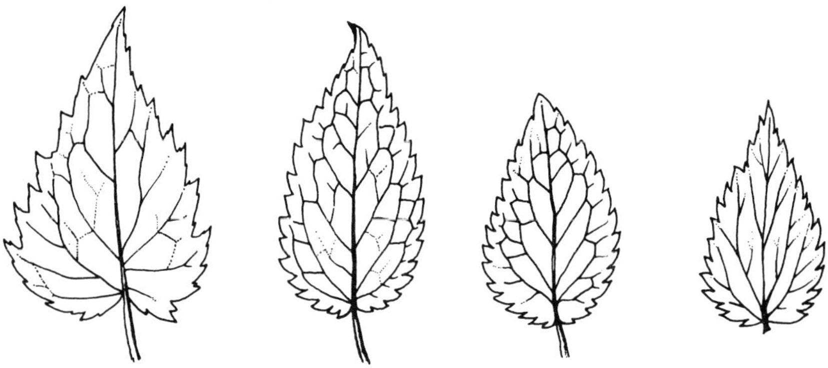

Von links nach rechts: Nesselblättrige Glockenblume (Campanula trachelium), Wald-Ziest (Stachys sylvatica), Weiße Taubnessel (Lamium album), Nesselblättriger Ehrenpreis (Veronica urticifolia)

Abbildung 163.1: *Mimikry bei Pflanzen*

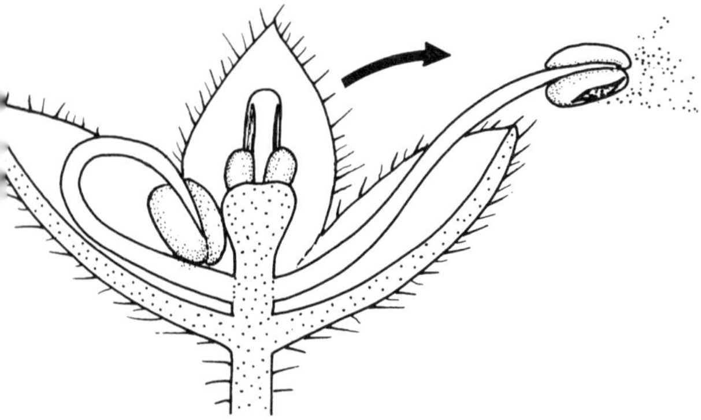

Schematischer Längsschnitt durch männliche Brennesselblüte; ein Staubblatt ist gerade nach außen geschnellt.

Zweig mit männlichen Blüten, von denen eine bereits »explodiert« ist.

Abbildung 164.1: *Der »Explosionsmechanismus« einer männlichen Brennesselblüte.*
Durch starkes Wachstum der Außenseiten krümmen sich die Staubfäden zunächst so stark ein, daß die Staubbeutel auf die Basis der Staubfäden drücken und mit diesen verkleben.
Im Folgenden kommt es zu einem starken Wachstum auf der Staubfadenunterseite, so daß sich eine Spannung aufbaut. Durch eine mechanische Erschütterung, z. B. einen Windstoß, kann die Verbindung von Staubbeutel und Staubfaden gelockert werden und die Staubbeutel schnellen plötzlich nach außen und entleeren den Pollen.

Gegen Insektenfraß dürfte dieses Schutzmittel allerdings kaum wirksam sein, da zum Beispiel Raupen um die Brennhaare herumfressen können. Auch wird die »Spritze« nicht betätigt, wenn das Brennhaar an der Basis angefressen wird. So ist es nicht verwunderlich, daß die eiweiß- und kohlenhydratreichen Blätter der Brennessel vielen Insekten als Nahrung dienen. Insbesondere viele Schmetterlingsraupen bevorzugen die Große Brennessel als Nahrungspflanze, so beispielsweise die Raupen hübscher Tagfalter wie des Kleinen Fuchs, des Tagpfauenauges, des Admirals, des Distelfalters, des C-Falters oder des Landkärtchens. Will man also Schmetterlinge im Garten haben, sollte man auch der Brennessel ein Lebensrecht zugestehen.

Mit Gifthaaren gegen Fraß geschützt und mit einem unterirdischen Rhizom ausgestattet, das sich sehr schnell ausbreiten kann, ist die Brennessel eine sehr konkurrenzfähige Pflanze. Auch die geschlechtliche Fortpflanzung ist sehr effektiv. Dies beginnt schon mit einer besonders wirkungsvollen Bestäubungseinrichtung: Die Windbestäubung wird durch einen Explosionsmechanismus der Staubblätter gesichert (Abb. 164.1). Die Staubfäden sind nämlich bei der jungen Blüte gegen den Fruchtboden eingeschlagen und im Laufe der Blütenentwicklung baut sich eine immer größere Spannung im Filament auf, die schließlich bei der Reife der Staubbeutel ihren Höhepunkt erreicht. Kleine Erschütterungen reichen nun aus, um die Staubfäden von innen nach außen schlagen zu lassen. Bei dieser ruckartigen Bewegung werden die Staubbeutel aufgerissen und eine kleine Pollenstaubwolke wird in die Luft geschleudert. Noch auffälliger ist diese Erscheinung bei der bei uns als Zimmerpflanze gehaltenen Brennessel-Verwandten *Pilea*. We-

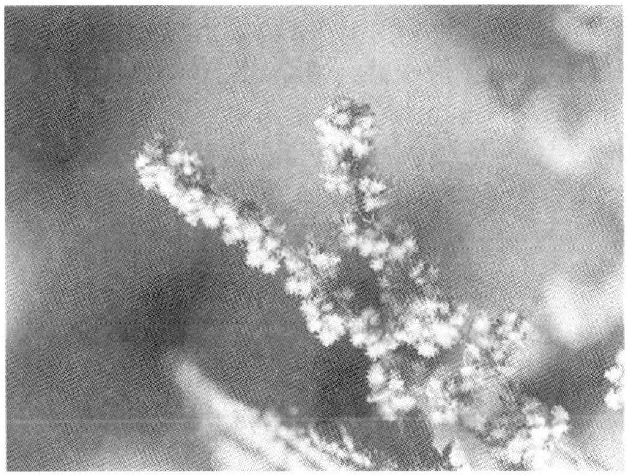

Abbildung 165.2: *Männliche (links) und weibliche Blüten (rechts) der Großen Brennessel. Sie stehen an unterschiedlichen Pflanzen (Diözie).*

gen der an eine kleine Pulverexplosion erinnernde Staubentladung wird diese Pflanze auch »Kanonierblume« genannt.

Kein Wunder, daß der Samenansatz der weiblichen Pflanzen nach solch effektiver Bestäubung sehr gut ist. Auch die Verbreitung der Samen ist sehr effektiv.

1.3 Brennessel, Glaskraut, Bubiköpfchen – die Familie der Brennesselgewächse (Abb. 166.1)

In unserer heimischen Flora sind die Brennnesselgewächse, die *Urticaceae,* nur mit zwei Gattungen und wenigen Arten vertreten. Neben der Großen Brennessel kommt noch die Kleine Brennessel, eine einjährige, ebenfalls mit Brennhaaren ausgestattete Pflanze, vor. Eingebürgert auf Schuttplätzen und anderen stickstoffreichen Standorten ist schließlich noch die Pillen-Brennessel *(Urtica pilulifera),* eine Art, die von CORRENS zu Vererbungsversuchen genutzt wurde.

Charakteristisch für die Gattung *Urtica* sind neben den Brennhaaren kreuzgegenständige, gesägte Blätter und kantige, faserreiche Stengel. Die zweite einheimische Gattung *Parietaria* (Glaskraut) hat wechselständige Blätter und sehr brüchige Stiele (Name!). Das Aufrechte Glaskraut *(Parietaria erecta = P. officinalis)* ist charakteristisch für Weinbergsmauern und nicht zu sonnige Felsstandorte auf sickerfrischen, nährstoffreichen Böden. Seine Verbreitung fällt etwa mit der Verbreitung des Weinbaues in Mitteleuropa zusammen. Das Ästige Glaskraut *(Parietaria judaica)* ist in Mitteleuropa auf wärmste Standorte beschränkt.

Häufige Zimmerpflanzen sind die oben schon erwähnte Pilea (Kanonierblume) und das Bubiköpfchen *(Soleirolia soleirolii),* ein Endemit Korsikas, der dort an feuchten küstennahen Felsen sehr lokal auftritt.

Insgesamt besteht die Familie der Brennesselgewächse aus 45 Gattungen mit etwa 700 Arten, die sich alle durch unscheinbare Blüten auszeichnen. Diese sind meist in mehr oder weniger großen cymösen Blütenständen zusammengefaßt. Meistens sind die Blüten eingeschlechtlich, die Große Brennessel

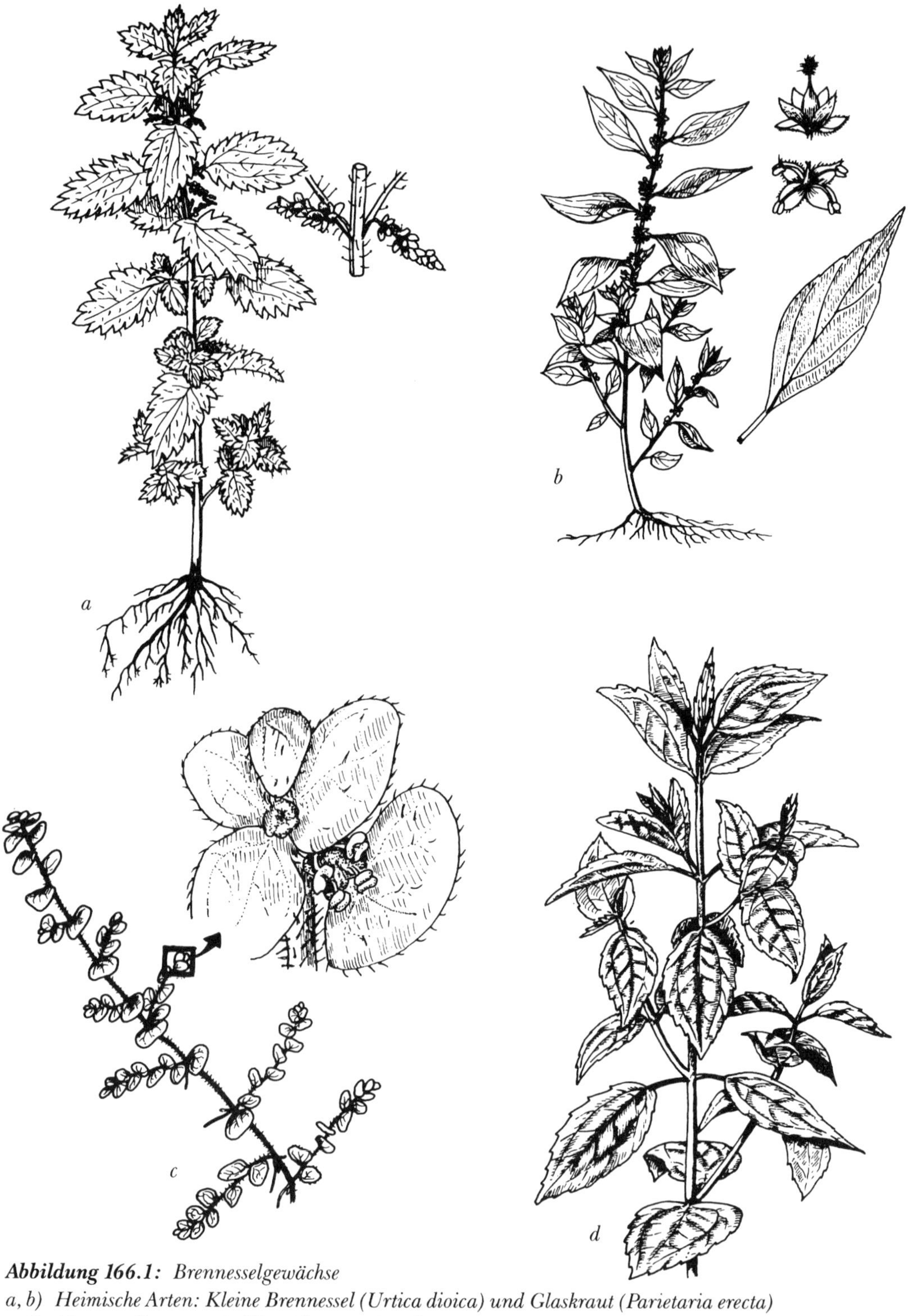

Abbildung 166.1: *Brennesselgewächse*
a, b) Heimische Arten: Kleine Brennessel (Urtica dioica) und Glaskraut (Parietaria erecta)
c, d) Zimmerpflanzen: »Bubiköpfchen« (Soleirolia soleirolii), Kanonierblume (Pilea cardierei)

ist sogar zweihäusig. Es gibt männliche Pflanzen, die nur Pollenblüten und weibliche Pflanzen, die nur Blüten mit Stempeln hervorbringen. Die sytematische Zuordnung der Brennesselgewächse ist umstritten. Meistens werden sie zusammen mit den Ulmengewächsen *(Ulmaceae)* und den Maulbeergewächsen *(Moraceae)* zu einer Ordnung *Urticales* vereinigt. Diese wiederum wird meistens der Unterklasse der *Hamamelididae,* also den Kätzchenblühern, zugeordnet. Andere Systematiker bringen sie jedoch in Verbindung mit den *Malvales* und rechnen sie damit zur Unterklasse *Dilleniidae.* Fossil ist die Familie bereits aus dem Eozän bekannt.

1.4 Brennesselkur und Kräuterjauche – die vielfältigen Nutzanwendungen der Brennessel

Erscheint die Brennessel auch zunächst als lästiges und schmerzhaftes Unkraut, so zeigt sich bei näherer Betrachtung, daß sie dem Menschen in vielfacher Hinsicht Nutzen bringt. Insbesondere in der **Pflanzenheilkunde** spielt die Brennessel schon lange eine wichtige Rolle. OTTO BRUNFELS, der heute als einer der Väter der Botanik gilt, schrieb in seinem Kräuterbuch (Contrafayt Kreuterbuch) 1532: »*Nesselblätter gestoßen mit Salz und gelegt über die Wunden, so von einem unsinnigen Hund gebissen, heilet sie. Desgleichen alle alten, faulen verzweifelten Schäden und Krebse, Geschwären und verrenkte Glieder. Der Saft von diesem Kraut in die Nase getan, macht sie schweißen und wenn du willst, daß sie aufhöret zu bluten, streich des Saftes an die Stirn, so steht es. Der Same mit süßem Wein getrunken reizt zur Unkeuschheit . . .*«

Bis heute spielt die Brennessel in der Volksheilkunde eine wichtige Rolle, wenngleich wissenschaftlich orientierte Pharmakologen sich mit der Brennessel nur wenig beschäftigt haben. So wird zum Beispiel angenommen, daß die Inhaltsstoffe der Brennhaare gut gegen rheumatische Krankheiten wirken. Hautkrankheiten und Krankheiten des Ausscheidungssystems sollen ebenfalls wirksam mit Brennesseln behandelt werden können. Als gesichert gilt die harntreibende und auf die Nierenfunktion fördernd wirkende Funktion von Brennesselinhaltsstoffen. Günstige Auswirkungen auf bestimmte Hautkrankheiten, wie beispielsweise Schuppenflechte, scheinen damit zusammenzuhängen. Schließlich können gutartige Prostatageschwüre mit Brennesselextrakten erfolgreich behandelt werden. Der hohe Gehalt an Vitamin C und A sowie der hohe Chloroplastengehalt der Blätter (Magnesium und Eisen) macht die Brennessel zu einer empfehlenswerten Wildgemüseart des Frühjahrs und des Frühsommers.

Rezept für Brennesselgemüse
500 g junge Brennesselblätter werden gewaschen, geputzt und mit wenig Salzwasser in 10 Minuten gegart. Dann läßt man sie auf einem Sieb abtropfen und hackt die Blätter grob. Das abfließende Gemüsewasser kann aufgefangen und getrunken oder als Suppenbrühe verwendet werden. Eine geschälte Zwiebel wird fein gehackt und in einem Topf mit 20 g Butter glasig gedünstet. Dazu gibt man das Gemüse, läßt es kurz heiß werden und schmeckt abschließend alles mit Salz, viel geriebener Muskatnuß und 2 Eßlöffeln Crème fraîche ab (nach RITTINGER o.J.).

Im **Biogarten** finden Brennesselzubereitungen als Düngemittel sowie als Schädlingsbekämpfungsmittel Anwendung (vgl.

Tabelle 168.1). Da die Brennessel viel Stickstoff aufnimmt und in ihrem Gewebe speichert, eignet sie sich auch sehr gut zur Bereitung von Pflanzenjauche. Solche Pflanzenjauche ist insbesondere für die Düngung kleiner Gärten oder Balkonpflanzen ein wichtiges Hilfsmittel. Ein kalter Brennnesselauszug ist ein gutes Mittel gegen Blattläuse, während man Aufbrühungen (heißes Wasser über Blätter gegossen) gut gegen die Rutenkrankheit und den Kohlgallenrüßler einsetzen kann.

Schließlich eignet sich Brennesselsud zum Färben von Wolle oder Baumwolle. Je nach Anwendung kann man damit gelbe bis bräunlichgrüne Farbtöne gewinnen.

1.5 Nesselstoff (Abb. 169.1)

Das Wort »Nessel« gehört zu einem indogermanischen Verbalstamm »ned«, der soviel bedeutet wie »zusammendrehen«, »knüpfen«, daher auch das süddeutsche Wort »Schuhne-

Tabelle 168.1: *Einsatzmöglichkeiten für Brennesselzubereitungen (nach Holm 1986)*

Form	Verdünnung	Ort	Zeitpunkt	Anwendung
Jauche	unverdünnt	Boden, Kompost	bei Bedarf	über Ameisenlaufstraßen, Kompostbeigabe
Jauche	10fach	Boden	ab Frühjahr (sobald frostfrei)	Bodendüngung, beugt Schädlingsbefall und Pflanzenkrankheiten vor
Jauche	20fach	Pflanze	ab Frühjahr	fördert das Wachstum
Jauche	20fach	Pflanze	vor Knospenaufbruch	gegen Chlorose
Jauche	20fach	Pflanze	an 3 aufeinanderfolgenden Tagen, mehrmals im Abstand von 14 Tagen (sobald frostfrei)	gegen Krankheiten, z. B. Fäulekrankheiten, Falschen Mehltau, Apfel- und Birnenschorf; gegen Schädlinge, z. B. Blattrandkäfer, Blutlaus, Gespinstmotte, Kartoffelkäfer, Kirschenfruchtfliege, Spinnmilben
gärende Jauche	50fach	Pflanze	vor Blatt- und Blütenbildung dreimal während 10 Tagen	gegen Blattläuse, Schildläuse, Spinnmilben
Auszug	unverdünnt	Pflanze	bei Befall	gegen Blattläuse
Brühe	5fach	Pflanze	ab Frühjahr (sobald frostfrei)	gegen Rutenkrankheit und Kohlgallenrüßler
Tee	3fach	Pflanze	an 3 aufeinanderfolgenden Tagen, mehrmals im Abstand von 14 Tagen (sobald frostfrei)	wachstumsfördernd

stel« für »Schnürsenkel«. Vor der Einführung der Baumwolle spielte die Brennessel in Europa eine erhebliche Rolle als Faserpflanze. Der Nesselstoff hat seinen Namen von der Brennessel. Albertus Magnus erwähnt die Brennessel schon im 12. Jahrhundert als Ausgangspflanze für die Herstellung von Nesseltuch. Im 15. und bis ins 17. Jahrhundert wurde in Deutschland mehrfach versucht, die Nesselgarnindustrie heimisch zu machen. In Süddeutschland und in der Schweiz bevorzugte man Nesselgewebe für Müllereizwecke.

Die Nesselfaser ist fein und fest, doch wird ihre Aufbereitung dadurch erschwert, daß die Faserzellen einzeln und nicht in Bündeln zwischen den gewöhnlichen Rindenzellen liegen (vgl. Abb. 169.1). Bredemann (1959) vermutet, daß die Brennessel, die schon immer besonders üppig um menschliche Behausungen gewachsen ist und sich also *»gleichsam als Kulturpflanze des Menschen angeboten hat«* schon in vorgeschichtlicher Zeit zur Herstellung grober Stricke oder groben Garnes gedient hat, kaum jedoch für die Herstellung von Spinnfasern, denn die lockere Anordnung dieser Fasern in der Rinde setzt schon einen ziemlich hohen Grad technischen Könnens für eine solche Nutzung voraus.

Immer wieder wurden jedoch in der Neuzeit Versuche unternommen, die Nesseln als Kulturpflanzen einzuführen. So wurde 1876/77 in Berlin eine sogenannte Nesselkommission gegründet, *»um die Nesselkultur sowie auch die Benutzung wilder Nesseln in unserem Vaterlande anzuregen und zu fördern.«* (Bredemann 1959). Auch während des Ersten Weltkrieges, als die Baumwolleinfuhr stoppte, versuchte man, zuerst in Österreich und dann auch in Deutschland eine Nesselindustrie aufzubauen. Im Zweiten Weltkrieg wurden die Nesseln nochmals zur Minderung der Fasernot herangezogen und nun war es sogar gelungen,

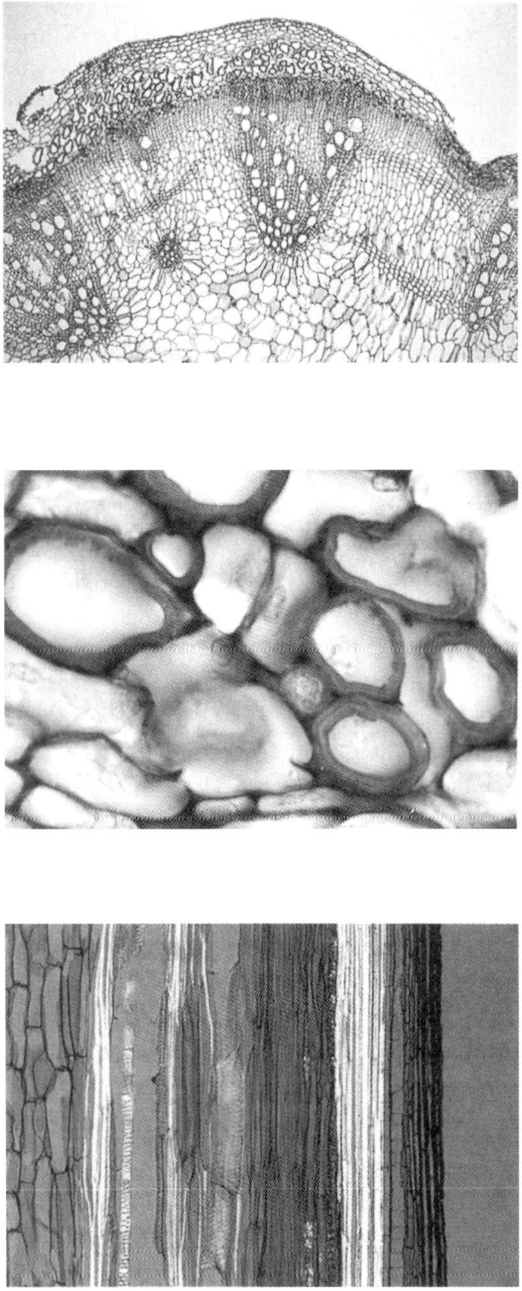

c) Brennessel-Stengel (Längsschnitt), im polarisierten Licht: die Bastfasern mit verdickten Zellwänden treten als leuchtende Streifen hervor.

Abbildung 169.1: *Histologischer Aufbau des Brennessel-Stengels* durch Zucht besonders faserreiche Kultursorten zu entwickeln. In Mitteleuropa wurden die meisten dieser Versuche zwischen 1918 und 1950 von Professor BREDEMANN, dem Direktor des hamburgischen Staatsinstitutes für angewandte Botanik geleitet.

Der hohe Fasergehalt der Brennesseln wird deutlich, wenn man versucht, eine ältere Brennesselpflanze abzupflücken. Meistens reißt man dann ein Stück des Rhizoms mit aus dem Boden. Und oft läßt sich durch Ziehen an einer Brennesselpflanze ein langes Rhizomstück mit vielen Stengeln aus dem Boden holen.

1.6 Die Donnernessel – Blitzableiter und Liebeszauber

Die Brennessel spielt seit alters her im Volksglauben eine große Rolle. Sie galt als antidämonisches Mittel, das vor Hexen schützt. So sollten Ziegen vor dem Behexen sicher sein, wenn man ein Büschel Brennesseln im Stall aufhängt. Aus Westböhmen kommt der Brauch, in der Walpurgisnacht Brennesseln auf den Misthaufen zu stecken und sie mit einem Stock zu schlagen. Man glaubte, die Hexen würden diesen Schlag verspüren und damit keine Macht mehr über das Vieh haben. Andererseits galt die Brennessel auch als eine Pflanze der Hexen, die diese zum Brauen ihrer Zaubertränke nutzten (HOFFMANN-KRAYER u. a. 1927).

Brennesseln wurde auch eine Wirkung gegen Ungeziefer zugesprochen. Um dem Vieh die Maden zu vertreiben, pflückte man demnach vor Sonnenaufgang eine Nessel, faßte sie mit beiden Händen und sprach: *»Brennessel, laß dir sagen, unsere Kuh hat im Fuß die Maden. Willst du sie ihr nicht vertreiben, so will ich dir den Kragen umreiben.«* Nun wurde die Nessel abgedreht und rückwärts über den Kopf geworfen. Um jedoch sichere Hilfe zu erhalten, mußte dies an drei aufeinanderfolgenden Tagen wiederholt werden (RELING/BROHMER 1922). Brennesseln sollten gegen Raupenfraß am Kohl ebenso helfen wie gegen Vogelfraß. Um Vögel vom Beet zu vertreiben, befestigte man einen Brennesselbusch an einem Besenstiel und steckte ihn mit den Worten in die Erde »Da Krah, das ist dein, und was ich steck das ist mein« (HOFFMANN-KRAYER u. a. 1927)

In Mecklenburg war die Große Brennessel als »Dunnernettel« bekannt. Diese Verbindung mit dem Gewitter begründet H. MARZELL (1922) mit der brennenden Eigenschaft der Pflanze, die dadurch Beziehung zu Feuer und folglich auch zum Himmelsfeuer, zum Blitz und zum Blitz- und Donnergott Thor haben mußte. Blitze sollten nicht einschlagen, wo Brennesseln stehen. Auch der Brauch, am Gründonnerstag, dem Tag des Donnergottes, Brennesseln auf dem Dachboden zu verwahren, damit das Haus vor Blitzschlag geschützt werde, geht auf diesen Glauben zurück. Bevor man über die mikrobiologischen Vorgänge beim Brauen Bescheid wußte, geschah es häufig, daß durch unsachgemäße und unsterile Handhabung der Braugeräte das Bier sauer wurde. In manchen Gegenden galt die Brennessel als ein Mittel, dieses Sauerwerden zu verhindern: Man sollte einen guten Strauß Große Brennnessel auf den Rand des Gärbottichs legen *»so schadet der Donner dem Bier nicht«*. Ebenso versuchten Milchhändler an heißen Sommertagen mit Hilfe von Brennesseln, die Milch vor dem Sauerwerden zu bewahren. Prinzipiell wirkt Ameisensäure in gewissem Umfang konservierend und bakterienhemmend, weshalb sie auch heute in der Lebensmittelindustrie als Konservierungsstoff eingesetzt wird.

Seit dem Altertum gilt die Brennessel als Aphrodisiakum. Nach OVID kann man aus Brennesselsamen Liebestränke bereiten. Die Geiselung mit Brennesseln (Urticatio) galt als erotisierend (SCHINDELMAYR o. J.). Auch für Liebeszauber schien die Brennessel geeignet: Wollte ein Mädchen die Liebe eines Jünglings gewinnen, so braute sie sich aus Brennesselsamen einen Tee und sprach beim Umrühren folgendes Sprüchlein: *»Wie Jesus jeden Menschen liebt, auch selber den, der ihn betrübt, so sei auch Du in Liebe mein, so brennend, als die Nesseln sein.«* Mit dem gebrauten Saft bestrich sie die Türschwelle des Liebsten, der nun sofort in unwandelbarer Liebe zur holden Zauberin entbrennen sollte (REHLING/BROHMER 1922). In der Ballade vom Brennesselbusch dient Börris von Münchhausen die Brennessel als Gleichnis für brennende Liebe.

Schließlich sei an dieser Stelle noch der häufige Volksglaube erwähnt, wonach eine reine Jungfrau eine Brennessel berühren kann, ohne sich zu brennen. Außerdem soll man sich auch dann nicht verbrennen, wenn man beim Berühren der Pflanze den Atem anhält. Beide Annahmen lassen sich allerdings durch eine Probe rasch widerlegen.

2 Hinweise für den Unterricht

2.1 Mögliche Ziele und Inhalte

(1) Die Brennessel als Ruderalpflanze und Stickstoffzeiger
(2) Die Brennhaare als besondere Einrichtungen des Fraßschutzes
(3) Der Blütenbau der Brennessel (Zweihäusigkeit, Explosionsmechanismus der Staubbeutel)
(4) Die Brennessel als Wildgemüse und Heilpflanze
(5) Die Brennessel als Faserpflanze

2.2 Material und Geräte

- frische Brennesselpflanzen
- Lupe oder Binokular
- evtl. Mikroskop mit Zubehör
- evtl. Topf, Kochplatte und Zutaten wie im Rezept für Brennesselgemüse angegeben

2.3 Unterrichtsschritte

(1) Die Brennessel: eine Stickstoff-Zeiger-Pflanze
Zunächst sollten verschiedene Standorte der Brennessel zusammengetragen werden. Dies kann während eines Unterrichtsganges oder im Klassenzimmer durch Erinnerung geschehen. Ziel dieses Unterrichtsabschnittes ist es, herauszufinden, daß die Brennessel an allen solchen Standorten wächst, an denen in großer Menge organische Stoffe oder Mineralsalze zur Verfügung stehen. Die Brennessel kann geradezu als Zeiger für nitratreiche Böden herangezogen werden. Gleichzeitig enthält sie selbst viel gebundenen Stickstoff. Dieser hohe Stickstoffgehalt läßt sich durch einen einfachen Nachweis darstellen:

Nitratnachweis
nach BRAUNER/BUKATSCH (1980)
Man fertigt von Stengeln nitrathaltiger Pflanzen Querschnitte an (möglichst untere Stengelteile verwenden) und betropft sie auf einem Objektträger mit etwas Diphenylaminschwefelsäure (wenig Diphenlyamit in konzentrierter Schwefelsäure lösen). Blaufärbung der Gewebe zeigt Nitratgehalt an (evtl. Lupe verwenden).

Nun kann man darauf hinweisen, daß Brennesseln und andere stickstoffreiche Pflanzen sich gut zur Herstellung von Kräuterjauchen als Pflanzendüngemittel eignen (vgl. Tab. 168.1). Eine Brennesseljauche kann angesetzt und angewendet werden. Um den Rottungsvorgang zu beschleunigen, sollten die Brennesseln, bevor sie in einen großen Kübel mit Wasser gebracht werden, mit den Füßen zerstampft werden. Schon nach wenigen Tagen kann man das Gären beobachten. Nach Abschluß des Gärvorganges haben sich die Eiweißverbindungen der Brennnessel zu niedermolekularen Stickstoffverbindungen zersetzt.

(2) **Brennhaare und pflanzliche Mimikry**
Die Haare der Brennessel können mit Lupe oder Mikroskop untersucht werden. Es sollte möglichst ein Haar mikroskopiert werden, dessen Köpfchen noch nicht abgebrochen ist (vgl. Abb. 162.1e). Der Vorgang, der beim »Brennen« einer Brennessel abläuft, soll genau besprochen werden. Zum Abschluß werden Pflanzenarten gesammelt (eventuell nur Namen, besser die Pflanzen selbst bei einem Unterrichtsgang oder vom Lehrer mitgebracht), die mit der Brennessel aufgrund ihrer Blattform und -stellung verwechselt werden können. Der Begriff »Mimikry« wird eingeführt (Abb. 163.1).

(3) **Blütenbau**
Männliche und weibliche Brennesselpflanzen werden ausgeteilt. Handelt es sich um eine Pflanzenart oder sind es verschiedene Arten? Ausgehend von dieser Frage soll erarbeitet werden, daß es sich um weibliche und männliche Blüten der gleichen Art handelt. (Wiederholung: Staubblätter sind männliche, Stempel weibliche Blütenteile). Bei den männlichen Blüten wird der Explosionsmechanismus der Staubblätter besprochen (Windblütigkeit) und wenn möglich beobachtet (Abb. 164.1, 165.1).

(4) **Brennesselgemüse, Brennesselsuppe**
Eine Passage aus einem Kräuterbuch wird vorgelesen, in der die günstigen Wirkungen der Brennesselinhaltsstoffe für die menschliche Gesundheit dargestellt werden. Die Schüler werden gefragt, ob bei ihnen zu Hause Brennesseln als Heilmittel eine Rolle spielen (z. B. als Tee). Dann wird gemeinsam ein Brennesselgemüse nach oben abgedrucktem Rezept (S. 167) hergestellt. Eventuell können die Brennesseln vorher gemeinsam gesammelt werden.

(5) **Nesselfasern**
Schließlich kann die Brennessel als Faserpflanze vorgestellt werden. Wenn man ältere Brennesselstengel mit dem Wellholz bearbeitet, kann man daraus große Faserstränge gewinnen, die sich knüpfen lassen. Von dieser Erfahrung ausgehend, kann man auf die Bedeutung von Pflanzenfasern für die Textilherstellung eingehen. Schließlich können auf mikroskopischen Stengelquerschnitten die Fasern sichtbar gemacht werden. Dabei ist es günstig, vorgefertigte Querschnitte zu verwenden, da die isoliert liegenden Fasern des Rindengewebes am besten bei dünnen, regelmäßigen Schnitten, die gut gefärbt sind, deutlich werden (Abb. 169.1a, b). Bei einer Klasse, die einige Übung in der Herstellung mikroskopischer Präparate besitzt, können diese aber auch selbst hergestellt werden.

3 Literatur

BRAUNER, F., BUKATSCH: Das kleine pflanzen-physiologische Praktikum. G. Fischer Verlag, Stuttgart/New York, 9. Auflage, 1980

BREDEMANN, G.: Die große Brennessel. Urtica dioica L. Forschungen über ihren Aufbau zur Fasergewinnung. Akademieverlag, Berlin 1959

DREYER, J., PROBST, W.: Neue Bedeutung für eine alte Nutzpflanze – die Brennessel. Unterricht Biologie 206, 19. Jg.: 48-49, 1995

FISCHER-NAGEL, H. u. A.: Bunte Welt der Schmetterlinge. Kinderbuchverlag, Luzern, 5. Auflage

GABRIEL, 1.: Gesunde Pflanzen im Biogarten. Falken, Niederhausen i. T. 1984

GRAUPE, F., KOLLER, S.: Delikatessen aus Unkräutern. Das Wildpflanzenkochbuch. Orac, Wien, 6. Auflage 1995

HANSEN, G.: Im Nesselgestrüpp. Würzburg 1980

HEUSSER, H.: In die Nesseln gesetzt. natur 6/82: 74-85, 1982

HOFFMANN-KRAYER, E., BÄCHTOLD-STÄUBLI, H. (Hrsg.): Handwörterbuch des deutschen Aberglaubens. Bd. 1. Berlin u. Leipzig 1927

JOREK, N.: Leben im Naturgarten. Falken, Niederhausen i. T. 1982

KREUTER, M.-L.: Der Bio-Garten. Obst und Blumen naturgemäß angebaut. BLV, München, 22. Auflage, 2004

KREUTER, M.-L.: Kräuter und Gewürze aus dem eigenen Garten. BLV, München 2004

LAMMERT, K. u. E-D.: Schmetterlinge brauchen »Unkraut«. Unterricht Biologie 104, 9. Jg., 1985

LIECKFELD, C.P., ABBA, A.L.: Die Pflanze mit der heißen Nadel. natur 6/89: 71-75, 1989

MARZELL, H.: Die heimische Pflanzenwelt im Volksbrauch und Volksglauben. Leipzig 1922

OBERDORFER, W.: Pflanzensoziologische Exkursionsflora für Süddeutschland. Ulmer Stuttgart, 8. Auflage, 2001

OEHMIG, B.: Die Brennessel - Monographie einer verfemten Pflanze. Unterricht Biologie 165, 15. Jg.: 48-54, 1991

PIECHOTA, O.: Keine Angst vor Brennesseln. Reutlingen 1981

PROBST, W.: Naturerleben. In: HOMFELDT, H.-G. (Hrsg.):Anleitungsbuch zur Gesundheitsbildung, 140-193, Schneider, Hohengehren 1993

RELING, H., BROHMER, P.: Unsere Pflanzen in Sage, Geschichte und Dichtung. Band 2. Der Garten. 5. Auflage, Dresden 1922

RITTINGER, E.: Das biologische Vollwert-Kochbuch. München o.J.

SCHINDELMAYER, A.: Lexikon der Pflanzen. Aulis, Köln o. Jg.

STERK, B., OLNE, E.: Die Brennessel als Garnlieferant. Deutsches Textilforum 1/83: S. 14, 1983

Weizen

Triticum aestivum L.
Familie *Poaceae*

Blütezeit: Jan. Febr. März April Mai **Juni** **Juli** Aug. Sept. Okt. Nov. Dez.

Angefangen von der Landwirtschaft, der Agrikultur, über die Ernährungs- und Agrarwissenschaft, den Getreidehandel, die Weizenbörse, die Verarbeitungsindustrie, die verschiedenen politischen Institutionen bis hin zum eigentlichen Adressaten, dem Brotesser, ist der Weg des Weizenkorns auch ein Weg durch unsere Kultur, von ihr geprägt und auch ein wenig auf sie zurückwirkend.

(Peter Krieg: Der Mensch stirbt nicht am Brot allein. 1981)

Weizen ist – zusammen mit Gerste – vermutlich die älteste Kulturpflanze und bis heute die wichtigste auf unserer Erde. Mehr als 1% der Festlandsoberfläche sind Weizenfelder und es gibt kaum ein Volk, bei dem die Weizenprodukte nicht wesentlich zur Ernährung beitragen.

Gleichzeitig kann diese Pflanze für eine ganze Familie, die Grasgewächse, stehen, zu der noch eine ganze Reihe anderer wichtiger Kulturpflanzen wie Reis, Gerste, Mais oder Zuckerrohr gehören.

Getreidefeld in Süd-Anatolien

1 Weizen, die Pflanze, die die Menschen satt macht

1.1 Zur 10 000jährigen Geschichte des Weizens

Die Gräsergattung *Triticum* – nahe verwandt mit der Gattung *Agropyron,* Quecke – ist recht formenreich. Morphologische, physiologische und zytologische Untersuchungen zeigen, daß man drei Formenkreise unterscheiden kann: einen diploiden, einen tetraploiden und einen hexaploiden. Von allen drei Typen gibt es Kultursorten. Diploid ist das Einkorn, tetraploid der Emmer und hexaploid der Dinkel und unsere heutigen Sommer- und Winterweizensorten. Der Ursprung aller drei Kulturweizengruppen liegt im südwestasiatischen Raum. Noch heute sind dort Wildgräser zu finden, die man als mutmaßliche Urahnen der drei Kulturweizenreihen annehmen kann: *Triticum boeoticum,* ein diploider Wildweizen, *Triticum dicoccoides,* ein tetraploider Wildweizen und weitere Arten der nahe verwandten Gattung *Aegilops* (Gänsefußgras) (Abb. 176.1).

In dem hügeligen bis gebirgigen Land des sogenannten fruchtbaren Halbmondes (Palästina, Libanon, Syrien, Türkei, Irak, Iran; vgl. Abb. 177.1) siedelten sich vor etwa 10 000 bis 12 000 Jahren die ersten nomadischen Jäger und Sammler in Dörfern an und begannen mit der Getreidekultur. Unabhängig davon wurde der Ackerbau später auch in anderen Teilen der Welt, vor allem in Nordchina, Mexiko und Peru entdeckt. Erst mit dieser Erfindung begann die moderne Geschichte der Menschheit. Sie war Voraussetzung für die stürmische Entwicklung von Kultur und Technik, die mit immer größerer Beschleunigung bis heute anhält.

a) Getreideernte der »ersten Ackerbauern« im Bereich des »Fruchtbaren Halbmonds« (aus Leonard, N. Time/Life 1973)

b) Getreideernte in der Türkei (Taurus-Gebirge) 1990

Abbildung 175.1

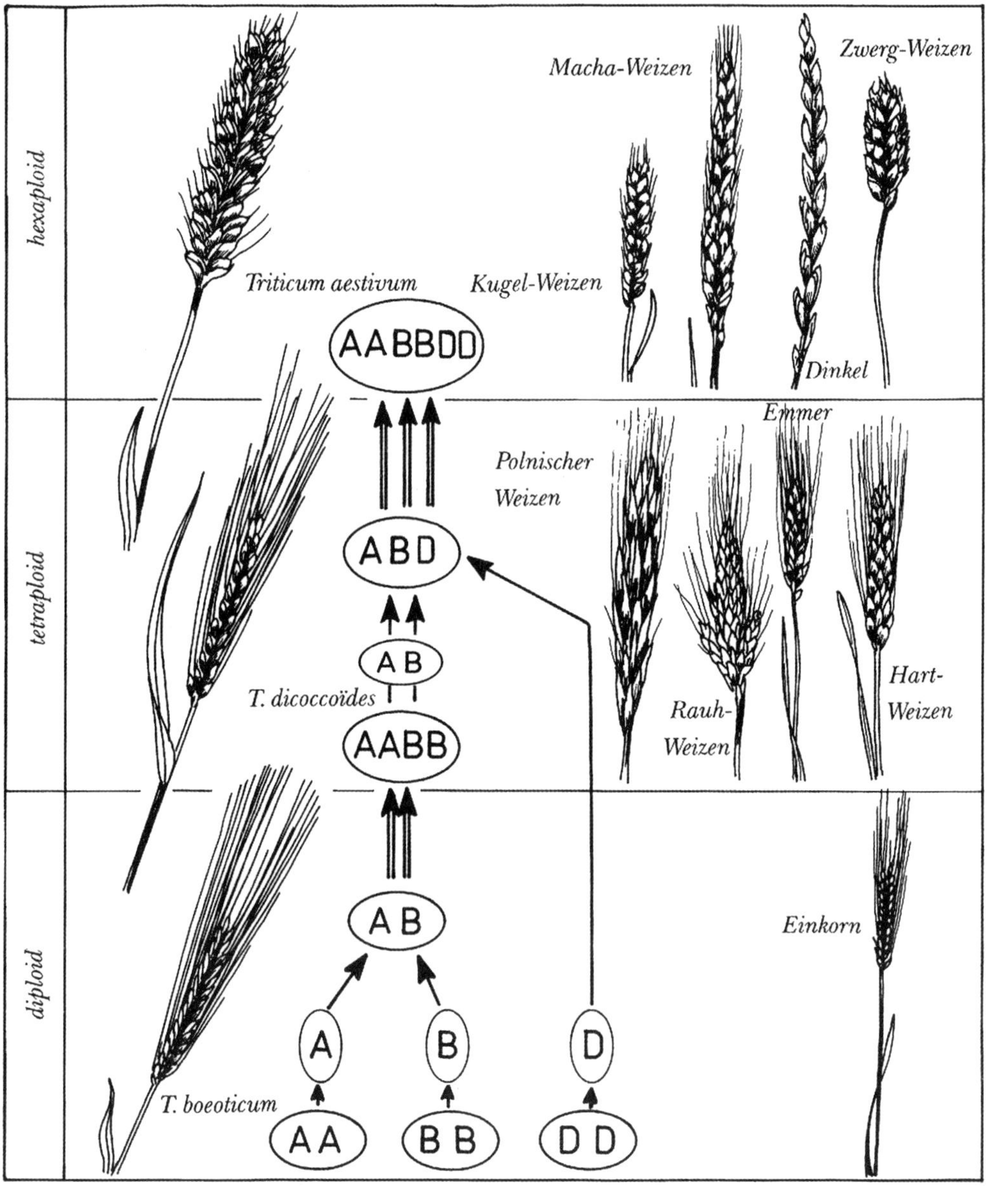

Abbildung 176.1: *Stammbaum des Weizens.*
Die Kulturweizensorten sind aus diploiden und tetraploiden Wildgräsern – zum Teil durch Allopolyploidie – entstanden.
Linke Spalte unten: ein diploider Wildweizen (Triticum boeoticum),
Mitte: ein tetraploider Wildweizen (T. dicoccoides), oben: der heutige hexaploide Sommerweizen (T. aestivum).
Hexaploide Wildarten sind nicht bekannt.
Mittlere Spalte: Zusammensetzung des Chromosomensatzes.
Rechte Spalte: Ähren einiger weiterer Kulturarten bzw. Unterarten.
Die Genome der Stammarten werden heute meist mit A, B und D abgekürzt (A vom Einkorn Triticum monococcum, D vom Gänsefußgras Aegilpos bzw. Triticum tauschii, B eventuell ebenfalls von einer Aegilops-Art).

In dem offenen Land des fruchtbaren Halbmondes waren Gräser auch schon vor Beginn des Ackerbaus weit verbreitet. In dichten Beständen reiften ihre Ähren in den lichten Eichen- oder Wacholderwäldern. Die Ähren wurden von Menschen gesammelt (vgl. z. B. die Funde aus den untersten Schichten der neolithischen Siedlung Mureybit am Euphrat ca. 8400 v. Chr., KÖRBER-GROHNE 1987).

Wie alle Wildgräser hatten jedoch auch Wild-Emmer und Einkorn die unangenehme Eigenschaft, daß die Ähre ihre Körner ausstreut, sobald sie reif ist. Dieser Mechanismus sorgt dafür, daß sich der Emmer selbst aussät. Bei manchen Pflanzen waren die Ähren jedoch kräftiger ausgebildet, und sie fielen deshalb nicht aus, wenn der Halm geschnitten wurde. Man nimmt an, daß die Ährensammler von dieser Abart besonders viele Ähren heimbrachten. Unabsichtlich oder absichtlich wurden sie dort wieder ausgesät und so entstand eine Konzentration von Pflanzen mit haltbaren Ähren in der Umgebung der Siedlung. Recht früh schon dürften deshalb die ersten Kultursorten haltbare Ährenspindeln gehabt haben. Andere Wildgraseigenschaften – wie lange Grannen oder harte, schwer ablösbare Spelzen – haben sich viel länger gehalten.

Der Weg von der Getreidepflanze zum fertigen, eßbaren Produkt war bei den ersten Ackerbauern verhältnismäßig mühsam. Zunächst mußten die geernteten Ähren gedroschen werden, um die Ährchen herauszulösen. Dann wurde zur Trennung das gedroschene Material in den Wind geworfen (Abb. 177.2). Die zurückgebliebenen Ährchen wurden gestampft, um sie von ihren Spelzen zu befreien. Das Spelzen- und Körnergemisch mußte man noch einmal worfeln. Der zurückgebliebene Rest, die eigentlichen Kör-

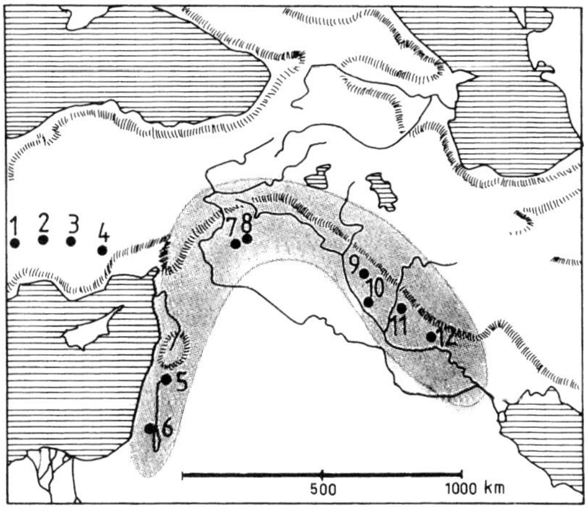

1 bis 13: Fundstellen mit ältesten vorgeschichtlichen Resten von Weizen (Tritcum aestivum oder T. durum) von ca. 6800 bis 5200 v. Chr. (1 Hacilar, 2 Erbaba, 3 Çatal Hüyük, 4 Çan Hasan, 5 Ramad, 6 Jericho, 7 Aswad, 8 Ghoraifé, 9 Jarmo, 10 Tell-es-Sawwan, 11 Choga Mami, 12 Tepe Sabz) (aus KÖRBER-GROHNE, 1987)

Abbildung 177.1: *Der Fruchtbare Halbmond, die Landschaft, in der die ersten Ackerbaukulturen entstanden*

Abbildung 177.2: *Worfeln zum Trennen von Spelzen und Körnern*

ner, konnten dann vermahlen werden. Hierzu verwendeten die ursprünglichsten Ackerbauern einen schweren Mahlstein als Unterlage und einen kleineren Stein zum Zerreiben der geschälten Getreidekörner.

Eine der bedeutsamsten Erfindungen der ersten Ackerbauern war der Backofen. Die Wände der unterirdischen oder oberirdischen Öfen waren aus Lehm gebaut. Durch ein Feuer wurden die Innenwände dieses Lehmbaues stark erhitzt. Anschließend wurden flache Teigfladen auf diese heißen Innenwände geklatscht. Sie waren fertig, wenn sie abfielen. Diese Art des Brotbackens ist heute noch im Vorderen Orient weit verbreitet, doch werden heute die Öfen meistens mit Ölbrennern beheizt.

1.2 Der Weizen, ein typischer Vertreter der Gräser

Weizen, heute das Grundnahrungsmittel von rund der Hälfte der gesamten Erdbevölkerung, gehört zur Familie der Rispengrasgewächse (*Poaceae,* Klasse Einkeimblättrige Bedecktsamer). Diese Grasgewächse sind charakteristisch für die Trockenzonen der Erde. Die großen natürlichen Grasgebiete – die Steppen Asiens, die Prärien Nordamerikas, die Pampas Südamerikas und die Savannen Afrikas – sind dort entstanden, wo geringe Niederschläge oder häufige Brände Waldwuchs nicht mehr aufkommen lassen. Bis heute sind dort Gräser die wichtigsten Primärproduzenten. In Mitteleuropa allerdings sind ausgedehnte Grasfluren erst in der Folge menschlicher Besiedlung entstanden. Werden Wiesen und Weiden nicht mehr bewirtschaftet, so kommt es schnell zu einer Verbuschung und schließlich zur Bewaldung.

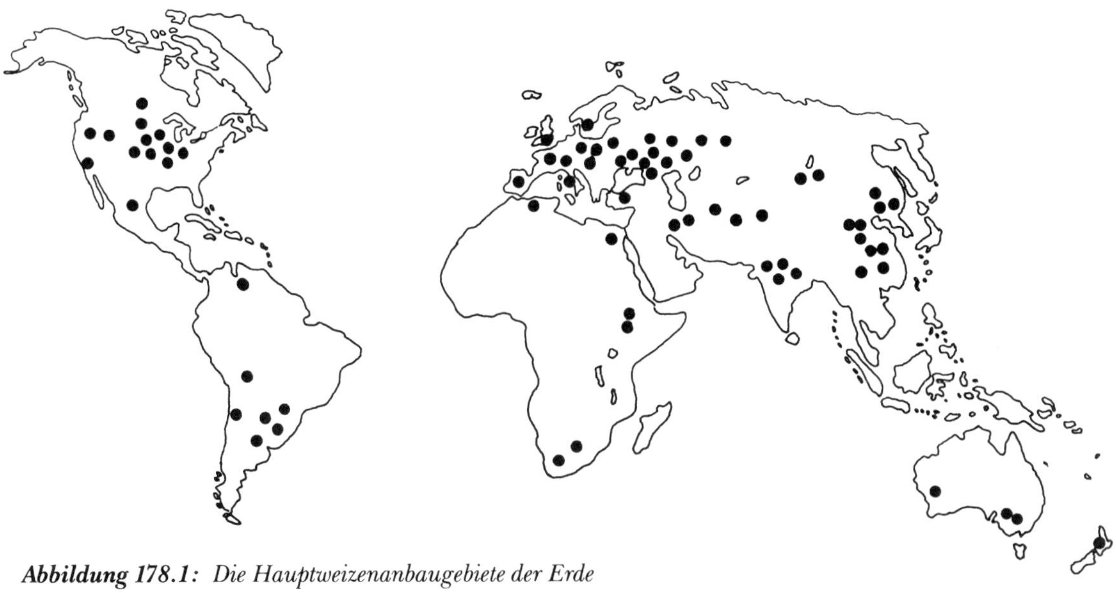

Abbildung 178.1: *Die Hauptweizenanbaugebiete der Erde*

Die Grasgewächse haben lange, schmale, parallelnervige, ungestielte Blätter mit Blattscheide (Abb. 179.1). Der Sproß trägt einen endständigen Blütenstand. Typisch sind:

- runde, hohle Sproßachsen mit deutlich erkennbaren Knoten (Halme),
- vorzugsweise basale Verzweigung der Sprosse,
- lange, meist offene Blattscheiden,
- zusammengesetzte Blütenstände, häufig Rispen.

Zieht man eine Graspflanze aus dem Boden, so erkennt man ein Büschel gleichartiger Wurzeln. Im Gegensatz zu den meisten Zweikeimblättrigen Pflanzen gehen bei den Gräsern und anderen Einkeimblättrigen die Keimwurzeln sehr schnell zugrunde und werden durch zahlreiche sproßbürtige Wurzeln ersetzt (sekundäre Gleichwurzeligkeit).

Der anatomische Bau der Grashalme ist verantwortlich für ihre hohe Biegungs- und Zugfestigkeit. Die Festigungselemente sind nahe der Außenseite ringförmig angeordnet. Im Zentrum ist eine Markhöhle ausgespart. So wird mit geringem Materialaufwand eine hohe Biegungsfestigkeit erreicht. Lange Sklerenchymfasern bewirken außerdem eine gute Zugfestigkeit, die allerdings nicht über die Knoten hinwegreicht. Zieht man kräftig an einem Halm, so reißt er oberhalb eines Knotens ab, da hier die Sklerenchymfasern in einem restmeristematischen Bereich nicht ausdifferenziert sind. Dieses weiche, süßlich schmeckende Gewebe eines Halmes oberhalb des Knotens habe ich als Kind gerne gegessen.

Grashalme wachsen sehr rasch. Bei diesem Wachstum addiert sich das Teilungs- und Streckungswachstum aller Bildungsgewebe an den Knoten. Deshalb kann sich ein Roggenhalm etwa 1 mm in der Stunde, ein Bambushalm sogar 2 mm pro Stunde strecken.

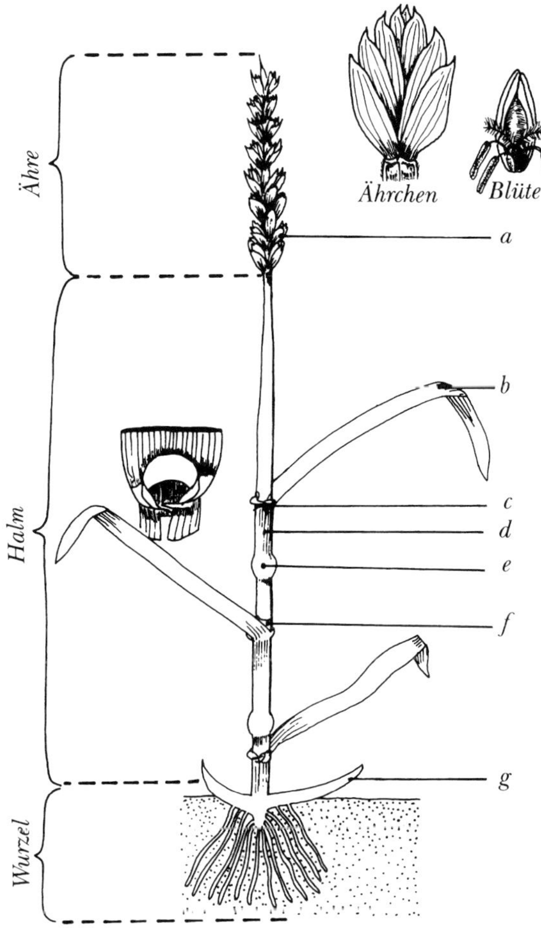

a) Ährchen, b) Blattspreite, c) Blattgrund, d) Blattscheide, e) Knoten, f) Blatthäutchen, g) Seitentrieb

Abbildung 179.1: *Bauplan einer Weizenpflanze (vergrößert: Ährchen und Blüte)*

Der Durchschnittswert bei den übrigen Blütenpflanzen beträgt etwa 0,3 mm pro Stunde.

Die Blattscheiden junger Gräser umhüllen den Trieb und schützen den Vegetationspunkt. Viele Gräser haben flache Spreiten, die im jungen Zustand gefaltet (z. B. Knaulgras) oder gerollt (z. B. Weizen) sein können. Oft tragen sie auf der Oberfläche deutliche Rillen, die der Stabilität dienen. Die harten, siliziumverstärkten Zellwände bewirken die

Schärfe des Blattrandes vieler Gräser. Man kann sich daran schneiden. Zum Teil sind die Grasblätter borstenartig schmal und bleiben immer eingerollt oder gefaltet. Schlängel-Schmiele und Schaf-Schwingel sind Beispiele hierfür. Aber auch die Federgräser haben solche zusammengefalteten schmalen Blätter, die dem trockenen Steppenwind besonders gut widerstehen. Das Rollblatt von *Stipa tenacissima* übrigens wird bei Havanna-Zigarren in das Mundstück eingebaut, da es für den guten Zug der Zigarre gerade die richtige Luftmenge durchläßt.

Zur Bestimmung der Gräser im vegetativen Zustand ist der Blattgrund wichtig: zum Beispiel das Blatthäutchen (Ligula), oder die Ausbildung von Öhrchen am unteren Ende der Spreite, die – wie beispielsweise beim Weizen – den Halm krallenförmig umgreifen können. Schließlich kann der Blattgrund kahl oder behaart sein. Der Blattgrund der vier einheimischen Getreidearten unterscheidet sich in charakteristischer Weise (vgl. Abb. 180.1).

Blüten und Blütenstände: Was man beim ersten Hinsehen für die Blüten der Gräser halten könnte, sind in Wirklichkeit nur kleine Teilblütenstände, die sogenannten Ährchen. Diese sind ihrerseits in rispigen, traubigen oder ährigen Ständen zusammengefaßt. Die Rispen der Gräser sind dadurch ausgezeichnet, daß sie oft mehrere Äste an einer Spindelstufe tragen.

Die Einzelblüten der Gräser sind sehr stark vereinfacht. Sie bestehen aus drei Staubblättern, einem Fruchtknoten mit einer einzigen Samenanlage und zwei langen, fiedrigen Narbenästen. Diese Blüte wird von einer Vor-

Drehung der Blattspreite	Blatthäutchen		Blattöhrchen		Gattung
	Form	Zähne	vorhanden?	Sporn	
rechts herum 	abgerundet 	pfriemlich	+	behaart 	Weizen (Triticum)
	spitz 	dreieckig		unbehaart 	Gerste (Hordeum)
	kurz abgerundet 			kurz behaart 	Roggen (Secale)
links herum		pfriemlich	–	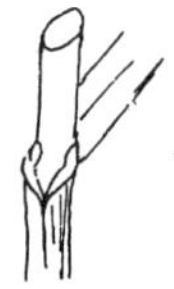 –	Hafer (Avena)

Abbildung 180.1: *Die Unterscheidung der einheimischen Getreidearten nach vegetativen Merkmalen*

spelze umgeben und entspringt in der Achsel einer Deckspelze. Die Deckspelzen tragen oft eine Granne auf ihrer Rückseite. Von der Anzahl der Grannen kann man so auf die Zahl der Blüten im Ährchen schließen. Zwischen der Vorspelze und den fertilen Blütenteilen liegen zwei Schwellkörper (Lodiculae). Ihr Anschwellen bewirkt, daß sich die Blüte öffnet. Bei den meisten Grasarten sind mehrere Blüten pro Ährchen vorhanden. Das Ährchen des Weizens ist drei- bis achtblütig (vgl. Abb. 179.1).

Grasblüten sind sehr gut an die Windbestäubung angepaßt. Die Filamente strecken sich bei Pollenreife sehr rasch und schieben die Antheren aus den Spelzen heraus. (Schnellstes Streckungswachstum bei höheren Pflanzen: Wenn man blühreife Roggenähren in die warme Hand nimmt, können sie sich in 10 bis 20 Minuten öffnen und die Antheren herausschieben.) Die Filamente sind sehr dünn, so daß die Antheren vom leisesten Windhauch geschüttelt werden. In kurzer Zeit sind sie leer. Danach spreizen die Schwellkörper die Spelzen auseinander, die Narbenäste entfalten sich und hängen aus der Blüte heraus. Es sind fiedrig verästelte Narben, die wie eine Reuse die Pollenkörner einfangen können. Die Windbestäubung ist bei der großen Individuenzahl der Gräser und bei der Besiedelung großer freier Flächen sicher die zweckmäßigste Art der Bestäubung. Erhöht wird deren Effektivität noch dadurch, daß die Anthese, also das Aufblühen der Staubblätter, auf wenige Stunden am Tag beschränkt ist und gleich anschließend die Narben aus den Blüten geschoben werden. Für alle Menschen mit Heuschnupfen allerdings ist gerade diese plötzliche und massenhafte Pollenbildung besonders unangenehm.

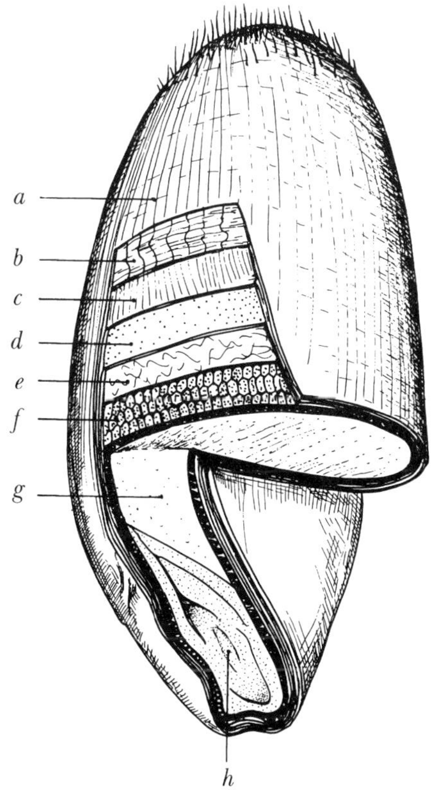

a) Epidermis und Mittelschicht, b) Querzellen, c) Schlauchzellen, d) Braune Haut, e) Perisperm (Weiße Haut), f) Kleberschicht (Aleuronschicht), g) Nährgewebe (Endosperm), h) Embryo (Keimling)

Abbildung 181.1: *Aufbau eines Weizenkorns*

1.3 Der Aufbau eines Weizenkorns

Nach außen ist das Weizenkorn von einer einheitlichen Hülle abgeschlossen, die sich aus einem Verwachsungsprodukt von Fruchtwand und Samenschale zusammensetzt. Man bezeichnet einen solchen Fruchttyp als eine Karyopse. Sie enthält den Embryo der neuen Pflanze und ein vorwiegend aus Stärke zusammengesetztes Nährgewebe. Dieses macht den größten Teil des Kornvolumens (80% bis 85%) und des Korngewichtes aus und dient später zur Ernährung der jungen Weizenpflanze.

Die Fruchtwand besteht aus äußerer Epidermis, einer Parenchymschicht und einer Schicht aus Schlauchzellen. Die Samenschale besteht aus einer braunen und einer weißen Haut, die wiederum mehrschichtig sind, deren Zellen aber bis zur Samenreife fast völlig kollabieren. Das Nährgewebe ist ringsherum von einer Schicht eiweißhaltiger Zellen umgeben (Aleuronschicht). Alle übrigen Endospermzellen sind dicht mit Stärkekörnern angefüllt. Mikroskopisch kann man diese verschiedenen Schichten am besten untersuchen, wenn man das Getreidekorn flach anschneidet (vgl. Abb. 181.1).

Die äußeren Hautschichten des Korns machen etwa 14% des Volumens aus. Beim Mahlen von Auszugsmehl werden sie und der Keim vom Mehlkörper getrennt und bilden die sogenannte Kleie. Sie enthält 86% des Nikotinsäureamids (Vitamin des B-Komplexes), 73% des Pyridoxins (Vitamin B_6), 50% der Pantothensäure (Vitamin B_5), 42% des Riboflavins (Vitamin B_2), 33% des Thiamins (Vitamin B_1) und außerdem 19% des Eiweißes des gesamten Korns. Zum größten Teil besteht Kleie allerdings aus unverdaulicher Zellulose. Im Vollkornmehl sind alle diese Bestandteile enthalten. Da der Embryo auch Fett (Weizenkeimöl) enthält, ist Vollkornmehl allerdings nicht so haltbar wie Auszugsmehl. Es sollte nach dem Mahlen relativ rasch verbraucht werden.

Auch der **Weizenkeim** (Embryo) ist sehr vitaminreich. Er enthält Thiamin, Riboflavin, Pantothensäure und Nikotinsäureamid. Vom Gesamtvolumen macht er nur 2,5% aus. Getrocknete Weizenkeime und ebenso das aus Weizenkeimen hergestellte Öl kann man im Reformhaus kaufen.

Das Nährgewebe oder **Endosperm** macht den größten Teil des Korns aus. Neben Stärke enthält es in der Aleuronschicht auch etwa 70% des Proteins und 43% der Pantothensäure des Korns. Die junge Weizenpflanze ernährt sich über ein zu einem Saugorgan ausgebildeten Keimblatt, dem Scutellum, aus diesem Nährgewebe. Bei der Keimung werden Enzyme freigesetzt, die die Stärke in Zukker verwandeln. Bei der Bierherstellung macht man sich diese Enzyme keimender Gerstenkörner zur Umwandlung der Gerstenstärke in Malzzucker zunutze.

1.4 Keimung und Entwicklung

Bei der Keimung wächst der junge Embryo zum Keimling aus. Dazu muß er Wasser und Nährstoffe aufnehmen. Sproß und Primärwurzel sind zunächst von einer Scheide – der Sproßscheide (Koleoptile) und der Wurzelscheide (Koleorhiza) – umgeben. Zunächst wächst die Primärwurzel aus und auch die erste Sekundärwurzel bildet sich schon recht früh. Sie sprengt die Wurzelscheide und kann nun schon für das weitere Wachstum notwendiges Wasser aufnehmen. Für die landwirtschaftliche Praxis und insbesondere für das Versuchswesen wurden genaue Skalen der Entwicklungsstadien von Getreidepflanzen ausgearbeitet, um objektive Aussagen über den Entwicklungsstand aber auch über Spritztermine und andere Maßnahmen zu bekommen. Im Groben teilt man die Entwicklung der Getreidepflanze wie folgt ein:

(1) **Keimung**
Quellung des Saatkorns, Austritt der Keimwurzel aus dem Saatkorn und Austritt der Keimscheide aus dem Sproß.

(2) **Keimtriebentwicklung**
Die Keimscheide durchstößt die Erdoberfläche. Die ersten drei Blätter entfalten sich

(Dreiblattstadium: Das dritte Blatt in der Mitte der Pflanze ist zur Hälfte entwickelt).

(3) **Bestockung**
In den Blattachseln erscheinen Nebentriebe und es bilden sich zahlreiche Sekundärwurzeln. Die Nebentriebe wachsen zunächst zur Seite, dann richten sie sich auf.

(4) **Schossen**
Haupt- und Nebentriebe richten sich deutlich auf. Zunächst bildet sich der erste Knoten dicht über der Erdoberfläche, dann der zweite Knoten deutlich höher. Das Schossen schließt damit ab, daß die Blattscheide des letzten Blattes sich gerade über der jungen Ähre zu öffnen beginnt.

(5) **Ährenschieben**
Die Ähre tritt nun aus der Blattscheide aus, bis sie vollständig sichtbar ist.

(6) **Blüte**
Vom ersten Erscheinen der Staubbeutel in der Ährenmitte bis zum vollständigen Ende der Anthese (an der Ähre hängen noch einige ausgetrocknete Staubbeutel).

(7) **Reife**
Die Körner beginnen zu wachsen.
Milchreife: Körner haben ihre endgülige Größe, Korninhalt ist milchig weiß, die Körner sind grün.
Teigreife: Korninhalt ist noch weich, aber trocken. Zwischen den Fingern zerreibbar; Korn und Spelzen gelbgrün.
Gelbreife: Korninhalt ist plastisch bis fest, das Korn kann noch über den Daumennagel gebrochen werden. Die Pflanze ist vollständig abgestorben.
Totreife: Das Korn ist vollständig hart und kann nicht mehr gebrochen werden (vgl. Abb. 183.1).

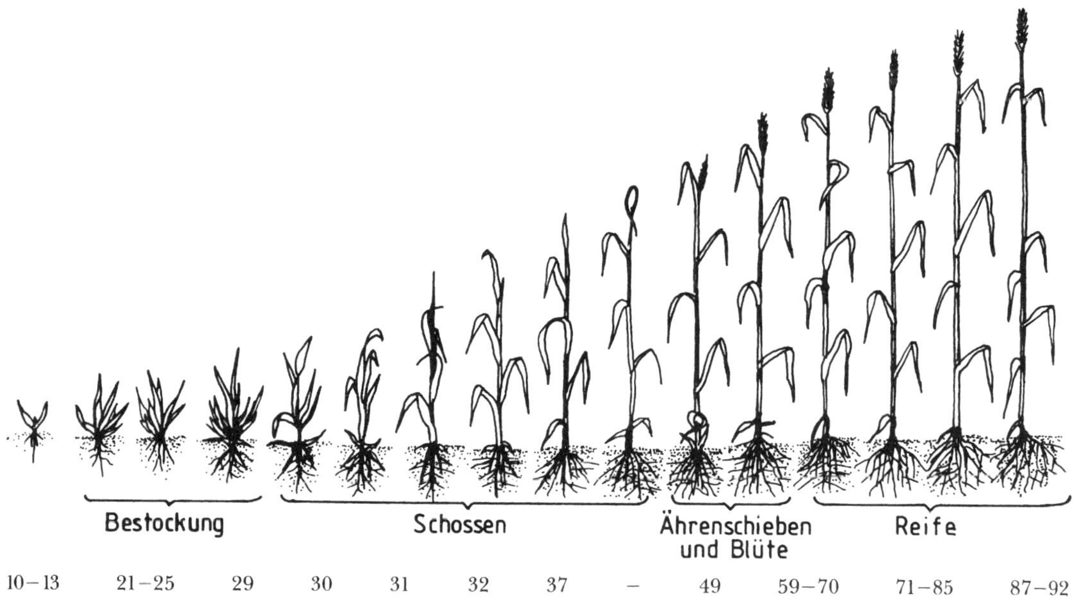

Abbildung 183.1: *Entwicklungsstufen des Weizens.*
Die Zahlen geben den Dezimal Code (DC) der Entwicklungsstufen an (nach Zadoks, Chang und Konzak 1974; aus Kolbe 1987)

Beim Sommerweizen läuft dieser ganze Entwicklungsgang innerhalb einer Vegetationsperiode ab. Beim Winterweizen entwickelt sich der Keimling bis zur Bestockung im Herbst, um dann während der kalten Wintermonate eine Ruhepause in der Entwicklung einzulegen. Das Ährenschieben beginnt im Frühjahr.

Es ist sehr günstig, wenn die Pflanzen im Herbst noch gut bestocken. Dies kann durch frühe Aussaat, verhältnismäßig geringe Pflanzdichte, kühle Witterung und gute Belichtung und Nährstoffversorgung erreicht werden. Allerdings sollten nicht zu viele Seitentriebe pro Pflanze gebildet werden, da die später gebildeten Triebe nicht gleichzeitig mit den ersten Trieben reifen würden. Im allgemeinen werden drei Halme pro Pflanze als optimal angesehen.

1.5 Konventioneller und alternativer Weizenanbau

»Derjenige, der zwei Kolben Korn oder zwei Halme Gras auf einem Fleck Erde wachsen lassen kann, wo vor dem nur einer wuchs, hat für die Menschheit und sein Land mehr getan als die ganze Spezies der Politiker zusammen« (Jonathan Swift in »Gullivers Reisen«, 1726).

Dem amerikanischen Weizenzüchter E. Borlaug gelang in den Jahren von 1950 bis 1970 die Züchtung von »Wunderweizen«, einer kurzhalmigen, standfesten Pflanze mit dicken Ähren, die unter verschiedenen klimatischen Bedingungen gedeiht und bei starker Bewässerung und Düngung durch schnellere Reifung zwei- bis dreimal so hohe Erträge abwirft wie normalerweise. In vielen Ländern führte die Einführung dieser Weizensorte zu einem gewaltigen Anstieg der Produktion, so zum Beispiel in Mexiko. Langfristig hat diese grüne Revolution allerdings nicht gehalten, was sie versprach. Die intensiven Anbaumethoden und insbesondere der hohe Einsatz von Düngern und Pestiziden, den der Anbau von »Wunderweizen« notwendig macht, hat auch viele Probleme und Nachteile mit sich gebracht. Der viel kapitalintensivere Anbau führte dazu, daß die kleinen von den großen Bauern verdrängt wurden, und daß es in der Landwirtschaft immer mehr zu einer Monopolisierung und Industrialisierung kam.

Der Einsatz großer Mengen an Dünger und Pestiziden in der Landwirtschaft hat zu gewaltigen Umweltproblemen auf der ganzen Erde geführt. Insbesondere die Verschmutzung der Gewässer einschließlich der Meere (Seehundsterben, Algenblüte, Badeverbote wegen Bakteriengehalten) dürfte im wesentlichen eine Folge des weltweit immer weiter steigenden Düngereinsatzes sein.

Für den Weizenanbau besonders geeignete Böden sind nährstoffreiche Schwarzerden oder stark verlehmte Lößböden, die eine hohe Wasserkapazität und einen pH-Wert von 6,6 bis 7 haben. Das Frühjahr sollte nicht zu trocken und nicht zu warm sein, um einen raschen Übergang in die generative Phase zu verhindern.

Die Weizenerträge haben sich in diesem Jahrhundert – auch in den letzten Jahrzehnten – enorm gesteigert. Um die Jahrhundertwende wurden weniger als 20 Doppelzentner Weizen pro Hektar geerntet. Heute sind es im Schnitt schon etwa 80 Doppelzentner. Spitzenerträge über 100 Doppelzentner sind nicht selten. Doch diese Erfolge wurden teuer erkauft. Noch 1950 wurde nur etwa 25 kg Stickstoffdünger pro Hektar Ackerfläche ausgebracht. 1980 waren es 100 kg, heute sind es schon 150 bis 200 kg. Die Erträge liessen sich zwar immer weiter steigern, gleich-

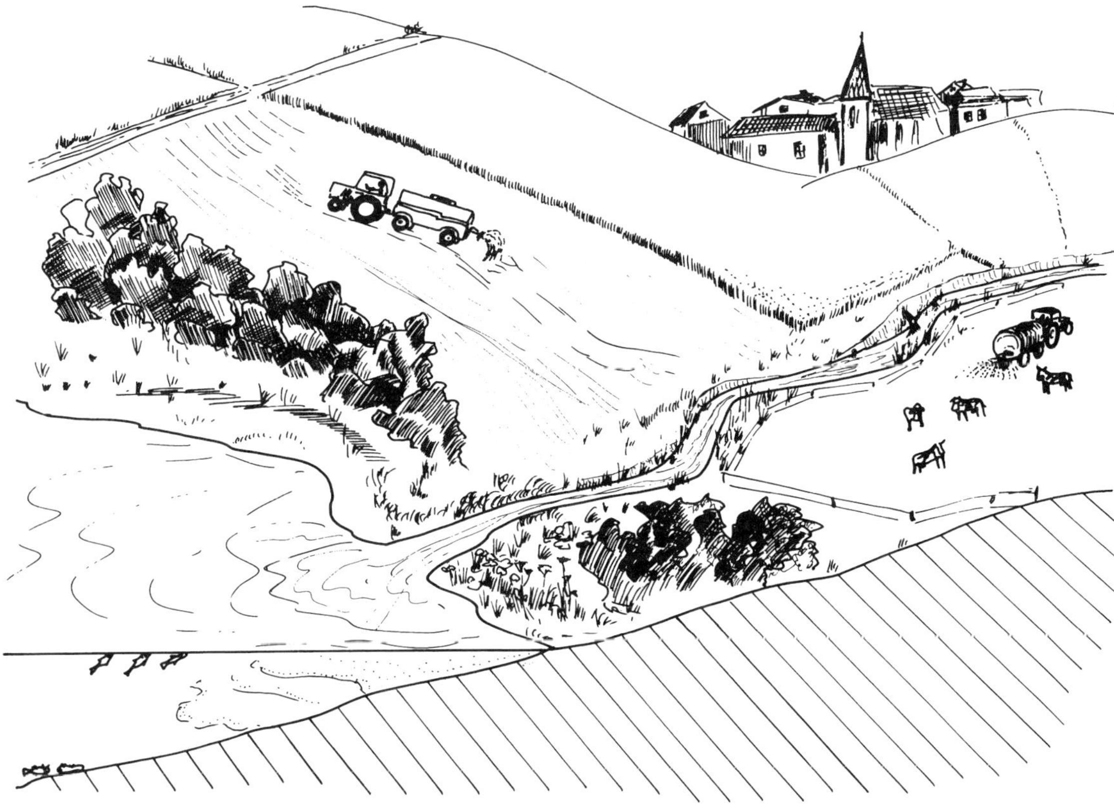

Abbildung 185.1: *Moderne Landwirtschaft und Gewässereutrophierung*

zeitig haben aber nicht nur die Dünger-, sondern auch die Pestizid- und Herbizidaufwendungen zugenommen, sogar in viel höherem Maße als die Erträge. Auch der Energieaufwand für die Feldbearbeitung mit immer größeren und leistungstärkeren Traktoren darf nicht unberücksichtigt bleiben. Heute ist die Landwirtschaft von der Höhe der Investitionen und auch von Energieinput und Produktionsweise her eher als eine Industrie anzusehen. In vielen Fällen ist der Bauer jedoch nicht Besitzer der Produktionsmittel. Er konnte sie nur anschaffen, indem er sich hoch verschuldete.

Die immer höheren Erträge der neuen Weizensorten gehen auch mit der Entwicklung einer größeren Ähre einher. Unter normalen Umständen würde dies zusammen mit der hohen Wüchsigkeit infolge übermäßiger Stickstoffdüngung das Umfallen (Lager) begünstigen.

Durch die Anwendung von Halmverkürzern (z. B. Chlorcholinchlorid = CCC) kann man dieser Gefahr wiederum vorbeugen. Ohne CCC würde hohe Stickstoffdüngung zu Halmbruch und verstärktem Parasitenbefall führen.

Neben den hohen Ansprüchen an Wasser- und Nährstoffversorgung sind die hochgezüchteten Weizenpflanzen auch relativ anfällig für Krankheiten, insbesondere für die sogenannten Fußkrankheiten. Diese befallen den unteren Teil des Halmes, so zum Beispiel die Schwarzbeinigkeit (Erreger: Schlauchpilz

Ophiobolus graminis). Um die Schädlinge in Grenzen zu halten, wird bis heute das Prinzip der Fruchtfolge empfohlen. Günstige Vorfrüchte für Weizen sind Raps, Erbsen, Ackerbohnen und Klee.

Um hohe Erträge zu garantieren, müssen regelmäßig Fungizide gegen Fuß-, Blatt- und Ährenkrankheiten angewandt werden. Vierzehn verschiedene Pilzarten können allein die Weizenpflanze befallen (z. B. Flugbrand, Schneeschimmel, Blatt- und Spelzenbräune, Echter Mehltau, Schwarzbeinigkeit, Gelbrost, Braunrost, Schwarzrost oder Weizensteinbrand). An tierischen Schädlingen sind neben Mäusen und Vögeln vor allem Schnekken, Drahtwürmer, die Brachfliege, die Fritfliege, das Getreidehähnchen, der Getreidewickler, die Sattelmücke, Weizen-Gallmücken und die Bleiche Getreideblattlaus zu nennen (s. Abb. 187.1). Besonders der Blattlausbefall nimmt in Jahren nach milden Wintern, wie zum Beispiel im Sommer 1989, gefährliche Formen an. Die dann notwendigen hohen Chemie-Einsätze können zur Belastung der Verbraucher führen. Aber auch das direkte Gesundheitsrisiko dem die Landwirte ausgesetzt sind, ist erheblich. Schließlich wird mit dem hohen Mineraldünger-, Pestizid- und Herbizideinsatz bis zu neunmal so viel Primärenergie aufgewendet, wie nachher in den Nahrungsmitteln enthalten ist (VESTER 1982).

Diesen sich immer mehr verschärfenden Problemen stellt sich der **ökologische Anbau.** Seit 1982/83 gibt es Rahmenrichtlinien für die Erzeugung von landwirtschaftlichen Produkten nach ökologischen Prinzipien: Es sollen möglichst wenig krankheitsanfällige Arten und Sorten auf den passenden Standorten angebaut werden. Die Fruchtfolge soll ausgewogen und vielseitig sein und es soll genügend Raum für Gründüngung und für Leguminosenanbau bereitgestellt werden. Die Bodengesundheit und die Pflanzengesundheit werden durch gezielte Humuswirtschaft sichergestellt. Mineralische Ergänzungsdüngung hat in einer Form zu erfolgen, in der die Nährstoffe nicht direkt den Pflanzen verfügbar sind und damit auch nicht so leicht ausgeschwemmt werden können. Synthetisch hergestellte Stickstoffverbindungen, leicht lösliche Phosphate oder chlorhaltiger Kalidünger sind verboten.

Das Grundprinzip des Pflanzenschutzes im ökologischen Betrieb ist die Stärkung der boden- und pflanzeneigenen Abwehrkräfte beispielsweise durch Fruchtfolge, Gründüngung, Pflanzenkombinationen, günstigen Saatzeitpunkt und Saattechnik, Bodenpflege usw.

Immer wieder wird darauf hingewiesen, daß die derzeitige Welternährungslage einen Verzicht auf moderne, hochindustrialisierte Landwirtschaft nicht erlaubt. Andererseits werden in vielen westlichen Ländern – auch in Deutschland – Überschüsse von mehreren Millionen Tonnen produziert, für die geeigneter Lagerraum fehlt. Diese Überschußproduktion einerseits und die erheblichen Sekundärprobleme, die mittlerweile in vielen Teilen der Erde durch moderne Produktionsmethoden der Landwirtschaft verursacht werden, zwingen zum Nachdenken. Eine weitere Entwicklung in dieselbe Richtung scheint in eine Sackgasse zu führen. Deshalb ist es sehr zu begrüßen, daß verstärkt nach ökologisch verträglichen Alternativen zur modernen Landbewirtschaftung gesucht wird.

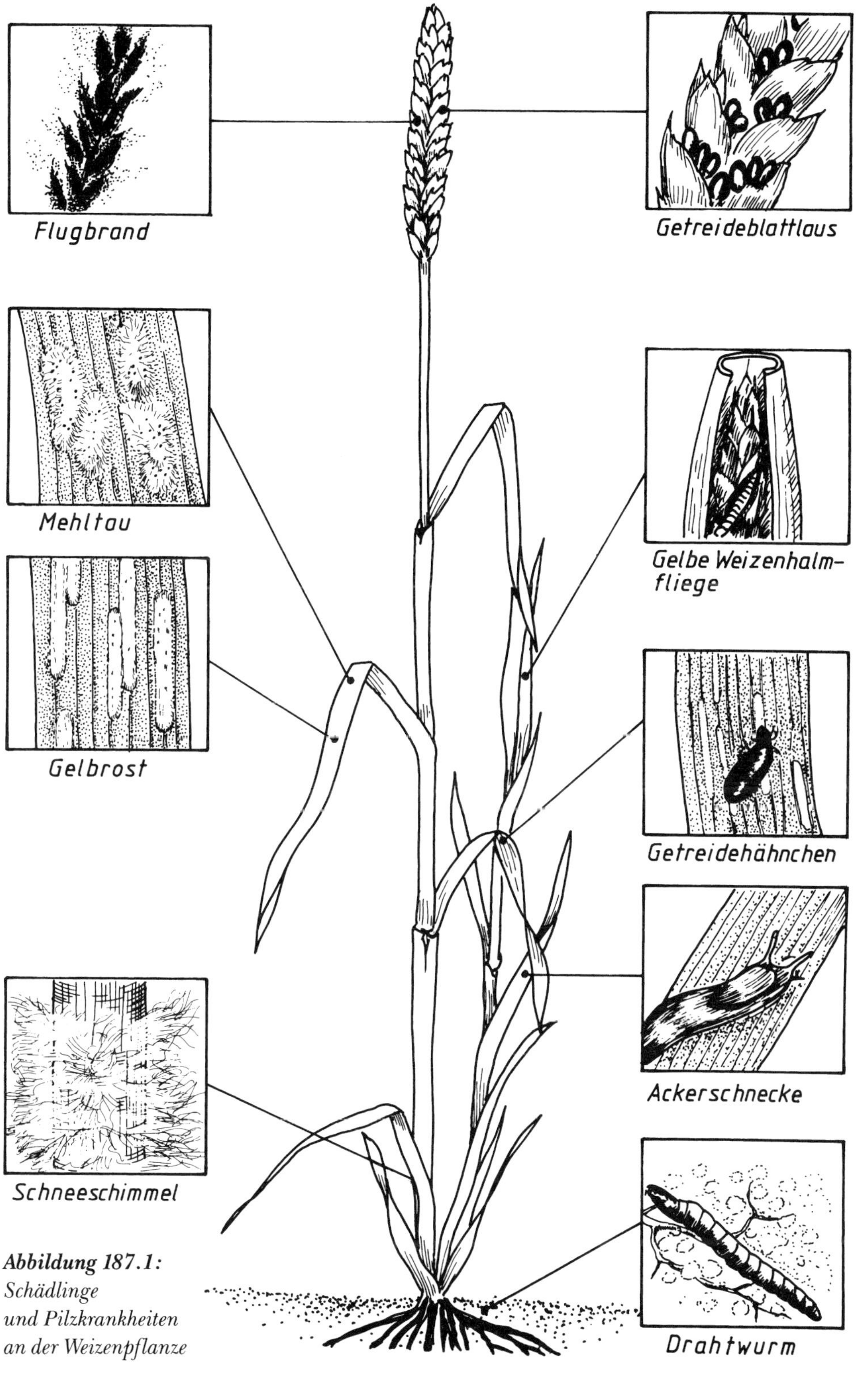

Abbildung 187.1: *Schädlinge und Pilzkrankheiten an der Weizenpflanze*

1.6 Vom Weizenkorn zum Brot

Durch **Mahlen** werden die Körner aufgebrochen und mechanisch in die drei Bestandteile Nährgewebe, Frucht- und Samenschale und Keimling zerlegt. Früher diente hierzu ein Reibe- und ein Mahlstein. Daraus haben sich die Wind- bzw. Wassermühlen entwickelt, bei denen durch Wind- oder Wasserkraft die Körner zwischen sich drehenden, waagerecht liegenden Mühlsteinen zerkleinert werden. Heute wird das Mehl im allgemeinen durch sogenannte Doppelwalzenstühle ausgemahlen. Das Mahlgut fällt gleichmäßig verteilt zwischen zwei Hartguß- oder Stahlwalzen, die mit unterschiedlicher Geschwindigkeit laufen. Auf ihrem Mantel liegen sägezahnartige Einkerbungen, sogenannte Riffeln, die in Schraubenlinien angeordnet sind, so daß das Gut in den Mahlspalt gezogen wird. Die Getreidekörner werden dabei aufgeschert und der Mehlkörper wird herausgestreift. In bis zu 30 Durchgängen (Passagen) wird so das Korn zu Mehl verarbeitet. Zwischenprodukte sind Schrot (abgesichtetes, grob zerkleinertes, zu weiterer Vermahlung bestimmtes Mahlgut), Grieß (von der Schale befreite Mehlkörperchen), Dunst (alle in der Feinheit zwischen Grieß und Mehl liegende Mahlprodukte) und Mehl. Bevor das Korn in die Walzenstühle gelangt, werden Verunreinigungen mit Gebläsen, Magneten, Sieben, Scheuern und Bürsten abgetrennt.

Neben dem Feinheitsgrad des Mehles ist auch sein Ausmahlungsgrad, der durch die **Typennummer** auf der Mehlpackung bezeinet wird, beim Backen von entscheidender Bedeutung. Diese Nummer gibt die Menge der Mineralstoffe in Milligramm an, die nach Veraschung von 100 g Mehl übrig bleiben, das heißt, je höher die Typenzahl ist, desto dunkler, zellulose-, eiweiß- und mineralstoffreicher, aber auch um so vitaminreicher ist das Mehl. Je niedriger die Typennummer, desto heller ist das Mehl und desto höher ist sein Stärkegehalt. Bei uns werden hauptsächlich Weizenmehle der Type 405 (weiß, Mehl für die Konditorei und die Teigwarenherstellung), 550 (Weißbrot und Brötchen) und 1050 (mit einem hohen Anteil an Samenschale und Keimling) angeboten. Vollkornmehl mit der Type von etwa 2000 enthält sämtliche Bestandteile der gereinigten Getreidekörner. Der Ausmahlungsgrad beträgt 100%. In solchen Fällen wird keine Typennummer angegeben. Die Mehle werden als Vollkornschrot (grob, mittel, fein) oder als Vollkornmehl bezeichnet.

Da sich die verschiedenen Mehlsorten auch in der Farbe unterscheiden, spricht man von Weißmehl oder Schwarzmehl. Die Bezeichnung Schwarzmehl ist allerdings sehr stark übertrieben, da Vollkornmehle höchstens eine schwach graubraune Tönung haben. Die dunkle Farbe verschiedener Vollkornbrote wird durch sehr langes Backen bei schwacher Hitze oder durch Zuckercouleur erzeugt, eine durch trockenes Erhitzen von Stärke oder Zucker auf 200 bis 220 °C gewonnene, nicht kristallisierende Masse von dunkelbrauner Farbe (Karamellösung).

Für die Qualitätsbeurteilung von Mehl und für seine Backfähigkeit ist die **Fallzahl** ein entscheidendes Maß. Sie gibt die Verkleisterungsfähigkeit der Stärke an. Normalerweise wird sie nach einem genormten Verfahren bestimmt. Man rührt die Stärke mit Wasser an und erwärmt den Stärkebrei; dann läßt man ein Gewicht durch diese Suspension fallen und mißt die Falldauer. Sie ist der Verkleisterungsfähigkeit der Stärke proportional.

Daneben ist auch der Klebergehalt, der Eiweißanteil des Mehls, für seine Qualität von entscheidender Bedeutung. Er wird durch

Auswaschen der Stärke aus dem Mehl mit 2%iger Salzwasserlösung bestimmt. Auch hierfür gibt es genormte Verfahren. Am einfachsten ist es, einen Teigklumpen in ein Tuch zu legen und mit Salzwasser so lange auszuspülen, bis sich keine Stärke mehr herauslöst. Übrig geblieben ist dann der Kleber, der für die Backfähigkeit wichtigste Bestandteil des Mehls (Kleber = Zusammenhalt). Maismehl enthält keinen Kleber, und es läßt sich deshalb auch nicht verbacken.

In den letzten Jahren versuchen immer mehr Menschen, auf eine möglichst gesunde Ernährungsweise zu achten. Teilweise sind sie dazu übergegangen, sich ihr Mehl selbst in kleinen Handmühlen oder in kleinen elektrischen Mühlen zu mahlen. Wenn man das frisch gemahlene Mehl verwendet, kann man sicher sein, daß die im Korn enthaltenen Vitamine noch vollständig erhalten sind und nicht durch Oxidation oder Erhitzen vermindert wurden. Manche dieser Mühlen können Getreide nur grob zerkleinern und man kann aus diesem Schrot allein kein Brot backen, wohl aber Grützen und Breie herstellen, die leichter verdaulich sind als unzerkleinerte Körner.

Brot wird aus Getreidemehl oder Schrot, Wasser und Triebmitteln hergestellt. Aus diesen Zutaten formt man einen Teig, der durch Backen (Erhitzen) gegart wird. Als herkömmliche Lockerungsmittel dienen Sauerteig und Backhefe. Durch Gärungs- und Säuerungsvorgänge, die durch Pilze (Hefen) oder Bakterien (Sauerteig) hervorgerufen werden, geht der Teig auf und das Brot wird lockerer. Bei der Gärung werden Zuckerstoffe zu Kohlensäure vergoren, die den Teig mit zahlreichen Bläschen durchsetzt. Während des Backprozesses wird auf physikalische Weise die Ausdehnung der Gase verstärkt. Der Sauerteig hat nicht nur die Aufgabe, ein Lockerungsmittel zu sein, sondern auch, Aromastoffe zu bilden. Außerdem werden die verwendeten Roggenmehle erst backfähig durch seine Säuerungskraft.

Die einfachsten Brote kann man auch ohne Treibmittel als sogenannte Fladenbrote herstellen. Dies ist die älteste Methode des Backens. Flache Teigfladen, meistens einfache Mehl-Wasser-Gemische, werden auf heißen Steinen gegart. Noch heute wird in vielen Ländern solches Fladenbrot zum täglichen Verbrauch hergestellt (vgl. Abb. 194.1).

1.7 Andere Nutzgräser

Neben den Weizensorten gibt es eine ganze Reihe anderer Getreidearten, die für die menschliche Ernährung eine wichtige Rolle spielen (vgl. Tabelle 190.1 u. Abb. 191.1). In der westlichen Hemisphäre überwiegt der **Weizen**anbau, in der östlichen der **Reis**anbau. In Teilen von Afrika sind **Hirsen** die wichtigste Getreidearten. **Roggen** ist heute überall dort verbreitet, wo rauhes Klima eine Weizenkultur nicht mehr zuläßt, also in Nordeuropa, im Norden der UdSSR, in Kanada und in Südargentinien. Die **Gerste** (Deutschland: 23% der Anbaufläche) hat eine ähnliche Verbreitung wie der Roggen. **Hafer** braucht kühl-feuchtes Klima. Hauptanbaugebiet dieses Futtergetreides sind die Vereinigten Staaten, Kanada, Nord- und Mitteleuropa und Westaustralien.

Mais, die traditionelle Getreideart der Neuen Welt, ist heute vermutlich die am weitesten verbreitete Kulturpflanze. In den Tropen wird sie bis 4000 m Meereshöhe angepflanzt (Peru, Bolivien). In den UdSSR trifft man Mais noch bis zum 60. Breitengrad, in Neuseeland bis zum 42. Grad südlicher Breite. In den nördlichen Grenzgebieten des An-

Tabelle 190.1: *Nutzpflanzen aus der Familie der Gräser (Poaceae)*

Weizen *(Triticum)*

Diploide Weizen	Tetraploide Weizen	Hexaploide Weizen
Wildweizen *(T. boeoticum)*	Wildweizen *(T. dicoccoides)*	keine Wildart
Einkorn *(T. monococcum)*	Emmer *(T. dicoccum)*	Dinkel oder Spelt *(T. spelta)*
	Hartweizen *(T. durum)*	Weichweizen, Saatweizen *(T. aestivum)*

Gerste *(Hordeum vulgare)* (Wildformen: *H. spontaneum, H. agriocrithon)*

6zeilige Gerste: alle Ähren fruchtbar und begrannt (vorwiegende Verwendung Viehfutter, Eiweißreichtum erwünscht)

2zeilige Gerste: nur das mittlere Ährchen eines Seitenzweiges fruchtbar und begrannt (vorwiegende Verwendung als Braugerste, geringer Eiweißanteil erwünscht)

Roggen *(Secale cereale)*

als Weizenunkraut in Europa etwa 1000 v. Chr. in Kultur genommen, sog. »sekundäre Kulturpflanze«

Hafer *(Avena sativa)* (Wildart: Flughafer *A. fatua)*

Wie Roggen als Unkraut nach Europa gelangt und dann erst als sekundäre Kulturpflanze angebaut

---

Reis *(Oryza sativa)* (Wildform möglicherweise indische Wildart *O. fatua)*

wichtigstes tropisch-subtropisches Getreide

Mais *(Zea mays)* (Wildformen: ausgest. Wildmais, *Teosinte Zea mexicana* und *Z. perennis*)

einhäusig: männl. Blüten in gipfelständigen Rispen, weibl. Blüten in dicken seitenständigen Kolben, spelzenlos.

Ursprung: Mexico und Zentralamerika oder Peru (?)

Rispenhirse *(Panicum miliaceum)*

in China vor ca. 7000 Jahren in Kultur genommen

Kolbenhirse *(Setaria viridis)*

altes indogermanisches Kulturgras

Perlhirse *(Pennisetum americanum)*

Heimat: Afrika

Mohrenhirse *(Sorghum bicolor)*

Ursprung: Zentralafrika

Zuckerrohr *(Saccharum officinarum)*

Heimat: Indomalayischer Raum, genutzt wird das zuckerhaltige Stengelmark

---

Bambus-Arten (verschiedene Gattungen und Arten)

Heimat: feuchte (Sub)tropen, Sproßspitzen als Gemüse

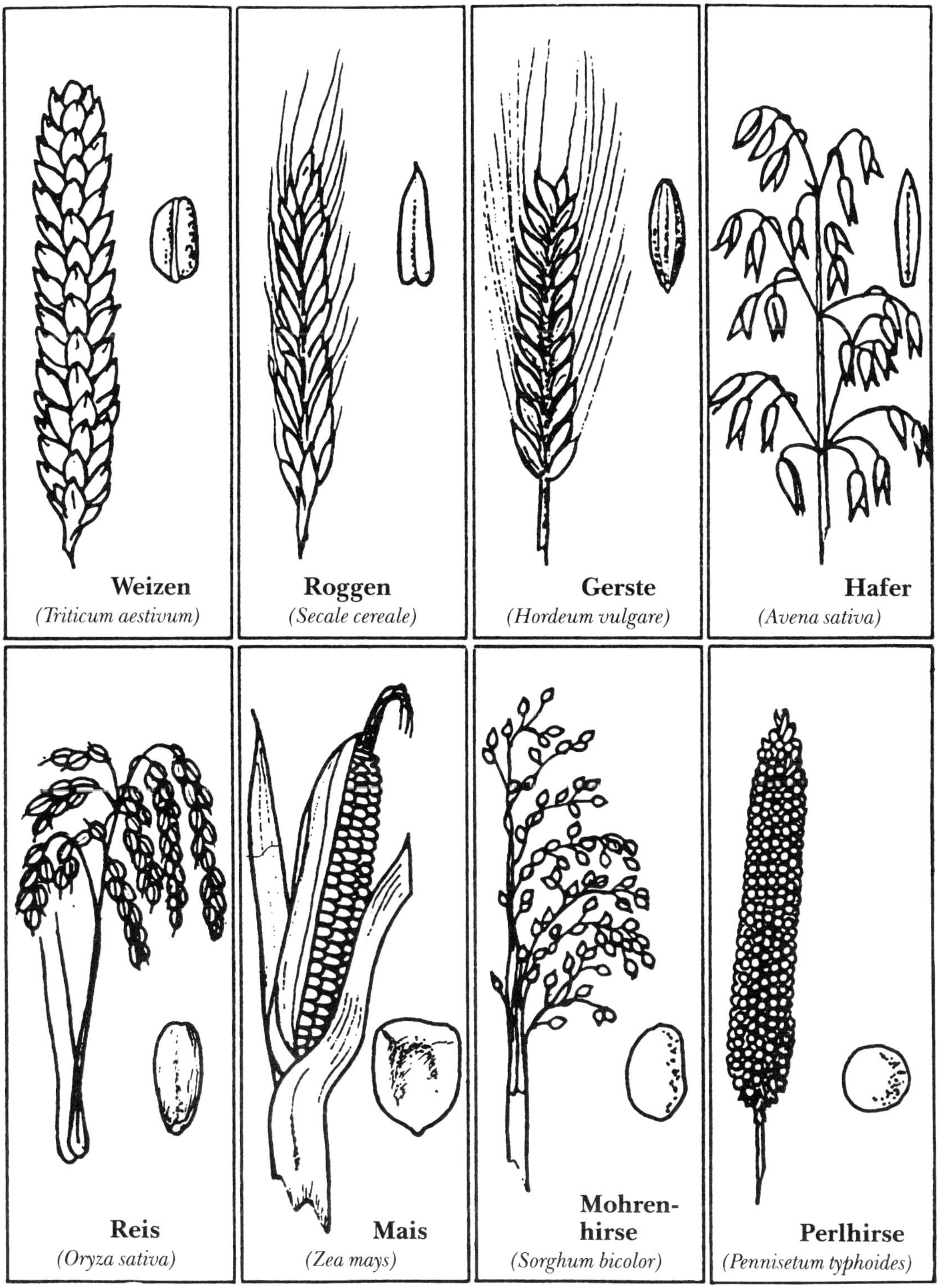

Abbildung 191.1: *Verschiedene Nutzgräser (nach* SCHWARZENBACH/KNODEL *1982)*

baus – auch in Norddeutschland – dient der Mais nur als Futtermittel (Maissilage). In Südosteuropa ist Mais dagegen ein wichtiges Geteide auch für die menschliche Ernährung (Polenta), ebenso natürlich in Amerika. Besonders bekannt sind die mexikanischen Tortillas.

Die charakteristischen Getreidearten Afrikas sind die **Hirsen,** insbesondere die Mohren-Hirse *(Sorghum bicolor)* und die Perl-Hirse *(Pennisetum glaucum).* Die früher auch in Mitteleuropa angebaute Kolben-Hirse *(Setaria viridis)* hat heute als Feldfrucht bei uns keine Bedeutung mehr und wird vor allem als Futtergetreide in südlicheren Ländern angepflanzt. Die Rispen-Hirse *(Panicum miliaceum)* stammt auch China und ist heute noch ein wichtiges Getreidegras der altweltlichen Subtropen, ebenfalls vorwiegend für die Futtermittelgewinung. Weitere unter anderem in Afrika angebaute Arten sind Teff *(Eragrostis teff)* mit einer langen, feingegliederten Rispe und Fingerhirse *(Eleusine coracan)* mit fingerförmig angeordneten Ähren.

Stärkehaltige Nahrungsmittel aus Getreide wie Brot und Teigwaren sind heute für uns selbstverständlich. Ebenso ist es mit dem Zukker, der uns nicht nur Kaffee und Tee versüßt, sondern auch in sehr vielen Backwaren und Genußgütern enthalten ist. Unsere Zivilisation ist geradezu gekennzeichnet durch einen übermäßigen Zuckerkonsum. Lange Zeit jedoch waren Süßstoffe in der menschlichen Ernährung ausgesprochene Raritäten. Zucker aus **Zuckerrohr,** das in Indien angebaut wurde, kam zwar schon im Mittelalter nach Europa, war jedoch für viele unbezahlbar. Im 14. Jahrhundert mußte Zucker buchstäblich mit Gold aufgewogen werden. Sein Preis betrug 35% des Goldwertes.

Die moderne Zuckerwirtschaft, die vor allem auf den karibischen Zuckeranbau gründet und in deren Verlauf der Zuckerkonsum zunächst in Großbritannien und dann auch in den übrigen europäischen Ländern gewaltig zunahm, ist eng mit der Sklaverei verknüpft. In einem Dreiecksverkehr wurde dieser wenig ruhmreiche Handel abgewikkelt: Rum und Zucker wurden von der Karibik nach Europa geliefert. Von dort gelangten Feuerwaffen, Stoffe, Salz usw. nach Westafrika. Die leeren Schiffe luden Sklaven, um sie in die Karibik zu verfrachten. Ihr seither immer süßer werdendes Leben verdanken die Europäer also nicht nur *Saccharum officinarum,* dem Zuckerrohr, sondern auch einem äußerst grausamen, blutigen Menschenhandel (Hobhouse 1989). Die napoleonische Seeblockade führte zur verstärkten Kultivierung der Zuckerrübe in Mitteleuropa. Sie hat heute bei uns das Zuckerrohr als Lieferant für Rohrzucker fast vollständig verdrängt.

2 Hinweise für den Unterricht

2.1 Mögliche Ziele und Inhalte

Wichtige Unterrichtsziele, die mit dem Thema »Weizen« verknüpft werden könnten, sind zum Beispiel:

(1) Verständnis für die Zusammenhänge zwischen Rohstoff und Endprodukt (z. B.: »Vom Weizen zum Spaghetti«)
(2) Biologie der Weizenpflanze als Beispiel für ein typisches Nutzgras
(3) Kulturpflanzenentstehung und -züchtung am Beispiel des Weizens
(4) Das Weizenfeld als Beispiel für ein typisches Nutz-Ökosystem
(5) Unkraut- und Schädlingsproblematik am Beispiel der Nutzpflanze Weizen

2.2 Material und Geräte

- Verschiedene Fertig-Lebensmittel, die Weizen enthalten (z. B. Teigwaren, Toast, Flocken, Kekse, Weizengrieß; die Packungen alleine reichen aus)
- Lugol'sche Lösung (Jod-Kaliumjodid-Lösung)
- Biuret-Reagenz (Kupfersulfat-Lösung und Natron- oder Kalilauge)
- Mikroskop und Zubehör
- Lupe oder Stereolupe
- Rasierklingen
- Weizenpflanzen unterschiedlicher Entwicklungsstadien
- gequollene und frisch gekeimte Weizenkörner
- Zeichenpapier und Bleistift
- alte Kaffeemühlen (Handbetrieb oder elektrisch)
- elektrische Kochplatte(n)
- Pfanne(n)

2.3 Unterrichtsschritte

(1) **Vom Weizen zum Spaghetti, vom Korn zum Brot**
Viele bekannte Produkte aus dem Angebot eines Lebensmittelmarktes stammen vom Rohstoff Weizen (z. B. Teigwaren, Toast, Flokken, Kekse, Weizengrieß). An einem Beispiel – einer Packung Spaghetti – kann der Weg aufgezeigt werden, der vom Rohstoff zum Produkt führt. Die einleitende Frage könnte durch das Vorzeigen von einer Weizenpflanze und einem Spaghetti provoziert werden: »Was muß alles passieren, damit aus dieser Pflanze schließlich ein solches Produkt wird?«

Der Weg von der Pflanze zum Produkt soll dann Schritt für Schritt erarbeitet werden. Mähen, dreschen, mahlen, Teig herstellen und kochen werden besprochen und am besten auch praktisch durchgeführt. Dabei können sehr einfache Geräte verwendet werden, wie sie früher üblich waren. Gleichzeitig ist es sinnvoll, Bilder von modernen Maschinen zu zeigen, die für die einzelnen Arbeitsgänge heute verwendet werden.

Statt der Spaghetti kann auch ein gebackenes Produkt verwendet werden, zum Beispiel Brot oder Brötchen. Mit geringem Aufwand kann man aus mit einer alten Kaffeemühle oder auch mit Mahlsteinen handgemahlenem Mehl in einer Pfanne auf einer Kochplatte kleine Fladenbrote backen (Abb. 194.1).

Der Aufbau des Weizenkornes aus Frucht-Samenschalenkomplex, Nährgewebe und Embryo ist für das Verständnis des Mahlvorganges und für die Beurteilung der Qualität von Nahrungsmitteln aus Weizen von Bedeutung (vgl. Abb. 181.1). Auch die Kenntnis der Inhaltsstoffe dieser verschiedenen Teile des Korns kann wichtige Verständnisbezüge herstellen. Methodisch bietet sich hier zunächst eine makroskopische und eine mikroskopische Untersuchung eines Korns an. Wichtige allgemeine biologische Inhalte wie etwa der Aufbau eines Samens, können dabei wiederholt werden. Die Schüler sollen zunächst neugierig darauf gemacht werden, wie ein Weizenkorn aufgebaut ist. Man kann das dadurch erreichen, daß man ihnen zu Beginn einige gekeimte Körner mit jungen, schon grünen Weizenpflanzen zeigt. Die Körner sollen noch deutlich erkennbar sein. Wie ist es möglich, daß sich aus so einem kleinen Korn in kurzer Zeit eine so differenzierte Pflanze entwickelt? Bei dieser Fragestellung geht man von der Pflanze aus (Embryo, Wachstum, Nährstoffe und Aufbaustoffe). Ebensogut kann man auch vom Wert des

a) Mahlen
b) Sieben
c) Teig kneten
d) Ausbacken

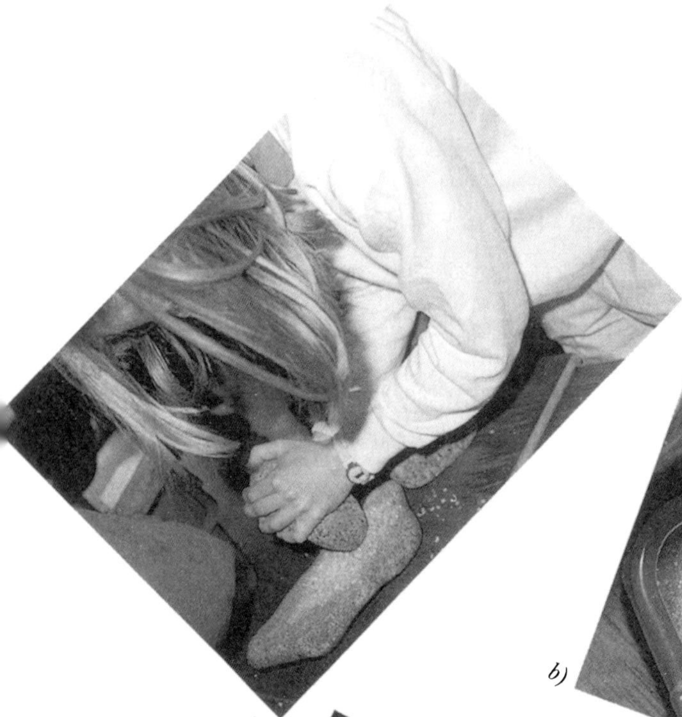

a)

b)

c)

d)

Abbildung 194.1: *Beim Fladenbrotbacken aus selbstgemahlenem Mehl*

Korninhaltes als Nahrungsmittel für den Menschen ausgehen. Im Weizenkorn sind Kohlenhydrate, Eiweiße und Fette – die drei Grundnährstoffe – enthalten. Diese lassen sich auch chemisch nachweisen, und zwar am besten mit mikrochemischen Methoden:

– mit Lugol'scher Lösung (Jod-Kaliumjodid-Lösung); färbt die Stärke im Endosperm blauschwarz
– mit der Biuret-Reaktion (Kupfersulfat-Lösung und Natron- oder Kalilauge ergeben Violettfärbung von Eiweißstoffen)
– Fette (Keimöle) im Keimling durch eine Quetschprobe auf Papier. (Weizenkeimlinge kann man kaufen, man kann sie zu diesem Zwecke aber auch selbst aus Körnern herauspräparieren).

Die besondere Bedeutung von Vollkornmehl und Vollkornprodukten gegenüber Produkten aus Auszugsmehl kann nun nach der Kenntnis des Kornaufbaus und seiner Inhaltsstoffe besser verstanden werden.

(2) **Die Biologie der Weizenpflanze**

Die Weizenpflanze ist ein charakteristisches Gras. Sie zeigt die Merkmale dieser Pflanzenfamilie und gleichzeitig kann man an Wachstum und Entwicklung des Weizens grundlegende Erkenntnisse über das Pflanzenwachstum gewinnen. Durch Keimversuche kann man zum Beispiel die Bedeutung von Feuchtigkeit und Temperatur deutlich machen. Durch Geschmacksvergleich kann festgestellt werden, daß ein frisch gekeimtes Korn nach Zucker schmeckt, ein ruhendes Korn dagegen nicht. Voraussetzung für die Keimung ist also eine Mobilisierung des Nährgewebes, die Umwandlung von Stärke in Zukker. Für die Landwirte ist es wichtig, die Entwicklung des Getreides genau beobachten zu können. Die verschiedenen Entwicklungsstadien für Getreidepflanzen wurden deshalb genau definiert (vgl. Tab. S. 182f. u. Abb. 183.1). An einer Weizenpflanze kann der typische Aufbau einer Graspflanze besprochen werden (vgl. Abb. 179.1). Gleichzeitig können Unterschiede zwischen Wildgras und Getreide herausgearbeitet werden.

(3) **Kulturpflanzenentstehung und -züchtung**

Die besonderen Eigenschaften der Weizenpflanze sind im Laufe ihrer Entwicklung als Kulturpflanze entstanden. Die Ursprungsarten sind Wildpflanzen mit Wildpflanzenmerkmalen. Eine Gegenüberstellung von Kulturpflanzen- und Wildpflanzenmerkmalen kann einen solchen Unterrichtsabschnitt einleiten. Eine Möglichkeit wäre es, die Quekke *(Agropyron repens)* mit dem Weizen *(Triticum aestivum)* zu vergleichen. Dann kann die Vorgehensweise bei der Züchtung und Auslese von Kultursorten besprochen werden. Die Möglichkeiten (resistente, ertragreiche Sorten) und die Gefahren (Reduktion der genetischen Vielfalt, Monopolisierung der Saatgutproduktion usw.) moderner Pflanzenzüchtung sollten ebenfalls erwähnt werden.

(4) **Das Weizenfeld als Ökosystem**

Am Beispiel eines Weizenfeldes können die Besonderheiten eines Nutz-Ökosystems hervorgehoben werden. Die Begriffe »Produzent«, »Konsument« und »Destruent« sollen auf das Ökosystem Getreidefeld angewendet werden, und es soll deutlich werden, daß die Stoffkreisläufe in einem solchen System durch den Menschen unterbrochen werden. Dies kann exemplarisch am Kreislauf eines Elementes – des Stickstoffes – dargestellt werden. Die Notwendigkeit der Düngung aber auch die Probleme übermäßigen Düngereinsatzes können daran besonders gut deutlich gemacht werden.

(5) **Unkraut- und Schädlingsproblematik**
Zur Einführung in die Unkrautproblematik eignet sich am besten eine Vegetationsaufnahme im Gelände. Der Lehrer sollte eine unkrautreiche und eine unkrautarme Akkerfläche (möglichst Winterweizen) vorher auswählen. Die Gebiete sollten nicht zu weit voneinander entfernt liegen und von der Schule leicht zu erreichen sein. Es werden alle vorkommenden Unkrautarten gesammelt und bestimmt. Hierzu dient ein für die Schüler ausgearbeiteter Bestimmungsbogen. Die Unkrautarten können direkt kopiert oder auch aus einem Buch mit Strichzeichnungen – z. B. ROTHMALER 1987, Bd. 3 – kopiert werden. Außerdem sollte das Unterrichtsvorhaben mit dem Landwirt, dem die Flächen gehören, abgestimmt sein. Am besten ist es, wenn er während des Unterrichts auch zugegen ist und für eventuelle Rückfragen zur Verfügung steht.

Gemeinsam mit den Schülern kann vor dem Getreidefeld geklärt werden, ob im Feld außer dem Weizen noch andere Pflanzen zu sehen sind. Schnell werden die Schüler verschiedene Beispiele finden, und es soll nun darauf hingewiesen werden, daß der Landwirt diese Pflanzen nicht schätzt, da sie Konkurrenten der Getreidepflanzen sind. Deshalb werden sie als »Unkräuter« bezeichnet. Da es unmöglich ist, das ganze Feld flächendeckend nach Unkrautarten abzusuchen, bedient man sich der Stichprobenmethode. Hierzu kann man zum Beispiel einen Schlauchreif über den Rücken ins Getreidefeld werfen (Zufälligkeit der Proben). Jeweils fünf bis zehn Proben pro Feld sollten aufgenommen werden. Arbeitsteilig oder nacheinander können zwei Felder mit unterschiedlichem Unkrautbesatz untersucht werden. Abschließend sollen Möglichkeiten der Unkrautbekämpfung zur Sprache kommen.

Auch die tierischen und pilzlichen Schädlinge der Getreidepflanzen sollten am besten am Originalobjekt erarbeitet werden. Günstig ist es, von jeder Organismengruppe ein Beispiel vorzuführen. Etwa: Pilze: Mehltau; Insekten:Getreidehähnchen; Würmer: Nematoden; Schnecken: Ackerschnecke. Wichtiges Ziel des Unterrichts soll es sein, aufzuzeigen, daß die vollständige Vernichtung von »Schädlingen« in einem Nutz-Ökosystem erstens praktisch nicht möglich und zweitens auch nicht wünschenswert ist, da es sich bei einem Nutz-Ökosystem ebenso wie bei einem natürlichen um ein kompliziertes Netzwerk von Beziehungsgefügen handelt. Die Zerstörung dieses Netzwerkes kann unvorhersehbare Folgen haben. Als Kompromiß zwischen ökologischem und konventionellem Landbau soll der integrierte Pflanzenschutz vorgestellt werden, über dessen Erfolge bisher jedoch nur wenig gesichertes Material vorliegt (vgl. z. B. KELLER 1985, JANSSEN 1978).

3 Literatur

Bericht der Landesregierung: Arten und Biotopschutz in Schleswig-Holstein. Schleswig-Holsteiner Landtag, 12. Wahlperiode, Drucksache 12/ 1507, Kiel 1991

BERNHARD, H.: Landwirtschaft im Spannungsfeld von Ökologie und Ökonomie. Umwelterziehung praktisch 4/1990: 4-8. Pädagogisches Zentrum Rheinland-Pfalz. Bad Kreuznach 1990

Biologische Bundesanstalt: Entwicklungsstadien bei Getreide - außer Mais. Merkblatt 27/ 1, Biologische Bundesanstalt für Land- und Forstwirtschaft. Braunschweig 1979

BROUWER, W: Handbuch des speziellen Pflanzenbaus. Parey, Hamburg/Berlin 1972

DIERCKS, R.: Alternativen im Landbau. Eine kritische Gesamtbilanz. Stuttgart 1983
ESCHENHAGEN, D. (Hrsg.): Nutzpflanzen. Unterricht Biologie 74, 7. Jg., 1982
FLINDT, R.: Biologie in Zahlen. Spektrum, Heidelberg/Berlin, 6. Auflage 2003
FRANKE, G.: Nutzpflanzenkunde. Thieme, Stuttgart, 6. Auflage 1997
GASSNER, G., HOMANN, B., DEUTSCHMANN, F.: Mikroskopische Untersuchung pflanzlicher Lebensmittel. G. Fischer, Stuttgart, NewYork, 1989
Global 2000. Der Bericht an den Präsidenten. 2001, Frankfurt 1980
HERRMANN, K.: Pflügen - säen - ernten. Landarbeit und Landtechnik in der Geschichte. Deutsches Museum/Rohwolt, Reinbek 1985
HOBHOUSE, H.: Fünf Pflanzen verändern die Welt. Klett-Cotta, Stuttgart, 2. Auflage, 1988
KICKUTH, R. (Hrsg.): Die ökologische Landwirtschaft. Karlsruhe 1987
KOLBE, W: Untersuchungen über den Entwick lungsverlauf von Getreidearten, Rheinischer Landwirtschaftsverlag, Bonn 1987
KÖRBER-GROHNE, U.: Nutzpflanzen in Deutschland. Kulturgeschichte und Biologie. Theiss, Stuttgart 1987
KRIEG, P.: Der Mensch stirbt nicht vom Brot allein. Buch zum Film »Septemberweizen«. Hammer Verlag, Wuppertal 1981
KUHN, K., PROBST, W: Biologisches Grundpraktikum Band 1. G. Fischer, Stuttgart/New York, 4. Auflage, 1984
LEONARD, N.: Die ersten Ackerbauern. Time Life Nederland Bd. V., 1974
LIMOUSIN, O., MATHIEU, A.: Unser täglich Brot. Otto M aier, Ravensburg 1986
MOLISCH, H., DOBAT, K.: Botanische Versuche und Beobachtungen mit einfachen Mitteln. G. Fischer, Stuttgart/New York 1979
PROBST, W (Hrsg.): Gräser und Getreide. Unterricht Biologie 175, 15. Jg., 1992
ROTHMALER, W (Ersthrsg.): Exkursionsflora Bd. 3: Atlas der Gefäßpflanzen. Spektrum, Heidelberg/Berlin, 10. Auflage, 2000
SCHRÖDER, D.: Unser täglich Brot. Parey, Hamburg/Berlin 1984
SCHWARZENBACH, A. M., KNODEL, H.: Nutzpflanzen. Metzler, Stuttgart 1982
STRAHM, R.H.: Überentwicklung - Unterentwicklung. Burckhardthaus Laetare-Verlag, Gelnhausen, 6. Auflage, 1982
VESTER, E: Neue Wege im Kampf gegen den Hunger. Hrsg.: Deutsche Welthungerhilfe, Bonn 1982
VESTER, E: Januskopf Landwirtschaft. Kösel, München 1986
ZOHARY, M.: Pflanzen in der Bibel. Calwer, Stuttgart, 2. Auflage, 1986

Sonnentau

Drosera spp.

Familie *Droseraceae*

Blütezeit: Jan. Febr. März April Mai Juni **Juli** **Aug.** **Sept.** Okt. Nov. Dez.

»*It's a wonderful plant, better to say a sagacious animal.*«
CHARLES DARWIN 1875 in einem Brief an den amerikanischen Botanikprofessor ASA GRAY über *Drosera rotundifolia*.

Mittlerer Sonnentau (Drosera intermedia)

* Alle einheimischen Arten der Gattung sind geschützt. Im Fachhandel sind jedoch mehrere gut geeignete und im Zimmer kultivierbare Arten zu erhalten (*z. B. Drosera capensis, D. binata;* die Kultur gelingt am besten in einem kleinen Aquarium oder in einer Glasschale, da die Pflanzen hohe Luftfeuchtigkeit benötigen)

1 Pflanzen als »Beutegreifer«

1.1 Zur Entdeckungsgeschichte

Die Botaniker des 18. Jahrhunderts machten durchaus schon verschiedene wichtige Beobachtungen an tierfangenden Pflanzen. Allerdings sie konnten diese Beobachtungen nicht richtig deuten. Ja, es war geradezu so, daß sie sich sträubten anzunehmen, daß Pflanzen Handlungen ausführen könnten, die einem ganz bestimmten Zwecke dienten. Diese Zweckgerichtetheit einer Handlung galt als ausgesprochen tierisch (wenn nicht sogar menschlich). Karl von Linné, dem 1769 berichtet wurde, daß die Venusfliegenfalle Insekten fängt, wollte dazu nicht Stellung nehmen. Erasmus Darwin, der Großvater des berühmten Charles, nahm an, daß die Venusfliegenfalle die Blätterfallen benützt, um ihre Blüten vor freßgierigen Insekten zu schützen.

Erst Charles Darwin war es vorbehalten, durch rund 1000 scharfsinnige Experimente das ganze komplexe Phänomen der tierfangenden Pflanzen aufzuklären und in seinem umfassenden Werk 1875 zu veröffentlichen. Dabei gelang es Darwin nicht nur, die morphologischen und physiologischen Zusammenhänge des »Insektenfressens« zu erklären, er konnte das ganze Phänomen auch ökologisch und evolutionsbiologisch einordnen.

In seiner Autobiographie (1982, S. 159) schreibt Charles Darwin: *»Es hat mir immer Freude bereitet, die Pflanzen in der Stufenleiter organisierter Wesen zu erhöhen.«* Die Erforschung des zielgerichteten und strategisch äußerst geschickten Verhaltens verschiedener insektenfressender Pflanzen bei der Bemühung um ein Beutetier muß deshalb für Darwin sehr befriedigend gewesen sein.

Darwin hat in seinem Werk die wichtigsten Tatsachen und Zusammenhänge dargestellt und erklärt. Trotzdem gab es auch Widerspruch, zum Beispiel vom Petersburger Direktor des Botanischen Gartens Eduard Regel: *»Wir hoffen, daß der kühle Verstand und die gründliche Beobachtung unserer deutschen Forscher . . . diese Theorie bald wieder in den Kasten des wissenschaftlichen Plunders werfen wird . . .«*. Auch tauchte nach den abenteuerlichen Vermutungen des Reisenden Liche über »Menschenfressende Bäume« auf Madagaskar diese und ähnliche Vorstellungen immer wieder in der Literatur auf. Solche pflanzlichen Monster jedoch gab es nur in der lebhaften Phantasie einiger Schriftsteller und ihrer Leser (vgl. Text S. 200f.). Im übrigen sind insektivore Pflanzen meistens ziemlich klein und unscheinbar, allenfalls auffällig durch bizarre und ungewöhnliche Formen und Farben. Ihre Fähigkeit, tierisches Eiweiß für ihre Ernährung nutzbar zu machen, hilft ihnen, an extremen Standorten zu überleben. Dabei ist der Mechanismus des Insektenfanges recht unterschiedlich. Es gibt **aktive Mechanismen** wie die Klappfalle der bekannten Venus-Fliegenfalle oder die Saugfallen vom Wasserschlauch. Häufiger sind **passive Fallensteller,** die ihre Nahrung in Fallgruben mit Klebefallen oder Reusen fangen.

Immer wieder wurden die fleischfressenden Pflanzen als Beweis gegen die Evolutionslehre herangezogen. Funktionieren doch viele dieser Fangmechanismen nur, wenn die Falle so gebaut ist wie die der heute lebenden Insektivoren. Schon kleine Abänderungen des Mechanismus führen dazu, daß das Insekt nicht mehr gefangen werden kann. Die Einrichtung hätte dann keinen Selektionsvorteil mehr. Wie kann sich so eine komplizierte und komplexe Struktur allmählich im Laufe einer Evolution entwickelt haben?

Beschreibung des Reisenden Carle Liche von einem menschenfressenden Baum auf Madagskar in einem Brief an Dr. Omelius Fredlowski, geschrieben 1878 (übersetzt aus Osborn C.S. 1925):

». . . Wenn Sie sich eine Ananas vorstellen können, etwa acht Fuß hoch und von entsprechender Dicke, mit der Unterseite dem Boden aufsitzend und entblättert, so haben sie eine gute Vorstellung vom Stamm des Baumes, der jedoch in der Farbe nicht der Ananas glich, sondern ein schmutzig dunkles Braun zeigte und offensichtlich so hart wie Eisen war. Von der Spitze dieses kegelförmigen Stammes, der mindestens zwei Fuß Durchmesser hatte, hingen acht Blätter fast bis auf den Boden herab . . . Diese Blätter . . . waren elf oder zwölf Fuß lang und glichen sehr stark den Blättern der amerikanischen Agave . . . Die Spitze des Stammkegels bildete eine rundliche, weiße, konkave Form, so gestaltet wie wenn ein kleinerer Teller in einen größeren gesetzt worden wäre. Dies war keine Blüte, sondern ein Aufnahmegefäß, in das eine klare, sirupartige Flüssigkeit abgegeben wurde . . . Unter dem Rand des unteren Tellers hervor streckten sich eine Reihe langhaariger grüner Ranken waagerecht in alle Richtungen aus. Sie waren sieben oder acht Fuß lang und maßen vier Zoll bis einen halben Zoll im Durchmesser. Doch sie waren so gerade und steif ausgestreckt wie Eisenstäbe. Über diesen (zwischen der oberen und unteren Schale) reckten sich sechs weiße, fast durchsichtige Fühler in den Himmel, sich drängend und biegend in einer ständigen ununterbrochenen Bewegung, aber doch immer nach oben reichend . . .

Meine Beobachtungen wurden zu diesem Zeitpunkt plötzlich von den Eingeborenen unterbrochen, die mit ihren schrillen Stimmen um den Baum herum kreischten und etwas sangen, von dem Hendrick meinte, es wären Versöhnungshym-

nen an den Großen Baumteufel. Mit immer wilderen Schreien und Gesängen umrundeten sie nu eine der Frauen und drängten sie mit den Spitzen ihrer Speere, bis sie langsam und mit einem Ausdruck der Hoffnungslosigkeit im Gesicht den Stamm des Baumes emporkletterte und auf dem Gipfe stand, die Tentakeln in heftiger Bewegung um sie herum. »Tsik, tsik« (trinke, trinke), sangen die Männer. Sie trank aus der Flüssigkeit in der Schale erhob sich wieder mit einem wilden Ausdruck in ihrem Gesicht und krampfartigen Zuckungen an ihren Gliedern. Aber sie sprang nicht herunter wie sie es offenstichtlich vorgehabt hatte. Oh nein Der grausame kannibalische Baum, der so starr und tot schien, kam zu einem plötzlichen wilden Leben . . . Während ihre schrecklichen Schreie und ihr noch schrecklicheres Gelächter sich schnel in ein gurgelndes Stöhnen verwandelten, hoben sich die Ranken, eine nach der anderen, wie grü ie Schlangen mit brutaler Energie und infernalicher Geschwindigkeit, bogen sich und hüllten sie, ich hintereinander krümmend, immer enger ein nit der grausamen Geschwindigkeit und der wilden Entschlossenheit, mit der Anacondas ihre Beute erdrosseln. Es war der barbarische Eindruck eines Laokoon ohne seine Schönheit – dieer seltsame, grausame Mord. Und nun hoben sich lie großen Blätter langsam und steif wie die Arme on Kranen, reckten sich in die Luft, näherten ich einander und schlossen sich über der toten und gefesselten Beute mit der stillen Kraft einer ydraulischen Presse und der Unerbittlichkeit einer Daumenschraube zusammen. Einen Augenblick später . . . quollen aus dem Inneren große Ströme der zähen, honigartigen Flüssigkeit, schrecklich vermischt mit dem Blut und den zerquetschten Eingeweiden des Opfers. Als die Horden der Wilden um mich dies erblickten, schrien sie wie verrückt, drängten vorwärts zum Stamm des Baumes, berührten ihn, und mit Tassen, Blättern, Händen und Zungen versuchte jeder, genügend von der Flüssigkeit aufzufangen, um sich in wilde Trance versetzen zu können . . .

Die Blätter des Baumes behielten ihre aufrechte Position über zehn Tage. Dann, als ich eines Morgens wieder kam, waren sie wieder ausgebreitet. Die Ranken waren gestreckt, die Tentakeln bewegten sich in der Luft und nur der weiße Schädel am Fuße des Baumstamms erinnerte mich an das Menschenopfer, das hier stattgefunden hatte. Ich kletterte auf einen benachbarten Baum und sah, daß alle Spuren des Opfers verschwunden waren und daß der Becher wieder mit visköser Flüssigkeit gefüllt war.«

1.2 Die Gattung Sonnentau

Die Gattung der Sonnentaue ist sehr groß. Sie umfaßt 84 bekannte Arten und ist nahezu weltweit verbreitet. Das Mannigfaltigkeitszentrum liegt mit 53 Arten in Australien und Neuseeland. Es gibt winzige Sonnentäuchen mit nur wenige Millimeter großen Blättchen und Pflanzen, deren Blätter 60 cm Durchmesser erreichen können. Der Blütendurchmesser variiert zwischen 2,5 mm und 5 cm. Charakteristisch für alle Sonnentau-Arten aber sind die mit glitzernden Tentakeln besetzten Blätter. Sie führen wohl auch zu der Namensgebung, die möglicherweise auf eine Beschreibung von Henry Light in seinem »New Herbol« (Neues Kräuterbuch) von 1578 zurückgeht. In diesem Buch beschreibt er den Sonnentau als eine Pflanze, die auch bei intensivstem Sonnenschein ihre Feuchtigkeit nicht verliert. Je mehr die Sonne scheint, desto heller glitzern die Tautropfen an ihren Blättern.

Doch über die wirkliche Natur dieser glitzernden »Tautropfen« an den Tentakelarmen der Sonnentaublätter herrschte lange Zeit Unklarheit. Erasmus Darwin vermutete, daß sie die Blätter vor Insektenfraß schützen sollten, während der amerikanische Botaniker William Bartram beobachtete, daß die Insekten von der Pflanze gefangen wurden. Aber er konnte sich diesen Vorgang nicht erklären.

Fast alle Sonnentau-Arten sind typisch für saure, arme Böden, oft in Vergesellschaftung mit Torfmoosen in feuchten Mooren aber – vor allem auf der Südhemisphäre – auch auf trockeneren Sandböden.

Der Rundblättrige Sonnentau, eine der drei einheimischen Arten, besitzt langgestielte, nahezu kreisrunde Blattspreiten. Diese Blattform ist innerhalb der ganzen Gattung eher eine Ausnahme. Häufiger sind schmale oder spatelförmige Spreiten, zum Teil auch gabelig oder mehrfach gabelig verzweigt (z. B. bei der Glashauspflanze *Drosera binata;* Abb. 202.1 h).

1.3 Der Fangmechanismus

Die Sonnentau-Arten werden im allgemeinen zu den Fleischfressern mit »passiven« Fallen gerechnet. Das ist allerdings nicht ganz korrekt. Denn wenn ein Insekt, durch das glitzernde, tauähnliche Sekret angelockt, an den klebrigen Tentakeln hängenbleibt, führen Tentakel und Blattspreite langsame »Greifbewegungen« aus, um das zappelnde Insekt immer fester an sich zu binden. Zunächst werden die Tentakel durch den Berührungsreiz dazu veranlaßt, sich einwärts zu krümmen. Bei höheren Temperaturen

Abbildung 202.1: *Verschiedene Sonnentau-Arten.*
a) Englischer oder Langblättriger Sonnentau, Drosera anglica (Europa, N-Amerika, Japan)
b) Fadenblättriger Sonnentau, Drosera filiformis: Blätter bis über 20 cm lang (östliche und südöstliche USA)
c) Drosera aliciae (Südafrika)
d) Drosera capensis: großer Sonnentau mit bis zu 15 cm Rosettendurchmesser; eignet sich zur Glashauskultur (Südafrika)
e) Schöner Sonnentau, Drosera pulchella: gehört zu den australischen Zwergsonnentauen mit kleinen Rosetten und großen Blüten
f) Drosera hamiltonii, ein Knollen-Sonnentau aus W-Australien mit purpurnen 2,5 cm großen Blüten
g) Schildblättriger Sonnentau, Drosera peltata: Einer der »Regenbogen-Sonnentaue« mit beblätterten und verzweigten Stielen, die bis 25 cm hoch werden (Australien, Neuseeland)
h) Drosera binata, ein gabelblättriger Sonnentau

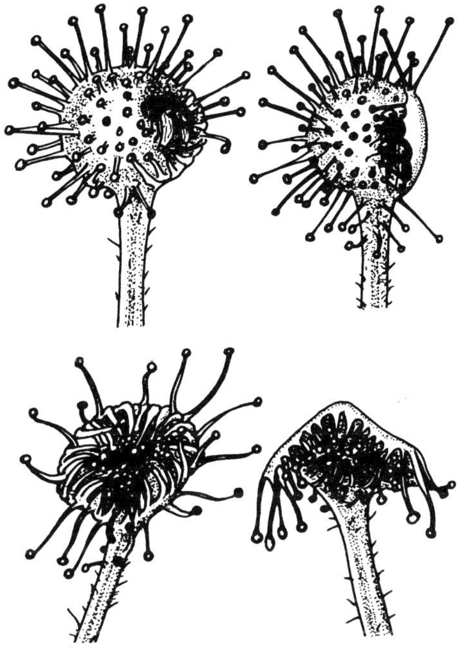

Abbildung 203.1: *Wenn ein Insekt, durch das glitzernde Sekret angelockt, am Sonnentau-Blatt hängenbleibt, führen die Tentakel und schließlich auch die ganze Blattspreite »Greifbewegungen« aus. Der dargestellte Vorgang dauert etwa eine Stunde.*

Abbildung 203.2: *Dichter Bestand des Mittleren Sonnentaus. Man kann erkennen, daß hier in »Gemeinschaftsarbeit« vier Kohlweißlinge gefangen wurden.*

krümmt sich auch die Blattspreite um das gefangene Tier, so daß es schon innerhalb einer Stunde fast vollständig eingeschlossen sein kann (Abb. 203.1).

Die gestielten Drüsen scheiden nicht nur Klebesekret sondern auch eiweißverdauende Enzyme ab. So werden schließlich alle Weichteile des Insektes aufgelöst und nur der Chitinpanzer bleibt übrig. Er kann noch längere Zeit am Blatt haften bleiben und wird von Wind und Regen schließlich abgespült. Ein Sonnentaublatt kann höchstens drei- bis viermal ein Insekt fangen, dann stirbt es ab.

Noch nicht ganz geklärt ist, ob die Sekretdrüsen außer dem Glitzereffekt, der zum Beispiel optisch Nektar vortäuschen könnte, auch chemisch ein Signal geben, das die Insekten anlockt. Anders als das Taublatt *(Drosophyllum)*, das intensiv nach Nektar duftet, ist der Sonnentau für uns völlig geruchlos.

Auch die Frage der Reizleitung von einem Tentakel zum nächsten ist noch nicht geklärt. Man kann sehr gut beobachten, daß sich im Laufe der Zeit immer mehr Tentakel eines Blattes über einen Insektenkörper krümmen. Möglicherweise werden die Tentakel nicht nur durch direkten Berührungsreiz des zappelnden Insektes, sondern auch durch Reizleitung innerhalb des Blattes zur Krümmung veranlaßt.

Schon Darwin stellte fest, daß der Sonnentau das Insektenfressen nicht unbedingt zum Überleben braucht. Immerhin handelt es sich ja um grüne, also mit Hilfe der Fotosynthese sich ernährende Pflanzen. Aber Darwin hat auch beobachtet, daß die fleischliche Kost dem Sonnentau sehr gut bekommt. Er wächst schneller und bildet mehr Blätter. Die Pflanzen werden kräftiger (Darwin hatte bei vergleichenden Versuchen Sonnentau-Pflanzen mit Bratenfleisch gefüttert).

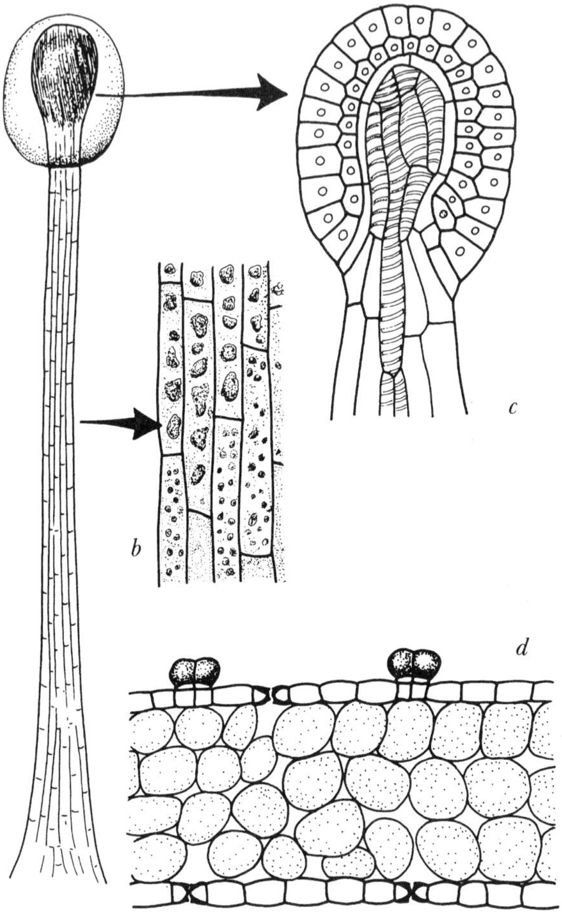

Abbildung 204.1: *Der mikroskopische Bau eines Sonnentaublattes.*

a) Tentakel mit Schleimhaube,

b) Aggregation des Zellinhalts bei Reizung (schreitet nach unten fort),

c) Längsschnitt durch Tentakelkopf. Der Kopf ist nach außen durch ein zweischichtiges Drüsenepithel abgegrenzt; im Stiel und im Kopf sieht man Wasserleitungsbahnen (Tracheiden);

d) Blattquerschnitt mit Protease-Drüsen auf der Oberseite.

1.4 Die Venus-Fliegenfalle – eine intelligente Pflanze?

Noch beeindruckender als der Sonnentau ist für uns das schon fast überlegte Vorgehen der Venus-Fliegenfalle. Sie gedeiht in Nordamerika (Süd-Carolina) in ähnlichen Biotopen wie bei uns der Sonnentau, nämlich in Hochmooren, und gehört auch zur gleichen Familie. Die Blätter dieser Pflanze sind zu einem sehr schnell reagierenden Fallenapparat für kleine Insekten umgestaltet. Die beiden Blatthälften sind in Höhe der Mittelrippe durch ein Gelenk verbunden, das zu äußerst schnellen Bewegungen fähig ist (vgl. Abb. 206.1c). Das Zusammenklappen der beiden Hälften dauert normalerweise nur Bruchteile einer Sekunde und ist damit durchaus mit tierischen Reizreaktionen vergleichbar. Für die Reizaufnahme sind besondere Sinnesborsten – Emergenzen der Blattoberseite – verantwortlich. Auf jeder Spreitenhälfte sitzen drei solcher Borsten (Abb. 205.1b).

Eine Berührung der Sinnesborste führt zur Deformation großer plasmareicher Zellen an der Borstenbasis. Dadurch werden diese »Sinneszellen« depolarisiert. Das auftretende Reizpotential wird auf die angrenzenden Gewebebereiche des Blattes übertragen. Diese Erregungsleitung schreitet mit bis zu 20 cm/sec fort und erreicht damit die höchste bei Pflanzen gemessene Leitungsgeschwindigkeit.

Der Bewegungsmechanismus gleicht weitgehend dem des Blattgewebes der Mimose. Auch bei der Venusfliegenfalle *(Dionaea)* wird durch Turgoränderung eines Bewegungsgewebes auf der Innenseite der Blattrippe der Bewegungsvorgang ausgelöst. Bei Erregung verlieren diese Zellen sehr schnell ihren Turgor. Dadurch können sich die Zellen der Blattunterseite stark ausdehnen. Die spätere,

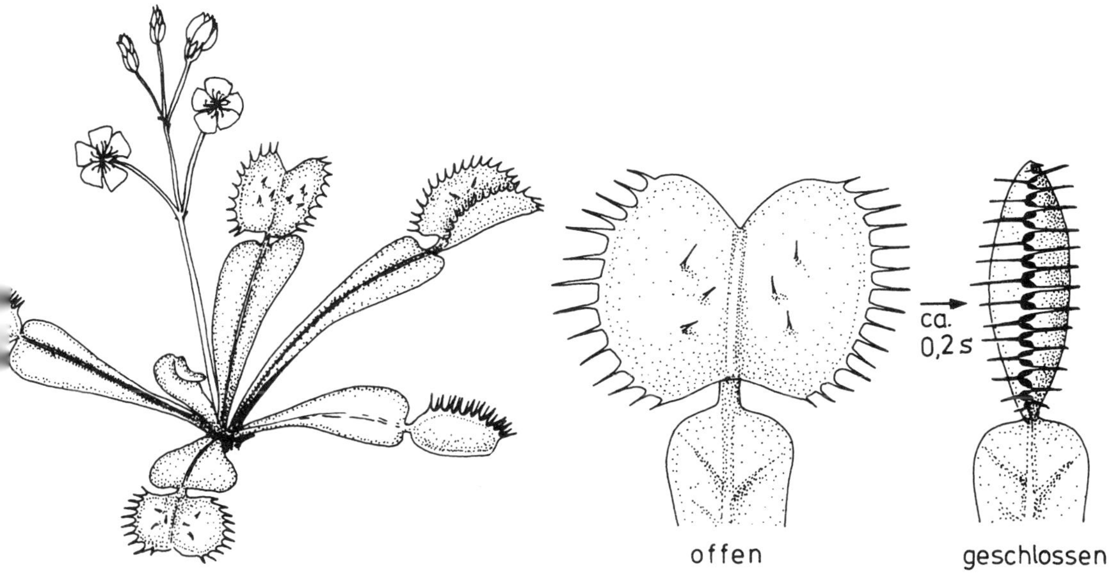

a) Habitus

b) vorderer Teil des Klappfallenblattes, links offen, rechts geschlossen; auf jeder Klappenhälfte Fühlborsten, die für die Reizaufnahme entscheidend sind.

Abbildung 205.1: *Venus-Fliegenfalle (Dionaea muscipula, Fam. Droseraceae)*

meist mehrere Stunden dauernde Rückreaktion kommt durch Wasseraufnahme in die Zellen des Bewegungsgewebes zustande.

Neben der turgorbedingten Reaktion kommt es – wenn ein Beutetier in die Falle eingeschlossen wurde – vermutlich auf chemischen Reiz hin zu einer Wachstumsbewegung. Sie sorgt für einen festeren und sicheren Verschluß der Falle. Dann werden von Drüsen der Blattinnenseite eiweißverdauende Enzyme abgegeben. Das Blatt öffnet sich oft erst nach einigen Tagen wieder.

Besonders interessant ist die Reizaufnahme bei *Dionaea,* die schließlich zu der Klappbewegung führt. Wie schon erwähnt, sind die Fühlborsten hierfür verantwortlich. Doch reicht der Reiz einer einzelnen Borste nicht. Erst eine gleichzeitige Reizung zweier oder aller drei Borsten bzw. eine Folgereizung derselben Borste führen zur Reaktion. Man kann dies so erklären, daß die Einzelreize insgesamt bis zu einem Schwellenwert summiert werden, der dann zur Klappbewegung fuhrt. Dies ist dem Prinzip der Erregung bei einer tierischen Nerven oder Muskelzelle analog. Auch dort werden viele Einzelerregungen des Dendriten summiert, bis das Generatorpotenial schließlich den für die Erregung notwendigen Schwellenwert erreicht hat.

Eine weitere Komplikation: Neben den Sinnesborsten der Blattoberseite sind auch die viel kleineren Sternhaare am Blattrand und auf der Blattunterseite berührungsempfindlich. Auch hier können Rezeptorpotenia-le gemessen werden. Aber für eine Reaktion sind viel mehr Einzelreize notwendig als bei den Sinnesborsten. Die wichtigste Funktion ist, daß durch die Reizung der Sternhaare die Sinnesborsten sensibilisiert werden. Der biologische Sinn dieser Sensibilisierung liegt vermutlich darin: Inksekten, die sich der Falle nähern, krabbeln zunächst am Blattrand

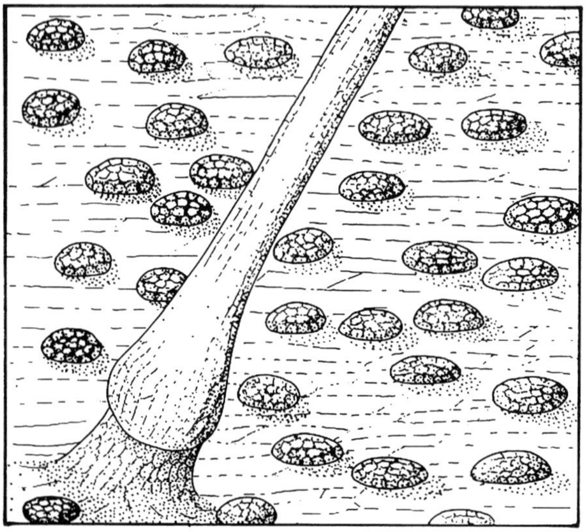

a) Räumliche Darstellung der Fangblattoberfläche mit Fühlborste im Vordergrund

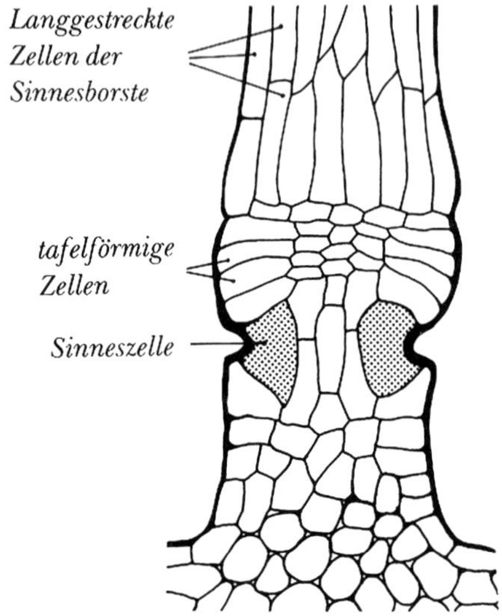

b) Basis einer Fühlborste im Längsschnitt: Die »Sinneszellen« (gerastert) werden bei Bewegung des Haares deformiert und dadurch depolarisiert (erregt). Das auftretende Rezeptorpotential wird auf die angrenzenden Teile des Blattes übertragen und bis zum Blattgelenk weitergeleitet.

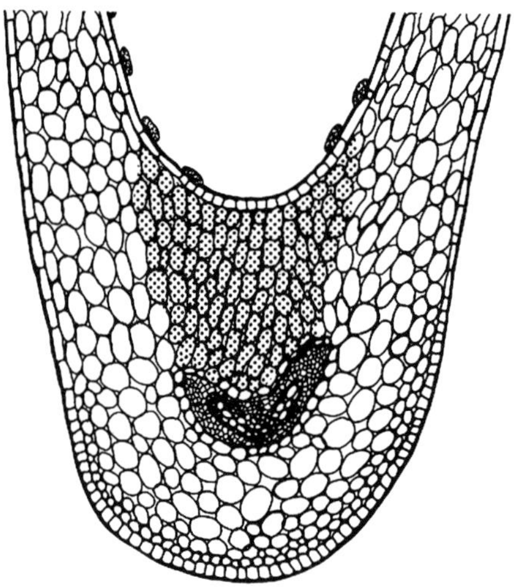

c) Blattgelenk mit (gerasterten) Gelenkzellen.

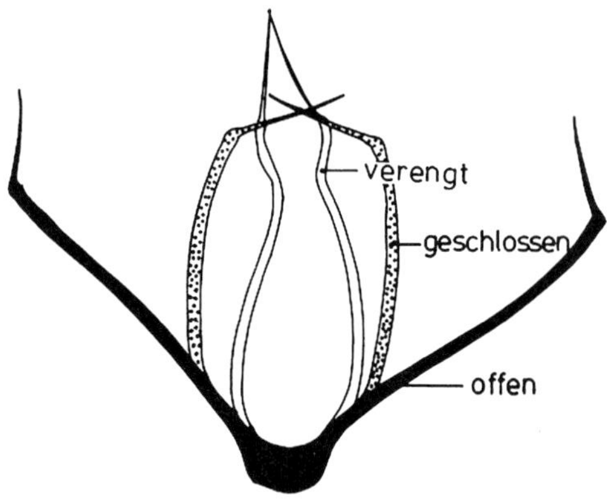

d) Die verschiedenen Stellungen der Fangklappe

Durch das Aktionspotenzial kommt es über einen Turgorabfall in Blattgelenkzellen nur zu einer ersten Anfangsbewegung. Wenn diese einen gewissen Grenzwert erreicht hat, nach etwa 0,3 Sekunden, kommt es zu einem plötzlichen, nur eine Zehntelsekunde dauernden Zusammenklappen. Dies gelingt dadurch, dass an dieser Stelle aufgestaute mechanische Kräfte im Blatt freigesetzt werden. Lang gestreckte Zellen mit verstärkten Mikrofibrillen in den Zellwänden, die bis dahin unter Spannung standen, können sich nun plötzlich zusammenziehen und dies bewirkt, dass die konkav nach außen gekrümmten Blatthälften nun schlagartig in eine konvexe Stellung umspringen.

oder an der Außenseite entlang. Dabei berühren sie die Sternhaare und sorgen so dafür, daß die Pflanze »aufmerksam« wird.

1.5 Weitere Fangmechanismen

Im Laufe der Zeit wurden immer mehr insektenfressende Pflanzen entdeckt. Mittlerweile kennt man 550 verschiedene Arten aus 16 Gattungen und sieben Pflanzenfamilien. Die vielfältigen Fangmechanismen lassen sich zunächst in zwei Gruppen einteilen, nämlich in solche, bei denen die Fallen sich nicht bewegen und solche, bei denen aktive Bewegung zum Beutefang nötig ist. Zu den passiven Fallen gehören Fallgruben (Schlauchpflanzen), Klebefallen (Leimruten) und Reusenfallen, zum zweiten Typ Klappfallen und Saugfallen. Der Sonnentau wird im allgemeinen zum Klebefallentyp gezählt, obwohl die Tentakel und die Blätter auch langsame Fang- bzw. Greifbewegungen ausführen.

Passive Fallensteller

(1) **Fallgruben**
Die Kannenpflanze *(Nepenthes),* die Schlauchpflanze *(Sarracenia),* die Darlingtonie *(Darlingtonia),* der Sumpfkrug *(Heliamphora)* und *Cephalotus* gehören zu diesem Typ (s. Abb. 208.1). Die zu Krügen, Amphoren oder Schläuchen umgebildeten Blätter dieser Pflanzenarten locken Insekten mit Nektar oder auffälligen Farben zu ihren Öffnungen.

Bei *Sarracenia* liegt der Nektarbereich unmittelbar am Abgrund der Fanggrube, die vom Schlauchblatt gebildet wird. An die Nektardrüsen schließt sich eine Zone mit einem steilen, rutschigen Wandabschnitt an, auf dem die Besucher ausgleiten und in den Trichter rutschen. Sie fallen in die Flüssigkeit am Grunde der Kannen, die zum Teil von den Pflanzen aktiv abgeschieden wird, zum Teil aus Regenwasser oder Tau besteht. In diese Flüssigkeit hinein scheiden die Pflanzen Verdauungsenzyme ab wie Ribonuclease, Esterase, Phosphatase und Protease. Schließlich nehmen dann besondere Verdauungsdrüsen im Kanneninneren die gelösten Körpersubstanzen der Opfer, vor allem Aminosäuren, auf.

Sarracenien und Darlingtonien werden ab und zu im Blumenhandel angeboten. Sie lassen sich verhältnismäßig leicht in einem Aquarium oder einem Goldfischglas im Zimmer halten. Auch der Kannenstrauch *(Nepenthes)* taucht ab und zu in Blumengeschäften auf. Die 80 verschiedenen Arten variieren sehr stark in Form und Größe der Kannen. Es gibt bis zu 30 cm lange Kannen (*Nepenthes raja,* Borneo) und solche, die kaum einen halben Zentimeter erreichen (*Nepenthes gracilis,* Malakka, Sumatra, Borneo).

Während des Heranwachsens sind die Kannen, die morphologisch eine umgebildete Blattspreite darstellen, von einem Deckel dicht verschlossen. Später steht dieser Deckel völlig unbeweglich über der aufgerichteten Kannenöffnung und verhindert das Eindringen von zu viel Regenwasser, da dieses die Verdauungsenzyme zu stark verdünnen würde. Eine aktive Bewegung des Deckels ist nicht möglich. Die Kannen enthalten bereits vor dem Öffnen des Deckels eine klare Flüssigkeit, die sich später aufgrund von Regen und Tau noch etwas vermehren kann. Sie diente schon manchen Forschungsreisenden zum Stillen ihres Durstes. Auch Affen heben die Deckel ab und trinken die Flüssigkeit aus. Eingeborene verwenden den Inhalt junger Kannen zum Teil bei Magenbeschwerden. Er gleicht in seiner Wirkung reifen Feigen, Käse oder Lactopepsin. In Südostasien gilt in Ne-

Abbildung 208.1: *Beispiele für Gattungen fleischfressender Pflanzen*

a) *Darlingtonia californica (Sarraceniaceae): Blätter zu schlauchförmigen Fallgruben umgebildet.*

b) *Heliamphora nutans – Sumpfkrug (Sarraceniaceae): Der offene Schlauch trägt oben Nektardrüsen, es folgt eine Gleitzone. Die gefangenen Tiere werden von Mikroorganismen zersetzt.*

c) *Nepenthes fusca – Kannenpflanze (Nepenthaceae): Der vordere Blattabschnitt ist zu einer kannenförmigen Fallgrube umgebildet. Der Grubenrand ist auffällig gefärbt und gemustert.*

d) *Cephalotus follicularis (Cephalotaceae): Terrestrische Rosettenpflanze mit 2–5 cm langen Krugblättern (»Ascidien«).*

e) *Aldrovanda vesiculosa – Wasserfalle (Droseraceae): Ähnliche Klappfallenblätter wie Dionaea*

f) *Polypompholyx multifida (Lentibulariaceae): Saugfallen (Vergrößerung!) an unterirdischen Wurzelblättern.*

g) *Utricularia vulgaris – Gemeiner Wasserschlauch (Lentibulariaceae): Fangblasen (Saugfallen) an Unterwasserblättern*

h) *Pinguicula grandiflora – Großblütiges Fettkraut (Lentibulariaceae): Leicht sukkulente Blätter mit Fang- und Verdauungsdrüsen.*

i) *Genlisea spec. (Lentibulariaceae): Wasserpflanzen mit zwei Formen von Blättern. Nach unten gerichtete tragen gespaltene Reusenfallen (Spitze einer Reusengabel mit Öffnung vergrößert).*

pentheskannen gekochter Reis als Leckerbissen (FESSLER 1982).

(2) Klebefallen

Der passive Leimrutentyp kommt nur beim Taublatt *(Drosophyllum)* und der Regenbogenpflanze *(Byblis)* vor. In beiden Fällen werden die Insekten an den Klebedrüsen der langgestreckten Blätter gefangen und von dem ebenfalls von den Blattdrüsen ausgeschiedenen Drüsensaft verdaut. Die glitzernden Leimtropfen spielen bei der Anlockung der Insekten eine Rolle.

(3) **Reusenfallen**

Dieser eigenartige Fangmechanismus ist von der tropischen Sumpfpflanzengattung *Genlisea* aus der Familie der Fettkrautgewächse bekannt geworden. Neben normalen löffelförmigen Laubblättern bildet die Pflanze schlauchtragende Wasserblätter aus. An basalen Blasen sind zwei lange reusenartige Schläuche angeschlossen, die an der Spitze Schleim absondern. Dieser lockt kleine Wassertiere an, die durch Spalten in die Reusen gelangen und über lange, spiralig gewundene Röhren schließlich die Endblase erreichen, in der sie verdaut werden.

Aktive Fallensteller

(1) **Klappfallen**

Der Klappfallentyp von *Dionaea* wurde schon besprochen. Ebenso funktioniert die Klappfalle der sehr selten auch in Mitteleuropa vorkommenden Schwimmpflanze *Aldrovanda* (»Wasserfalle«, Abb. 208.1 e).

(2) **Saugfallen**

Saugfallen werden vom Wasserschlauch (*Utricularia*, Abb. 209.1) und von zwei verwandten Gattungen der Tropen ausgebildet.

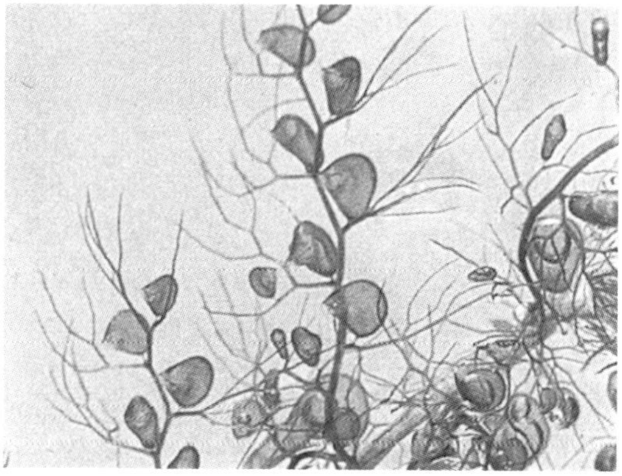

a) Sproßabschnitt mit Fangblasen

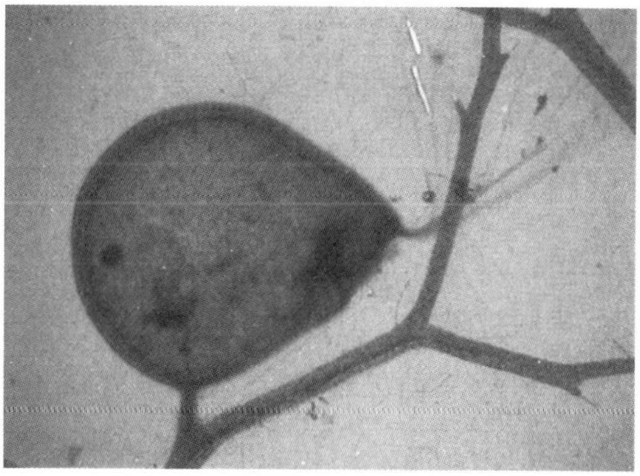

b) Fangblase

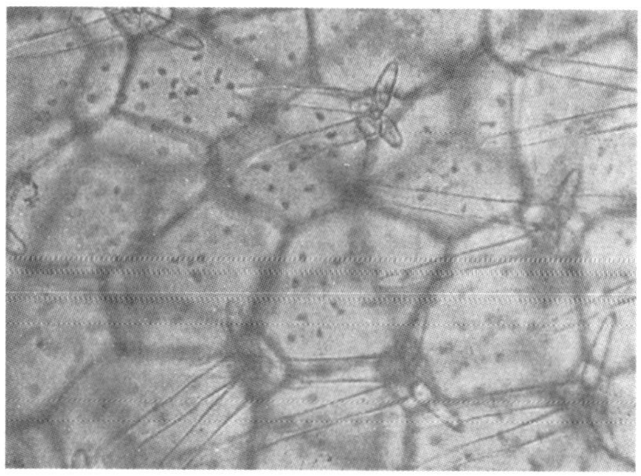

c) Mikroskopisches Bild der inneren Oberfläche einer Fangblase mit Verdauungsdrüsen

Abbildung 209.1: *Wasserschlauch (Utricularia vulgaris)*

Die Fangblasen der Unterwasserpflanze sind morphologisch als umgebildete Blattzipfel zu werten, die ursprünglich wohl die Funktion von Schwimmblasen hatten. Der Fangmechanismus ist besonders raffiniert. Zunächst sind die Blasen wasserdicht verschlossen. Durch einen Pumpmechanismus wird Wasser vom Blaseninneren nach außen gepumpt, so daß im Blaseninneren ein Unterdruck entsteht. Um den Blasenmund stehen nach außen hebelartig wirkende Borsten. Stößt ein umherschwimmendes Beutetier, zum Beispiel ein Wasserfloh, an eine solche Borste, dann öffnet sich der Klappdeckel nach innen. Nun wird der Unterdruck schlagartig ausgeglichen und durch das schnell einströmende Wasser wird das Tierchen in die Blase hineingezogen. Ist der Druck ausgeglichen, fällt die Klappe wieder zu und der Wasserfloh kann nicht mehr entkommen. Die gefangenen Tierchen schwimmen teilweise noch einige Tage im Blaseninneren herum, bis die abgegebenen Verdauungsenzyme sie schließlich abtöten und ihre Eiweißbestandteile auflösen. Wasserschlaucharten lassen sich gut in Aquarien halten. Teilweise werden sie im Fachhandel angeboten.

2 Hinweise für den Unterricht

2.1 Mögliche Ziele und Inhalte

An paradoxen Situationen, Ausnahmefällen und Besonderheiten lassen sich Regeln und Zusammenhänge in der Biologie oftmals gut darstellen. Das gilt auch für die Fleischfressenden Pflanzen, die seit ihrer Entdeckung immer wieder für Diskussionsstoff, Faszination und Kontroversen gesorgt haben – auch für bizarre Übertreibungen wie die als Tatsachenbericht formulierte Beschreibung von »menschenfressenden Bäumen« auf Madagaskar (Osborn 1925).

Folgende Fragestellungen könnten mit der Behandlung des Sonnentaus und anderer Insektivoren verknüpft werden:

(1) Typische Eigenschaften von Pflanzen und Tieren
(2) Die Beutefangreaktion beim Sonnentau.
(3) Verdauung
(4) Der Feinbau der Fangtentakel
(5) Die Bedeutung des Fleischfressens für die Pflanze
(6) Verschiedene Fangmechanismen

2.2 Material und Geräte

– Pflanzen des Kap-Sonnentaus *(Drosera capensis)* sind teilweise im Blumenhandel (z. B. Wichmann-Orchideen, Tannenholzweg 1–3, 3100 Celle-OT, Groß-Hehlen) oder über Botanische Lehrgärten zu erhalten.
– Stecknadelkopfgroße Bröckchen tierischer Nahrung wie gekochtes Hühnereiweiß, Käse, Fleisch oder Wurst und kleinere Insekten wie Blattläuse oder Taufliegen
– pH-Indikatorpapier
– Mikroskop und Zubehör

2.3 Unterrichtsschritte

(1) Typische Eigenschaften von Pflanzen und Tieren
Als Einstieg könnte das Darwin-Zitat dienen: *»Der Sonnentau ist eine wunderbare Pflanze, besser gesagt ein scharfsinniges Tier«*. Warum bezeichnet Darwin den Sonnentau als ein

»scharfsinniges Tier«? Was sind die wichtigsten Unterscheidungsmerkmale zwischen Tieren und Pflanzen? Welche Eigenschaften des Sonnentaus sind »tierisch«? Eine Tabelle wird erarbeitet. Je nach Altersstufe und Kenntnisstand kann sie unterschiedlich differenziert angelegt werden (z. B. kann man bei der »Bewegungsfähigkeit« einfach die Fähigkeit zu raschen, deutlich sichtbaren Bewegungen als charakteristisch für Tiere nennen, es können aber auch die für solche Bewegungen notwendigen Organsysteme wie Muskelgewebe, Nerven- bzw. Reiz- und Erregungsleitbahnen und Sinnesorgane angesprochen werden).

(2) **Die Beutefang-Reaktion**
Eine Gruppe von zwei bis vier Schülern erhält je eine Sonnentaupflanze, eine Pinzette und kleine Proben tierischer Nahrung. Mit der Pinzette werden nun stecknadelkopfgroße Bröckchen von Eiweiß, Käse, Fleisch oder Wurst oder kleine Insekten aufgebracht. Innerhalb weniger Minuten kann man eine Krümmungsreaktion der Tentakel beobachten. Schließlich rollt sich das Blatt von der Spitze her über die Beute ein (vgl. Abb. 203.1). Diese Reaktion erstreckt sich allerdings über mehrere Stunden (Langzeitbeobachtung). Die Schüler erhalten den Auftrag, zu Beginn und in fünfminütigen Abständen Skizzen von der Stellung der Tentakel und des Blattes anzufertigen. Diese Beobachtungen können 20 bis 30 Minuten fortgeführt werden. Parallel zu den eiweißhaltigen Partikeln bzw. Kleintieren werden Sandkörner und (mit einer Pipette) Wassertröpfchen auf Tentakelblättchen gegeben.

Die Auswertung muß dem Kenntnisstand und der Altersstufe der Schüler angepaßt sein. Aus den unterschiedlichen Reaktionen auf Wasser, auf nicht eiweißhaltige anorganische Stoffe und eiweißhaltige organische Stoffe läßt sich in jedem Falle ableiten, daß die Pflanze in der Lage ist, »Sinneseindrükke« wahrzunehmen und darauf zu reagieren. Da Pflanzen keine Muskelgewebe besitzen, müssen die Bewegungen anders bewerkstelligt werden. Mit Hilfe von Beispielen anderer pflanzlicher Bewegungen kann man herausarbeiten, daß es zwei Möglichkeiten gibt, nämlich Wachstumsbewegung und Turgorbewegung.

(3) **Verdauung**
Die Schüler erhalten nun den Auftrag, in den folgenden Tagen und Wochen die weitere Entwicklung der Pflanze zu beobachten. Wie lange dauert es, bis der Sonnentau die Reste seines Opfers wieder freigibt? Wie verändern sich die Blätter? (Tentakellänge hat zugenommen, da Wachstumsbewegungen stattgefunden haben.) Aus der Resorption der Weichteile eines aufgebrachten Insektes kann auf die eiweißlösenden Eigenschaften der ausgeschiedenen Sekrete geschlossen werden. Mit Hilfe von Indikatorpapier kann man zeigen, daß das Sekret – ähnlich wie unser Magensaft – sauer reagiert (pH-Wert etwa 3).

(4) **Der Feinbau der Tentakel (mikroskopische Untersuchung)**
Zur Vertiefung lassen sich im Anschluß an die makroskopischen Beobachtungen mikroskopische Untersuchungen der Tentakelspitzen durchführen. Besonders interessant ist, daß die Tentakel Leitbündel enthalten und daß bei Reizung an den Tentakelspitzen in den Zellen kurz unterhalb der Köpfchen eigenartige Veränderungen festzustellen sind. Es bilden sich kleine Granulate, die sich schließlich zu größeren, kugeligen Gebilden zusammenschließen (vgl. Abb. 204.1b). Dies kann man

besonders gut an Tentakeln beobachten, die man mit einer Rasierklinge an der Basis geschnitten, schnell auf einen Objektträger in einen Wassertropfen überführt und mit einem Deckglas abgedeckt hat.

(5) **Die Bedeutung des »Fleischfressens« für die Pflanze**

Zum Abschluß soll über die ökologische Bedeutung des »Fleischfressens« gesprochen werden. Man kann Bilder von Sonnentau in seiner natürlichen Umgebung zeigen (Hochmoor mit Sphagnum-Pflanzen usw.). Die Besonderheiten dieses Lebensraumes (geringer Mineralstoffgehalt, insbesondere fehlende Stickstoffverbindungen) werden als besonders erschwerend für Pflanzenwachstum herausgestellt. Das »Fleischfressen« des Sonnentaus kann auf diese Weise als Anpassung an das Fehlen von Stickstoffverbindungen im Substrat gedeutet werden.

(6) **Verschiedene Fangmechanismen**

Weiterführend kann man auf einige andere fleischfressende Pflanzen eingehen. Die verschiedenen Fangmechanismen können typisiert werden. Am günstigsten ist es, wenn man einige Beispiele (Venusfliegenfalle, Wasserschlauch, Kannenpflanze, vgl. Abb. 205.1 u. 208.1c, g) im Original zeigen kann. Auch der Besuch eines Botanischen Gartens mit einer guten Insektivorensammlung kann die Unterrichtseinheit abschließen.

3 Literatur

BARTHLOTT, W. u. a.: Karnivoren. Biologie und Kultur Fleischfressender Pflanzen. Ulmer, Stuttgart 2004

DARWIN, C.: Insectivorous plants. London, 1875 (Übersetzung von J. V. Carus, Schweizerbart, 2. Auflage, Stuttgart 1899)

DARWIN, C.: Erinnerungen an die Entwicklung meines Geistes und Charakters. Aulis, Köln 1982

FESSLER, A.: Fleischfressende Pflanzen für Haus und Garten. Auswahl - Pflanzung - Pflege. Kosmos Florarium in Farbe. Franckh, Stuttgart 1982

HEILBRONN, A.: Fleischfressende Pflanzen. Die Neue Brehm Bücherei. Ziemsen, Wittenberg 1949

JUNIPER, B. E., ROBBINS, R .J., JOEL, D. M.: The carnivorous plants. Academic Press, London 1989

KUBITZKI, K.: Droseraceae. In: KUBITZKI, K. (Hrsg.): The Families and Genera of Vascular Plants. Vol. 5, Springer, Heidelberg, 203-205, 2002

LABAT, J.-J.: Fleischfressende Pflanzen. Ulmer, Stuttgart 2003

LLOYD, F. E.: The carnivorous plants. Dover publications, New York 1976 (Nachdruck von 1942)

OSBORN, C. S.: Madagascar, Land of the Man-Eating Tree. London, Hutchinson, 1925

POPPENDIECK, H.-H.: Sonnentau. Arbeitshilfen für den pflanzenkundlichen Unterricht. Botanischer Garten der Universität Hamburg (unveröffentlichtes Typoskript)

PROBST, W.: Eine Pflanze, die zählt und sich erinnert. Unterricht Biologie 244, 23. Jg.: 17-19, 1999

SLACK, A.: Karnivoren. Biologie und Kultur der insektenfangenden Pflanzen. Ulmer, Stuttgart 1985

Fliegenpilz

Amanita muscaria L.

Familie *Amanitaceae*

Fruchtkörperbildung: Jan. Febr. März April Mai Juni Juli **Aug. Sept. Okt. Nov.** Dez.

Ein Männlein steht im Walde ganz still und stumm.
Es hat von lauter Purpur ein Mäntlein um.
Sag, wer mag das Männlein sein,
das da steht im Wald allein,
mit dem purpurroten Mäntelein?

Entwicklungsstadien des Fliegenpilzes

1 Ein Männlein steht im Walde . . .

1.1 Sind Pilze Pflanzen?

Lange Zeit wurden alle Lebewesen dem Pflanzen- oder dem Tierreich zugeordnet. Dann unterschied man die Kernlosen (Bakterien und Blau"algen") als eigenes Reich der Prokaryota von dem Reich der kernhaltigen Eukaryota. Pilze gehören zu diesen Lebewesen mit echtem Zellkern. Ihr Aussehen, ihre festsitzende Lebensweise und ihre innere Organisation lassen sie als Pflanzen erscheinen. Aber sie enthalten kein Chlorophyll und sind deshalb nicht zur Kohlenstoffassimilation in der Lage. Sie sind auf organische Nahrungsstoffe angewiesen, die direkt oder indirekt durch die Grünen Pflanzen erzeugt werden. Außerdem sprechen auch molekulargenetischen Daten für die Aufstellung eines eigenen Reiches der Pilze.

Als **Saprophyten** leben sie von toten organischem Material und sorgen (zusammen mit den Bakterien) für die Remineralisierung organischer Abfallstoffe und damit für den notwendigen Stoffkreislauf in der Biosphäre. Gleichzeitig können sie jedoch als Vernichter von Vorräten und Rohstoffen große wirtschaftliche Schäden anrichten. Als **Parasiten** verursachen Pilze alljährlich große Schäden an Kulturpflanzen und machen eine intensive Bekämpfung erforderlich. Auch bei Tieren und Menschen treten einige Pilze als Krankheitserreger auf. Diese sogenannten Mykosen sind oft auf die Haut oder Schleimhaut begrenzt, sie können aber auch in Gewebe eindringen (tiefe Mykosen). Schließlich haben Pilze als **Symbionten** eine nicht zu unterschätzende Bedeutung, zum Beispiel als Mykorrhiza-Pilze in Symbiose mit den Wurzeln vieler Höherer Pflanzen und als Flechtenpartner.

Nicht nur die Heterotrophie, sondern auch eine ganze Reihe anderer physiologischer Merkmale haben Pilze mit Tieren gemeinsam. So ist der Speicherstoff nicht Stärke sondern Glycogen und die Zellwände der Höheren Pilze bestehen nicht aus Zellulose, sondern aus dem auch bei den Gliedertieren weit verbreiteten Gerüststoff Chitin.

Insgesamt sind die Pilze phylogenetisch keine einheitliche Gruppe. Die sogenannten Schleimpilze gehören in die Verwandtschaft bestimmter Einzeller (Protozoen) und haben mit den übrigen Gruppen nur wenige Gemeinsamkeiten. Auch Niedere Pilze (z. B. die *Oomycetes)* lassen deutliche Beziehungen zu bestimmten fädigen Algen (z. B. zu der aus querwandlosen Fäden aufgebauten gelbgrünen Alge *Vaucheria)* erkennen. Die Höheren Pilze, zu denen man vor allem die Klassen der Schlauchpilze und der Ständerpilze zählt, gehen nach Ansicht der meisten Mykologen auf eine gemeinsame phylogenetische Wurzel zurück. Ob sie sich aber zum Beispiel auf Rotalgenvorfahren zurückführen lassen oder auf primär chlorophyllose Lebewesen, ist bis heute nicht zu klären. Vermutlich sind die Pilzvorfahren schon sehr früh im Laufe der Biogenese entstanden. Es lässt sich deshalb rechtfertigen, sie als eigene Großgruppe den Pflanzen und Tieren gegenüberzustellen (MARGULIS/SCHWARTZ 1989; DÖRFELD 1989).

Obwohl sie mit Tieren vermutlich relativ nah verwandt sind, haben sie morphologisch die größte Ähnlichkeit mit bestimmten Algen. Der Aufbau aus Zellfäden (Hyphen) mit festen Zellwänden entspricht dem Organisationstyp vieler Algen. Eine gemeinsame Besonderheit sind jedoch die Zellwände aus Chitin, weshalb man auch vom Organismenreich der Chitinpilze spricht.

1.2 Das »Männlein im Walde« ist nur eine »Frucht«

Der Fliegenpilz, der uns mit seiner roten, weißbetupften Kappe am Rande des dunklen Fichtenforstes entgegenleuchtet, ist nicht das eigentliche Lebewesen. Wie Abbildung 215.1 zeigt, besteht der ganze Pilz aus einem weit verzweigten Fadengeflecht (Mycel), das sich in den obersten Boden- und Humusschichten ausbreitet. Es besteht aus einzellreihigen, nur mit dem Mikroskop sichtbaren Fäden. Diese sind mit besonderen Enzymen ausgestattet, zersetzen organische Bestandteile und nehmen sie als Nahrungsstoffe auf. Besonders wichtig sind die Pilze als Zersetzer von Zellulose und von Holz.

Eine solche Pilzpflanze im Boden kann relativ große Areale von zehn und mehr Metern im Durchmesser einnehmen.

Zu bestimmten Jahreszeiten – wenn die ernährungsbiologischen und die klimatischen Voraussetzungen günstig sind – kommt es zur Ausbildung von Vermehrungsorganen. Bei den Höheren Pilzen geschieht dies meistens in der Zeit zwischen Juli und November.

An der Bodenoberfläche bilden sich dichte Mycelknäuel, die beim Fliegenpilz zunächst als weiße Knoten oder Knollen sichtbar werden, die sich stark vergrößern und zu differenzieren beginnen. Wenn die Knollen etwa hühnereigroß sind (die Größen können sehr stark variieren), beginnt die Oberfläche sich

Abbildung 215.1: *Pilzfruchtkörper und Pilzmycel.*
Die eigentliche Pilzpflanze, das Mycel, ein Geflecht aus einzellreihigen Fäden, lebt in Laubstreu und Boden. Mit den feinen Endverzweigungen von Baumwurzeln können Pilzmycelien symbiontisch zusammenleben. Der Fliegenpilz bildet solche »Pilzwurzeln« (Mykorrhiza) mit Birken, Fichten und Kiefern.

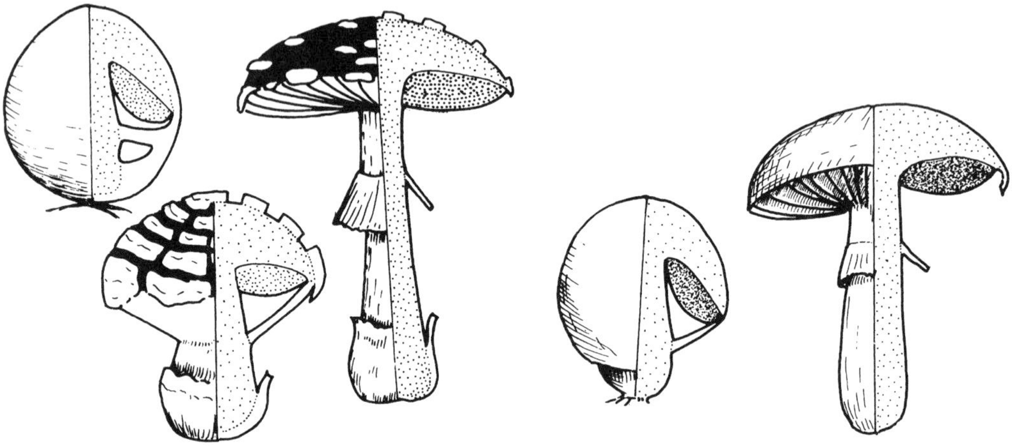

a) Fliegenpilz (Gattung Amanita) mit zwei Hüllen um die sporentragenden Lamellen. Das Velum universale hüllt den jungen Fruchtkörper ganz ein, nach dem Streckungswachstum des Stiels bleibt es als Scheide an der Stielbasis und als weiße Flocken auf dem Hut zurück. Eine zweite Hülle, das Velum partiale, reißt nach Aufschirmen des Hutes auf und bleibt am Stiel als Ring zurück.

b) Champignon (Gattung Agaricus) mit Velum partiale

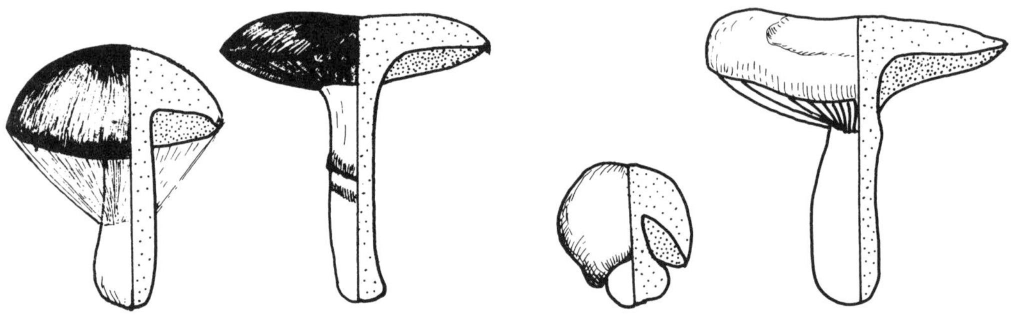

c) Schleierling (Gattung Cortinarius) mit als faserigem Schleier (Cortina) ausgebildeter Hülle. Nach dem Aufschirmen kann man die Schleierreste (Stiel und Hutrand) häufig daran erkennen, daß sich die rostbraunen Sporen darin verfangen.

d) Trichterling (Gattung Clitocybe) ohne Velum und Cortina

Abbildung 216.1: *Die Entwicklung von Pilzfruchtkörpern bei Blätterpilzen* mit Rissen zu öffnen und in diesen Rissen wird die leuchtend rote Huthaut sichtbar. In ganz kurzer Zeit streckt sich nun der Stiel des Fruchtkörpers und der Hut schirmt auf. Die äußere, weiße Hülle reißt auf und bleibt in weißen Flocken auf der Huthaut zurück, während die Lamellen auf der Hutunterseite noch eine Zeitlang bedeckt bleiben. Dann reißt auch dieser Schutz der sporentragenden Schicht, das *Velum partiale,* ab und bleibt als Manschette am Stiel zurück. Die Abdrücke der Lamellenränder kann man als Riefen auf der Manschette noch erkennen. An der verdickten Stielbasis bleiben die Reste einer Hülle zurück, die um den ganzen Fruchtkörper herumreichte. Diese Gesamthülle nennt man *Velum universale.* Für die Gattung der Wulstlinge *(Amanita),* zu denen der Fliegenpilz gehört, ist dieses doppelte Velum, das in Resten als Flocken auf dem Hut, als Ring am Stiel und als Scheide an der Knolle erhalten bleibt, recht charakteristisch (Abb. 216.1a).

Die typischen Pilze, die aus Stiel und Hut bestehen, auf dessen Unterseite Lamellen oder Röhren ausgebildet sind, sind also nur ein kleiner Teil der ganzen Pilzpflanze, ähnlich wie die Birne nur ein kleiner Teil des ganzen Birnbaumes ist. Botanisch nicht ganz korrekt werden sie »Fruchtkörper« genannt, weil sie – wie ein Fruchtkörper die Samen – die Vermehrungseinheiten der Pilze, die Sporen, enthalten. Sporen sind allerdings im Gegensatz zu Samen einzellige Gebilde von weniger als einem Hundertstel Millimeter Durchmesser. Sie werden beim Fliegenpilz und den anderen »Blätterpilzen« *(Agaricales)* auf den Lamellen der Hutunterseite gebildet. Bei älteren Fliegenpilzen und anderen Pilzfruchtkörpern kann man diese Sporen durchaus sehen, auch wenn die einzelne Spore für das menschliche Auge unsichtbar ist: Oft erscheint die Umgebung eines Pilzfruchtkörpers wie mit weißem Staub bedeckt. Auch die Hutoberseite kann weiß bestäubt erscheinen, was zunächst an Schimmel erinnern mag. Dies sind die durch Turbulenzen nach oben verwehten Sporen. Sie lassen sich mit dem Finger leicht abwischen. Durch einen einfachen Trick kann man den Sporenregen eines Pilzfruchtkörpers sichtbar machen (vgl. Abb. 218.1).

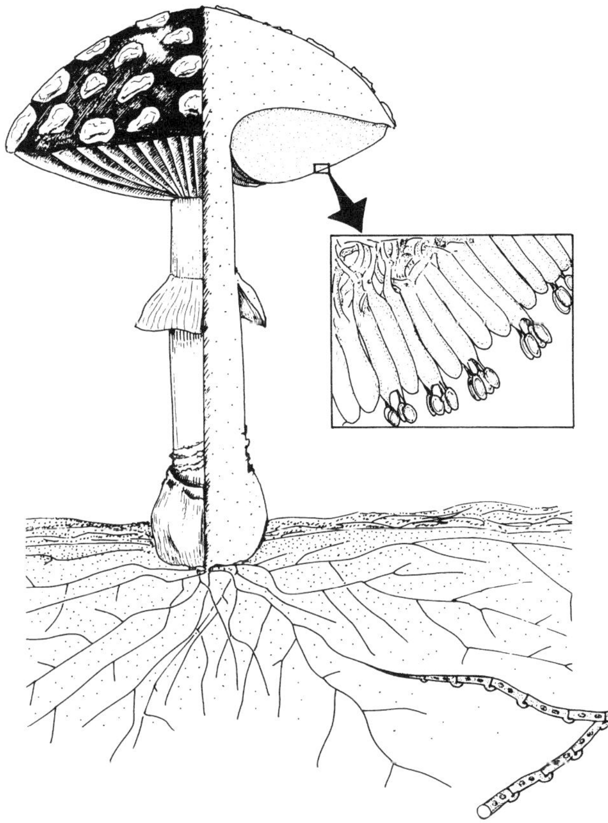

Abbildung 217.1: *Der Fruchtkörper des Fliegenpilzes. Der Pilz ist kaum mit anderen Arten zu verwechseln. Der ähnliche Königs-Fliegenpilz (A. regalis) hat eine ockerbraune bis oliv-ockergelbe Huthaut, der eßbare Kaiserling (A. caesarea) hat gelbliche Lamellen und gelbliches Fleisch. Ausschnitt: Lamelle mit Basidien und Basidiosporen. Rechts oben, vergrößert: Hyphe des Paarkernmycels.*

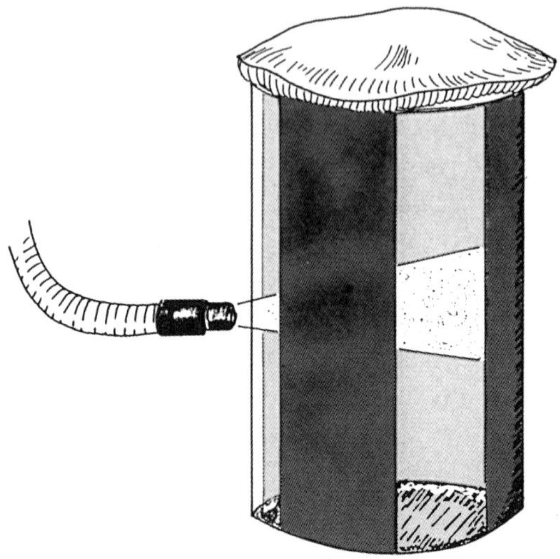

Abbildung 218.1: *Versuchsanordnung zur Beobachtung des Sporenregens. Ein Glaszylinder wird so mit schwarzer Folie umklebt, daß ein kleiner Spalt für die Beleuchtung und ein größerer Spalt für die Beobachtung frei bleiben. Im Lichtkegel sieht man die nur 1/100 mm großen Sporen vor dem dunklen Hintergrund – ein Bild, das an Schneegestöber erinnert.*

Die Zahl der von einem Pilzfruchtkörper erzeugten Sporen ist riesig. Nach BULLER erzeugt ein Feld-Champignon von acht cm Hutdurchmesser etwa 1,8 Milliarden Sporen, etwa 40 Millionen in einer Stunde. Die von einem Hut des Schuppigen Porlings erzeugte Sporenmenge wurde auf elf Milliarden geschätzt. Ein mittlerer Fruchtkörper des Riesen-Bovisten enthält sogar fünf bis sechs Billionen Sporen. Aneinandergereiht würden diese Sporen um die halbe Erde reichen.

Die Farbe der Fliegenpilzsporen ist weiß, wie etwa auch bei Ritterlingen, Rüblingen oder Trichterlingen. Viele Pilzgattungen haben braune Sporen (Schleierlinge: rostbraun; Rißpilze: ockerbraun bis graubraun; Schüpplinge: rotbraun usw.). Für andere Pilzgattungen sind sehr dunkle, violette bis schwarze Sporen charakteristisch, z. B. für Champignons, Träuschlinge und Düngerlinge.

Für die Pilzbestimmung ist die Farbe der Sporen wichtig. Es ist deshalb günstig, sich von den Pilzhüten sogenannte **Sporogramme**

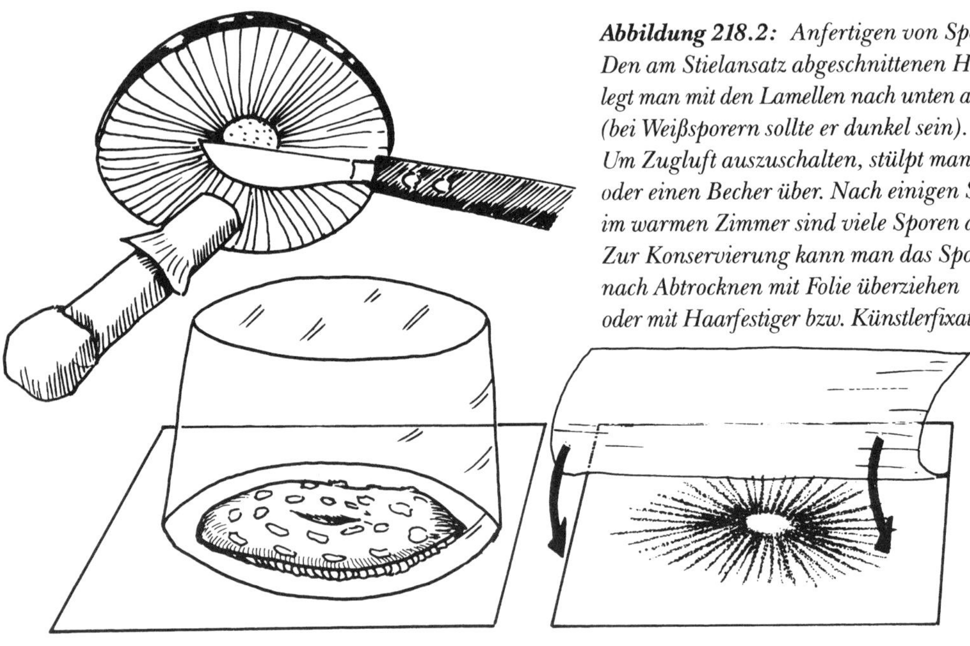

Abbildung 218.2: *Anfertigen von Sporogrammen: Den am Stielansatz abgeschnittenen Hut legt man mit den Lamellen nach unten auf einen Karton (bei Weißsporern sollte er dunkel sein). Um Zugluft auszuschalten, stülpt man ein Glas oder einen Becher über. Nach einigen Stunden im warmen Zimmer sind viele Sporen ausgefallen. Zur Konservierung kann man das Sporogramm nach Abtrocknen mit Folie überziehen oder mit Haarfestiger bzw. Künstlerfixativ einsprühen.*

rogramme anzufertigen: Man legt den Pilzhut auf ein Stück weißes oder schwarzes Papier und deckt das ganze mit einer Glasglokke oder einer Schachtel ab. Nun fallen die Sporen im Muster der Lamellen aus und in dichter Schicht kann man ihre Farbe gut beurteilen (Abb. 218.2).

1.3 Der Lebenslauf eines Ständerpilzes
(Abb. 219.1)

Angesichts der riesigen Sporenmenge, die von einem Pilzfruchtkörper erzeugt wird, wundert man sich zunächst, daß es nicht mehr Pilze gibt. Dies hängt aber damit zusammen, daß für die Keimung einer Pilzspore ganz spezifische Bedingungen erfüllt sein müssen. Außerdem kommt es zur Entwicklung von fruchtbaren Mycelien nur, wenn die Hyphen von zwei unterschiedlichen Sporen zusammentreffen. Nach Verschmelzen bilden diese zunächst einzelligkernigen Hyphen ein sogenanntes Paarkern-Mycel, das dann je nach Ernährungs- und Witterungslage zur Bildung von Fruchtkörpern in der Lage ist. Auf den Lamellen der Fruchtkörper verschmelzen in verdickten Endzellen die beiden Kerne und bilden eine Zygote. Aus der Zygote entwickelt sich der Sporenträger (Basidie) des Pilzes und es werden unter Reduktionsteilung vier Sporen gebildet, die an kurzen Stielen auf der Basidie sitzen (vgl. Ausschnitt Abb. 217.1). Diese **Basidien** oder **Sporenständer** haben der ganzen Gruppe den Namen »Ständerpilz« gegeben. Die meisten unserer großen Waldpilze gehören zu dieser Klasse. Nur die Morcheln, Lorcheln, Becherlinge und Trüffeln gehören zur Klasse der Schlauchpilze (Ascomyceten). Bei dieser Gruppe werden die Sporen innerhalb von schlauchförmigen Endzellen, meistens zu acht, entwickelt.

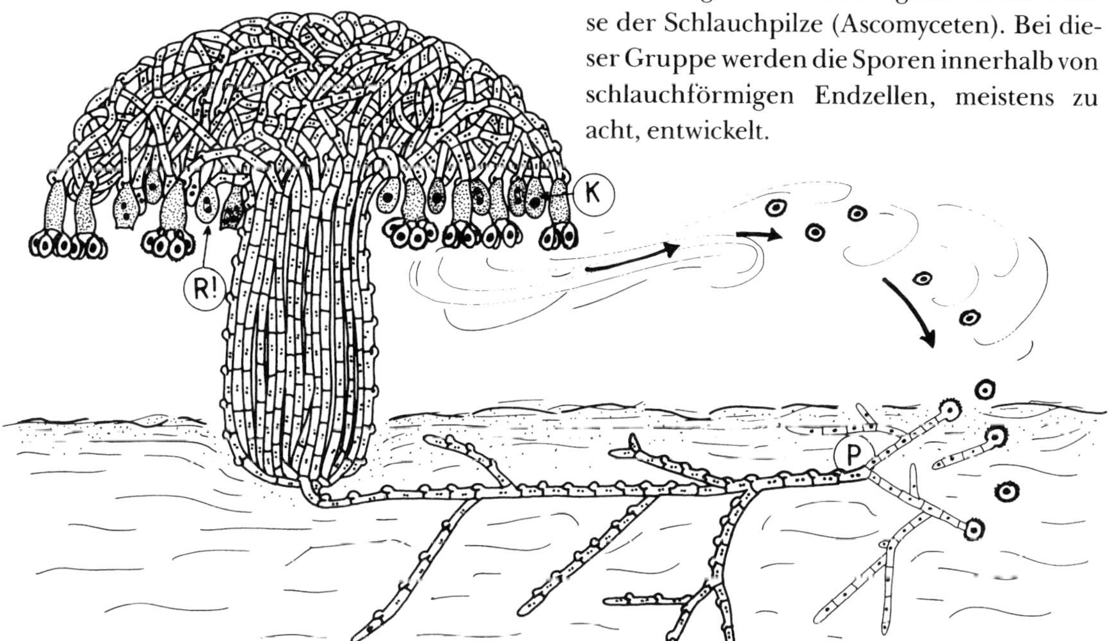

Abbildung 219.1: *Entwicklungszyklus eines Ständerpilzes.*
Zwischen Plasmogamie und Karyogamie liegt eine lange dikaryotische Phase.
Aus dem Paarkernmycel können sich Jahr für Jahr viele Fruchtkörper bilden.
(P Plasmogamie, K Karyogamie, R! Meiose)

Abbildung 220.1: *Pilze im Volksglauben.*
Im Bild sind – außer dem Hexenring aus Fliegenpilzen zu sehen:
Hexenbesen an der Birke (verursacht vom Ascomyceten Taphrina betulina),
Hexenbutter (Gemeiner Drüsling, Exidia glandulosa) auf morschem Eichenast,
vorne rechts eine Stinkmorchel (Phallus impudicus) mit ihrem Jugendstadium dem Hexenei
und vorne links ein Flockenstieliger Hexenröhrling (Schusterpilz, Boletus erythropus).

1.4 Glücksbringer und Rauschdroge

Der Fliegenpilz ist vielleicht die bekannteste Pilzart unserer Wälder. Es ist allerdings nicht sicher, ob er oder die Hagebutte in dem bekannten Kinderlied »Ein Männlein steht im Walde«, gemeint ist. Wie Schornsteinfeger, Schweinchen und Marienkäfer gilt der Fliegenpilz als Glücksymbol. Das ist ein deutlicher Hinweis darauf, daß der Pilz in der Mythologie unserer Vorfahren schon eine gewisse Rolle spielte. Volksglauben und mytologische Vorstellungen übrigens haben sich mit Pilzen ohnehin intensiv auseinandergesetzt. Die Pilze wurden dabei meistens eher den bösen und gefährlichen Mächten zugeordnet. Viele Volksnamen beweisen dies: Hexenei, Hexen-Röhrling, Hexenbesen, Hexenring, Hexenbutter, Satanspilz (Abb. 220.1). Die bekannte Giftwirkung vieler Pilzarten mag hierbei eine Rolle gespielt haben. Aber auch ihr plötzliches und unerwartetes Erscheinen, oft in großer Zahl und über Nacht.

Es gibt viele auffällige Pilzarten und auch viele giftige, aber keine hat es nur annähernd zu der Popularität des Fliegenpilzes gebracht. Ein wichtiger Grund dürfte seine Verwendung als Rauschdroge sein. Im Jahre 1968 (vgl. Wasson 1968) erbrachten interdisziplinäre Forschungen einigermaßen überzeugendes Beweismaterial dafür, daß der Fliegenpilz identisch ist mit der altindischen, zur Gottheit erhobenen Rauschdroge Soma. Nach der Rig Veda, dem heiligen Buch der alten Inder, war der Vater Somas Pirjanya, der Gott des Donners. 120 der gut 1000 heiligen Hymnen der Rig Veda sind ausschließlich Soma gewidmet. *»Vater der Götter, Erzeuger der alles bewegenden Kraft, Hauptstütze des Himmels, Fundament der Erde«* sind Attribute, die der Droge in den alten Sanskritversen gegeben werden. Bis heute werden getrocknete Fliegenpilze als Rauschdroge in Nordasien verwendet. Auch bei den Indianern, die sie möglicherweise bei ihrer Einwanderung über die Beringstraße nach Amerika schon mitgebracht haben, war die Kenntnis darüber weit verbreitet. Durch ethnomykologische Studien ist der Fliegenpilz heute in der Drogenszene ähnlich bekannt geworden wie die *Psilocybe-Arten* (Schultes/Hoffmann 1980).

Der Fliegenpilz ist vor allem in Ostsibirien bei den Volksstämmen der Samojeden, Kamtschadalen und Tungusen bis heute eine beliebte Rauschdroge. Hier ein Augenzeugenbericht (nach Jaccottet aus Giere 1968, S. 1762). *»Ein Züricher namens Enderli, der Mitglied einer Expedition war, erzählte folgenden Vorfall: Er war bei einem alt eingesessenen Korjaken, seines Zeichens Fischer, einquartiert. Eines Tages erhielt dieser den Besuch eines befreundeten Landsmannes, der als herumziehender Rentierzüchter lebte und den Fischer in einer geschäftlichen Angelegenheit aufsuchte. Als diese erledigt war, befahl der Fischer seiner Frau, ihnen den Fliegenpilz zu bereiten. Die Frau entnahm die kostbare Pflanze einem alten, schmutzigen Ledersack, setzte sich zwischen die beiden Männer und begann, die getrockneten Stücke gewissenhaft zu kauen. Dies – bemerkt der Reisende – ist Sache der Frauen, denn der Pilz hat einen brennenden, widerlichen Geschmack, der leicht zum Erbrechen reizt, und der dem Pilzesser die Lust am Verschlucken der Stücke nehmen könnte. Die Frau rollte dann die Masse zwischen den Händen zu kleinen Würstchen, welche die Korjaken begierig in den Mund steckten. . . . Schon nach dem vierten Würstchen verspürten sie die Giftwirkung. Sie fingen an zu singen und dann zu tanzen und zu heulen, wobei sich gleichzeitig ein nervöses Zittern der Glieder und des ganzen Oberkörpers einstellte – dies bis zu einem Zustand heftigster Tobsucht. Darauf stürzten sie bald zu Boden und fielen in einen tiefen Schlaf. Dieser Schlaf bildet den größten Reiz; denn es soll der Schläfer* *dabei im Traum die Erfüllung seiner schönsten und außergewöhnlichsten Wünsche genießen. Es dauerte eine halbe Stunde, dann zeigten sich die ersten Symptome abermals, unterbrochen von neuem Schlaf. Das wiederholte sich mehrere Male in der gleichen Reihenfolge, doch jedes Mal in geringerem Maße. Da sie wußten, daß das Gift durch den Urin abging, tranken ihn die Korjaken wieder aus speziell dafür reservierten Gefäßen und verlängerten auf diese Weise ihr Fest bis zum folgenden Abend. – Dies spielt sich jedoch nur bei besonderen Gelegenheiten ab, denn in diesem Lande ist der so hochgeschätzte Pilz selten und sehr teuer.«*

Angeblich sollen auch die sagenhaften Kräfte der Berseker auf den Genuß des Fliegenpilzes zurückzuführen sein, die Berserkerwut wäre dann also einem Fliegenpilzrausch gleichzusetzen.

Besondere Bedeutung hatten Fliegenpilzdrogen wegen ihrer erotisierenden Wirkung. So bestand wohl im antiken Griechenland, wo Pilze auch als *»phalloi«*, als Phallen der Erde, bezeichnet wurden, ein Zusammenhang zwischen Fliegenpilzdrogen und dionysischen Kulten (Rätsch 1990).

Der Name »Fliegenpilz« wird im allgemeinen darauf zurückgeführt, daß der Pilz unter der Huthaut einen Wirkstoff enthält, der für Fliegen giftig ist. Ein altes Rezept zum Fangen und Abtöten von Fliegen empfiehlt, den Hut oder auch die abgezogene Huthaut in eine Schale mit Milch zu legen und diese aufzustellen. In dieser Schale vergiften sich dann die herbeigelockten Fliegen. Der Name, der wohl erst im 16. Jahrhundert aufkam (vgl. Carl, H. 1986) könnte jedoch auch andere Wurzeln haben. Fliegen sind alte Symbole für eine böse, übernatürliche Macht. Bei den Phoeniziern war Beelzebub, der Herr der Fliegen, die Macht der Zerstörung, die Fäulnis bewirkt. In der Lehre Zoroasters ist Ahriman das böse Prinzip und der Gegenspieler

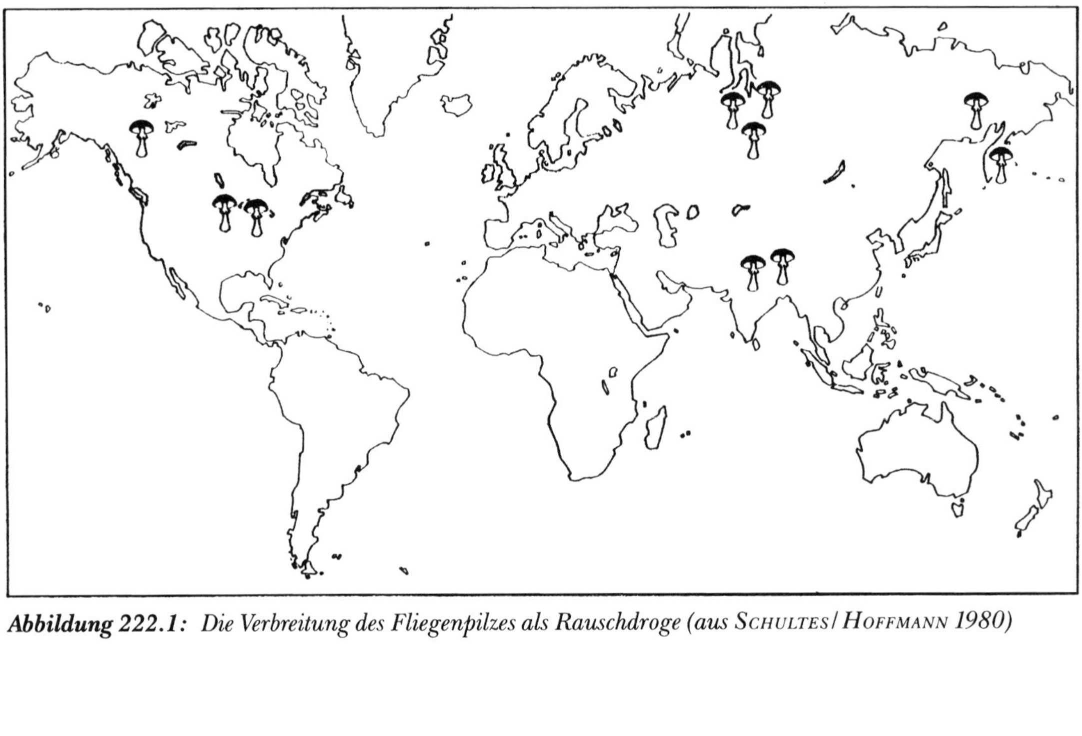

Abbildung 222.1: *Die Verbreitung des Fliegenpilzes als Rauschdroge (aus Schultes/Hoffmann 1980)*

Azuramazdas. Auch ihm wird das Attribut »Herr der Fliegen« beigegeben.

Im Zusammenhang mit der Wirkung des Pilzes als Droge, die vermutlich von »Zauberern« und »Hexen« bis in die Neuzeit genutzt wurde, wäre der Name »Fliegen«pilz auch im Sinne einer negativen Stigmatisierung durch das Christentum zu erklären. Denn auch im Christentum sind Fliegen Teufelstiere, Tiere der Zersetzung und Verwesung und Gegenspieler des Prinzips vom Ewigen Leben.

Heute ist der Fliegenpilz eine der meistgenossenen Pilzdrogen in den Vereinigten Staaten. Üblicherweise werden dazu die Huthäute abgezogen, getrocknet und geraucht, was eine milde und bei haluzinogener Erwartungshaltung angenehme Wirkung hervorrufen soll. Trotzdem ist vor einem Genuß des Pilzes unbedingt zu warnen. In schweren Fällen können Atemlähmung und Kreislaufversagen die Folge sein.

1.5 Giftpilze und Pilzgifte

Sowohl wegen der rauscherzeugenden Wirkung als auch wegen der Möglichkeit, mit dem Pilz Insekten anzulocken und zu töten, haben sich Chemiker schon früh mit den Inhaltsstoffen des Fliegenpilzes beschäftigt. Schon 1869 wurde von Schmiedeberg und Koppe eine giftige Substanz aus dem Fliegenpilz isoliert. Dieser als »Muscarin« bezeichnete Stoff wurde auch »Pilzatropin« genannt, weil er ähnliche Wirkungen wie das Atropin auf das vegetative Nervensystem besitzt. Obwohl man die Substanz lange Zeit für den Hauptwirkstoff des Fliegenpilzes hielt, konnte schon früh festgestellt werden, daß dies wegen der geringen Konzentration (0,0003%) eigentlich unmöglich war. Erst in den 60er Jahren gelang drei unabhängigen Arbeitsgruppen (Bowden in England, Eugster in der Schweiz und Takemoto in Japan) der Nachweis, daß die Isoxazole, **Ibotensäure, Muscimol** und **Muscazon** die wichtigsten Wirksubstanzen des Fliegenpilzes sind. Sie verursachen in einer Dosis von 5,5 mg bis 10 mg Ataxie, Muskelzucken, Schläfrigkeit, Euphorie und Dysphorie sowie Wahrnehmungstäuschungen. Der Ibotensäuregehalt des Pilzfruchtkörpers ist sehr variabel. Eugster konnte aus 770 kg Fliegenpilzen 250 g Ibotensäure gewinnen. Man nimmt heute an, daß der Gehalt im Durchschnitt etwa 0,1% beträgt. Dabei liegt die Hauptkonzentration des Wirkstoffes nicht – wie lange angenommen – in der Huthaut, sondern in Fleisch und Lamellen des Hutes (Bresinsky/Besl 1985).

Neben der Giftwirkung ist auch die leuchtend rote Hutfarbe ein kennzeichnendes Merkmal des Fliegenpilzes. Es konnte nachgewiesen werden (Musso 1979), daß es sich dabei um Gemische instabiler Betalaine handelt, also derselben Farbstoffe, die auch bei Blütenpflanzen aus der Unterklasse der *Caryophyllidae (Centrospermae)* blaurote, rote und gelbliche Farbstoffe bilden (gelbes Muscaflavin, orange-gelbe Muscaaurine, rot-violette Muscapurpurine). Einer dieser Farbstoffe, ein Muscaaurin, enthält die psychoaktive Ibotensäure an Betalaminsäure gebunden.

Eine weitere Besonderheit ist der hohe Vanadiumgehalt des Fliegenpilzes. Man konnte feststellen, daß er auf eine Vanadylverbindung zurückgeht, das Amavadin (Bayer/Kneifel 1972, nach Bresinsky/Besl 1985).

Da die Vergiftung durch reine Ibotensäure (Abb. 224.1) nicht genau dieselben Wirkungen erzielt wie eine Fliegenpilzvergiftung, muß man annehmen, daß außer dieser Substanz auch noch andere, bisher nicht bekannte Stoffe für das typische Fliegenpilz-Syndrom verantwortlich sind.

Neben Pilzen, die auf das Nervensystem wirken – außer dem Fliegenpilz gehören zu ihnen zum Beispiel die *Psilocybe*-Arten, verschiedene Düngerlinge und Träuschlinge –, unterscheidet man Pilze mit Zellgiften, mit Giften, die auf das Verdauungssystem wirken, mit haemolytisch wirkenden Inhaltsstoffen und solche mit besonderen Allergenen (vgl. Tab. 224.1). Als gefährlichster Giftpilz

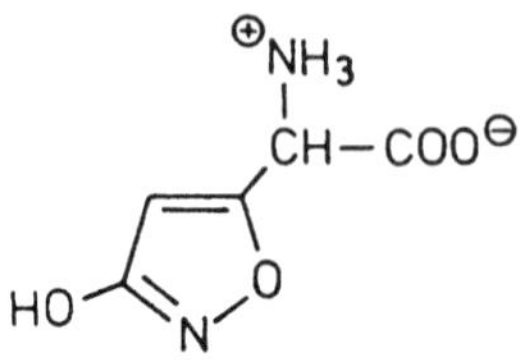

Abbildung 224.1: *Ibotensäure ist im Fliegenpilz durchschnittlich zu etwa 0,1% enthalten und stellt die wichtigste psychoaktive Verbindung der Pilzdroge dar.*

Tabelle 224.1: *Überblick über die wichtigsten Pilzgifte, geordnet nach ihrer Wirkung (aus Gerhardt/Brogmus 1984)*

Giftart	Latenzzeit	Wichtige Vertreter	Wichtigste Giftstoffe
1. Zellgifte	8–40 Std.	Grüner Knollenblätterpilz *Amanita phalloides* Frühlingsknollenblätterpilz *Amanita verna* Kegelhütiger Knollenblätterpilz *Amanita virosa*	Phallo-, Amatoxine
2. Nervengifte, z. T. Halluzinogene	15–30 Min.	Fliegenpilz *Amanita muscaria* Pantherpilz *Amanita pantherina*	Ibotensäure, Muscimol, Muscazon
	15–60 Min.	Vertreter der Gattungen Rißpilz *Inocybe* Trichterling *Clitocybe*	Muscarin
	?	Gelber Knollenblätterpilz *Amanita citrina* Porphyrbrauner Wulstling *Amanita porphyrea*	Bufotenin
3. Gastrointestinale Wirkstoffe	2–15 Std.	Satansröhrling *Boletus satanas* Birkenreizker *Lactarius torminosus* u. a., viele roh giftige Speisepilze	Terpenoide, noch unbekannte Stoffe
4. Disulfiram-ähnlich wirkende Stoffe	30 Min. bis 4 Std. u. U. bis zu 3 Tagen	Faltentintling *Coprinus atramentarius*	Coprin
5. Hämolytisch wirkende Stoffe		Grüner Knollenblätterpilz *Amanita phalloides* und viele andere Arten	Phallolysin Andere Hämolysine (?)
6. Allergisch wirkende Stoffe: Immunhämolyse		Kahler Krempling *Paxillus involutus* Butterpilz *Suillus luteus*	Allergene (Antigene)

kann nach wie vor der dem Fliegenpilz nahe verwandte Grüne Knollenblätterpilz gelten, auf den mehr als 90% aller tödlich verlaufenden Pilzvergiftungen zurückgehen. Zwar ist die Therapie einer Knollenblätterpilz-Vergiftung heute schon in den meisten Fällen erfolgreich. Trotzdem kommt es jedes Jahr bei Pilzessern wieder zu Todesfällen. Eine gute Kenntnis dieses gefährlichen Giftpilzes sollte deshalb Voraussetzung sein für das Selbersammeln einer Pilzmahlzeit.

1.6 Ein Männlein steht im Walde – wie lange noch?

Sind Pilze vom Aussterben bedroht? Sicherlich gibt es bei Pilzen, genau wie bei Höheren Pflanzen oder bei Tieren, einen deutlichen Rückgang vieler Arten. Es wurden Rote Listen der Makromyceten (Großpilze) aufgestellt, in denen erhebliche Prozentzahlen der ursprünglich etwa 2500 einheimischen Großpilzarten enthalten sind. Alte Pilzsammler beklagen den Rückgang von Pfifferlingen, Steinpilzen oder Rotkappen. Andere Arten allerdings scheinen in den letzten Jahrzehnten eher häufiger geworden zu sein. Dies gilt zum Beispiel für die früher sehr seltene Hundsrute aber auch für die Stinkmorchel. Um Pilze zu schützen, wurden mittlerweile

Abbildung 225.1: *Ein Hexenring kommt dadurch zustande, daß ein Mycel sich in gleichförmigem Substrat annähernd kreisförmig ausbreitet. Nach einiger Zeit sterben die inneren Hyphen ab, so daß ein Mycelring entsteht. Wenn dann – durch Klima und Ernährungsbedingungen veranlaßt – etwa zur gleichen Zeit Fruchtkörper gebildet werden, stehen sie in einem Ring.*

schon Sammelverbote ausgesprochen. Dies hat sicherlich seine Berechtigung. Doch ähnlich wie bei anderen Artenschutzprogrammen, dürfte auch hier der Pilzsammler nicht der entscheidende Gegner sein. Vielmehr können folgende, die Umwelt beeinflussende Faktoren sich auch auf die Pilzflora auswirken:

Saurer Regen
Über Veränderungen des Bodenmilieus und direkte Schädigung der Mycelien. Dies gilt insbesondere für basenholde Pilzarten, die früher charakteristisch waren für Jungmoränenböden und Kalkrendzinen.

Allgemeine Eutrophierungseffekte durch hohen Düngemitteleinsatz in der Landwirtschaft und durch Stickoxide
Viele Pilze sind traditionell Bewohner nährstoffarmer Standorte. Dies gilt insbesondere für viele Mykorrhizabildner. Eine starke Bodeneutrophierung könnte ihre Mycelien schädigen und zurückdrängen, wobei der genaue Mechanismus nicht bekannt ist.

Einsatz von Fungiziden in der Land- und Forstwirtschaft
Der vermehrte Einsatz von Fungiziden zur Bekämpfung von phytopathogenen Pilzen könnte sich auch schädlich auf die saprophytischen und symbiontischen Großpilze unserer Wälder auswirken.

Forstliche Maßnahmen
Forstliche Maßnahmen, insbesondere die Beseitigung von Totholz und das Anlegen von Monokulturen gleichaltriger Bäume aber auch Düngung und Kalkung können sich sehr negativ auf Pilzfloren auswirken.

2 Hinweise für den Unterricht

2.1 Mögliche Ziele und Inhalte

Die »Signalpflanze« Fliegenpilz kann dazu dienen, in die interessante, für den Menschen in vielfacher Hinsicht bedeutungsvolle Gruppe der Pilze einzuführen. Für eine unterrichtliche Vertiefung kämen zum Beispiel folgende Schwerpunkte in Frage:
(1) Sonderstellung der Pilze – Unterschiede zwischen Tieren und Pflanzen
(2) Der Aufbau einer Pilzpflanze (fädige Struktur des Vegetationskörpers, Wachstum, Fruchtkörperbildung)
(3) Sporenbildung und Vermehrung
(4) Pilze als Reduzenten
(5) Giftpilze und Drogenpilze

2.2 Unterrichtsschritte

(1) **Pilze – Pflanzen oder Tiere?**
Ein in den Unterricht mitgebrachter Fliegenpilz kann Ausgangspunkt für die Frage sein, wie sich Pflanzen und Tiere unterscheiden und aufgrund welcher Kriterien man ein bestimmtes Lebewesen der einen oder anderen Gruppe zuordnen kann. Da der Fliegenpilz in vieler Hinsicht nicht dem entspricht, was man sich unter einer typischen Pflanze vorstellt, wird das Thema dadurch problematisiert. Die charakteristischen Eigenschaften von Tieren einerseits und Pflanzen andererseits können in einer Tabelle zusammengestellt werden. Je nach Altersstufe könnte diese Tabelle unterschiedlich differenziert ausfallen. So können in höheren Klassen auch zellbiologische Besonderheiten (Besitz von Plastiden als charakteristisch für Pflanzen) und Fragen der Begeißelung von Schwärm-

sporen oder Spermatozoiden angesprochen werden. Die Kriterien könnten dann auf den Fliegenpilz angewendet werden. Dabei ist festzustellen, daß nicht alle typisch pflanzlichen Merkmale zutreffen (z. B. besitzt er keine grünen Farbstoffe und kann keinen Kohlenstoff assimilieren). Als Ergänzung kann man nach weiteren Lebewesen suchen, die nicht in jeder Hinsicht eindeutig zuzuordnen sind (z. B. sessile Schwämme oder Hohltiere, was die Ortsbeweglichkeit anbelangt).

(2) **Der Aufbau einer Pilz-Pflanze**
Die fädige Struktur von Pilzen – sowohl ihres Mycels im Boden, als auch ihrer aus Flechtgewebe bestehenden Fruchtkörper – ist eine wichtige Gemeinsamkeit mit anderen Pflanzen (aus der Gruppe der Algen). Diese Struktur wird besonders deutlich, wenn man einen Pilzfruchtkörper mikroskopiert. Gut läßt sich dies in einer mikroskopischen Übung durchführen, bei der man eine Alge (z. B. Horntang *Ceramium rubrum*), den Stengel einer höheren Pflanze (z. B. einer Begonie) und den Stiel eines Pilzfruchtkörpers (z. B. des Fliegenpilzes) vergleichend untersucht. Die Besonderheit des »Flechtgewebes« gegenüber einem echten Gewebe wird durch den Vergleich deutlich.

(3) **Sporenbildung und -verbreitung**
Die große Reproduktionskraft von Pilzen ist ein hervorstechendes und beeindruckendes Merkmal dieser Pflanzengruppe. Zunächst kann in einem solchen Unterrichtsvorhaben deutlich gemacht werden, daß es sich bei den sichtbaren Teilen der Pilzpflanzen um Fortpflanzungseinrichtungen handelt. Sie produzieren Fortpflanzungseinheiten, die allerdings im Vergleich zu den meisten Samen winzig klein sind. Je nach Altersstufe können hier Begriffe wie »Spore« und »Samen« noch einmal wiederholt und definiert werden. Dies ist jedoch nicht unbedingt notwendig. Man kann einfach von Sporen als Verbreitungseinheiten der Pilze reden, ohne eine genaue Abgrenzung gegenüber Samen vorzunehmen. Oft läßt sich auf Pilzfruchtkörpern oder in deren Umgebung bereits der feine Sporenstaub erkennen, der leicht mit dem Finger abgewischt werden kann. Unter dem Mikroskop können einzelne Sporen sichtbar gemacht werden. Sehr lohnend ist die Herstellung von Sporogrammen (vgl. Abb. 218.2).

Noch eindrucksvoller ist es, den Sporenregen, der aus einem Pilzfruchtkörper kommt, direkt sichtbar zu machen. Dies geht gut, indem man einen Pilzhut auf einen Glaszylinder legt und seitlich mit einer Kaltlicht-Leuchte in den Sporenregen hineinleuchtet (Abb. 218.1). Plötzlich kann man die nun aufleuchtenden kleinen Sporen als »Schneegestöber« im Glas erkennen. Das Herunterfallen der Sporen geht stundenlang weiter und man kann sich so eine Vorstellung von der ungeheuren Reproduktionskraft des Pilzes machen.

(4) **Pilze als Reduzenten**
Pilze sind die wichtigsten Zersetzer im Ökosystem Wald, insbesondere, da sie besser als Bakterien befähigt sind, Holzreste aufzuarbeiten. Diese Zersetzertätigkeit läßt sich am besten demonstrieren, indem man die Schüler die Bildung von Pilzmycelien auf organischen Abfällen verfolgen läßt (z. B. Schimmel auf Brot in einem feuchten Einmachglas oder mit Riesenträuschlings-Mycel beimpftes Stroh).

(5) **Pilzwurzel – Eine Symbiose zwischen Pilz und Baum**
Der Fliegenpilz wächst – wie viele andere Waldpilze – eng gebunden an bestimmte

Baumarten. Bei uns sind dies Rot-Fichten und Birken. Dies läßt sich besonders gut am natürlichen Standort erkennen. Beim Nachgraben um einen Fliegenpilz-Standort kann man an oberflächlichen Feinwurzeln des zugehörigen Baumes leicht Mykorrhizen unterscheiden – eine gute Beobachtungsaufgabe für eine Pilzexkursion. (Man sollte dabei natürlich darauf achten, daß nicht der ganze Waldboden umgegraben wird).

(6) **Giftpilze und Drogenpilze**

Dieses Thema kann von verschiedenen Seiten her unterrichtlich aufgearbeitet werden. Sinnvoll ist es natürlich, wichtige Verhaltensregeln und Vorsichtsmaßnahmen zum Schutz vor Pilzvergiftungen anzugeben (vgl. Kasten). In höheren Klassen sollte über die verschiedenen Wirkungsweisen der unterschiedlichen Pilzgifte gesprochen, etwas zu ihrer Erforschungsgeschichte und zur chemischen Natur dieser Stoffe vermittelt werden. Hier wäre die Arbeit an Quellentexten sinnvoll (vgl. z. B. Bresinsky/Besl 1985).

Regeln für Pilzsammler

- Zu den Pilzen gehören die gefährlichsten Giftpflanzen. Sammle deshalb nur Pilzarten, die Du genau kennst und von denen Du sicher weißt, daß es sich um gute Speisepilze handelt.
- Sammle nur frisch gewachsene, gesunde Pilze.
- Bewahre die Pilze luftig und kühl auf (nicht länger als 24 Stunden). Als Sammelbehälter sind Spankörbe gut geeignet. Plastikbeutel sind ungeeignet, da die Pilze darin nicht atmen können und zu faulen beginnen.
- Genieße Pilzgerichte niemals in übergroßen Mengen.
- Vermeide Pilzgenuß bei gleichzeitigem kräftigem Alkoholkonsum. Manche Pilzinhaltsstoffe können sich mit Abbauprodukten des Alkohols zu Körpergiften verbinden.
- Beachte: Pilze können Schwermetalle und radioaktive Elemente anreichern. In entsprechend gefährdeten Gebieten sollte man deshalb keine Pilze zu Speisezwecken sammeln.

3 Literatur

BAYER, E., KNEIFEL, H.: Isolation of amavadin, a vanadium compound occuring in Amanita muscaria. Zeitschr. Naturf. 27b: 207, 1972

BON, M.: Pareys Buch der Pilze. Neuauflage bei Franckh/Kosmos, Stuttgart 2005

BREITENBACH, J., KRÄNZLIN, F.: Pilze der Schweiz. Bd. 1-6, Mykologia, Luzern 1981-2005

BRESINSKY, A., BESL, H.: Giftpilze. Ein Handbuch für Apotheker, Ärzte und Biologen. Wissenschaftliche Verlagsgesellschaft, Stuttgart 1985

BRESINSKY, A.: Niedere Pflanzen. In: STRASBURGER, E. (Ersthrsg.): Lehrbuch der Botanik. Spektrum, Heidelberg/Berlin, 35. Auflage 2002

CARL, H.: Die deutschen Pflanzen- und Tiernamen. Quelle & Meyer, Heidelberg/Wiesbaden, 1986

DÄHNCKE, R. M.: Wie erkenne ich die Pilze. AT-Verlag, Aarau, Stuttgart, 2. Auflage 1980

DÖRFELT, H. (Hrsg.): Lexikon der Mykologie. G. Fischer, Stuttgart/New York 1989

Dörfelt, H., Görner, H.: Die Welt der Pilze. Urania, Leipzig/Jena/Berlin 1989

ERB, B., MATTHEIS, W. : Pilzmikroskopie. Franckh/ Kosmos, Stuttgart 1982

FLAMMER, R., MORAK, E.: Giftpilze - Pilzgifte. Franckh, Stuttgart 1982

GERHARD, E.: Der große BLV-Pilzführer für unterwegs. BLV, München 1997

GERHARD, E.: Pilze. Band 1 und 2. BLV Intensivführer, München 1984, 1985

MARGULIS, L, SCHWARTZ, K.V.: Die fünf Reiche der Organismen. Spektrum, Heidelberg 1989

MULHOLLAND, J.: Soma: An attempt to ciassify the plant and the drug. Soc. Sci. Met. Part B. Met. Anthropol. 14: 181-184, 1980

MÜLLER, E., LÖFFLER, W.: Mykologie, Grundriss für Naturwissenschaftler und Mediziner, Thieme, Stuttgart 1992

MUSSO, H.: Über die Farbstoffe des Fliegenpilzes. Aufgaben und Ziele der Naturstoffchemie heute. Naturwissenschaften 69: 326-331, 1982

PROBST, W (Hrsg.): Pilze im Naturhaushalt. Unterricht Biologie 183, 17. Jg., 1993

RÄTSCH, C.: Pflanzen der Liebe. Hallwag, Bern/ Stuttgart 1990

RIEDLINGER, T. J. (Ed.): The Sacred Mushroom Seeker. Essays for R. Gordon Wasson. Dioscorides Press, Portland (Oregon) 1990

SCHULTES, R. E., HOFMANN, A.: Pflanzen der Götter. Hallwag, Bern und Stuttgart 1980

SCHWANTES, H. O.: Biologie der Pilze, Ulmer , Stuttgart 1996

WASSON, R. G.: Soma: Devine mushroom of immortality. Harcourt Brace & World, New York 1968

WEBER, H.: Allgemeine Mykologie. G. Fischer, Jena/Stuttgart 1993

Register